Les organisations

Etat des savoirs

Ouvrages parus chez le même éditeur

Jean-François Dortier, *Les Sciences humaines. Panorama des connaissances*, 1998

Jean-Claude Ruano-Borbalan (sous la direction de), *Eduquer et Former. Les connaissances et les débats en éducation et en formation*, 1998

Jean-Claude Ruano-Borbalan (coordonné par), *L'Identité. L'individu, le groupe, la société*, 1998

Philippe Cabin (coordonné par), *La Communication : état des savoirs*, 1998

Jean-François Dortier (coordonné par), *Le Cerveau et la Pensée. La révolution des sciences cognitives*, 1999

Si vous désirez être informé(e) des parutions de Sciences Humaines Éditions
et de la revue mensuelle *Sciences Humaines* :
Sciences Humaines, 38, rue Rantheaume,
BP 256, 89004 Auxerre Cedex.
Tél. : 03 86 72 07 00/Fax : 03 86 52 53 26.

Les organisations

Etat des savoirs

Coordonné par
Philippe Cabin

SCIENCES HUMAINES

Réalisation et diffusion de l'ouvrage

Conception : Philippe Cabin, Jean-François Dortier, Jean-Claude Ruano-Borbalan
Coordination : Philippe Cabin
Conception maquette, mise en pages intérieures : PolyPAO
Conception maquette couverture : Gilbert Franchi
Secrétariat : Laurence Blanc
Diffusion : Nadia Léal
Promotion : Estelle Dorey

Cet ouvrage reprend des articles parus dans le mensuel *Sciences Humaines* enrichis et actualisés, ainsi que quelques textes inédits. L'appareillage pédagogique (bibliographie, mots clés, encadrés) a été également actualisé.

Une partie importante des textes de ce volume est le résultat de la collaboration entre *Sciences Humaines* et l'ANVIE (Association nationale pour la valorisation interdisciplinaire de la recherche en sciences de l'homme et de la société auprès des entreprises). De 1992 à 1999, les « Cahiers de l'ANVIE », rubrique mensuelle de *Sciences Humaines*, ont traité les grandes thématiques et les grands domaines de l'application des sciences de l'homme en entreprise.

Leur objectif : présenter les principales grilles de lecture du fonctionnement des organisations et en montrer, par des témoignages et des exemples concrets, les utilisations dans les divers domaines de l'activité de l'entreprise.

L'ANVIE est une structure créée en 1991 par le ministère de la Recherche et de grandes entreprises. Son objet est d'aider au développement des liens entre l'entreprise et la recherche en sciences de l'homme et de la société. Pour ce faire, elle propose diverses sortes de prestations et de dispositifs : séminaires, ateliers, contrats de recherche, publications, colloques…

L'ANVIE est présidée par Bertrand Collomb, Président de Lafarge.

ANVIE, Maison des sciences de l'homme, 54, bd Raspail,
75270 Paris Cedex 06. Tél. : 01 49 54 21 16.

Diffusion Presses universitaires de France

38, rue Rantheaume,
BP 256, 89004 Auxerre Cedex

ISBN 2-912601-05-3

Liste des auteurs

Norbert Alter, Sociologue, professeur à l'université Paris-Dauphine

Chris Argyris, Professeur à l'université de Harvard

Michel Bauer, Directeur de recherche au CNRS, cofondateur avec Bénédicte Bertin-Mourot de l'Observatoire des dirigeants

Rachel Beaujolin, Chercheur associé au Centre de recherche en gestion de l'Ecole polytechnique et consultante

Sandra Bellier-Michel, Consultante en gestion des ressources humaines, maître de conférences à l'Institut d'études politiques de Paris

Philippe Bernoux, Directeur de recherche honoraire, Groupe lyonnais de sociologie industrielle, CNRS-université Lyon-II

Claudie Bert, Journaliste

Philippe Cabin, Journaliste scientifique au magazine *Sciences Humaines*

Alexandrine Civard-Racinais, Journaliste

Bertrand Collomb, Président-directeur général de Lafarge

Michel Crozier, Directeur de recherche émérite au CNRS, fondateur du Centre de sociologie des organisations

Jean-François Dortier, Rédacteur en chef du magazine *Sciences Humaines*

Eugène Enriquez, Professeur émérite de sociologie à l'université Paris-VII-Denis Diderot

Michel Ferrary, Professeur de sciences humaines à l'ESSEC

Erhard Friedberg, Directeur de recherches au CNRS, directeur du Centre de sociologie des organisations et responsable du DEA de sociologie de l'Institut d'études politiques de Paris

Denis Guigo†, Chercheur au Centre de recherche en gestion de l'Ecole polytechnique

Maurice Hamon, Directeur des relations générales, Compagnie de Saint-Gobain

Rémi Hess, Professeur à l'université de Paris-VIII

Philippe d'Iribarne, Directeur de recherche au CNRS, Laboratoire gestion et société

Hervé Laroche, Professeur de stratégie, Groupe ESCP

François Lautier, Sociologue, professeur à l'Ecole d'architecture de Paris-la-Villette

Henry Mintzberg, Professeur de management à l'Université McGill de Montréal et à l'INSEAD

Jean-Claude Moisdon, Professeur à l'Ecole des mines de Paris

Bernard Monassier, Notaire, président du groupe Monassier France

Michel Moullet, Sociologue et consultant, Associate Partner, Andersen Consulting

Alex Mucchielli, Professeur de sciences de la communication à l'université de Montpellier-III

Dominique Oberlé, Maître de conférences à l'université Paris-X-Nanterre

Guy Pelletier, Professeur à l'Université de Montréal, Département d'études en éducation et administration de l'éducation

Jean-Daniel Reynaud, Professeur honoraire de sociologie au CNAM

Bernard Roy, Professeur à l'université Paris-Dauphine, fondateur du LAMSADE

Jean-Claude Ruano-Borbalan, Directeur de publication du magazine *Sciences Humaines*

Renaud Sainsaulieu, Professeur des universités à l'Institut d'études politiques de Paris

Jean-Michel Saussois, Professeur à l'ESCP

Maurice Thévenet, Professeur à l'ESSEC et au CNAM, directeur du développement international de l'ESSEC

Georges Trépo, Professeur de management et de gestion des ressources humaines à HEC

Michel Villette, Professeur à l'ENSIA

Benoît Weil, Professeur à l'Ecole des mines de Paris

Oliver E. Williamson, Professeur de management, d'économie et de droit à Berkeley, Université de Californie

Martha Zuber, ingénieur, Centre de sociologie des organisations

SOMMAIRE

Philippe Cabin*

INTRODUCTION GÉNÉRALE

Les réflexions sur le fonctionnement des organisations sont indissociables des pratiques des acteurs. Quelques concepts clés (rationalité, stratégie, motivation, changement...) permettent de s'orienter dans le dédale des théories organisationnelles et managériales.

POUVONS-NOUS échapper aux organisations ? Durant toute notre existence, de la maternité jusqu'aux pompes funèbres, en passant par l'école, l'université, l'entreprise, l'administration, la police… nous sommes confrontés ou intégrés à des organisations de toutes sortes. Ces ensembles vastes et complexes constituent un rouage essentiel des sociétés modernes. L'intelligence des logiques et des mécanismes à l'œuvre en leur sein est donc un enjeu décisif.

Les premières tentatives d'une réflexion scientifique sur l'organisation sont issues de l'essor des bureaucraties administratives et des grandes firmes industrielles. L'entreprise sera dès lors constamment demandeuse de solutions et d'outils. D'où le lien étroit entre les sciences de l'organisation et le management.

Peter Drucker, figure de proue de la pensée managériale américaine, considère le management comme *« un événement central de l'histoire sociale qui, en tant qu'organe de la société spé-*

* Journaliste scientifique au magazine *Sciences Humaines*.

Le facteur X, ou le sens de l'organisation

Le concept d'organisation peut se définir à deux niveaux :

• Dans le premier cas, l'organisation correspond à une entité. Par exemple : un club de sport, une entreprise, un hôpital, un parti politique. Elle est, selon la définition du *Petit Robert*, une *« association qui se propose des buts déterminés »*.

Cette première caractérisation doit cependant être précisée : une organisation doit être relativement durable (un attroupement n'est pas une organisation, même quand il a un but précis), présenter une certaine division des tâches (qui différera selon la taille et le type d'organisation) et des règles de fonctionnement.

Ajoutons que la plupart du temps, les organisations ne pourraient exister sans le support d'une structure, d'un certain nombre d'actifs physiques (des bureaux, des ordinateurs, des usines...) et d'un système de gestion et de pilotage. Yves-Frédéric Livian distingue ainsi quatre composantes de l'organisation :

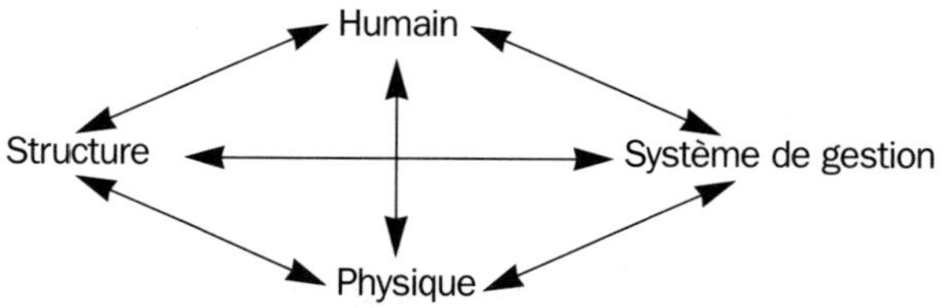

Les composantes d'une organisation

Source : Y.-F. Livian, *Organisation : théories et pratiques*, Dunod, 1998.

• Il est une autre façon d'envisager le concept d'organisation. Elle désigne, pour reprendre le *Petit Robert*, la *« façon dont un ensemble est constitué en vue de son fonctionnement »*. C'est en ce sens que l'on dit de quelqu'un qu'il a « le sens de l'organisation ».

Sur le plan théorique, on doit à Harvey Liebenstein d'avoir formalisé dans les années 70 cette conception, en lui donnant le nom de « facteur X ». Cet économiste américain s'interrogeait sur le fait que des entreprises de caractéristiques équivalentes (en termes de taille, de main-d'œuvre, de technologie) obtenaient des résultats très inégaux. Pour H. Liebenstein, ce qui fait la différence, c'est la qualité de l'organisation. « L'efficience X » est illustrée par les performances des entreprises japonaises, qui passent par leur capacité à agencer la circulation de l'information, la coopération au travail, etc.

cialement chargé de rendre les ressources productives, reflète l'esprit des temps modernes» (1). De nos jours en effet, le discours et les concepts organisationnels et managériaux dépassent largement le champ de la gestion des entreprises. Dans l'administration, dans les hôpitaux, dans les lycées, les responsables on fait désormais de larges emprunts à la terminologie, voire aux outils managériaux. Au point que certains dénoncent une hégémonie du «managérialisme», c'est-à-dire le système d'explication et d'interprétation du monde à partir des catégories de la gestion (2).

Avec les recompositions des structures organisationnelles, avec également la succession rapide des modes managériales (et leur disparition tout aussi prompte), l'idée de méthodes standards (le *«one best way»* de Taylor) serait selon certains observateurs en déclin (3). On préférerait désormais des solutions adaptées au cas par cas. D'où un intérêt croissant pour les sciences de l'organisation. Ajoutons que la part croissante des composantes humaine, interelationnelle, cognitive, coopérative, communicative, entraîne une exigence de savoirs issus des sciences sociales.

Le présent ouvrage n'est pas un guide de management. Il n'est pas non plus un ouvrage de prospective sur le devenir des organisations modernes. Il a pour ambition de dresser un inventaire, raisonné et le plus complet possible, des connaissances accumulées depuis un siècle sur le fonctionnement des organisations.

Entre théorie et boîte à outils

La première particularité des sciences des organisations tient à l'étroite affinité entre d'un côté des connaissances théoriques et empiriques (les travaux des sociologues, psychologues, économistes, etc.) et de l'autre des usages sociaux et des pratiques formalisées sous forme de règles, de procédures, d'outils, c'est-à-dire ce qui définit le management. Les frontières entre ces deux domaines sont incertaines et mouvantes. Le modèle d'Henry Mintzberg, par exemple, est une vaste synthèse théorique bâtie sur un énorme travail d'observation (4). Mais il est

1. P. Drucker, *The Practice of Management*, Harper & Row, 1954, cité dans J.-F. Chanlat, *Sciences sociales et management*, Presses de l'Université de Laval et Eska, 1998.
2. J.-F. Chanlat, *Idem.*
3. P. Charpentier, « La gestion du changement dans les organisations », *Cahiers français*, n° 287, juillet/septembre 1998.
4. Voir la présentation de ce modèle et l'entretien avec H. Mintzberg page 91.

aussi un véritable outil, propre à assister un responsable d'entreprise, d'association ou d'hôpital, dans un projet de réorganisation.

Les sciences de l'organisation ont émergé pour répondre à une demande sociale, dans un contexte historique et économique particulier, celui de la bureaucratisation et de l'industrialisation (5) ; une demande qui correspond en premier lieu au souci de rationaliser, d'ordonner et de contrôler. Ce besoin de rationalisation va se manifester à travers une vision mécaniste d'ingénieur, avec les travaux fondateurs de Frederick Taylor, Max Weber et Henri Fayol. Il s'exprimera aussi dans une seconde étape, avec le courant des relations humaines et ses dérivés, par une volonté de comprendre, de canaliser et tirer parti des comportements et des motivations humaines.

Ainsi, si l'on examine la succession des courants théoriques, leurs évolutions, leur postérité, on constate qu'ils expriment les exigences des organisations de leur temps. Prenons deux exemples contemporains :

– la question du «faire ou faire faire», autrement dit la logique de l'externalisation et la sous-traitance, est au cœur des préoccupations actuelles des entreprises : les nouvelles théories de la firme (coûts de transaction, théorie de l'agence) (6), traitent de ce problème;

– l'internationalisation des échanges confronte les responsables d'organisation à la communication entre des personnes aux référents culturels différents : l'approche culturelle des organisations connaît un essor important (7).

Un autre indice témoigne de cette relation étroite entre action et réflexion : les allers et retours entre le statut de théoricien et celui d'acteur en organisation sont courants. Frederick Taylor, Alfred Sloan, Chester Barnard sont d'anciens dirigeants ou ingénieurs ayant voulu conceptualiser et formaliser leur expérience. Aux Etats-Unis particulièrement, les universitaires et chercheurs en management exercent très régulièrement des activités de consultants. En France, si de tels parcours individuels sont moins fréquents, le modèle du chercheur-intervenant gagne du terrain. De plus, les grilles de lecture mises au point par la recherche sont abondamment «digérées» et mises

5. Voir l'article de J.-F. Dortier et de J.-C. Ruano-Borbalan page 27.
6. Voir le chapitre III.
7. Voir l'article de P. d'Iribarne page 273.

en application par les cabinets de conseil en organisation, voire par les organisations elles-mêmes. L'analyse stratégique en est l'exemple le plus évident.

Le puzzle des théories organisationnelles

En dépit de la logique de leur développement, les sciences de l'organisation offrent un ensemble vaste et disparate. Cette hétérogénéité prend sens dès lors que l'on se penche sur les différents critères qui la fondent. Elle tient à plusieurs facteurs :
– le premier critère de différenciation est la nature de ces constructions intellectuelles. Il s'agit pour certaines d'entre elles de théories «pures», même si elles sont fondées sur des observations empiriques : par exemple le concept de rationalité limitée mis en évidence par Herbert Simon ou la théorie générale des systèmes. D'autres relèvent plutôt de la grille de lecture fondée sur un aspect des comportements humains : c'est le cas de l'apprentissage organisationnel (Chris Argyris), de la pyramide des motivations de Abraham Maslow, de l'approche en terme de culture et d'identité (Renaud Sainsaulieu, Gert Hosftede), ou de l'approche communicationnelle (Alex Mucchielli). Les typologies et les modélisations constituent un autre moyen de décrypter le fonctionnement des organisations : citons celle de H. Mintzberg, qui distingue sept types de structures organisationnelles, ou la distinction entre Firme A (américaine et hiérarchique) et firme J (japonaise et horizontale) établie par Masahiko Aoki. Enfin, le vaste ensemble des techniques et outils tient une place éminente, en vertu de leur propriété opératoire si chère aux responsables des organisations. Cela va des techniques d'aide à la décision à des systèmes plus normatifs, comme l'analyse institutionnelle (8), le management par projet, la qualité totale, la direction par objectifs (9), etc. ;
– deuxième clivage : celui des approches disciplinaires. Chacune des sciences humaines et sociales (sans oublier les sciences de l'ingénieur) offre une vision qui lui est propre. Si la sociologie des organisations et la psychologie occupent une place de choix, d'autres disciplines ont investi le champ de l'analyse des organisations : les sciences cognitives, l'économie, l'histoire, les sciences de la communication… ;
– troisième niveau de distinction : celui des échelles d'analyse,

8. Voir l'article de R. Hess page 337.
9. Voir mots clés en fin d'ouvrage.

qui peut aller de l'individu jusqu'aux modèles macroéconomiques. On peut étudier les phénomènes identitaires et culturels comme l'émanation de modèles nationaux, mais aussi de cultures d'établissements ou de métiers. De la même manière, dans le vaste ensemble des théories que l'on dénommera ici « managériales », certains s'intéressent aux macrostructures (les types d'organisations en fonction de divers critères) alors que d'autres étudient les microstructures : la coopération dans l'atelier ou le bureau, ou la définition des postes (l'approche sociotechnique par exemple) (10). Toujours dans cet ensemble, certains travaux portent sur les relations interorganisationnelles (réseaux d'organisation), et à une échelle encore plus large, sur le concept de modèle productif (on parle de modèle taylorien, fordien, toyotiste) ;
– derrière ces différentes approches se trouvent enfin des représentations. Gareth Morgan propose ainsi de classer les différentes théories en sept « images » de l'organisation : la machine, l'organisme, le cerveau, la culture, le système politique, la prison mentale, l'instrument de domination (11).

Les concepts clés de l'organisation

Vouloir donner une carte exhaustive et détaillée de cette forêt de connaissances peut sembler une entreprise insurmontable. Il est néanmoins possible de se repérer en s'orientant autour des quelques notions clés, qui jalonnent les préoccupations des responsables d'organisation comme les analyses des scientifiques.

• **Bureaucratie :** avant de devenir un terme péjoratif, la bureaucratie est un modèle d'organisation, formalisé par Max Weber. Si l'idéal-type bureaucratique est illustré par la grande administration, ses principes constituent, encore aujourd'hui, une des pierres angulaires du fonctionnement de nombre d'entreprises, d'associations, etc. Les bureaucraties ont été analysées de façon empirique par l'école fonctionnaliste américaine (Robert K. Merton, Alvin W. Gouldner, Philip Selznick, Peter Blau). Michel Crozier quant à lui, tout en insistant sur les dysfonctionnements bureaucratiques, mettra en évidence l'existence d'un modèle français.

• **Rationalité :** elle est un principe de base de la pensée mana-

10. Sur ce point, voir Y.-F. Livian, *Organisation. Théories et pratiques*, Dunod, 1998 (chapitre VI).
11. Voir l'article de J.-F. Dortier et de J.-C. Ruano-Borbalan page 27.

gériale. La doctrine des pères fondateurs est entièrement fondée sur l'existence d'une allocation optimale des ressources (le *« one best way »*) et sur la volonté de rationalisation, que ce soit par le haut (Fayol), ou par le bas (Taylor). Cette conception sera renouvelée par Herbert Simon, qui montrera qu'en réalité notre façon de raisonner est procédurale (et limitée) et non pas substantive (12). La vision de Simon influencera profondément les façons de voir les comportements des acteurs en organisation. Elle contribuera indirectement à accréditer l'idée qu'il existe plusieurs formes de rationalités : à côté du souci de l'efficacité interviennent d'autres logiques, comme le pouvoir, l'estime de soi, l'imaginaire et les symboles, les normes culturelles, les routines. Il reste que l'« esprit ingénieur » (13), au sens de la croyance en une rationalité pure, imprègne encore le milieu professionnel du management (*voir encadré sur les quatre mythes du management page suivante*).

• **Décision :** selon H. Simon, l'élément essentiel de l'organisation n'est pas la hiérarchie mais la prise de décision (14). Ne parle-t-on pas de « décideurs » pour évoquer le groupe professionnel des dirigeants ? La problématique de la décision est évidemment liée à celle de la rationalité : l'analyse montre que les processus de décisions en organisation résultent d'une « fabrication » très complexe. Quand les dirigeants du Crédit Lyonnais se lancent dans diverses opérations d'acquisitions, il est clair que les considérations purement économiques ne sont pas les seuls déterminants, mais qu'entrent en compte beaucoup d'autres facteurs : la logique de l'organisation elle-même, la personnalité et les ambitions du ou des chefs, des rapports de pouvoir, des acteurs et des mécanismes politiques, etc. On pourrait faire une remarque analogue à propose de la construction de la Bibliothèque nationale de France. L'image idyllique du patron clairvoyant, avisé et déterminé ne résiste donc pas à l'examen de la réalité (15).

• **Pouvoir et leadership :** les jeux de pouvoir sont souvent considérés comme néfastes au fonctionnement de l'organisation. Les relations de pouvoir sont pourtant une réalité centrale de l'organisation, et à cet égard Machiavel peut être consi-

12. Sur cette opposition, voir les mots clés en fin d'ouvrage.
13. M. Villette, *Le Manager jetable*, La Découverte, 1996.
14. Cité par Y.-F. Livian, *op. cit.*
15. Voir le chapitre IV, « Les arcanes de la décision ».

Les quatre mythes du management selon James G. March

James G. March, professeur à l'Université de Stanford, est un des théoriciens majeurs des organisations (1). Il distingue quatre mythes majeurs, qui modèlent la façon de penser et la conduite des managers :
– **le mythe de la rationalité :** selon ce mythe, l'esprit humain (et bien sûr d'abord celui du manager) pourrait trouver un optimum, choisir entre diverses actions évaluées en fonction d'une analyse et d'une comparaison de leurs conséquences. A cette vision s'oppose le concept fondamental de rationalité limitée (2);
– **le mythe de la hiérarchie :** il correspond à l'idée que les problèmes peuvent être décomposés en éléments eux-mêmes constitués de sous-problèmes, de telle manière que leur traitement peut être organisé au sein d'un agencement hiérarchique. Selon J.G. March, l'idée qu'il est possible de décomposer les choses est trompeuse, et la hiérarchie crée des illusions de contrôle et de responsabilité, notamment à travers les représentations des structures et la distribution des sanctions et des récompenses;
– **le mythe de l'importance du leader individuel :** le développement des organisations serait le résultat des capacités et des actions exceptionnelles d'individus leaders;
– **le mythe de l'efficience historique :** il repose sur l'idée darwinienne de l'existence d'un optimum historique. Autrement dit, l'histoire suivrait un sentier de développement tracé par la compétition économique, et les organisations s'adapteraient de façon adéquate aux conditions de leur époque. On retrouve ici l'idée d'un équilibre naturel du marché, chère aux économistes classiques.

1. Il est l'auteur de plusieurs ouvrages de référence. Ont été traduits : *Les Organisations* (avec H. Simon), Dunod, 1964; *Décisions et organisations*, Editions d'Organisation, 1991.
2. Voir mots clés en fin d'ouvrage.

Source : « Mythes, organisations et changement », entretien avec J.G. March (propos recueillis par G. Garel et E. Godelier), *Revue française de gestion*, n° 120, septembre/octobre 1998.

déré comme un des pionniers de l'analyse organisationnelle. Qu'est-ce qu'un organigramme sinon une représentation graphique de rapports de force ? Pour les tenants de la théorie économique des coûts de transaction, il en est même un des traits distinctifs. En effet, estiment-ils, s'il y a des organisations, c'est parce qu'il est plus pratique et moins coûteux de fonctionner dans un cadre de commandement et de hiérarchie, que dans un espace de transactions comme le marché (16). Par ailleurs, les responsables d'organisation soucieux d'efficacité ont cherché à connaître les propriétés et les qualités du bon leader. Comme le souligne Guy Pelletier (17), la capacité du dirigeant à mobiliser la participation et l'adhésion des autres, constitue une compétence précieuse : d'où les nombreuses recherches autour de la notion de leadership.

• **Stratégie :** la notion de stratégie est omniprésente dans le vocabulaire managérial. Elle évoque en premier lieu la figure du chef-stratège, sa capacité à anticiper et à préparer l'avenir de l'organisation, armé d'un arsenal d'outils et de méthodes sophistiqués (18). Mais la stratégie, comme ensemble d'actions coordonnées en vue d'un ou de plusieurs objectifs, n'est pas l'apanage des dirigeants. C'est un des apports principaux de l'analyse stratégique promue par Michel Crozier et Erhard Friedberg que d'avoir montré comment, dans toutes les organisations et à tous les niveaux, les individus se comportent en stratèges : ils utilisent les marges de liberté dont ils disposent, ils jouent (et trichent) avec les règles, ils élaborent des plans, passent des alliances, etc. Cette approche a profondément renouvelé la façon de penser les comportements en organisation.

• **Motivation :** comment inciter les gens à s'investir, à être plus efficaces et à se sentir mieux dans leur travail ? Les premiers penseurs de l'organisation estimaient qu'il suffisait de les « intéresser » pécuniairement. Dans la lignée des travaux fondateurs d'Elton Mayo, les recherches en psychosociologie ont montré que l'on ne travaille pas que pour l'argent, loin de là. La reconnaissance, l'identification (à l'organisation, au produit, au métier), le contenu des tâches, l'ambiance de travail, l'image de soi, l'imaginaire… sont autant de composantes de la motivation au travail. Toutes ces conclusions ont très largement inspiré les pratiques de gestion des ressources humaines (management participatif, système de rétribution…) (19).

• **Culture :** le comportement d'un individu ne résulte pas seu-

16. Voir notamment le chapitre III.
17. Dans son article page 163. Voir aussi le numéro spécial de la *Revue française de gestion*, « Le métier de dirigeant », n° 111, novembre/décembre 1996.
18. Voir l'article d'Hervé Laroche page 133.
19. Sur ces questions, voir les articles de S. Bellier-Michel et de M. Thévenet dans cet ouvrage, ainsi que C. Lévy-Leboyer, « Le cœur à l'ouvrage », *Sciences Humaines*, n° 92, mars 1999.

lement de sa volonté et de sa personnalité. Il est aussi façonné par un cadre symbolique et culturel. Les Japonais n'ont pas le même rapport à la hiérarchie ou la même façon de communiquer que les Américains, les Français ou les Italiens. Des sociologues ont montré l'importance des cultures nationales. Mais il existe aussi toute une échelle de sous-cultures : culture d'entreprise (on peut parler de culture Michelin, ou de culture Apple), culture de métier ou de groupe social (fonctionnaire, cheminot, journaliste, ingénieur...), voire des microcultures au niveau d'un atelier, d'un bureau, etc. (20). Le succès, dans les années 80, des notions de culture d'entreprise ou de management interculturel témoigne de la prise en compte, dans les pratiques de gestion, de cette dimension.

• **Coopération :** pour qu'une organisation fonctionne, il faut que les individus qui la composent agissent en commun. Comment favoriser la coopération ? La problématique est au cœur des préoccupations des gestionnaires comme des chercheurs (dès les travaux d'E. Mayo). Les articles de Jean-Claude Moisdon et Benoît Weil, et d'Alex Mucchielli dans cet ouvrage montrent bien, dans deux univers très différents (l'atelier de conception d'une automobile et le milieu hospitalier), la complexité des facteurs qui contribuent à faire qu'au bout du compte, et au prix de nombreuses difficultés, la coopération fonctionne (bien ou mal).

• **Coordination et régulation :** pour que les gens coopèrent, il faut en préalable que soit instauré un mode de coordination. Selon H. Mintzberg, la coordination est le principal déterminant de la structure de l'organisation (21). La coordination repose sur un certain nombre de conventions, de règles et de routines, dont beaucoup ne sont ni figées, ni imposées par le haut. Elles sont construites, interprétées, manipulées par les acteurs. Jean-Daniel Reynaud insiste sur cette activité de régulation, sans laquelle il n'est pas d'action collective (22). Les règles informelles sont tout aussi importantes que les normes édictées et formalisées. Derrière l'organigramme et les règlements, tout un ensemble d'accords tacites et d'activités clandestines régulent l'activité des individus (23).

• **Structure :** quelle est la structure la plus adaptée pour réali-

20. Voir le chapitre VIII, « Culture et identité ».
21. Voir encadré page 98.
22. Voir l'entretien avec J.-D. Reynaud page 259.
23. Voir l'article de M. Moullet, « L'organisation clandestine » page 253.

ser l'activité de telle ou telle organisation ? Un premier constat s'impose, tant au regard de l'histoire que des résultats des recherches : la structure idéale n'existe pas. On peut très sommairement classer les analyses en deux catégories (24). Certaines ont cherché à mettre en évidence les déterminants de la structure : la stratégie (Alfred Chandler), la taille, la technologie (Joan Woodward), l'environnement (Paul Lawrence et Jay Lorsch). D'autres ont construit des typologies des formes structurelles (notamment H. Mintzberg).

Cette question de la structure est d'autant plus brûlante, que l'on observe aujourd'hui une remise en cause des modèles traditionnels, notamment celui de la grande entreprise industrielle intégrée (25), et qu'apparaissent des formes structurelles tout à fait inédites.

Nouvelles organisations...

Nous assistons en effet, selon de nombreux spécialistes, à de très profonds bouleversements. Plus que jamais, la croyance en une forme d'organisation unique et idéale est à jeter aux oubliettes. Nous assistons même, selon M. Crozier, à une véritable révolution : c'est l'ensemble de nos représentations de la production, de l'organisation, et du management, que nous devons corriger (26). Notre conception de l'économie était fondée sur la rationalisation, la quantité, la standardisation et la production matérielle. Nous serions en train de passer à une civilisation de l'innovation, de la qualité, du sur-mesure, et de l'immatériel. Une mutation qui, par son ampleur, ne touche pas que les entreprises, mais bien l'ensemble des formes d'organisations (27).

A la base de ce diagnostic, un double constat. Tout d'abord des changements dans les modes de production et dans l'environnement économique et financier. Certes l'internationalisation du commerce et de la finance, la pression accrue de la concurrence poussent les organisations à adopter de nouveaux profils. Mais surtout, l'activité des organisations change de

24. P. Charpentier, « L'entreprise et ses structures », *Cahiers français*, n° 287, juillet/septembre 1998.
25. Voir l'article de J.-M. Saussois, « La grande entreprise industrielle fin de siècle », page 371.
26. M. Crozier, « La société, les organisations et le management à l'épreuve du temps », dans *Le Management aujourd'hui. Théories et pratiques*, actes du Forum DEMOS/*Sciences Humaines*, Editions DEMOS, 1999.
27. Voir l'article de P. Cabin, « L'avenir incertain de la gestion », page 377.

nature. Elle se dématérialise : on vend et on manipule aujourd'hui beaucoup plus de service et de savoirs que de production physique. Cette mutation trouve un puissant levier avec les nouvelles technologies de l'information et de la communication. La composante « réseau » et « système de connaissance » de l'organisation devient déterminante. Selon Patrick Besson, la logique informationnelle prend désormais le pas sur la logique manufacturière (28).

Deuxième constat, le développement de formes originales d'organisation, d'outils de management : organisations en réseaux, organisations virtuelles (*voir encadré ci-contre*), *joint-venture*, districts industriels… Ces nouvelles structures reflètent effectivement des logiques de réseau, de service, de projet, de transversalité.

… nouvelles interrogations ?

De nouvelles thématiques apparaissent depuis deux décennies dans le champ scientifique et managérial, aux premiers rangs desquels les notions de changement, de savoirs, d'apprentissage, de transversalité.

• **Changement :** cette problématique a émergé à la faveur de la critique des rigidités et des pesanteurs observées dans les administrations et les grandes structures, et de la nécessité de s'adapter aux mutations de l'environnement (notamment à partir des années 80 avec les politiques de modernisation et l'impératif d'innovation). Les méthodes de pilotage du changement vont se multiplier, avec plus ou moins de succès. L'analyse du changement organisationnel révèle les difficultés d'une telle entreprise (29). Norbert Alter montre dans sa contribution au présent ouvrage les contradictions entre la logique de l'innovation et celle de l'organisation. D'autres approches insistent sur les conséquences de certaines méthodes managériales fondées sur le changement permanent et sur l'adhésion totale des salariés (30).

• **Compétence, apprentissage, savoirs :** avec la société de l'immatériel et du service, les compétences et les connaissances apparaissent comme la ressource la plus précieuse de l'orga-

28. P. Besson (dir.), *Dedans, dehors. Les nouvelles frontières de l'organisation*, Vuibert, Collection Entreprendre, 1997.
29. *Revue française de gestion*, dossier « Les organisations face au changement », n° 120, septembre/octobre 1998.
30. Voir le chapitre VI, « Le changement et ses paradoxes ».

Vers l'organisation imaginaire ?

Nike ne fabrique aucune chaussure. L'entreprise américaine sous-traite sa production auprès de 40 usines taïwanaises, chinoises, coréennes, thaïlandaises et indonésiennes, qui emploient au total 75 000 personnes. Elle concentre ses 6 500 employés sur la conception et le marketing. Certains des anciens sous-traitants de Nike, devenus trop chers, sous-traitent à leur tour à d'autres organisations.

Mais il y a mieux. L'entreprise Gant est à l'origine un fabricant de *sportswears* américain. Elle a été rachetée par un petit groupe d'investisseurs suédois et reconstruite à Stockholm, sous forme d'une petite structure dont l'activité consiste à rechercher des *designers*, identifier des tendances, monter un réseau de sous-traitance et de distribution par des relations contractuelles. L'entreprise comptait début 1999 14 salariés pour un chiffre d'affaires d'environ 6 milliards de francs ! Elle ne possède aucune usine, aucun *designer*, aucun circuit de distribution propre. Bref, aucun capital tangible à part une plate-forme d'information. Ainsi, souligne Philippe Baumard, l'entreprise se résume à l'animation d'une marque et à l'articulation de son système d'offre et de distribution. Le tout reposant sur des outils de management (informatiques notamment) très sophistiqués.

Frédéric Fréry qualifie Nike (Ikéa, Benetton, Mc Donald's, entrent dans la même catégorie) d'entreprise transactionnelle. Il s'agit de « structures qui rassemblent des entreprises capitalistiquement indépendantes au sein d'une même chaîne de valeur ». Le concept d'« organisation imaginaire », développé par un groupe de chercheurs de l'Université de Stockholm, et utilisé pour décrire Gant et quelques autres entreprises (par exemple l'assureur Skandia AFS, qui regroupe une cinquantaine de personnes en son sein, mais qui s'étend en réalité sur près de 785 000 relations contractuelles) désigne une sorte d'entreprise transactionnelle réduite à une peau de chagrin.
Pourquoi de telles formes d'organisation, plutôt que le modèle traditionnel de l'entreprise intégrée, avec ses usines, ses réseaux de distribution, sa logistique… ? Cette décision résulte en fait de tout un ensemble d'arbitrages, bien mis en évidence par les théories de la firme. Ils portent notamment sur les économies d'échelle, les frais fixes, l'intégration technologique, les coûts de transaction et d'information.
Ces organisations fantômes ou virtuelles, fondées sur la notion de chaîne de valeur, suscitent un intérêt grandissant chez les

chercheurs en gestion. Annoncent-elles la fin de l'entreprise intégrée ? Ces entités sans inscription sociale et presque sans humains peuvent-elles durer ?
Les auteurs des recherches invitent à la prudence. En premier lieu, parce que le matériau empirique est trop limité pour répondre à de telles questions, et que ces structures restent peu nombreuses tout en étant instables et éphémères. En outre, elles ne se développent que dans certains contextes et certains secteurs productifs.
Ces organisations témoignent néanmoins d'une inflexion dans les manières de concevoir l'organisation. Les conceptions organique et contractuelle de l'organisation gagnent du terrain sur le modèle mécanique.

P.C.

Sources : F. Fréry, « L'entreprise transactionnelle », *Gérer et Comprendre*, octobre 1996. P. Baumard, « Frontières et développement de l'organisation imaginaire », *Management technologie innovation*, n° 3, janvier 1999 ; et intervention au Colloque « Le métier de consultant », 8 mars 1999, Institut d'études politiques de Paris. Voir aussi F. Fréry, *Benetton ou l'entreprise virtuelle*, Vuibert, à paraître, 1999.

nisation. Une organisation peut-elle apprendre et à quelles conditions ? Comment faire en sorte que les gens acquièrent des connaissances dans l'organisation et en fassent profiter cette dernière ? Comment conserver, capitaliser, faire circuler les connaissances ? Ces interrogations donnent lieu à une production pléthorique de recherches, de théories et de méthodes. Nous en donnerons trois illustrations. En premier lieu, notons que des théories font des compétences l'essence de l'organisation : c'est le cas de la théorie évolutionniste qui définit la firme comme un système de compétences (31), ou de C.K. Prahalad et G. Hamel qui affirment que le développement de l'entreprise dépend de la qualité des compétences qu'elle détient (32). Deuxièmement, la question du management des connaissances et des compétences suscite d'innombrables travaux (33). Ces réflexions trouvent un prolongement

31. S. Winter, R. Nelson, *An Evolutionary Theory of Economic Change*, Harvard University Press, 1985.
32. C.K. Prahalad, G. Hamel, *La Conquête du futur*, InterEditions, 1995.
33. Voir l'article de G. Trépo et de M. Ferrary page 345, et le chapitre II de I. Nonaka et H. Takeuchi, *La Connaissance créatrice*, De Boeck Université, 1997.

avec le concept d'apprentissage organisationnel, dont Chris Argyris est le père fondateur (34).

• **Transversalité, horizontalité :** la mode n'est plus aux organisations verticales, hiérarchiques, divisées. Elle est aux ensembles transversaux, fluides, flexibles. Dans la pratique, la mise en place de ces structures se révèle extrêmement complexe. Elle est cependant une réalité, que l'on observe à travers des méthodes et des techniques managériales : *reengineering*, démarche qualité, gestion par projets, gestion par les processus, etc. (35).

• **Faire ou faire faire :** est-il plus rentable pour une organisation, d'intégrer le maximum des facteurs de production, ou faut-il au contraire sous-traiter certains services ? Faut-il par exemple embaucher des standardistes, ou bien confier l'accueil téléphonique à une société spécialisée ? Cette problématique est au cœur des stratégies actuelles des organisations. Elle est fondamentale, car poussée à son terme, elle remet en cause les frontières de l'organisation, voire le concept même d'organisation. On assiste en effet à une croissance des pratiques de sous-traitance et d'externalisation, qui vont dans certains cas jusqu'à donner des organisations quasiment virtuelles (*voir l'encadré page précédente*). Cette pratique soulève également la question des formes de partenariats, des relations interorganisationnelles et de leurs modalités contractuelles. La théorie économique des coûts de transaction, en la formalisant et en poussant très loin l'analyse des avantages et des inconvénients de l'intégration et de l'externalisation, a grandement contribué à l'émergence de cette problématique dans le champ managérial (36).

• **Nouveaux outils de gestion :** les responsables d'organisation ont toujours eu besoin d'outils et d'indicateurs (37). Aujourd'hui la question de la validité des outils managériaux est posée. En effet, le capital intangible pèse d'un poids croissant dans ce que produisent les organisations. Les compétences humaines, les marques, la formation, l'image de l'organisation, l'ambiance de travail, la rapidité de réponse au

34. Voir l'entretien avec C. Argyris page 193.
35. Sur ces méthodes, voir notamment J.-C. Tarondeau, « La gestion par les processus », *Cahiers français*, n° 287, juillet/septembre 1998.
36. Voir l'entretien avec O.E. Williamson page 117.
37. Voir le chapitre X, « Outils et diagnostics ».

téléphone sont autant de composantes de ce capital immatériel. Mais on ne sait pas mesurer la valeur de ce capital. D'où la recherche et l'expérimentation de nouveaux outils de gestion : une enquête menée récemment aux Etats-Unis montrait que 64 % des contrôleurs financiers étaient en phase active d'expérimentation de nouvelles mesures des performances (38).
Cette situation est à l'origine de nombreuses recherches et expérimentations. Certains travaux récents montrent comment les outils de gestion (par exemple un système de rémunération, un logiciel d'attribution de prêt, un système de recueil d'information sur la circulation des bus) structurent les comportements et façonnent les raisonnements des individus (39).
• **Gouvernement d'entreprise :** cette expression désigne la question du contrôle des dirigeants, étudiée par certaines des nouvelles théories de l'organisation (la théorie de l'agence notamment). Elle a émergé récemment avec le « retour de l'actionnaire ». La multiplication des montages financiers, et les scandales (le Crédit Lyonnais par exemple, mais on pourrait faire la même remarque avec les dysfonctionnements d'organismes administratifs ou associatifs : l'ARC, le CNTS et l'affaire du sang contaminé, le CIO, la Commission européenne, etc.) n'ont fait que renforcer cette volonté de surveiller le travail des dirigeants et de mieux tenir compte des intérêts des partenaires de l'organisation. Aujourd'hui, les recherches sur ce thème s'intéressent aux mécanismes de décisions des dirigeants, à leurs relations avec les actionnaires, banquiers, clients, alliés, etc. (40).

De vieilles boissons dans de nouvelles bouteilles ?

Pour les besoins de l'exposé, nous avons insisté, dans cette dernière partie, sur les traits les plus caractéristiques des mutations en cours. Cette description ne doit cependant pas faire méconnaître les limites et les contradictions de ces évolutions. Notons par exemple qu'alors que l'on parle d'éclatement des organisations, de dissolution des frontières, d'organisations virtuelles, on assiste à de gigantesques opérations de fusions et à la constitution de géants organisationnels : en témoignent

38. L. Edvinsson, M. Malone, *Le Capital immatériel de l'entreprise*, Maxima du Mesnil, 1999.
39. J.-C. Moisdon (dir.), *Du mode d'existence des outils de gestion. Les instruments de gestion à l'épreuve de l'organisation*, Seli Arslan, 1997.
40. Voir G. Charreaux (dir.), *Le Gouvernement des entreprises*, Economica, 1997.

les opérations récentes dans les secteurs de l'automobile, de la banque, des médias, etc. La grande entreprise n'est pas morte, même si elle change d'apparence.
Par ailleurs, l'évolution vers une civilisation de la qualité, du sur-mesure, du service et de la disparition des activités d'exécution, ne s'accomplit-elle pas au prix de formes nouvelles de taylorisme (41), et d'une «exportation» vers des pays périphériques d'activités d'exécutions qui s'opèrent selon les méthodes du taylorisme le plus classique?
Il est vrai que les formes d'organisation se complexifient : la différence de fonctionnement entre organisations publiques et privées tend par exemple à diminuer. En outre, les théories de l'organisation restent celles des grands ensembles. L'analyse des petites structures reste minoritaire. Or, comme le montre dans cet ouvrage Michel Bauer, le fonctionnement d'une PME obéit à des logiques radicalement différentes de celle d'une organisation de grande taille.
Les théories classiques sont-elles pour autant obsolètes? Rien n'est moins sûr. Tout d'abord parce qu'elles explorent des phénomènes humains qui dépassent la contingence structurelle et économique : la coopération, le pouvoir, la culture, la rationalité, l'apprentissage… existeront toujours. Ensuite parce que souvent, pour reprendre une expression d'H. Mintzberg, les méthodes managériales ne sont que de *«vieilles boissons dans de nouvelles bouteilles»*. Frédéric Fréry souligne d'ailleurs que la configuration «transactionnelle» de l'entreprise Benetton rappelle le schéma des marchands italiens de la Renaissance.
Les sciences des organisations ont donc devant elles d'énormes chantiers. Elles seront d'autant plus sollicitées que les organisations et les gens qui vivent en leur sein ont plus que jamais besoin d'éclairages. Cet ouvrage, en proposant au lecteur un état des connaissances en la matière, vise à y contribuer.

41. D. Linhart, «Le taylorisme n'est pas mort», *Sciences Humaines*, 38, avril 1994.

PREMIÈRE PARTIE

Les sciences de l'organisation : théories et modèles

Points de repère
Théories et penseurs de l'organisation

L'organisation et

Les fondateurs : une approche rationnelle et mécaniste de l'organisation

Max Weber (1864-1920), penseur de la rationalisation et de la bureaucratie ; **Frederick W. Taylor** (1856-1915), inventeur de l'organisation scientifique du travail ; **Henri Fayol** (1841-1925), qui a formalisé les opérations à mener dans une organisation.

Les sociologies de l'organisation

L'approche fonctionnaliste de la bureaucratie

Les Américains **Robert K. Merton**, puis **Alvin W. Gouldner** et **Philip Selznick** se sont intéressés au fonctionnement des bureaucraties. **Peter Blau** montrera que les agents savent contourner les règles pour coopérer.

L'analyse stratégique

Michel Crozier et **Erhard Friedberg** analysent l'organisation comme un système politique, résultant du jeu des acteurs *(voir pp. 51 et 155).*

L'approche par les règles

Pour **Jean-Daniel Reynaud**, l'organisation est un système de règles (conjonction de deux sortes de règles : autonomes et de contrôle) *(voir l'entretien p. 259).*

Sociologie de l'identité et de la culture

L'organisation est vue comme un lieu d'appartenance et de socialisation. Principale figure : **Renaud Sainsaulieu** *(voir p. 293).*

L'analyse de l'influence des cultures nationales

Avec l'internationalisation, les organisations sont confrontées à la diversité des cultures (management interculturel). Principaux auteurs : **Philippe d'Iribarne**, **Edward T. Hall**, **Gert Hofstede**.

Pouvoir et contrôle

Amitai Etzioni, sociologue américain, distingue les organisations selon le type de pouvoir, de contrôle et de participation.

Nouvelles approches

- **La théorie de l'innovation et de la traduction**
  Principales figures : **Michel Callon** et **Bruno Latour**. Elle met l'accent sur la « traduction » des différentes rationalités et la mise en réseau des acteurs.
- **La théorie des conventions**
  Principales figures : **Laurent Thévenot** et **Luc Boltanski**. L'organisation est vue à travers les principes et valeurs par lesquels les personnes justifient leurs actes.

Aujourd'hui éclatées, les théories de l'organisation se sont construites autour de deux grands pôles : l'analyse du fonctionnement de l'organisation et l'étude du comportement des individus.

son fonctionnement

LES THÉORIES DE LA FIRME (APPROCHE ÉCONOMIQUE)

Elles cherchent à comprendre le fonctionnement des entreprises en intégrant des variables nouvelles comme le comportement des acteurs, les compétences, les structures juridiques... *(voir p. 107).*

La théorie de l'agence ou l'entreprise comme « nœud de contrats »

E. Fama et **M. Jensen**.

La théorie des coûts de transaction

Ronald H. Coase et **Oliver E. Williamson** *(voir entretien p. 177).*

Les organisations sont considérées comme des institutions (le marché, l'entreprise, le contrat). La volonté d'économiser les coûts de transaction détermine leur fonctionnement.

La théorie évolutionniste ou l'entreprise comme système de compétences

S. Winter et **R. Nelson**.

Firme A (américaine et hiérarchique) et firme J (japonaise et horizontale)

Masahiko Aoki.

LES APPROCHES QUANTITATIVES ET SYSTÉMIQUES

Elles se caractérisent par un souci de formalisation.

Le mouvement mathématique et la recherche opérationnelle

Techniques quantitatives de gestion. En France : les travaux de **Bernard Roy** et du **LAMSADE** (université Paris-Dauphine).

La théorie générale des systèmes

Et son application aux organisations : à la suite des travaux des fondateurs comme **Ludwig Von Bertalanffy**, l'analyse systémique a connu un développement important. Principaux représentants actuels en France : **Jacques Mélèse**, créateur de l'« analyse modulaire de système », et **Jean-Louis Le Moigne**.

L'APPROCHE SOCIOTECHNIQUE

L'organisation est considérée comme un système d'interactions entre deux sous-systèmes : social et technique. Les fondateurs en sont **Frederick E. Emery** et **Eric L. Trist**, du Tavistock Institute de Londres.

LES APPROCHES MANAGÉRIALES

Les théories managériales

Elles se distinguent par leur objet (la coordination des activités) et par leur vocation pratique. Parmi les principales figures : **Alfred P. Sloan** (1875-1906), **Chester Barnard** (1886-1961), **Mary Parker Follett** (1868-1933), **Hyacinthe Dubreuil** (1883-1971), **Henry Mintzberg** *(voir l'entretien p. 91).*

L'école néo-classique des organisations

Récente, elle se place dans la lignée des « classiques » (approche rationnelle) en intégrant d'autres apports (notamment psychosociologiques). Principales théories : l'excellence (**Tom Peters** et **Robert H. Waterman**), la Direction par objectifs (**Peter Drucker**, **Octave Gélinier**).

L'histoire des entreprises

Alfred D. Chandler a démontré l'influence de la stratégie (la « main visible des managers ») sur la structure de l'organisation. L'histoire des entreprises connaît un développement significatif en France. Principales figures : **Patrick Fridenson**, **François Caron**... *(voir p. 301).*

L'individu dans

L'ÉCOLE DES RELATIONS HUMAINES

Cette approche, dont le fondateur est **Elton Mayo** (1880-1949), met l'accent sur l'importance du facteur humain *(voir l'article de Claudie Bert p. 59).*

LES APPROCHES PSYCHOSOCIOLOGIQUES

Elles s'inscrivent directement dans la filiation de l'école des relations humaines.

Les théories des besoins et de la motivation

Douglas McGregor (1906-1964) oppose au management rationnel et autoritaire (« Théorie X »), le management participatif (« Théorie Y »), fondé sur l'autonomie et la créativité des salariés. Il s'appuie sur les recherches d'**Abraham Maslow** (1908-1970). **Frederick Herzberg** a inventé le concept d'« enrichissement du travail ».

Dynamique des groupes et leadership

Kurt Lewin (1890-1947), initiateur de la dynamique des groupes et fondateur de la psychologie. **Rensis Likert** a élaboré une théorie fondée sur la nature des interactions entre responsables et subordonnés.

LES APPROCHES PSYCHANALYTIQUES

Elles cherchent à révéler les dimensions cachées que sont les affects, les mythes, les conflits psychiques.

Wilfried R. Bion (1897-1979) analyse les « névroses de l'organisation ».

Elliot Jaques, Canadien, membre du Tavistock Institute, est considéré comme le père de la socio-analyse.

Des chercheurs français contemporains comme **Eugène Enriquez** *(voir p. 75)*, **Max Pagès**, **Vincent de Gaulejac**... peuvent être classés dans cette mouvance.

L'analyse institutionnelle

Cette méthode décrit comment les organisations s'auto-institutionnalisent *(voir p. 337).*

Les théories de la contingence

Pour les tenants de ce courant, c'est par l'influence de l'environnement que l'on doit analyser le fonctionnement des organisations.

• **Influence de la technique**
Pour **Joan Woodward** (1916-1971), la technologie de production est le principal facteur déterminant les structures organisationnelles.

• **L'instabilité de l'environnement**
Paul R. Lawrence et **Jay W. Lorsch** analysent le rôle du degré d'instabilité et d'incertitude de l'environnement dans la structure de l'organisation.

• **Plus récemment,** de nombreux travaux se penchent sur les conséquences de l'informatisation et de l'automatisation.

La psychodynamique du travail

Elle analyse les processus psychiques (peur, risque, fierté...) mobilisés par les salariés.

LES APPROCHES COGNITIVES

L'organisation comme lieu de décision, d'apprentissage et comme système de compétences.

Herbert A. Simon et la théorie de la rationalité limitée

Elle montre que les individus ne prennent pas des décisions « optimales » (rationalité substantive). Ils sont mal informés, et agissent en fonction de valeurs, d'opportunités, de la situation. Ils adoptent donc des solutions « satisfaisantes » (rationalité procédurale, ou limitée).

Richard M. Cyert et **James G. March** ont proposé une théorie de l'organisation conçue comme une coalition d'individus ayant des objectifs différents.

Le modèle de la poubelle

J.G. March, **J.-P. Olsen**, **M.D. Cohen** montrent que dans les organisations il y a des solutions toutes faites qui attendent l'occasion d'être utilisées, et qui le sont *(voir encadré p. 191)*.

Chris Argyris et l'apprentissage organisationnel *(voir l'entretien p. 193)*.

Les travaux sur les liens entre organisation, travail et apprentissage connaissent un fort développement en France avec des chercheurs comme **Armand Hatchuel**, **Christophe Midler**, **Philippe Zarifian**...

L'ETHNOGRAPHIE DES ORGANISATIONS

Encore naissante, elle met l'accent sur les phénomènes symboliques (pouvoir, territoire, culture), les rituels, les interactions quotidiennes...

Chapitre I

Les approches sociologiques

Jean-François Dortier* **et Jean-Claude Ruano-Borbalan****

LES THÉORIES DE L'ORGANISATION : UN CONTINENT ÉCLATÉ ?***

Nées avec l'industrialisation et la bureaucratisation, les théories de l'organisation constituent aujourd'hui un immense domaine de connaissances. Leur développement peut être vu comme une arborescence aux multiples ramifications. Leur diversité comme autant de facettes d'un même objet.

UN PARTI politique, une école, un syndicat, une entreprise, une association caritative : toutes ces entités sont des organisations. Qu'ont-elles en commun qui permet de les réunir en une même catégorie ?

Quelques traits distinctifs suffisent à les différencier d'autres groupes humains comme une bande, une famille ou une foule : l'existence d'une mission explicite à accomplir (soigner, éduquer, produire, vendre, défendre un idéal), la division des tâches en fonctions spécialisées, la présence d'une hiérarchie et des règles formelles de fonctionnement (1).

De cette ossature commune découlent des schémas de comportement, des mécanismes généraux qui président à la vie des organisations.

Naissance et essor d'un champ de connaissances

Le besoin de comprendre et de mettre au jour ces mécanismes s'est affirmé avec l'essor des grandes organisations, qu'elles soient industrielles, commerçantes ou administratives. Ainsi s'est progressivement constitué un vaste champ de connaissances et de méthodes. Au point que l'analyse des organisations, particulièrement celle des entreprises, constitue aujourd'hui un

---

* Rédacteur en chef du magazine *Sciences Humaines*.
** Directeur du magazine *Sciences Humaines*.
*** Ce texte est une version remaniée et fusionnée de deux articles publiés dans *Sciences Humaines* : « Visages de l'organisation », par J.-F. Dortier, n° 30, juillet 1993 ; et « Un siècle de réflexion sur les organisations », par J.-C. Ruano-Borbalan, hors série n° 20, mars/avril 1998.
1. Voir E. Friedberg, *L'Analyse sociologique des organisations*, 1972, rééd. L'Harmattan, 1987.

continent entier des sciences humaines et sociales. Pour Renaud Sainsaulieu *« l'entreprise, comme institution économique et sociale majeure de notre époque industrielle, a été le théâtre d'une histoire d'imagination structurelle considérable. Et ce n'est pas l'un des moindres effets de sa créativité institutionnelle que d'avoir ainsi permis une accumulation, maintenant planétaire et non plus seulement occidentale, de théories sur le problème général de l'organisation de collectifs humains de production. »* (2)

L'ingénieur rationnel

L'analyse des organisations est née au tournant du XIXᵉ et du XXᵉ siècle, en lien avec l'exigence de rationaliser le fonctionnement des entreprises. Elle a alors rencontré le projet scientiste des ingénieurs et l'apparition d'une réflexion sociologique. Trois auteurs ont jeté les bases de la science des organisations. Le plus connu est Frederick W. Taylor (1856-1915). D'abord ouvrier puis ingénieur dans la sidérurgie, ce consultant américain fut obsédé par l'efficacité. Il met en œuvre « l'organisation scientifique du travail » sur la base de recherches menées dans des entreprises sidérurgiques de Pittsburgh. Dans son ouvrage majeur, *La Direction scientifique des entreprises*, publié en 1911, F.W. Taylor prône l'organisation scientifique des tâches. Celle-ci devait être fondée sur une division verticale du travail (la direction coordonne et détermine les conditions de travail). Elle devait procéder à un choix scientifique des exécutants (*« the right man on the right place »*) et définir exactement les tâches de chacun d'entre eux (*« the one best way »*). Outre une standardisation poussée à son maximum, F.W. Taylor souhaitait l'établissement du salaire au rendement, censé constituer une motivation importante pour des ouvriers, que l'on considérait comme des agents rationnels maximisant de manière consciente leurs gains monétaires.

Dans une volonté similaire de rationalisation, un ingénieur français, Henri Fayol (1841-1925), théorisa l'administration des entreprises. Il définit le contenu de la fonction administrative (la direction) selon une formule simple : planifier, organiser, commander, coordonner et contrôler. Cette formalisation est restée le socle de la réflexion managériale jusqu'à nos jours.

Troisième « père fondateur » : le sociologue Max Weber, avec sa définition des formes de pouvoir en organisation. Pour lui, la source et la forme du pouvoir se modifiaient depuis deux siècles. Dans les sociétés modernes, contrairement aux sociétés traditionnelles, la capacité d'action des chefs, leur autorité, s'appuie en priorité sur la légalité de leur fonction et la rationalité de leurs décisions. Max Weber définit l'administration bureaucratique idéale-typique, strictement hiérarchisée mais parfaitement efficace. Dans cette forme d'organisation, qu'elle soit une entreprise ou une bureaucratie d'Etat, les règles sont impersonnelles, transparentes et applicables à tous, permettant précision, rapidité et efficacité.

Cette première vague de réflexion a dominé la pensée scientifique et mana-

2. R. Sainsaulieu, *Sociologie de l'organisation et de l'entreprise*, Presses de Sciences-Po/Dalloz, 1987.

gériale des années 1900 à 1930. Elle peut se définir comme la volonté de mettre de l'ordre dans les organisations par l'établissement de règles strictes. L'organisation est conçue comme un énorme mécanisme destiné à produire des biens ou des services dans lequel chaque individu est un rouage.

Le courant des relations humaines

A partir des années 30, la vision de l'organisation change de perspective. Le courant dit des « relations humaines » se préoccupe des aspects individuels et relationnels au sein de l'organisation. Il prend naissance avec les travaux du sociologue américain d'origine australienne Elton Mayo (1880-1949). Alors professeur de recherche industrielle à l'université de Harvard, il conduisit de 1927 à 1932, dans un atelier de la Western Electric, une série d'expériences destinées à définir les motivations réelles des travailleurs. Il s'agissait essentiellement de modifier les conditions de travail pour améliorer la productivité. Ce faisant, les enquêteurs de Harvard mirent au jour « l'effet Hawthorne », du nom de la ville où se situe l'usine choisie comme lieu expérimental. Cet effet peut être résumé brièvement ainsi : ce n'est pas tant l'amélioration des conditions objectives de travail que l'attention aux relations humaines qui permet l'accroissement de la productivité. Les expériences de Hawthorne réfutent selon E. Mayo la philosophie tayloriste de l'intérêt personnel. Il rappelle, dans un ouvrage paru en 1947 que *« le désir d'être bien avec ses collègues de travail, ce que l'on appelle l'instinct humain d'association, l'emporte facilement sur le simple intérêt individuel et la logique des raisonnements sur lesquels tant de faux principes de direction sont fondés »*.
Dès lors, et même si les résultats et les méthodes employés par E. Mayo ont été critiqués depuis (3), l'étude de la complexité des motivations humaines s'est développée grâce aux travaux croisés de chercheurs et de consultants américains, principalement issus de la psychologie. Les recherches d'Abraham Maslow, en particulier sa fameuse pyramide des besoins, sont universellement connues. Cette mise en forme des désirs fondamentaux et de la satisfaction, qui classe hiérarchiquement les besoins des individus (besoins nourriciers, sexuels, de sécurité, d'accomplissement de soi), a fondé nombre de pratiques de rétribution et de motivation. L'un des auteurs les plus connus de l'école des relations humaines est Douglas McGregor. Il estime que l'on doit chercher la meilleure conciliation possible entre les objectifs organisationnels et ceux des divers acteurs.
Le courant des relations humaines va s'enrichir de l'analyse des groupes restreints et des formes du pouvoir en leur sein (*leadership*) par l'intermédiaire des travaux de Kurt Lewin, professeur au Massachusetts Institute of Technology (MIT). Ces recherches fournissent, en effet, une assise théorique définitive à l'idée selon laquelle la coopération est de toute façon supérieure à la division mécanique du travail et à la valorisation purement individuelle.
L'influence du courant des relations

3. Voir sur ce point l'article de C. Bert dans cet ouvrage.

humaines a persisté jusqu'à aujourd'hui. A la suite de D. McGregor, de nombreux auteurs ont essayé de donner une « dimension humaine » à l'entreprise. On peut souligner par exemple, dans les années 60, Chris Argyris qui, par ses travaux, souhaitait aussi accroître les responsabilités des salariés. Ces conceptions postulent que l'homme a besoin de donner un sens à sa vie et qu'il le fait au travers de l'action (4).

L'approche des relations humaines a connu d'autres prolongements dans les années 50 et 60 au Tavistock Institute of Human Relations, centre britannique important de recherches en sciences humaines. C'est là qu'Elliott Jaques a introduit la psychanalyse freudienne dans la réflexion sur les organisations. Il a défini une approche clinique – la socio-analyse – qui s'intéresse aux fonctionnements des groupes et à la place de l'inconscient et des mécanismes de défense en leur sein. Il a mis en évidence des phénomènes importants et fréquents, comme celui du bouc émissaire. Dans les relations de travail, certaines personnes sont systématiquement tenues pour responsables de tous les maux. Cette dérivation sur un « mauvais sujet » permet de se départir de ses propres responsabilités, de soulager les tensions, de donner libre cours à certaines tendances sadiques et de souder une partie du groupe. De même, Wilfried Bion s'est intéressé à la réaction « d'attaque-fuite », où le groupe projette ses peurs sur un ennemi extérieur. Dans certains de ses excès, la virulente hostilité des firmes automobiles américaines que l'on a pu observer, à une certaine époque, à l'égard de la concurrence japonaise entre dans ce registre paranoïaque. En France, l'approche psychanalytique s'est développée à partir des années 60, avec des chercheurs comme Eugène Enriquez, Max Pagès et Georges Palmade. Ce courant de réflexion est à la base de la mise en place de techniques d'intervention psychosociologique.

Structures et contingence

En dépit de ses apports féconds et abondants, la démarche des relations humaines est critiquée aux Etats-Unis à partir des années 60 : on lui reproche de trop « psychologiser » l'analyse des organisations. De nombreuses recherches se focalisent alors sur la structure. Ce faisant, elles découvrent le rapport des organisations avec leur environnement. L'historien Alfred Chandler étudie l'évolution des grandes sociétés américaines entre 1850 et 1920. Dans un livre publié en 1962 (5), il montre le lien entre les structures des entreprises, le marché et les stratégies des dirigeants. Une approche dite des contingences se développe dans les décennies suivantes pour laquelle « la structure formelle » est vue comme un résultat, une variable « dépendante » (6). L'efficacité de l'entreprise dépend alors de l'adaptation des structures et des processus de travail à l'environnement et à ses contraintes. Les théoriciens de la contingence, comme Joan Woodward, ou Charles Perrow, interprètent les diverses formes d'organisation en examinant le poids de

4. Voir l'entretien avec C. Argyris dans cet ouvrage.
5. A. Chandler, *Stratégies et structures de l'entreprise* (trad. fra.), Editions d'Organisation, 1989.
6. N. Aubert et al., *Management, aspects humains et organisationnels*, introduction de J.-P. Gruère, Puf, 1991.

variables comme la taille de l'organisation, la technologie, le degré d'incertitude sur les marchés…

La sociologie de l'action

Parallèlement, une sociologie de l'action va reprendre vigueur. Elle puise son origine dans les conceptions de Max Weber et dans les travaux du sociologue américain Talcott Parsons pour qui tout système social – et l'organisation en est un – peut être compris à partir de l'action des différents agents qui le composent. Les conduites de l'acteur doivent être interprétées comme des tentatives d'ajustement entre les objectifs organisationnels et ses visées propres.

La notion de système est, par ailleurs, progressivement importée dans l'analyse de l'action organisée. Chester Barnard (7) avait déjà montré, par exemple, que les membres d'une organisation s'insèrent dans une structure, au sein de laquelle les finalités, les rôles et statuts ont été prédéterminés. Autrement dit, elle constitue un système. Cette définition de l'organisation et de l'analyse de l'action sera reprise par James G. March et par Herbert Simon qui mettront en avant dans les années 40 la notion fondamentale de rationalité limitée de l'acteur. Ils s'opposent ainsi à la vision de l'économie et à la théorie rationaliste classique de la décision. Ils montrent que les acteurs ne choisissent pas, dans une situation donnée, la meilleure solution, mais une solution satisfaisante en fonction de leur degré d'information et de leur capacité réelle d'action.

Michel Crozier, dans *Le Phénomène bureaucratique*, publié en 1963 (*voir encadré page suivante*) et surtout dans *L'Acteur et le Système* (écrit en collaboration avec Erhard Friedberg en 1977) souhaite lui aussi bâtir une théorie de l'action. Il cherche, avec E. Friedberg, à dépasser la « rationalité limitée » et définit l'« analyse stratégique ». Dans cette théorie, l'acteur possède des degrés de liberté et déploie une rationalité au sein de contextes déterminés. Chaque acteur élabore une stratégie personnelle dont le but est d'accroître son influence et dont les modalités dépendent de ses valeurs, de sa perception de la situation, et des moyens d'influence dont il dispose. M. Crozier et E. Friedberg montrent le rôle central des relations de pouvoir dans les relations humaines et dans l'action sociale. Ce type d'approche, qui part des capacités d'actions des individus en montrant que ceux-ci ne sont pas enfermés dans une structure rigide, a eu un impact considérable.

Récemment, E. Friedberg a étendu, dans *Le Pouvoir et la Règle* (8), l'analyse stratégique à toutes les formes d'action collective. Il souligne que le terme d'organisation désigne à la fois un état et une dynamique. Si l'état renvoie à ce que l'on nomme habituellement organisation (entreprise, administration et association), la dynamique est plus généralement liée aux processus par lesquels les individus ajustent leur comportement et coordonnent leurs conduites dans la poursuite d'une action collective (9).

7. C. Barnard, *The Function of the Executive*, Harvard University Press, 1938.
8. Seuil, 1992.
9. Voir sur ces questions l'entretien avec E. Friedberg dans cet ouvrage.

L'atelier : un espace de jeux politiques ?

Dans son étude désormais classique *Le Phénomène bureaucratique* (1), Michel Crozier a appliqué l'approche stratégique à l'analyse du pouvoir dans un grand monopole industriel d'Etat. Dans cette entreprise aux normes de travail très tayloriennes, il a repéré parmi les personnels d'exécution trois groupes distincts : les ouvriers de production, les ouvriers d'entretien et les chefs d'atelier. Ouvriers de production et ouvriers d'entretien ont accès aux machines, les uns pour produire, les autres pour réparer. Or les deux exigences sont parfois contradictoires ; d'où des conflits larvés entre les deux catégories de personnel. Chacun cherche alors à revendiquer une plus grande légitimité de son intervention. Les ouvriers d'entretien réclament la possibilité d'arrêter la machine pour réparation, rénovation ou nettoyage. Ils appuient cette revendication sur leur expertise technique, sur le fait d'être les seuls à connaître vraiment les machines. Zone de compétence exclusive signifie pour eux zone d'autonomie et de pouvoir. De leur côté, les ouvriers de production revendiquent le droit de décider, au nom des normes de production, quand la machine doit fonctionner ou non. Chacun déploie donc sa rationalité, recherche l'alliance avec les chefs d'atelier, revendique la compétence ultime.

1. Seuil, 1963.

L'homme, son identité, sa culture

A partir des années 70, le regard sur les organisations va encore se diversifier, notamment à cause des changements qui interviennent dans les structures et les contraintes des organisations. La notion d'adhocratie, synonyme de structure complexe, originale et plutôt démocratique, est abondamment reprise pour qualifier les nouvelles formes d'organisation des industries informatiques ou, plus généralement, des activités intellectuelles dans des environnements fortement innovateurs et concurrentiels. De plus, les grandes industries sont désormais intégrées dans d'immenses marchés internationaux.

Dans ce cadre, la notion de culture, liée autant aux valeurs individuelles, aux savoirs professionnels qu'à l'existence d'une « culture de groupe » ou à l'existence de références culturelles globales, permet d'affirmer le rôle de l'informel et de l'humain face à la règle et aux structures. Yves-Frédéric Livian estime que deux thèses s'affrontent (10) : l'une culturaliste liant les modes d'organisations aux cultures nationales, et l'autre

10. Y.-F. Livian, *Introduction à l'analyse des organisations*, Economica, 1995.

institutionnaliste qui prend plutôt en compte les structures sociales et politiques. L'approche interculturelle est illustrée en France par les travaux de Philippe d'Iribarne (11) qui, à la fin des années 80, a étudié les différences entre usines du même groupe implantées dans plusieurs pays. Il montre que les modes d'entrée en relation ou les formes contractuelles varient fortement. Les travaux comparatistes de Marc Maurice, François Sellier et Jean-Jacques Silvestre (12) ont, au contraire, montré que trois facteurs d'organisation des sociétés influent sur le mode d'organisation des entreprises : le rapport éducatif, la forme des relations sociales et professionnelles.

Mais l'approche culturelle s'applique aussi aux sous-cultures d'organisation. L'intérêt récent pour l'histoire des entreprises ou pour l'ethnologie des organisations participe de cette approche nouvelle (13). Les dignitaires du clergé, les officiers, les responsables politiques, tous les dirigeants d'organisation savent l'importance des rites, des cérémonies, des emblèmes, des remises de médailles dans la conduite des troupes. Dans les établissements scolaires ou les entreprises, les rites ont perdu de leur force.

Les ethnologues se voient donc contraints de scruter les signes implicites d'une culture ou d'une tradition commune. De là viennent sans doute le recours à certaines pratiques managériales comme les projets d'entreprise, les stages de formation-ressourcement pour cadres, les journaux internes, etc., qui visent à créer une identité commune au sein du collectif de travail.

Images de l'organisation

Cet examen chronologique des théories de l'organisation donne l'impression d'une arborescence aux multiples ramifications. Une façon de mieux s'approprier cette surabondance nous est fournie par Gareth Morgan. Ce spécialiste canadien des sciences de l'organisation a conçu une ingénieuse grille de lecture pour aider à se retrouver dans le dédale des théories organisationnelles. Il propose de décrire les différents modèles d'analyse par l'intermédiaire de métaphores. Ainsi l'organisation sera vue, selon les cas, comme une machine, un cerveau, un organisme vivant, un système politique, une prison mentale ou un instrument de domination (14).

• **L'organisation vue comme une machine.** Le premier modèle est celui de la machine : l'organisation taylorienne du travail et le modèle weberien de la bureaucratie en sont les modèles typiques. Cette conception, symbolisée par le Charlot des *Temps modernes*, est loin d'avoir disparu. D'une part, elle persiste dans certaines activités. Ainsi, la chaîne de restauration Mc Donald's est connue pour sa gestion «néo-taylorienne». Chaque geste, chaque parole des serveurs ou des cuisiniers est codifié et rythmé selon des cadences précisément définies par l'encadrement. Cet

11. *La Logique de l'honneur : gestion des entreprises et traditions nationales*, Seuil, 1989.
12. M. Maurice, F. Sellier, J.-J. Silvestre, *Politique d'éducation et organisation industrielle en France et en Allemagne : essai d'analyse sociétale*, EHESS, 1976.
13. Voir l'article de P. Cabin sur les rites en entreprise, dans cet ouvrage.
14. G. Morgan, *Images de l'organisation*, Presses de l'Université de Laval et Editions Eska, 1989. Dans son ouvrage, G. Morgan isole sept modèles. Pour la commodité de l'exposé, nous n'en distinguerons que cinq.

Les multiples facettes de l'organisation

L'organisation peut être vue de différentes façons selon l'angle de vue adopté.

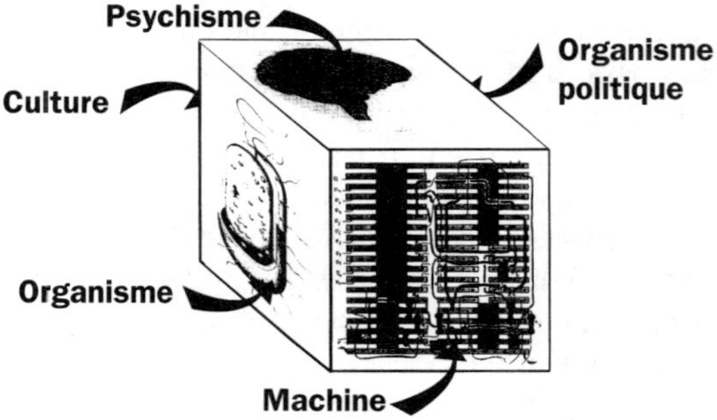

Gareth Morgan a représenté chacune des grilles de lecture par une métaphore (la machine, l'organisme, le système politique, etc.) qui reflète une dimension de l'organisation et correspond aussi à une façon de se comporter face à elle. Il n'y a pas de point de vue privilégié ou global. Chaque perspective met en lumière des aspects de l'organisation et en rend d'autres opaques.

exemple caricatural, vilipendé aujourd'hui par les tenants du management participatif (15) ne doit pas faire oublier que la vision mécanique correspond à une dimension qui est encore plus ou moins présente dans toutes les entreprises, administrations, ou associations.

• **L'organisation comme organisme vivant.** Une autre métaphore, celle de l'organisme, renvoie à une vision biologique de la vie sociale avec ses concepts associés : besoins, adaptation, régulation, système, évolution, espèces. Gareth Morgan regroupe ici plusieurs modèles différents :

– l'Ecole des relations humaines, nous l'avons vu, considère qu'on ne peut analyser une organisation ni agir sur elle sans prendre en compte les motivations des individus ;

– l'approche systémique considère l'organisation comme un ensemble de sous-systèmes interdépendants reliés entre eux par des causalités réciproques (*feed-back*) (16). Cette approche est particulièrement pertinente lorsque l'on observe des milieux sociaux « complexes » où interviennent de multiples partenaires institutionnels. C'est le cas notamment des associations de formation, des systèmes politiques locaux, des grandes entreprises ;

15. Voir mots clés en fin d'ouvrage.
16. Voir l'article de J.-F. Dortier sur l'analyse systémique dans cet ouvrage.

– d'autres modèles comme la théorie de la contingence (*voir plus haut*) participent de cette métaphore biologique.
Les points forts de la métaphore organique sont de proposer une vision souple, vivante et dynamique de l'organisation. Elle souligne les capacités d'innovation, la diversité des gammes d'action possibles. La notion systémique « d'équifinalité » montre, par exemple, qu'un même but peut être atteint par des dispositifs différents.

• **L'organisation comme système politique.** L'analyse stratégique (*voir plus haut*), postule que l'organisation est d'abord formée d'hommes et de femmes guidés par des intérêts, des valeurs, des représentations, des mobiles, bref des « stratégies » différentes. Le rôle de l'analyse stratégique est de découvrir ces stratégies souvent implicites, et d'en déduire comment se forment les systèmes d'action.

• **L'organisation comme prison mentale.** L'organisation peut encore être vue sous l'angle des passions : amour, haine, pulsion de vie et pulsion de mort, mécanisme de défense et névroses de groupe (17). L'approche psychanalytique, qui s'est déployée dans la lignée des travaux de E. Jaques et W. Bion, participe de cette vision.

• **L'organisation comme culture.** De nombreux observateurs ont cherché à identifier les ingrédients des succès de l'économie japonaise, pensant que la culture nationale constituait un des piliers de cette efficacité. Par la suite, de nombreux travaux se sont penchés sur l'importance de la culture dans l'organisation du travail. Le management interculturel, l'étude comparative des traditions nationales dans les relations de travail s'inscrivent dans cet esprit (*voir les travaux de P. d'Iribarne déjà évoqués*). De même que l'étude des processus culturels et identitaires à des échelles moins vastes comme celles de l'entreprise, du métier, du secteur, etc. (*voir par exemple l'approche de Renaud Sainsaulieu*).

De nouvelles théories pour de nouvelles organisations ?

Quelle que soit la façon de les considérer (de façon chronologique comme une arborescence de courants, ou de façon métaphorique comme les diverses facettes d'un même phénomène), les théories de l'organisation frappent par leur diversité. De nouvelles approches suscitent aujourd'hui un intérêt grandissant. C'est le cas avec les nouvelles théories économiques de la firme, ou en France avec l'école des conventions ou la théorie de la traduction (18).
Il faut néanmoins souligner que cette production en apparence intarissable de systèmes interprétatifs n'est pas le fruit d'une génération spontanée ou de l'imagination débridée des chercheurs en sciences de l'organisation. Si on examine leur contenu et les conditions de leur apparition, on constate que le développement de ces théories est largement tributaire des préoccupations managériales de leur époque et des formes nouvelles d'organisations, qui ne cessent de se transformer, pour faire face aux mutations de l'économie et de la société.

17. Voir l'article de J.-F. Dortier, « Les dimensions cachées des organisations » dans cet ouvrage.
18. Voir sur ces nouvelles théories l'article de P. Bernoux dans cet ouvrage.

Amnesty International : de l'organisation missionnaire à la bureaucratie ?

Amnesty International est fondée en 1961 en Grande-Bretagne. L'analyse de la section de Belgique francophone, à la lumière des catégories du modèle d'Henry Mintzberg, permet de comprendre comment l'accroissement de l'organisation et des tâches, les évolutions du travail et des caractéristiques du personnel entraînent une mutation de fond dans le fonctionnement global de l'organisation (1).

Pendant la période de démarrage (1969 à 1977), toutes les personnes impliquées sont bénévoles. Elles appartiennent aux professions intellectuelles : enseignants, travailleurs sociaux, avocats... Elles fonctionnent par groupes de 5 à 15 personnes. Le travail consiste à écrire des lettres de soutien aux prisonniers et à leur famille, à adresser des courriers et des pétitions aux gouvernements, à informer le public et à récolter des fonds. L'organisation correspond à la configuration missionnaire décrite par H. Mintzberg. La coordination s'opère sur le mode de la « *standardisation des normes* » : c'est parce qu'ils adhèrent fortement aux *idéaux* de l'organisation que les membres la rejoignent. Le travail s'exerce sur le mode de *l'ajustement mutuel*, avec une faible spécialisation des tâches : tout le monde est « au four et au moulin ». Cette faible spécialisation est notamment liée à la qualification élevée des personnes.

A partir de la fin des années 70, Amnesty obtient le prix Nobel de la paix, ce qui provoque un afflux de membres. Des professionnels sont recrutés : informaticiens, responsables de la communication... Pour faire face à certains conflits de responsabilités, une charte de fonctionnement est mise en place. Les structures se renforcent et se diversifient : coordinations par pays, commissions spécialisées en fonction des catégories de prisonniers, commissions pour gérer les problèmes internes (finances, informatique...). Tout cela conduit à une *multiplication des règles*. Mais surtout, les *justifications* de ces règles changent : le secrétariat international met en avant les considérations d'*efficacité* dans la réalisation du mandat et de *cohésion* de l'organisation. Le secrétariat national cherche à reprendre le contrôle des opérations de communication, au détriment des groupes de base, et de plus en plus d'opérations de promotion de l'organisation elle-même sont lancées. Des oppositions se manifestent, notamment de la part des membres les plus anciens des groupes de base. Il semble donc que l'organisation glisse du modèle « missionnaire » vers celui de la bureaucratie. Les membres ne sont plus tous des bénévoles, et progressivement, la *compétence* l'emporte sur *l'adhésion aux valeurs* de l'organisation comme critère principal de recrutement. Les objectifs changent : les *buts de système* (régulation interne, promotion) prennent de l'importance, les missions sont moins claires. Enfin, on observe une standardisation des procédés, une formalisation des règles et une augmentation du nombre des niveaux hiérarchiques.

Il serait imprudent de déduire de cette observation une tendance inéluctable à la bureaucratisation. La vertu de cet exemple est de montrer en quoi un modèle explicatif (ici celui de Mintzberg, mais d'autres approches comme l'analyse stratégique ou la théorie des conventions auraient pu être utilisées) apporte une compréhension des mécanismes organisationnels.

PHILIPPE CABIN

1. Etude de cas présentée par J. Nizet et F. Pichault, *Comprendre les organisations. Mintzberg à l'épreuve des faits*, Gaëtan Morin, 1995.

Philippe Bernoux*

SOCIOLOGIE DES ORGANISATIONS**

LES NOUVELLES APPROCHES

La sociologie des organisations s'est enrichie récemment de nouvelles approches (théorie des conventions, théorie de la traduction) qui mettent chacune en lumière une dimension des organisations.

Depuis le début des années 80, le succès de la sociologie des organisations ne se dément pas en France, plus sans doute dans le grand public que dans le milieu scientifique qui semble encore s'interroger sur la place de cette sous-discipline dans le monde savant. Ouvrages et articles sur le thème se sont multipliés. Les applications «utilitaires» dans le monde de l'entreprise d'abord, puis dans celui de tout ensemble organisé (hôpitaux, service social, associations, etc.), ont créé ce succès et cette distance.

Cette sociologie des organisations, déjà riche d'un solide corpus théorique qui a mis des décennies à s'élaborer, est aujourd'hui en plein renouvellement. Nous qualifions les plus récentes approches de «nouvelles» car elles viennent d'émerger, mais les questions auxquelles elles répondent ont toujours été présentes dans les organisations (1). Chaque époque valorise des théories parce qu'elles entrent en résonance avec les préoccupations de l'actualité. Avant de présenter les approches nouvelles, il convient donc de présenter rapidement quelques-unes des grandes grilles d'analyses devenues «classiques» dans le domaine.

---

* Directeur de recherche honoraire, Groupe lyonnais de sociologie industrielle, Glysi. CNRS université Lyon-II. Il a publié notamment : *La Sociologie des entreprises*, Seuil, 1995, et *Les Nouvelles Approches de la sociologie des organisations*, Seuil, 1996 (en collaboration avec H. Amblard, G. Herreros, Y.-F. Livian).

** *Sciences Humaines*, n° 64, août/septembre 1996.

1. L'ouvrage de H. Amblard, P. Bernoux, G. Herreros, Y.-F. Livian, *op. cit.*, Seuil, développe l'ensemble des thèmes de cet article.

Les approches classiques (2)

• Le modèle bureaucratique. Max Weber, avec sa théorie de la bureaucratie, a jeté les premières bases de la sociologie des organisations. Lorsqu'il définit comme une « bureaucratie » la forme d'organisation – capitaliste – de l'entreprise, M. Weber veut mettre l'accent sur un modèle de rationalité universelle qui se traduit par une comptabilité rationnelle et une organisation rationnelle du travail. La bureaucratie, modèle d'efficacité pour Weber, inclut une hiérarchie fondée sur la compétence et non sur l'arbitraire. Le critère rationnel prime sur celui de l'autorité traditionnelle. Weber (1864-1920) est le contemporain de Frederick W. Taylor (1856-1915) qui, au même moment, cherche à imposer une organisation scientifique du travail, fondée sur la division extrême des tâches, et la prise en charge de l'organisation du travail dans les ateliers par des bureaux spécialisés.

• Le modèle fonctionnaliste. Mais les sociologues vont prendre conscience qu'il n'existe pas une procédure universelle et méthodique pour définir l'organisation du travail. Les formes d'organisation dépendent aussi de l'environnement – les technologies, la structure du marché – comme le montreront les théoriciens de la contingence (3). Henry Mintzberg (4) (1982) introduira un facteur supplémentaire : les buts que se proposent les dirigeants. Il y a, selon lui, un ajustement entre la firme et son environnement (stable ou incertain), une cohérence entre les structures internes et les objectifs des dirigeants (conception des postes de travail, organisation par marché ou fonctions, taille des unités, rôle des chefs, relations aux clients, etc.). La principale critique adressée à cet ensemble théorique est qu'il postule une adaptation quasi automatique à l'environnement.

Ces deux ensembles théoriques font une grande place à l'idée de rationalité universelle, aux contraintes de l'environnement et à l'adaptation.

• L'analyse stratégique. C'est en réaction à ces idées que vont se développer l'analyse stratégique, puis celle en termes d'identité, tandis que l'analyse culturelle constituera une constante dans les approches des organisations.

La sociologie des organisations, focalisant le regard sur leur fonctionnement interne, se diffuse à la fin des années 70 et durant la décennie 80, essentiellement à travers l'ouvrage de Michel Crozier et Erhard Friedberg, *L'Acteur et le Système. Les contraintes de l'action collective* (5). Elle prend le nom d'analyse stratégique. Puis, en 1993, E. Friedberg publie *Le Pouvoir et la Règle. Dynamiques de l'action organisée* (6).

L'analyse stratégique promue par M. Crozier et E. Friedberg rejette l'idée d'un modèle universel de l'organisation. Leur théorie repose sur quatre principes.

---

2. Pour une présentation plus détaillée des approches classiques, on pourra se reporter notamment à : D. Segrestin, *Sociologie de l'entreprise*, Armand Colin, Coll U, 1992 ; et P. Bernoux, *La Sociologie des entreprises*, Seuil, 1995.
3. Voir J. Woodwoard, *Industrial Organization. Theory and Practice*, Oxford University Press, Tavistock, 1965 ; P.R. Lawrence et J.W. Lorsch, *Adapter les structures de l'organisation*, Editions d'Organisation, 1973 (1967).
4. *Structure et dynamique des organisations*, Editions d'Organisation, 1982.
5. Seuil, 1977. *Cf.* aussi M. Crozier, *Le Phénomène bureaucratique*, Seuil, 1963.
6. Seuil, 1993.

a) L'idée que l'acteur en organisation est un stratège, disposant d'une marge d'action (zone d'autonomie) grâce à la maîtrise d'une zone d'incertitude.
b) Cet acteur a un comportement rationnel, mais cette rationalité est toujours «limitée».
c) Le pouvoir est une relation d'échange qui se négocie.
d) L'interaction entre les acteurs aboutit à la constitution d'un système d'action, plus ou moins stable que l'analyse stratégique a pour but de mettre au jour. Ces modèles d'organisations sont toujours contingents.

Comme l'a bien montré M. Crozier dans *Le Phénomène bureaucratique* (7), derrière l'organisation formelle des grandes entreprises bureaucratiques qui semblent avoir tout prévu (embauches, promotions, tâches à accomplir...), il existe en fait une grande incertitude qui laisse une marge de manœuvre aux acteurs, au jeu des négociations informelles. Sans doute, cette idée du rôle central de l'incertitude dans les organisations est-elle, non la découverte, mais la valorisation la plus pénétrante de l'analyse stratégique.

Le concept de pouvoir est une notion centrale pour l'analyse stratégique. E. Friedberg y insiste dans *Le Pouvoir et la Règle*. Le pouvoir n'est pas défini seulement comme une capacité à faire faire, il structure des relations dans l'organisation et, en particulier, il est créateur de règles. L'action collective, objet de l'organisation, est toujours soumise à une masse d'incertitudes, donc de décisions à prendre qui structurent les coopérations et les conflits dans l'organisation. Le pouvoir stabilise les interactions, permettant l'action dans la durée.

• Identité et culture. L'analyse en termes d'identité développée par Renaud Sainsaulieu dans *L'Identité au travail* (8) renvoie à un mode de structuration de l'organisation où l'expérience de la socialisation joue un rôle central. La socialisation rend compte de la création des règles (9) par intériorisation des situations de travail, des relations quotidiennes de pouvoir et d'expériences introduisant d'autres apprentissages collectifs. Les attitudes collectives des groupes permettent de définir des modèles relationnels et de comprendre leurs réactions.

R. Sainsaulieu identifie ainsi plusieurs types de ces conduites : la fusion, la négociation, les affinités, le retrait. Ces conduites tirent leur force de la volonté des acteurs de se faire reconnaître.

L'approche culturelle s'intéresse quant à elle aux formes du travail caractéristiques d'un pays, d'une tradition. La culture désigne à la fois un cadre de pensée et un système de valeurs d'une société, et un système de règles régissant les relations dans les groupes.

L'école des conventions

Ce rapide survol des principaux courants de la sociologie des organisations montre la variété des grilles de lecture possibles. Leur diversité est due au fait qu'ils mettent en lumière chacun une dimension importante des organisations.

7. Seuil, 1963.
8. FNSP, 1977. Voir aussi R. Sainsaulieu, *L'Entreprise, une affaire de société*, PFNSP, 1990.
9. J.-D. Reynaud, *Les Règles du jeu*, Armand Colin, 1989.

Organisées de manière rationnelle (du moins, le veulent-elles), leurs structures sont influencées par l'environnement, elles sont composées d'acteurs stratégiques, qui y définissent leur identité, elles produisent et sont produites par des cultures, etc. Ces multiples regards ne suffisent pourtant pas à épuiser l'analyse. Des problèmes importants en sont absents. Ils ont été repérés par deux nouvelles approches : « L'école des conventions », d'une part, et celle de la « traduction », d'autre part.

L'école française « des conventions » est née à la fin des années 80. Elle regroupe des sociologues et économistes (Luc Boltanski, Laurent Thévenot, André Orléan, Robert Salais) qui proposent un modèle général des relations sociales qui cherche à répondre à la question de la *« coordination des actions individuelles afin de comprendre comment se constitue une logique collective et quelles ressources elle doit mobiliser pour se stabiliser »* (10). Sur quelles bases peut se constituer un accord collectif lorsque les acteurs justifient leur action par des principes différents ? Par exemple, dans une entreprise, il existe plusieurs légitimités qui s'affrontent : la qualité du travail, l'efficacité et la rentabilité, l'amélioration des conditions de travail, le poids des traditions professionnelles… autant de principes hétérogènes qui se juxtaposent et forment un tissu de normes et de « conventions ».

Les théoriciens de l'école des conventions rejettent l'opposition entre les explications par l'individuel et celles par le collectif qui sont au cœur de la sociologie et de l'économie. Ils cherchent les voies de construction du social dans le choix de la règle d'accord. Il s'agit, pour les protagonistes, de trouver la référence à une forme universelle dépassant les particularités des personnes. La régularité des conduites, notamment les conduites collectives ou intéressées, se ramène pour eux à une contrainte d'accord.

• Le principe des six natures. L. Boltanski et L. Thévenot ont identifié plusieurs grands principes de légitimité qui président à la justification d'une action (11). Ces principes, appelés « natures », « cités » ou « mondes » sont au nombre de six : la cité inspirée renvoie au principe de créativité (mon action est guidée par un principe supérieur d'innovation, de nouveauté) ; la cité domestique renvoie à l'art des relations familiales, de la tradition (mon action est guidée par le respect et l'attachement aux règles du groupe) ; la cité du renom vise à la reconnaissance sociale (relations publiques, vedettariat, opinion) ; la cité civique justifie une action en fonction de la recherche de l'intérêt général ; la cité marchande justifie une action par le donnant – donnant du contrat commercial ; la cité industrielle, enfin, est celle de l'impératif d'efficacité et de productivité. Lorsque les « natures » ou « cités » sont en contradiction, il est nécessaire, pour assurer la cohésion d'un groupe de trouver des accords fondés sur des compromis. Ainsi, le conflit potentiel entre la légitimité industrielle (celle de l'efficacité) et

10. A. Orléan (dir.), *Analyse économique des conventions*, Puf, 1994.
11. L. Boltanski, L. Thévenot, « Les Economies de la grandeur », *Cahiers du Centre d'étude de l'emploi*, n° 31, Puf, 1987.

la légitimité civique (celle de l'intérêt des salariés défendu par les syndicats), peut se résoudre à travers des dispositifs écrits comme les accords d'entreprise, les conventions collectives, la négociation contractuelle, les concessions, la politique sociale, les réunions paritaires, etc.

La convention occupe une grande place dans cette théorie au point de lui avoir donné son nom. *« Une convention, c'est un ensemble d'éléments qui, à tout instant, pour les participants à la convention, vont ensemble et sur lesquels, par conséquent, ils partagent un commun accord… Une convention est un système d'attentes réciproques sur les compétences et les comportements, conçus comme allant de soi et pour aller de soi. C'est par là même qu'une convention est efficace. »* (12)

« Les comportements attendus n'ont pas besoin d'être conçus à l'avance, écrits, puis ordonnés pour être obtenus. » (13) Cette définition de la convention est proche de celle des rôles dans les termes classiques de la sociologie. Il s'agit bien de comportements attendus auxquels se conforment les individus. Le terme « convention » vient de « convenir », venir ensemble, être d'accord ; le terme « contrat », de « contrahere », resserrer, borner et mettre à leur place. *« La convention (…) permet de coordonner des intérêts contradictoires qui relèvent de logiques opposées, mais qui ont besoin d'être ensemble pour pouvoir être satisfaits. »* (14) La vie sociale repose sur des accords implicites de ce type. La relation entre entreprises donneurs d'ordre et entreprises sous-traitantes, à propos du partenariat et de la qualité, illustre une manière de résoudre l'incertitude dans les relations des entreprises (15). Traditionnellement, le rapport de sous-traitance s'organisait autour d'une mise en concurrence par le donneur d'ordre. On était dans un modèle de coordination-convention par le marché. Or les donneurs d'ordre connaissent aujourd'hui une industrialisation poussée des modes opératoires, dans une logique industrielle, tandis que les sous-traitants ont des structures plus légères, répondant à leur nature marchande. La qualité y repose sur la valeur de la main-d'œuvre et non sur la standardisation à grande échelle.

Il y a donc difficulté à harmoniser ces deux modèles de coordination. Là-dessus se greffe le problème des procédures d'assurance qualité. Dans le modèle du marché, une différence de qualité est traduisible en termes de prix. Mais si le produit est un élément d'une chaîne de fabrication, la compensation marchande est alors inadéquate : le sous-traitant ne peut payer la faute sur toute une chaîne. Que fait le donneur d'ordre ? Il assure la qualité par d'autres formes de coordination, comme les procédures liées à l'assurance qualité et comme le partenariat. La vérification des équipements du sous-traitant, de la fiabilité de son organisation, de la confiance que l'on peut lui accorder, se substituent à l'évaluation des produits. On est en présence d'une harmonisation

12. R. Salais, « Economie des conventions », *Revue économique*, n° 2, mars 1989.
13. *Idem.*
14. *Idem.*
15. F. Eymard-Duvernay, « Economie des conventions », *op. cit.*

des formes de coordination, le marché ne jouant plus le rôle central qu'il avait lors des procédures d'appels d'offres.
On voit l'intérêt de cette nouvelle construction théorique. A l'intérieur de chaque nature, les justifications permettent de faire apparaître et d'objectiver les désaccords puis de comprendre comment s'élaborent les compromis. Les « natures » ou « cités » sont des construits sociaux, et en ce sens les conventionnalistes s'inscrivent dans une ligne de réflexion déjà rencontrée dans les théories de l'acteur. Mais ils focalisent l'observation sur les compromis et leur contenu parce que ceux-ci disent l'essentiel de ce sur quoi tient une entreprise comme une société. Il est tout à fait instructif pour comprendre l'évolution des relations dans les entreprises aujourd'hui de voir comment sont justifiés les nouveaux compromis sociaux (16).

La théorie de la traduction

La théorie des conventions renouvelle le regard porté sur l'organisation, entreprise ou non. Elle met au centre de l'analyse, non les acteurs et leurs conflits, mais « ce qui fait tenir », les coordinations. Les controverses sont une expression des « natures », non des stratégies. Les conventions permettent de comprendre comment et sur quelles bases se créent les compromis.
La théorie de la traduction, initiée par Bruno Latour et Michel Callon, est issue des recherches en sociologie des sciences et de l'innovation technique avant de devenir une référence incontournable pour la sociologie de l'organisation (17). On est passé d'un champ à un autre – de la science à l'organisation – parce que la manière dont les auteurs ont traité la question de l'innovation scientifique répondait à un problème central dans l'organisation, celui des relations entre services aux logiques différentes et celui de la création des réseaux. Elle apparaît aujourd'hui particulièrement pertinente lors de l'implantation d'innovations et dans les situations de changement.
Pour plus de clarté, on présentera le cas célèbre des coquilles Saint-Jacques, en précisant les étapes de constitution d'une méthodologie.
Le cas des coquilles Saint-Jacques. Au début des années 70, on s'aperçoit d'un phénomène nouveau, celui de la raréfaction des coquilles Saint-Jacques (CSJ – Pectem Maximus) dans la baie de Saint-Brieuc. Elles ont déjà disparu de celle de Saint-Malo. Les marins-pêcheurs subissent cette raréfaction comme une fatalité. Au cours de la même période, des chercheurs d'un laboratoire public situé à Brest commencent à s'intéresser aux CSJ. De leur côté, les pouvoirs publics locaux s'émeuvent, se sentant obligés de faire quelque chose, mais ils ne savent pas

16. Pour aller plus loin sur la théorie des conventions, on pourra se reporter aux travaux suivants : L. Boltanski, L. Thévenot et al., « Justesse et justice dans le travail », *Cahiers du Centre d'études de l'emploi*, n° 33, Puf, 1989 ; L. Thévenot, « Les investissements de forme », Conventions économiques, *Cahiers du centre d'études de l'emploi*, Puf, n° 29, 1985 ; L. Thévenot, « Les entreprises entre plusieurs formes de coordination », dans J.-D. Reynaud et al. (dir.), *Les Systèmes de relations professionnelles*, Editions du CNRS, 1990.
17. Voir M. Callon, B. Latour, « Comment suivre les innovations ? Clef pour l'analyse socio-technique », *Prospective et Santé publique*, numéro spécial sur l'innovation, 1978 ; M. Callon (dir.), *La Science et ses réseaux. Genèse et circulation des faits scientifiques*, La Découverte, 1989 ; B. Latour, *Aramis ou l'amour des techniques*, La Découverte, 1992.

trop quoi. Quant aux consommateurs, ils veulent continuer à manger la précieuse CSJ, d'où qu'elle vienne, avec cependant une préférence pour la française qui est coraillée. Quant aux coquilles, on ne sait pas très bien quelles sont leurs mœurs, en particulier comment elles se déplacent et se reproduisent.

Les pouvoirs publics décident d'organiser un colloque. Mais les pêcheurs traînent les pieds, craignant d'avoir à changer leurs pratiques et redoutant un contingentement et une réglementation de leur pêche. Les chercheurs n'ont guère de connaissances sur le sujet, les consommateurs ne veulent pas réduire leur consommation, et dans ces conditions les larves de CSJ risquent de continuer à disparaître. La situation n'est pas brillante... Pourtant, elle va être renversée en une dizaine d'années et, à partir de 1986, les CSJ de la baie de Saint-Brieuc sont de nouveau présentes sur les tables.

Dans la première phase de l'analyse, celle de la contextualisation, il s'agit de recenser les acteurs et leurs enjeux, comme dans une analyse stratégique classique.

Dans la deuxième phase, dite de la problématisation, les chercheurs se mettent au travail en impliquant les différents acteurs. Les connaissances produites n'existeront qu'avec la participation, voire avec l'aide de ces acteurs. Comment donc relier les pêcheurs, les CSJ, les chercheurs, les pouvoirs publics et les consommateurs ? Il faut trouver un point de passage obligé où tout ce monde se retrouve. La question des conditions à réunir pour que la CSJ se fixe dans la baie de Saint-Brieuc est celle à laquelle on doit finir par donner une réponse. Elle est cependant trop globale. Il faudra arriver à poser une question intermédiaire, plus opérationnelle et qui rassemble les intérêts de tous les acteurs : quels moyens mettre en œuvre pour observer le processus de reproduction ?

Cette question doit aboutir à définir un bien commun provisoire entre tous les acteurs, donc à constituer un réseau. Chacun se sentira concerné s'il se voit confier un rôle dans la recherche de la réponse. Il sera enrôlé au sens propre du terme. On ne cherche pas à motiver les acteurs mais, en leur donnant un rôle, on les implique et les fait agir. Chaque acteur, représenté par un porte-parole reconnu légitime par ses pairs, sera concrètement associé à la recherche de solutions.

La troisième phase est celle de la création d'un bien commun. Ce sera un laboratoire, espace découpé en mer, où tous les acteurs ont une mission et qui est le bien commun de tous. Les marins-pêcheurs auront mission d'observer les mouvements des CSJ, surtout des larves, et de prélever des échantillons. Ils doivent aussi contrôler que personne ne vienne pêcher dans ce secteur. L'engagement sera respecté car ce sont les marins-pêcheurs eux-mêmes, par l'intermédiaire de leurs porte-parole, qui se sont engagés. Les autres acteurs qui ne participent pas au recueil d'informations devront y être intéressés.

L'existence d'un dispositif matériel ouvert à tous les acteurs, le laboratoire, travaillant dans la transparence, ne suffit pas. Il faut faire un travail de diffusion, appuyé sur des supports matériels (textes, mais aussi rencontres), produisant et diffusant les informations. Cette quatrième étape est celle de la solidification du réseau. Partagées par les acteurs qui finissent par constituer un collectif, les informations lient les membres et les font participer à la production de connaissances. Le réseau s'étant constitué dans les étapes précédentes, il faut le consolider, le rendre irréversible, l'étendre à des acteurs influents qui ont pour mission de le solidifier. Ici par exemple, le ministère de la Recherche, celui du Commerce extérieur, les pouvoirs publics régionaux, etc. A ce stade, la légitimité des acteurs et la solidité des réseaux sont suffisantes pour qu'il y ait accord sur la recherche du système de reproduction des CSJ. Suffisamment d'éléments d'observation ont été obtenus pour comprendre leur système de reproduction, les défendre, et finalement passer à une autre pratique de la pêche. Le rôle des marins se trouve redéfini : chercheurs durant le temps de la recherche, ils deviendront éleveurs, limitant leurs sorties de pêche, ciblant certaines zones, coordonnant leur activité.

A ce dernier stade, un modèle de traduction, impliquant tous les acteurs dans leur propre logique, a été créé, dans un langage que chacun peut comprendre et s'approprier.

L'innovation est présentée habituellement dans le modèle de la diffusion de l'innovateur au récepteur auquel M. Callon oppose celui de la traduction. Le premier correspond à l'idée selon laquelle des objets techniques achevés et complets n'auraient plus qu'à se trouver des clients. On est dans une vision linéaire qui part du chercheur, passe à l'ingénieur, aux services de développement, aux services de marketing et finalement à la fabrication. Le client, lui, n'a plus qu'à s'adapter, qu'il soit à l'extérieur de l'organisation ou qu'il en fasse partie. Ce modèle est proche de ce que l'on entend en théorie de la communication : une « bonne » information est reçue si le canal est « bon ».

Toute la réalité du fonctionnement des organisations et des entreprises démontre le contraire : le message est reçu, pas seulement en fonction de ses qualités intrinsèques mais des stratégies des récepteurs. Si le message n'a pas été traduit, c'est-à-dire s'il n'est pas devenu un enjeu pour les récepteurs, il n'a aucune chance de réception. On sait aujourd'hui que le dynamisme des organisations est lié à cette capacité de « traduction ». C'est le cloisonnement entre services qui fait perdre du temps, le fait que celui qui reçoit un projet élaboré en amont commence par le refaire à sa manière, ou le renvoyer, car sa rationalité n'a pas été prise en compte. Les gains de temps sur la production sont toujours liés à la capacité de traduction entre services. Toute l'approche actuelle en termes de « management par projet » se fait sur le modèle de la traduction. Il s'agit de faire comprendre aux membres de chaque service le langage des autres, leur en faire admettre la légitimité. La performance des organisations en dépend.

Le modèle de traduction « offre une vision tourbillonnaire » de l'innovation. L'image proposée est celle du jeu de scrabble. L'innovateur va du tableau au jeu, aux lettres, aux coups des concurrents. Impossible de dire à l'avance où sera l'essentiel de l'innovation, dans la découverte fondamentale, dans l'application technique, dans la généralisation, dans l'usage à d'autres fins que celles prévues, etc. Ce modèle suppose une dynamique permanente de modifications et de changements. On ignore si les groupes concernés seront ouverts ou fermés à l'innovation ou, dans la durée, ouverts un moment donné à une partie de cette innovation, fermés à d'autres, etc.

Le cœur de la théorie de la traduction est constitué par l'idée qu'un fait n'a pas d'intérêt intrinsèque, qu'il ne porte de force que dans la mesure où il est mis en chaîne ou en réseau avec un ensemble, des acteurs, seuls capables de lui donner vie. L'essentiel est la relation entre ces actants. Réciproquement, on ne peut comprendre la solidité d'une idée qu'en prenant en compte tous les actants qu'elle concerne et qu'elle met en chaîne. Par exemple, aucune machine ne porte évidence en elle-même. Elle a un caractère contingent et n'existera que lorsque le réseau la portera.

Les logiques d'action : une position heuristique

Les deux grands courants que l'on vient de présenter, ainsi que les approches que nous avons nommées « classiques », constituent une manière de regarder les faits pour tenter d'en rendre compte, de les expliquer dans un cadre cohérent. Comprendre pourquoi des services communiquent mal permet ensuite d'agir. Cette situation peut s'expliquer en se référant à chacune de ces théories, à la rationalité de chaque service, au poids de l'environnement, aux conflits de pouvoir et aux jeux d'acteur, à l'opposition des natures, des cités ou des mondes, à l'absence de traduction. Chacune de ces interprétations rend compte d'une partie des faits, cohérente à l'intérieur de son cadre théorique.

Le paradigme des logiques d'action a été créé pour rendre compte de la diversité des interprétations possible de phénomènes observés (18). C'est une posture heuristique où le chercheur se donne le droit d'utiliser des éléments issus de plusieurs modèles théoriques (et qui s'excluent habituellement). De plus, les logiques d'action sont une manière de définir le sens qu'un acteur donne à son action. Les conflits, la construction des règles, puis les compromis, la reconstruction des identités, des cultures, les comportements d'ajustement ou de non-ajustement résultent de la manière dont les acteurs interprètent leur place et leur rôle dans les organisations, à la lumière et de leurs parcours antérieurs et de la situation d'action dans laquelle ils sont placés. Une logique d'action naît donc du sens que l'individu donne à l'action qu'il entreprend, lié à la situation d'action dans laquelle il est placé. Ce sens n'est pas dépendant seulement de la situation, mais a été créé à travers les représentations, images actives que les individus se sont forgées avant d'être en situation. Il permet d'expliquer le type de raisonnement emprunté avant de

18. P. Bernoux, G. Herreros, « Le changement dans les organisations : entre compromis et pouvoir », *Gestion 2000*, n° 6, 1993.

nouer une relation stratégique ou un compromis.

La production du social, ce dont il faut rendre compte, passe par les processus de composition des actions individuelles en situation et des règles produites. Dans ce processus interviennent le passé des acteurs et la manière dont ils l'ont intériorisé. Cet ensemble contribue à la construction de l'action. L'acteur n'agit pas qu'en fonction de la situation, mais aussi de ses expériences. Il intègre son histoire personnelle et en fait un guide d'action quotidienne. Un homme de production, un agent des méthodes, un informaticien, etc., ont des réactions « typées ». Ils mettent en pratique une logique d'action née de leur passé et de l'exercice concret de leur métier dans telle organisation, tel service. Cette logique les amène à avoir des regards différents sur des objets apparemment identiques. Ces regards sont reliés à la situation dans laquelle ils se trouvent. Le concept de logiques d'action permet de casser la prégnance des logiques technologiques, économiques ou gestionnaires omniprésentes dans les organisations. Trouver un outil simple pour faire comprendre que l'affrontement des acteurs naît de perceptions différentes des contraintes et des situations, n'est pas une mince affaire. Il s'agit de substituer à ces logiques fortes une autre présentation des logiques animant les acteurs. L'interprétation en termes de logiques d'action permet de comprendre la manière dont chaque acteur se situe face à un problème, non seulement en fonction de l'action dans laquelle il est plongé, de ses jeux de pouvoir, de ses cités, mais aussi de son passé qui a forgé ses représentations. C'est une manière de lire concrètement les situations générées par les organisations.

Le cas siphon

L'histoire classique d'une innovation technique qui a mis deux ans à monter en régime de production « normal », à travers de nombreux conflits entre services, alors qu'il était prévu qu'elle le fasse en quelques semaines.

Un atelier d'une usine de produits chimiques, composé d'une population ouvrière peu qualifiée, voit son installation technique, qui était de type traditionnel, complètement modernisée. Chargement, mélanges et conditionnement entièrement automatisés. L'emploi n'est pas menacé, le marché du produit restant très porteur. La modernisation, qui soulage de tâches matérielles pénibles, est accueillie favorablement par la main-d'œuvre et la hiérarchie. Le problème vient de la conception puis de la mise en œuvre de cette innovation technique. Il s'agissait d'un prototype encore jamais construit.

Cinq grands services existent dans cet établissement : la recherche, les études, la fabrication, l'entretien et le commercial. Il apparut rapidement que les études s'appropriaient le projet en écartant, de fait, les autres services qui auraient pu prétendre contribuer (la recherche, l'entretien) ou au moins être tenus au courant (fabrication, commercial). D'où des difficultés au moment de la mise en route, les fabricants ne connaissant pratiquement rien du fonctionnement de l'ensemble, les gens de l'entretien (mécanique et électrique) pas beaucoup plus.

Le service études a travaillé avec une société d'ingénierie spécialisée dans ce type d'ensemble, société à laquelle appartenait un ingénieur qui était autrefois dans le service. Cette bonne relation a permis aux ingénieurs et techniciens des études d'avoir une rationalité commune avec les ingénieurs et techniciens de la société d'ingénierie. Les deux groupes d'acteurs se comprenaient quasi spontanément.

Comment interpréter cette situation ? Les interviews laissent apparaître des explications spontanées. Les gens du bureau d'études *« se sont fait plaisir »* disent les hommes de l'atelier. Ils en parlent aussi en termes de pouvoir, ce vers quoi penche la direction. Au bureau d'études, on se défend en disant que mettre tout le monde dans le coup aurait fait traîner la mise en œuvre et abouti à un mouton à cinq pattes. Les contraintes de temps, de moyens financiers les obligeaient à adopter cette démarche. De plus, la tradition de l'établissement, sa culture, la tradition du secret poussent à l'isolement des services.

On est donc en présence de plusieurs interprétations : en termes de conventions, de pouvoir, de culture. Les jeux de pouvoir sont les plus visibles. Il y a eu beaucoup de moments où *« ça a chauffé »*, des conflits ouverts et des stratégies pour garder ou s'emparer de la gestion du projet. C'est la partie la plus visible de l'iceberg.

Il y a des conflits plus profonds, ceux qui opposent des acteurs parce qu'ils ont des logiques différentes. La conquête de la situation dominante, n'étant que le résultat de l'opposition des logiques. Il faut donc identifier celles-ci, que les conventionnalistes appelleraient des « natures » ou des « cités ». Puis il faut les traduire, opération difficile que les gens du bureau d'études refusent pour cette raison. Mais la non traduction aboutit à une mise en œuvre longue, conflictuelle et finalement très coûteuse. Enfin, il faut tenir compte de la culture de cet établissement.

Comprendre ces difficultés suppose donc de jouer avec les différentes interprétations théoriques. Ce n'est ni tout pouvoir, ni seulement conventions, ni entièrement culture, la traduction se révélant difficile à mettre en œuvre. L'entrée par les logiques d'action rappelle que toutes ces interprétations doivent être mobilisées. Elle permet aussi de comprendre rapidement la manière dont les acteurs se représentent leur fonction dans une action de ce type et ordonnent leur action en conséquence.

P.B.

LA DYNAMIQUE DE L'ACTION ORGANISÉE

ENTRETIEN AVEC ERHARD FRIEDBERG*

La notion d'action organisée permet de saisir les processus de coopération et d'ajustement à l'œuvre dans les organisations.

***Sciences Humaines :* Vous êtes, avec Michel Crozier, un des chefs de file de la sociologie des organisations en France. Pourtant, dans la première partie de votre ouvrage *Le Pouvoir et la Règle*, vous vous attachez à démonter la notion d'organisation au profit de celle d'action organisée. Qu'entendez-vous par là ?**

Erhard Friedberg : Le terme organisation désigne à la fois un état et une dynamique. L'état renvoie à un objet social, à savoir les organisations sous toutes leurs formes : les entreprises, les administrations, les associations, etc. La dynamique renvoie aux processus par lesquels les individus ajustent leurs comportements et coordonnent leurs conduites dans la poursuite d'une action collective. C'est dans les organisations « classiques » que les mécanismes à l'œuvre sont les plus visibles et donc les plus faciles à étudier. Mais ceux-ci dépassent les organisations. C'est pourquoi je préfère parler d'action organisée : celle-ci existe au sein comme en dehors des organisations, dans une grève ou dans une bande informelle de jeunes d'une cité de banlieue tout autant que dans une entreprise ou dans un service administratif. Bref, partout où l'interdépendance oblige les hommes à s'organiser et à se coordonner pour réussir leur coopération.

** Directeur du Centre de sociologie des organisations et responsable du DEA de sociologie de l'Institut d'études politiques de Paris. Il a publié :* Le Pouvoir et la Règle, *Seuil, 1993.*

***SH :* C'était déjà la perspective que vous aviez développée, Michel Crozier et vous, dans *L'Acteur et le Système* ?**

E.F. : Oui, et je n'ai naturellement pas changé d'orientation. Il me semble simplement que j'ai décentré et, en quelque sorte, radicalisé la perspective. L'organisation n'est pas ici au centre de la démarche. Elle n'est plus qu'un des points d'arrivée d'une réflexion sur les conditions et les mécanismes de la régulation de l'action d'un ensemble d'acteurs interdépendants, mais aussi relativement autonomes. Les notions centrales sont alors celles de contexte d'action, de négociation et d'échange politique, et surtout celle d'ordre local, par lequel est introduit un minimum de régularité et de stabilité dans les négociations et les échanges politiques entre les intéressés. Au fond, l'approche organisationnelle de l'action sociale n'est rien d'autre que l'étude de la nature et des caractéristiques de ces «ordres locaux» chaque fois spécifiques et contingents. Ou, pour reprendre le titre de mon livre, c'est l'étude de la genèse des règles qui viennent stabiliser et discipliner les relations de pouvoir qui finissent par changer ces règles. Le pouvoir et la règle constituent bien les deux pôles de toute réflexion sur l'action organisée.

***SH* : Qu'entendez-vous par échange politique ?**

E.F. : En simplifiant, on peut dire qu'il y a deux sortes d'échanges. D'un côté, il y a ce qu'on pourrait appeler l'échange économique, dont on accepte les termes sans remise en cause ou négociation. La plupart des achats sur un marché ou dans un magasin tombent dans cette catégorie. Et de l'autre côté, il y a ce qu'avec d'autres j'appelle l'échange politique. Ici, les termes mêmes de l'échange, c'est-à-dire les contreparties que j'accepte de donner pour obtenir quelque chose, ne sont pas intangibles, mais font au contraire partie de la transaction : implicitement ou explicitement, il y a négociation. Bien entendu, les frontières entre les deux types d'échange ne sont pas claires, et l'expérience ou plutôt l'analyse montre qu'on passe très facilement du premier au second. Car l'échange politique est le mécanisme de base, et en quelque sorte, celui qui est le plus «naturel». Les difficultés qu'éprouvent les pays postsocialistes à établir des transactions purement économiques le montrent bien. Et le paradoxe dans l'affaire, c'est que les ordres sociaux émergent de ces échanges politiques en même temps qu'ils sont constamment remis en question par eux. Cela constitue précisément l'objet de l'étude de l'action organisée.

***SH* : Une organisation n'est alors plus pour vous qu'une modalité particulière d'un tel «ordre local» ?**

E.F. : Tout à fait. Entendons-nous bien. Les organisations existent, elles sont même plus omniprésentes que jamais. Soutenir le contraire serait ridicule. Mais pour comprendre les dynamiques de leur fonctionnement, il faut les démonter. C'est-à-dire qu'il faut s'interroger sur la logique des conduites des acteurs qui leur donnent vie et pour lesquels elles ne constituent jamais qu'un cadre plus ou moins contraignant. Et quand on les démonte de la sorte, que voit-on ? Des conflits de rationalités, des oppositions et des alliances entre individus et groupes, des processus de pouvoir, c'est-à-dire d'échange politique, et des mécanismes de régulation. Or, tous ces phénomènes ne sont absolument pas spécifiques aux organisations. Ils se retrouvent dans les champs d'action les plus divers. En d'autres termes, il faut arrêter de raisonner de façon dichotomique, en faisant comme si tout ce qui n'était pas une organisation était inorganisé. En réalité, les organisations ont un fonctionnement beaucoup plus désordonné qu'il n'y paraît, alors que des champs apparemment moins structurés sont beaucoup plus ordonnés que ne le voudrait une vision théorique. Démonter la notion d'organisation, cela sert à attirer l'attention sur la continuité de problèmes de coordination posés par l'action sociale.

***SH :* Est-ce que vous pourriez nous donner un ou deux exemples ?**

E.F. : Prenons d'abord un exemple du côté des organisations « classiques » : le fonctionnement d'une usine automobile. Avec les nouvelles méthodes de sous-traitance, les fournisseurs sont dans l'usine et le donneur d'ordre est présent chez son fournisseur. Entre les deux, l'interpénétration va croissant. Dans cette situation, on ne sait plus très bien où tracer la frontière de l'entreprise. Mais les relations entre cette usine et ses sous-traitants ne sont pas pour autant complètement désordonnées, bien au contraire. Il y a un ordre local qui se cache derrière l'ensemble des interactions. Ses caractéristiques, qu'il faut mettre en évidence pour comprendre les conduites des acteurs concernés, ne sont pas simplement déductibles des contrats qui lient les partenaires.

Prenons maintenant un exemple dans un champ plus flou, soit le secteur des services sociaux d'une ville ou, pour reprendre un cas récemment étudié par un de mes étudiants, le dispositif institutionnel chargé de la prise en charge des toxicomanes dans un département. Il n'y a pas d'organisation unique qui couvre ce problème, mais une multiplicité d'acteurs institutionnels relativement autonomes. Les responsables de ce champ se plaignent même du manque de coordination entre l'ensemble des intervenants. Mais à y regarder de plus près, les initiatives apparemment désordonnées de ceux-ci obéissent en fait à des régularités profondes, qui correspondent à des équilibres de pouvoir, des chasses gardées, des rapports de concurrence, des partages implicites de rôles, etc.

Pour comprendre les conduites ou stratégies des uns et des autres, il faut connaître cet «ordre local» et les structures et les règles du jeu implicites sur lesquelles il repose.

***SH :* Dans votre livre, vous dites que le comportement des acteurs est rationnel, c'est-à-dire s'explique par des caractéristiques de leur situation et par leurs calculs. On a l'impression que pour vous les acteurs sont interchangeables : ils ne sont pas marqués par leur culture, ils n'ont pas d'histoire, leur personnalité ne compte pas.**

E.F. : Ce n'est pas tout à fait ce que je dis. La rationalité dont il est question dans le livre intègre toutes les limitations cognitives, affectives, culturelles, idéologiques, etc., que les travaux sur les choix rationnels ont mises en évidence depuis longtemps. Elle dépasse donc l'opposition un peu surannée qu'on s'obstine à construire entre d'un côté le monde froid de la performance, de l'intérêt et du calcul, et de l'autre le monde chaud de l'affectivité, des sentiments et du don. Dans la mesure où elle est limitée, la rationalité d'une personne est toujours contextuelle et culturelle. Mais elle est aussi toujours intéressée : le don est aussi sous-tendu par une rationalité. Celle-ci est, bien entendu, différente de celle qui prédomine dans nos sociétés modernes, mais elle n'en correspond pas moins à un calcul et à des intérêts. La rationalité d'une personne renvoie donc à deux dimensions : d'une part, au passé de cette personne, c'est-à-dire à son histoire personnelle et à sa «socialisation», lesquelles conditionnent ses préférences, ses envies, ses objectifs ainsi que la manière dont elle perçoit les situations et s'y ajuste. La rationalité renvoie, d'autre part, aux contraintes et opportunités du présent, c'est-à-dire à la situation d'interaction dans laquelle la personne se trouve. Et ce présent, pour peu qu'il dure, est à son tour source de socialisation : il transforme alors l'identité des individus. Si l'on admet que la rationalité des choix d'une personne puise dans ces deux sources, il devient possible de considérer les comportements comme symptômes du contexte d'action, et donc comme outils pour mettre en évidence la structure et les règles du jeu particulières de ce contexte. Il «suffit» pour cela d'une simple hypothèse qui consiste à mettre entre parenthèses le passé des personnes durant le temps de l'analyse et à considérer leur comportement comme le seul produit de leur calcul présent.

***SH :* On pourrait rapprocher cette hypothèse du raisonnement qu'ont introduit des psychiatres dans les années 50 quand ils ont traité la folie, non seulement comme le produit d'une prédisposition individuelle, mais comme le produit d'un « choix » dans une situation perçue par le sujet comme invivable. La folie devenait ainsi un symptôme d'un système de relations (ici celui de la famille) qu'il fallait traiter au même titre que la prédisposition individuelle. Acceptez-vous cette analogie ?**

E.F. : J'ai moi-même été frappé quand j'ai lu les travaux de Ronald Laing. L'utilitarisme qui est souvent reproché à l'approche organisationnelle est, en effet, purement méthodologique. Il ne nie pas le poids de l'histoire et de la socialisation, ni l'importance des sentiments dans les comportements des individus. Son intérêt principal est d'inciter à une « hygiène mentale » et de focaliser l'attention sur la situation, c'est-à-dire sur un ensemble de relations plutôt que sur des personnes. Si les particularités des individus sont délibérément mises entre parenthèses, c'est pour mieux découvrir les caractéristiques spécifiques d'un contexte d'action, sa structure, ses enjeux et ses règles du jeu. Quitte à revenir aux caractéristiques individuelles et à les réintroduire dans la réflexion quand l'analyse du contexte d'action est faite.

***SH :* Vous insistez beaucoup sur la spécificité des situations : pour vous, aucun contexte d'action n'est identique à un autre. Et pourtant, on aurait envie de dire que rien ne ressemble plus, par exemple, à un collège qu'un autre collège. Comment concilier ces deux points de vue ?**

E.F. : D'abord, en rappelant la réalité. Vus de Paris, tous les collèges français se ressemblent peut-être. Vus du terrain, sûrement pas. Toutes les études concordent sur ce point : malgré les contraintes très lourdes qui poussent à l'uniformité, les fonctionnements réels des collèges, et donc les ordres locaux qui régulent les comportements des acteurs, sont très différents.

Un collège n'en vaut pas un autre, et toute analyse comparative sérieuse fera apparaître des spécificités importantes dans les fonctionnements : ainsi, le premier sera dominé par les représentants syndicaux et leurs exigences, dans le deuxième le directeur aura pu constituer autour de lui une vraie équipe d'enseignants, dans le troisième les petits dealers du quartier feront la loi. Et on ne pourra découvrir ces différences que si l'on met en doute (méthodologique !) l'apparente uniformité des collèges ; si, en d'autres termes, on les démonte en reconstruisant les logiques d'action de leurs membres et les caractéristiques de l'ordre local qui les tient ensemble.

***SH :* C'est également pour des raisons méthodologiques que vous insistez sur les spécificités des contextes d'action ?**

E.F. : Je pense qu'on peut dire cela. D'un point de vue méthodologique, il est toujours plus fécond de considérer tout système d'acteurs empiriques comme un cas spécifique. Mais la méthode clinique que j'utilise demande donc toujours à être insérée dans une démarche comparative. Comme j'essaie de le montrer dans mon livre, seule une telle démarche comparative permet de faire la part des choses entre ce qui est la contingence locale et ce qui relève de régularités plus profondes et plus vastes.

***SH :* Quelle est alors l'utilité de ces analyses pour l'action ?**

E.F. : L'approche organisationnelle n'apporte directement ni diagnostic ni solution. Elle met simplement en évidence la structure de coopération entre un ensemble d'acteurs et la logique de fonctionnement qui en découle. L'impact de cette connaissance dépend de ce que les intéressés en font, c'est-à-dire en dernière analyse de sa capacité à déclencher chez eux un autre raisonnement sur le champ d'action, ce qui revient à renouveler leur vision des problèmes, des contraintes et des opportunités. Il est donc inséparable d'un processus de communication des résultats de l'analyse qui permette d'initier et accompagner un apprentissage de ce raisonnement.
A travers le cas de l'entreprise Motavion dans la dernière partie du livre, j'ai cherché à montrer les conditions dans lesquelles peut-être réussie l'organisation d'un tel transfert de l'analyse et les résultats spectaculaires qu'on pouvait attendre du cycle d'apprentissage ainsi déclenché. On pourrait multiplier les exemples.

Propos recueillis par
ALEXANDRINE CIVARD-RACINAIS et
JEAN-FRANÇOIS DORTIER
(*Sciences Humaines*, n° 30, juillet 1993)

Chapitre II

Les approches psychosociologiques

Claudie Bert*

L'EFFET HAWTHORNE**

UN MYTHE DES SCIENCES HUMAINES

L'expérience d'Hawthorne, réalisée par Elton Mayo dans les années 30, est à l'origine du courant des « relations humaines » dans l'entreprise. Une réévaluation récente de cette expérience fondatrice montre que ses conclusions sont pour une large part mythiques.

L'« effet Hawthorne » est célèbre en psychologie sociale. On peut en donner une signification large ou restreinte. Dans son sens étroit, valable dans le champ où s'est déroulée l'expérience, l'expression désigne le fait que l'amélioration de la productivité d'ouvriers est la conséquence de l'intérêt de la direction pour leur comportement (1). Mais au sens plus large, *« l'expression "effet Hawthorne" est encore largement utilisée pour désigner les modifications qui peuvent intervenir dans le comportement et les attitudes de sujets quand ils sont conscients d'avoir été sélectionnés et distingués des autres pour devenir un objet d'étude »* (2). Autrement dit, c'est un effet induit par n'importe quelle situation expérimentale dans le champ des sciences humaines ; comme on le dit parfois, de façon lapidaire : *« Toute expérience commence par réussir. »*
Soit, mais cet effet Hawthorne a-t-il été réellement démontré par l'expérience qui lui a donné son nom ? Rien n'est moins sûr, comme l'a montré un colloque récent de l'ANVIE (3), au cours duquel les participants se sont interrogés sur « l'énigme des expériences Hawthorne », et plus largement, en partant

* Journaliste.

** *Sciences Humaines*, n° 37, juillet 1995.

1. P. Desmarez, *La Sociologie industrielle aux Etats-Unis*, Armand Colin, 1986.

2. E.P. Hollander, *Principles and Methods of Social Psychology*, Oxford University Press, 1981 (4e édition).

3. « Expérimenter le social dans l'entreprise ? », Journée de l'ANVIE, organisée le 20/1/93 avec la coopération de la Société française pour l'histoire des sciences de l'homme et l'institut Entreprise et personnel. Intervenants : M. Crozier, P. Desmarez, P. Fridenson, B. Lécuyer, J.-M. Saussois.

de cet exemple, sur les problèmes scientifiques et éthiques que posent les expérimentations sociales.

Les expériences de l'usine Hawthorne

L'observation de l'effet Hawthorne vient d'une série d'études menées à l'usine Hawthorne de la compagnie d'électricité Western Electric à Chicago, où l'on produit notamment des relais téléphoniques et des câbles.

Tout commence en 1924. La direction charge un groupe d'ingénieurs de mesurer l'effet d'une variation d'intensité de l'éclairage sur le rendement des ouvriers. Ce rendement augmente bien, mais il augmente aussi dans les ateliers «témoins», où l'on n'a rien changé. La direction, intriguée, demande aux ingénieurs de poursuivre leurs travaux.

Ils décident alors de sélectionner un groupe de cinq ouvrières, de les mettre dans un local distinct et de faire varier différents facteurs.

Cette expérience, connue sous le nom de *Relay Assembly Test Room,* est la plus célèbre. Lancée pour un an en 1927, elle durera cinq ans. Les cinq ouvrières assemblent des relais téléphoniques (une sixième les fournit en pièces). L'expérience se déroule par phases de plusieurs semaines, chaque nouvelle phase étant marquée par l'introduction d'un changement. Par exemple, à la phase III, on introduit un salaire collectif aux pièces (4); à la phase IV, deux périodes de repos de 5 minutes; à la phase VII, une pause-déjeuner de 15 minutes le matin et une pause de 10 minutes l'après-midi. Un observateur est constamment présent et s'efforce d'obtenir une bonne collaboration du groupe. Au bout d'un an, l'un des ingénieurs parle de cette expérience à Elton Mayo, professeur à Harvard, qui accourt à Hawthorne avec deux collaborateurs, qui rédigeront plus tard le compte rendu de l'ensemble des expériences (5). Ces trois chercheurs prennent alors la direction des opérations.

Lorsque E. Mayo arrive, le résultat majeur se dessine déjà, au dire des chercheurs : le rendement des ouvrières augmente constamment – et cela se poursuivra même au cours de la phase XII, au cours de laquelle tous les avantages accordés précédemment seront supprimés. Comment expliquer ce phénomène ? E. Mayo formule trois hypothèses explicatives : un travail moins fatigant et moins monotone; un mode de rémunération plus attrayant; des contremaîtres plus bienveillants (*friendly supervision*). Pour trancher entre ces hypothèses, il monte deux autres expériences : la *Second Relay Assembly Room,* dans laquelle les cinq ouvrières choisies bénéficient, comme les précédentes, du salaire aux pièces, mais sans quitter l'atelier collectif; et la *Mica Splitting Test Room,* dans laquelle les filles travaillent à part et bénéficient de pauses, mais sont payées comme tout le monde.

De ces deux expériences, E. Mayo et son équipe déduisent que seule la troisième hypothèse est valide. Ils se lancent dans un vaste programme d'inter-

4. Calculé sur la production des cinq ouvrières, alors que le précédent était calculé sur le rendement de tout l'atelier, soit 100 personnes.

5. F.J. Roethlisberger, W.J. Dickson (et aussi H.A. Wright), *Management and the worker,* Harvard University Press, 1939.

views pour déterminer ce qui fait une «bonne supervision». Enfin, ils montent une dernière expérience, avec un groupe d'hommes cette fois, la *Bank Wiring Observation Room,* pour explorer le phénomène du leader informel (lequel, constatent-ils en effet, impose au groupe le respect d'une norme de production au détriment de la recherche du gain maximum). En 1932, la crise met fin à l'ensemble des expériences.

Les principales conclusions des chercheurs

La publication des résultats est relativement tardive. E. Mayo en parle bien dans un ouvrage publié en 1933 (6), mais de façon fragmentaire. Il faut attendre 1938 pour voir publier deux séries de statistiques et 1939 pour avoir un compte rendu complet, rédigé par deux des principaux chercheurs (7).
Tous s'accordent sur un constat : dans la première expérience, le rendement des ouvrières n'a pas cessé d'augmenter. Pourquoi ? En comparant les conditions et résultats de cette expérience à ceux des deux suivantes, les chercheurs en viennent à la conclusion qu'*« il n'y a pas de corrélation entre l'augmentation du rendement des filles de la* Relay Assembly Test Room *et l'un quelconque des changements dans leurs conditions de travail, que ce changement ait été ou non introduit expérimentalement. En revanche, il y a une corrélation avec ce que l'on peut seulement décrire comme "le développement d'un groupe social organisé ayant une relation spéciale, et efficace, avec ses superviseurs".»* (8)
Constat du même ordre avec la dernière expérience, d'après George Homans : *«Dans les deux groupes s'est constituée une organisation sociale informelle mais, tandis que les câbleurs de la* Bank Room *s'organisaient contre la direction, les assembleuses de la* Relay Room *s'organisaient en accord avec la direction pour la poursuite d'un but commun»*, cette différence d'attitude s'expliquant par le fait que les assembleuses étaient consultées, les câbleurs, non.
La conclusion d'ensemble est que dans toutes les expériences, l'augmentation du rendement s'explique par la *«friendly supervision»*.

Les critiques de ces résultats

Les premières critiques sont globales, et dénoncent «l'orientation *managériale*» des recherches de E. Mayo et de son équipe. C'est seulement en 1967 qu'un sociologue, Alex Carey, fait porter sa critique non plus sur les orientations, mais sur les méthodes de recherche, en soumettant à une critique systématique les documents d'origine – notamment les relevés de production quotidiens et le journal de bord tenu par les observateurs (9). Ensuite, les critiques se sont multipliées.
Tous critiquent les méthodes employées et les interprétations tendancieuses données aux résultats. En particulier, à propos de la première expérience, ils font remarquer qu'au bout de huit mois,

6. *The Human Problems of an Industrial Civilization*, Macmillan.
7. Voir aussi le résumé de G.C. Homans, «Group factors in worker productivity», repris dans *Basic Studies in Social Psychology,* H. Proshansky et B. Seidenberg. Holt, Rinehart & Winston, 1965.
8. T.N. Whitehead, *The industrial Worker,* Harvard University Press, 1987.
9. A. Carey, «The Hawthorne studies : a radical criticism», *American Sociological Review*, vol. 32, 1967.

Elton Mayo et l'école des relations humaines

L'expérience des usines d'Hawthorne de la Western Electric dirigée par Elton Mayo (1880-1949) est tenue comme la référence fondatrice de l'école des relations humaines.

A une époque ou les pratiques du taylorisme (1) sont dominantes dans la grande industrie, l'expérience de E. Mayo tend à montrer que les ouvriers ne sont pas mus par le seul appât du gain. Les salariés revendiquent aussi considération et reconnaissance. Après E. Mayo et l'expérience d'Hawthorne, le courant d'étude des relations humaines dans l'entreprise se prolongea autour de deux axes :
– les contributions d'Abraham H. Maslow (1908-1970) ; de Frederick Herzberg, (né en 1923) et Douglas McGregor (1906-1965), sur les motivations de l'homme au travail. Leur thèse principale est que l'homme au travail n'est pas motivé par le seul intérêt économique mais par un système complexe de besoins (reconnaissance, sécurité, auto-accomplissement, etc). ;
– le courant de la dynamique des groupes dont Kurt Lewin (1890-1947) et Jacob Moreno (1892-1974) sont les principaux représentants insiste sur les relations dynamiques et liens affectifs informels qui se nouent au sein de petits groupes.

L'école des relations humaines a inspiré la plupart des théories actuelles du management.

1. Voir mots clés en fin d'ouvrage.

deux filles ont été exclues du groupe et remplacées par deux autres – un fait qui a été minimisé par les chercheurs de Hawthorne et leurs partisans. E. Mayo et G. Homans écrivent simplement que les deux filles *« sont parties »* ; F.G. Roethlisberger et W.J. Dickson sont plus explicites mais, dans l'examen des résultats et des hypothèses qui peuvent les expliquer, ils omettent totalement cet épisode. Or, l'exploitation statistique de résultats provenant d'un aussi petit nombre de sujets était déjà discutable ; avec le remplacement de deux sujets sur cinq en cours d'expérience, elle devient franchement abusive. Il y a plus : l'examen des conditions de ce remplacement conduit à mettre en cause l'existence de ce bon climat entre superviseur et supervisés auquel E. Mayo et ses collaborateurs attribuent un rôle majeur. Ici, ce sont D. Bramel et R. Friend qui montent au créneau : en bons marxistes, ils s'attachent à démontrer, documents en main, qu'il y a eu méfiance envers la direction et résistance larvée de la part des ouvrières ; bref, une « conscience de classe» que les chercheurs se sont efforcés de camoufler. Cela apparaît à propos du bavardage : il est autorisé, mais, lorsqu'on s'aperçoit qu'il diminue le rendement, les filles sont réprimandées à plusieurs reprises par le contremaître – et finalement, les deux plus bavardes sont renvoyées. D. Bramel et R. Friend examinent aussi ce qui s'est passé au cours de la phase XII pendant laquelle toutes les périodes de repos ont été supprimées : «*Les chiffres montrent que quatre ouvrières sur cinq ont ralenti leur cadence, et il apparaît clairement que (...) les ouvrières ont délibérément adopté une stratégie destinée à inciter les chercheurs à rétablir rapidement les conditions de travail qu'elles préféraient*» (c'est-à-dire avec des pauses). Or, ce rétablissement leur avait été promis : «*Elles n'avaient donc pas autant confiance dans les bonnes intentions de la direction que l'affirme E. Mayo ?*» demandent les deux auteurs.

Dernier point souligné, cette fois par A. Carey : dès l'arrivée des deux nouvelles ouvrières, le rendement a fait un bond en avant de 12 % sous l'influence de l'une d'elles qui, prenant le rôle de leader, a incité les autres à produire davantage. Or, seule du groupe, elle était soutien de famille. Comment affirmer, dès lors, qu'elle n'était pas poussée par l'appât du gain ?

Toutes ces critiques portent sur l'interprétation des résultats (10). D'autres vont plus loin, et portent sur les résultats eux-mêmes : y a-t-il eu un «effet Hawthorne», c'est-à-dire une augmentation de la production due à chacune des modifications expérimentales ? Récemment, Stephen Jones, après avoir analysé minutieusement les statistiques, affirme que non : «*S'il y avait un effet Hawthorne, la productivité du groupe augmenterait à chaque changement des conditions de l'expérience, puisqu'une modification traduit un intérêt accru. Or, même en tenant compte d'un effet retard, la productivité augmente très peu quand on introduit des changements. Il arrive même qu'elle diminue.*» (11)

Il n'y aurait donc pas d'effet Hawthorne, mais une augmentation de productivité qui n'était ni immédiate, ni constante, ni spectaculaire, et qui était probablement due à un effet d'apprentissage – un effet d'autant plus marqué que les ouvrières du groupe expérimental bénéficiaient d'un *feed-back* permanent, c'est-à-dire savaient à tout instant combien elles avaient produit de relais ce jour-là et les jours précédents ; c'est un point sur lequel H.M. Parsons insiste beaucoup (12). A. Carey, quant à lui, pense que les résultats des expériences de Hawthorne sont parfaitement compatibles avec une vision plutôt traditionnelle de la réalité industrielle, à savoir «*la valeur de stimulations financières d'un leadership entraînant et d'une discipline stricte*». (13)

10. H.M. Parsons, « What happened at Hawthorne ? » *Science*, 8/3/74 ; R.H. Franke, J.D. Kaul, «The Hawthorne experiments : first statistical interpretation», *American Sociological Review*, 1978, vol. 43 ; D. Bramel, R. Friend, «Hawthorne, the myth of the docile worker, and class bias in psychology», *American Psychologist*, août 1981 ; R. Gillespie, *Manufacturing knowledge : a history of the Hawthorne experiments*, Cambridge University Press, 1991 ; S. Jones, «Was there a Hawthorne effect ?», *American Journal of Sociology*, vol. 98, nov. 1992.

11. Cité par P. Desmarez lors du colloque de l'ANVIE ; voir note 3.

12. Effectivement, l'effet de renforcement positif qu'exerce le *feed-back* a été amplement démontré depuis.

13. Op. cit.

Le vrai mystère de Hawthorne

Reste à expliquer le vrai mystère de l'effet Hawthorne : son succès persistant. Car enfin, voilà une série d'expériences au sujet desquelles de nombreux chercheurs ont démontré, il y a quinze à vingt ans, que leur méthodologie était si fautive et leur interprétation si tendancieuse, qu'il était impossible d'accorder le moindre crédit aux conclusions qu'en avaient tirées leurs auteurs. Et pourtant, l'effet Hawthorne continue à être invoqué avec révérence... D'où vient ce succès ? Distinguons entre le court terme et le long terme.

Le retentissement immédiat des expériences de Hawthorne est dû avant tout au prestige de l'école de Harvard, d'où venaient les chercheurs ; il semble aussi que le principal d'entre eux, E. Mayo, ait été très doué pour le marketing de ses idées... En outre, les conclusions des chercheurs avaient de quoi plaire à la fois aux patrons et aux ouvriers. Aux patrons, elles suggéraient que, pour augmenter le rendement de leurs ouvriers, ils n'avaient besoin ni de les payer davantage, ni d'améliorer leur environnement de travail ; qu'ils offrent à leurs contremaîtres quelques cours de souplesse, d'amabilité et de tact, et le tour serait joué ! Aux ouvriers, elles renvoyaient une image flatteuse d'eux-mêmes : ils n'étaient ni des robots, ni des matérialistes uniquement mus par l'argent, mais des êtres sensibles et capables d'élaborer leur propre stratégie. A la société, elles adressaient un message rassurant : il suffisait de manipuler les relations humaines à l'intérieur de l'entreprise pour que celle-ci tienne son rôle dans une société capitaliste, qui est de produire toujours plus et mieux. Quant au succès persistant des expériences Hawthorne, il s'explique par le «*paradoxe de la fécondité d'idées fragiles, voire fausses*», comme l'a dit Bernard Lécuyer lors du colloque de l'ANVIE. Car les idées des membres du groupe de Harvard ont été fécondes. Elles ont été à la base du mouvement dit des « relations humaines », lequel a attiré l'attention sur la présence dans l'entreprise, à côté de l'organisation formelle – celle qui est voulue et pensée par ses dirigeants – d'une organisation informelle, reposant sur les relations des travailleurs entre eux, sur leur logique, sur leurs valeurs. En montrant que les expérimentateurs de Hawthorne, en voulant modifier un aspect d'une situation, avaient obtenu des résultats inattendus parce que leur manière de procéder avait entraîné la modification d'autres facteurs, les chercheurs ont ouvert la voie à une vision de l'entreprise comme système, dans lequel les relations entre les hommes, les conditions de production et les modes de rémunération sont en interaction complexe. Enfin, en attribuant leurs résultats à un «effet expérimental» constitué par la nouveauté de la situation et l'intérêt que suscite cette nouveauté tant chez les chercheurs que chez les sujets, E. Mayo et ses collaborateurs ont indirectement démontré l'importance de la constitution d'un «groupe témoin» en parallèle au groupe expérimental dans toute expérience de sciences humaines, afin précisément de neutraliser cet effet expérimental.

On comprend dès lors que les expériences de Hawthorne restent célèbres, qu'elles continuent à faire l'objet de livres, d'articles, de colloques, aujourd'hui et, n'en doutons pas, demain et après-demain… Par leur retentissement et leur fécondité, elles se sont élevées au rang de mythe fondateur. L'on démontrerait que E. Mayo et ses collègues ont tout inventé que cela n'y changerait probablement rien : la légende dorée de Hawthorne survivrait aux faits.

JEAN-FRANÇOIS DORTIER*

LES DIMENSIONS CACHÉES DES ORGANISATIONS**

La sociologie clinique est une approche de « l'inconscient » des organisations. Elle permet de révéler ces dimensions cachées que sont les investissements affectifs, les mythes, les interdits, les névroses collectives, les conflits psychiques qui règlent ou dérèglent la vie des groupes.

DEUX psychanalystes chez les moines cisterciens, tel pourrait être le titre de l'histoire rocambolesque que nous raconte Eugène Enriquez, un des pionniers français de l'approche psychanalytique des organisations dans son livre *L'Organisation en analyse* (1). L'histoire se passe en 1967, le père supérieur Martin vient de faire appel à des psychanalystes pour intervenir dans sa communauté cistercienne de Provence. C'est un personnage pour le moins original. Cet ancien militaire officier d'active, devenu moine, dirige sa communauté en véritable chef d'entreprise. Il a installé, dans le superbe château du XVIIIe siècle où vit la communauté, un atelier d'électrolyse très prospère : plusieurs millions de francs de chiffre d'affaires en 1967, à l'époque de l'intervention. Lorsque les deux intervenants arrivent dans la communauté, ils sont accueillis dans le vaste bureau du supérieur *«Bureau imposant, s'il en est, bureau de P-DG et non de père supérieur, assurément. Table de travail d'acajou foncé, plusieurs téléphones, un interphone, des armoires métalliques, des classeurs, pas de livres, pas d'ouvrages religieux. Tout est parfaitement fonctionnel.»* Après l'accueil et la visite des ateliers, vient l'heure du repas. A côté de la grande table où s'installent les moines en silence, l'un d'entre eux monte sur une chaire surélevée et s'apprête sans

---

* Rédacteur en chef du magazine *Sciences Humaines*. Auteur de *Les Sciences Humaines. Panorama des connaissances*, Sciences Humaines Editions, 1998.

** *Sciences Humaines*, n° 3, juillet 1993.

1. *L'Organisation en analyse*, Puf, 1992.

doute à lire l'épisode de la vie d'un saint. Stupéfaction des invités : dans le silence recueilli, alors que les plats sont en train d'être servis, le récitant se met à lire à voix haute un manuel d'économie ! *« Le père Martin, voulant donner à ses religieux l'esprit d'entreprise, les ouvrir au monde moderne, n'avait rien trouvé de mieux que de mêler à la lecture des ouvrages d'édification celle de livres traitant de sujets économiques ou politiques. »*

Patron moderniste, le père supérieur Martin se pique aussi de psychanalyse et de psychosociologie, il suit un cycle de formation à la conduite des groupes à l'Arip (Association pour la recherche et l'intervention psychosociologique). Ayant perçu des problèmes de communication, de conflits internes, au sein de sa « communauté-entreprise », il fait appel à deux psychosociologues de l'Arip, pour tenter de les dénouer.

Le père Martin a lui-même une idée précise des raisons pour lesquelles le groupe fonctionne mal. Le manque de dialogue entre les membres de la communauté, les résistances aux changements proviennent selon lui des problèmes personnels des religieux : *« Ces religieux ont un psychisme perturbé, (...) ils ont une valeur humaine médiocre, ils constituent une masse lourde à faire évoluer. »*

Les deux intervenants s'aperçoivent vite que le comportement autocratique du père supérieur, sa volonté de bouleverser les règles traditionnelles de la communauté ne sont pas étrangers aux malaises et blocages qui existent dans le groupe. Ils acceptent d'intervenir à la seule condition que le père Martin lui-même, ses méthodes de direction, ses conceptions soient également inclus dans l'intervention. Bien qu'il accepte formellement cette remise en cause, le moine psychologue cherche à en maîtriser totalement le processus d'intervention. Il propose alors de renforcer l'équipe d'intervenants en y intégrant une femme, Mme Bordier, consultante et psychothérapeute, au motif qu'une présence féminine dans une communauté masculine contribuerait à casser les règles du jeu habituelles ! En réalité, le père Martin ne donnera pas suite à l'action. Quelques années plus tard, Eugène Enriquez apprendra que le père supérieur a quitté l'Eglise, est devenu psychosociologue et a épousé Mme Bordier ! L'analyse de cette courte et originale intervention donne néanmoins l'occasion à E. Enriquez d'exposer quelques-uns des principes d'une « sociologie clinique » appliquée aux organisations.

L'organisation, produit d'une culture et d'un imaginaire

Dans l'optique de la « sociologie clinique », une organisation n'est pas seulement un ensemble d'individus guidés par des intérêts, des contraintes et des jeux de pouvoir. C'est aussi un *« système culturel, symbolique et imaginaire »*. L'approche psychanalytique des organisations consiste à déceler ces dimensions cachées que sont les investissements affectifs, les mythes fondateurs, les névroses collectives, les tabous, les refoulements, les interdits qui règlent ou dérèglent la vie des groupes.

Pour éviter les analogies superficielles entre psychisme individuel et psychisme de groupe, E. Enriquez prend soin de distinguer plusieurs niveaux d'analyse où l'approche psychanalytique semble transposable au groupe. Sept « instances » sont ainsi dégagées : ce sont les instances mythique, sociale-historique, institutionnelle, organisationnelle, groupale, individuelle et pulsionnelle. Dans le cas de la communauté cistercienne, les niveaux mythique et social-historique semblaient particulièrement importants. L'instance mythique existe dans toutes les grandes institutions (armée, Eglises, Etats, entreprises) qui ont besoin de mythes fondateurs. Ceux-ci donnent sens à l'institution, la légitiment et la valorisent ; ils fixent des normes de conduite, des valeurs, des rites. Ils font l'objet d'investissements amoureux, d'identification. Ils assurent l'unité de l'organisation en lui donnant un caractère sacré. Dans le cas présent, il était impossible de séparer les conflits à l'intérieur du groupe du caractère sacré et mythique qu'accordaient certains moines à la règle de saint Benoît. Certains seulement. L'un d'entre eux n'avait-il pas confié un exemplaire des écrits de saint Benoît à E. Enriquez avant l'heure du coucher en précisant que *« ce n'est pas pour que vous l'étudiez, mais lisez-en quand même une page ou deux ; c'est le meilleur soporifique qui soit »*.

Un groupe de moines traditionalistes continuait cependant à tenir ces normes pour paroles d'évangile (et pour cause !). Ces conflits latents ne pouvaient pas s'exprimer ouvertement. Ils seraient entrés en conflit avec les règles d'humilité et de soumission qu'exigeait l'application stricte des normes monacales. Une deuxième instance « sociale historique » devait être prise en compte dans l'interprétation de l'organisation. Aux prises avec l'histoire, toute organisation est confrontée aux changements sociaux. Pour survivre au temps, elle doit s'adapter aux grandes mutations de la société tout en maintenant son unité. De ce point de vue, l'étonnante évolution de la communauté initiée par le père Martin s'inscrivait dans un contexte historico-social très précis. Les années 60 furent pour l'Eglise une époque de réforme. Au lendemain de Vatican II (2), l'institution catholique veut s'ouvrir au monde moderne ; elle fait place à des expériences novatrices. C'est dans ce cadre que le père Martin voulait rénover sa communauté : ouverture sur le plan économique par une activité industrielle et ouverture sur le plan des relations sociales en substituant à un ordre « traditionnel et hiérarchique » une « communauté affective et démocratique ». C'était là une source de conflit importante dans la communauté de Provence. A un troisième niveau d'analyse, celui de l'organisation, les deux intervenants avaient repéré trois groupes informels. Un groupe de moines traditionalistes, représenté par le frère E., voyait dans cette réforme un risque de désagrégation, de perte d'unité et de cohésion de la communauté. Il s'arc-boutait sur le respect de l'ordre originel. Le psychanalyste a interprété ses réactions comme des *« peurs de morcellement et d'éclatement »*. Parmi les modernistes, tous ne suivaient pas le père Martin. Un second

2. Vatican II : concile œcuménique réuni par Jean XXIII en 1962 et achevé par Paul VI en 1965. Il statua notamment sur l'ouverture de l'Eglise au monde contemporain.

groupe était en connivence avec le frère N. qui acceptait les réformes sans pour autant suivre ce que l'on jugeait être les excès du père Martin. Le frère N., personnalité plus attachante et moins autoritaire que le supérieur, rencontrait la faveur des jeunes novices qui s'identifiaient à lui. Homme de culture et de spiritualité, il acceptait le tournant moderniste de l'Eglise mais s'opposait à sa version «matérialiste» imposée par l'entreprise d'électrolyse. Il exprimait un *«pôle paternel, séducteur, affectif, et communautaire»*. Enfin, le père Martin regroupait autour de lui quatre frères qui adhéraient à ses conceptions par suivisme plus que par enthousiasme. La succession prévue du père supérieur faisait donc l'objet de luttes d'influence entre les deux groupes d'opposants, ceux du frère N. et du frère E. Une analyse stratégique, en termes de stratégies d'acteur et de jeux de pouvoir, pouvait parfaitement être réalisée. A plusieurs moments, l'interprétation d'E. Enriquez en est proche. Cependant, la démarche clinique adoptée se veut plus large. Elle veut intégrer les dimensions historiques, institutionnelles, pulsionnelles.

«La sociologie clinique d'inspiration psychanalytique (...) tient compte aussi bien du rôle du sujet humain que de celui des groupes sociaux et de la complexité de leurs rôles. Si l'individu (comme la société et les groupes organisés) se définit d'abord par la clôture, par l'instauration d'une membrane protectrice, il est capable de s'ouvrir à lui-même, à autrui et au monde. Il peut aimer la servitude volontaire comme vouloir être "créateur d'histoire". L'être humain comme les groupes sociaux sont considérés à la fois dans leurs aspects de rationalité élargie, de sagesse, de réflexion, de réflexivité, de folie autodestructrice et de folie créatrice, de jeu, de mouvement. L'être humain doit donc être considéré à la fois comme sapiens, demens, ludens. *L'approche clinique prend en compte ces différents aspects, leurs dimensions, et leurs combinaisons.»*

Le management comme système psychique

La démarche de la «sociologie clinique» des organisations est également adoptée dans une optique voisine par Nicole Aubert et Vincent de Gaulejac, tous deux chercheurs, consultants et professeurs en sciences humaines. Par sociologie «clinique», les auteurs entendent en fait une psychanalyse des organisations qui se préoccupe de l'articulation entre la structure type d'organisation et la personnalité de ses membres. Dans *Le Coût de l'excellence* (3), ils ont sondé les dimensions psychiques et les troubles associés à un «système psychique organisationnel» particulier : celui du management moderne. Le management est souvent vu sous l'angle de l'aménagement du travail, de la distribution du pouvoir et des pratiques de gestion. N. Aubert et V. de Gaulejac soulignent qu'il comporte aussi deux autres aspects : c'est un ensemble de représentations, (des images, des valeurs, une culture d'entreprise, une éthique, une philosophie basée sur un idéal commun) et un modèle de personnalité (fondé sur le désir de réussite, d'aimer la compétition

3. Seuil, 1991.

PRINCIPALES CARACTÉRISTIQUES DU SYSTÈME PSYCHIQUE MANAGÉRIAL		
Processus majeurs	**Registre individuel**	**Registre organisationnel**
Mettre les individus en tension sur le plan narcissique	• Contrat narcissique • Quête de l'absolu • Sentiment d'être le meilleur • Besoin de réussir • Peur de l'échec • Renforcement positif	• Forte sélectivité de l'embauche • Politique active de gratifications • Image de toute-puissance • Ambiance élitiste • Système individualisé de promotion/sélection • Fortes primes, salaires élevés
Utiliser les mécanismes de défense contre l'angoisse pour renforcer l'investissement au travail	• Activisme incessant pour lutter contre le risque de dépression • Crainte d'être mal jugé • Besoin de reconnaissance et de réassurance • Gratitude à l'égard de l'entreprise qui protège par sa puissance	• Pression du travail • Mobilité permanente et flexibilité des structures • Emplois du temps très chargés • Résolution des problèmes dans l'urgence • Forts avantages et prise en charge de l'extraprofessionnel • Survalorisation de l'action
Canaliser l'énergie libidinale sur des objectifs productifs	• Culpabilité de ne pouvoir en faire assez • Plaisir de la conquête et du challenge • Goût des problèmes complexes • Valorisation de l'agressivité : « être un battant » • Pression du travail comme drogue	• Possibilité de promotions rapides • Mise en concurrence en interne et externe • Exigence du toujours plus • Domination des exigences commerciales • Management par objectifs
Produire et encourager l'adhésion	• Captation de l'idéal du moi par les idéaux organisationnels • Encouragement et canalisation du besoin de croire • Intériorisation des valeurs	• Qualité totale • Excellence • Image de perfection • Culture d'entreprise • Politique de formation • Manuels de management proposant des valeurs et une éthique
Favoriser l'identification et la prise en charge psychologique des exigences de l'entreprise	• « Je travaille pour moi » • Autonomie : « Je suis mon propre patron » • Intériorisation des objectifs fixés par l'entreprise	• Entretien de carrière • Individualisation des performances • Autonomie dans l'organisation du travail • Direction par objectifs • Auto-actionnariat

Source : N. Aubert et V. de Gaulejac, *Le Coût de l'excellence*, Seuil, 1991.

et le challenge, la réalisation de soi dans le travail, l'accomplissement personnel, le goût de la communication).
N. Aubert et V. de Gaulejac ont baptisé «système managinaire» (management + imaginaire) ce management «moderne» ou «participatif». qui se fonde sur l'idée de la «mobilisation des ressources humaines» et fait de l'implication des hommes le facteur essentiel de l'efficacité de l'entreprise et de la réalisation des personnes. Dès lors, les dimensions proprement psychiques du management prennent une importance particulière. Vanté par les best-sellers du management, diffusé dans les grandes entreprises américaines comme IBM ou Hewlett-Packard, le management participatif a gagné tout l'encadrement américain et européen dans les années 80. Le management moderne suppose de la part des personnes une forte implication psychique dans l'organisation, une «adhésion personnelle» et une forme d'identification à l'entreprise. Les auteurs les analysent comme des processus «d'incorporation-identification», d'«investissement amoureux». Témoins ces propos d'un cadre de Hewlett Packard : *«HP est une boîte où on respire cet esprit de communication, cet esprit relationnel très fort, où on va vers l'autre. C'est une relation affective… quand vous avez la communication, l'autonomie dans le travail, l'urban space, le tutoiement, les pauses café telles qu'elles se passent ici (…); tout cela ne peut pas laisser indifférent, c'est une manière de concevoir l'entreprise (…). C'est une manière de vivre en convivialité. En plus, c'est une boîte qui est dans le top, qui a une bonne image avec son chiffre d'affaires et sa croissance, et puis il y a la possibilité d'acheter des actions (…). On est informé en permanence; on gagne du fric, mais il y a aussi les autres principes, la qualité, la satisfaction du client. Tout ça donne un état d'esprit, que j'apprécie profondément et auquel j'adhère complètement.»*
Ce type d'adhésion-identification affective dans une organisation, ici la «famille Hewlett-Packard», pourrait se retrouver dans d'autres organisations : un parti politique ou une communauté religieuse. Il ne faut pas interpréter ce processus fusionnel comme une manipulation des personnes. Les auteurs soulignent que dans toute organisation, il se noue une relation interactive entre structure psychique et structure organisationnelle. Le système managinaire suppose une adéquation entre le profil psychique de l'organisation et la personnalité des salariés (cadres notamment) qui y participent. *«Les organisations ont un mode de fonctionnement dominant qui sollicite un certain type de personnalité et un mode de fonctionnement psychique particulier. On peut dire que les organisations cherchent à produire un certain type d'individu, à le façonner à leur image, à l'adapter à leurs exigences (…). Mais cette production n'est pas à sens unique. Les individus investissent les organisations à partir et en fonction de leur propre fonctionnement psychique. Ils cherchent à adapter les entreprises à leur propre désir. Ils contribuent à produire des organisations qui satisfassent leurs exigences conscientes et inconscientes. Ils inventent des règles, des procédures, des dispositifs (…), autant d'expressions institutionnalisées de leur investissement psychologique.»*

Cette capacité d'intervenir dans la production de l'organisation dépend, bien évidemment, de la position occupée ; les dirigeants et cadres ont plus de possibilités d'intervention, de capacités d'agir sur la structure que les employés. Le « système socio-mental » du management moderne, le principe de la course à l'excellence, l'implication totale des individus, le dépassement de soi dans un travail se payent cependant d'un fort coût humain. Les bénéfices psychologiques (accomplissement personnel, narcissisme, plaisir, créativité, satisfaction morale et symbolique, etc.) sont contrebalancés par ces « brûlures psychiques » que sont le stress, la dépression et parfois une désillusion proche du dépit amoureux.

Faut-il parler d'un « inconscient des organisations » pour aborder les relations complexes qui se nouent entre psychisme individuel et structure organisationnelle ? V. de Gaulejac ne le pense pas et préfère parler de systèmes socio-mentaux : « *L'organisation n'est ni une personne, ni un sujet. Elle n'a pas d'inconscient. (...) Mais, en tant que production sociale, elle est l'objet d'investissements individuels et collectifs, c'est une surface de projection, d'idéalisation qui mobilise et canalise les pulsions, le désir et influence le fonctionnement psychique des individus qui la composent.* »

La démarche de la sociologie clinique adoptée par E. Enriquez et V. de Gaulejac s'inscrit en tout cas dans une lignée très riche, celle de la psychanalyse des organisations (*voir l'entretien avec E. Enriquez ci-après*). Après Freud, Elliot Jacques et Wilfried R. Bion furent les premiers à s'engager dans cette voie après la guerre. En France, cette approche est poursuivie par des chercheurs comme Didier Anzieu, Max Pagès ou Gérard Mendel. Autant d'explorateurs d'un programme de recherche très fertile : celui des liens complexes qui se nouent entre psychisme individuel et logique des organisations.

MANAGEMENT ET PSYCHANALYSE

ENTRETIEN AVEC EUGÈNE ENRIQUEZ*

La psychanalyse des organisations a été introduite en France dans les années 60. Il s'agit d'une « analyse ouverte » qui se nourrit de différentes approches.

***Sciences Humaines :* Comment la psychanalyse en est-elle venue à s'intéresser à l'entreprise ?**

Eugène Enriquez : La psychanalyse s'est intéressée depuis très longtemps aux organisations. Les origines sont anglaises. Les travaux du Tavistock Institute, en particulier ceux d'Eliott Jaques, qui était en même temps consultant à la Glacier Metal Company depuis les années 45 et psychanalyste, ont eu une importance capitale. Il essayait d'utiliser la psychanalyse pour interpréter un certain nombre de phénomènes d'organisation. Il analysait les structures d'entreprise comme des systèmes de défense collectifs contre les anxiétés, et comme les réceptacles des aspects psychotiques et névrotiques des individus dans ces organisations. Autrement dit, il voulait analyser la manière dont les individus pouvaient projeter à l'intérieur des organisations leurs peurs, leurs pulsions, leurs objets internes, leur anxiété. En retour il cherchait à observer comment l'organisation tout entière pouvait fonctionner sous des modes de défense collectifs sans que les individus en aient conscience. Il a étudié par exemple comment fonctionnait la marine britannique et certaines structures syndicales : c'est-à-dire, comment les acteurs agissaient non pas en fonction de critères strictement rationnels, mais en fonction de leurs craintes et de leurs angoisses. Eliott Jaques était à l'époque très lié à Wilfried Ruprecht Bion qui a décrit les hypothèses de base auxquelles est soumis tout groupe : l'hypothèse de dépendance, l'hypothèse « fuite et combat », l'hypothèse de couplage.

** Professeur émérite de sociologie à Paris-VII, intervenant et consultant en organisation. Il a publié :* L'Organisation en analyse, *Puf, 1992 ;* Les Jeux du pouvoir et du désir dans l'entreprise, *Desclée de Brouwer, 1997.*

***SH :* Quand et comment le courant de psychanalyse des organisations a-t-il été introduit en France ?**

E.E. : Son influence s'est exercée rapidement en France. L'Arip (Association pour la Recherche et l'Intervention Psychosociologique) que nous avons fondée avec Max Pagès, Georges Palmade, André De Perreti, André Levy, Jean-Claude Rouchy et moi dès 1959 a été fortement marquée par le Tavistock Institute.

A cette même époque, les premiers groupes qui fonctionnèrent furent l'Arip, l'Andsha (Association Nationale pour le Développement des Sciences Humaines) de Jacques Ardoino et le Groupe Français de Sociométrie (influencé par Moreno) de Anne Ancelin-Schutzenberger. Puis Didier Anzieu fonda avec Jean Baptiste Pontalis, le Ceffrap (partition de l'Andsha). René Kaes a apporté une contribution notable au développement de ce groupe.

Ce mouvement d'intérêt pour l'analyse des phénomènes de groupe était par ailleurs mélangé avec d'autres courants : il y eut l'influence américaine de Kurt Lewin et de Carl Rogers. Ces auteurs prenaient en compte une logique des sentiments négatifs ou positifs dans l'organisation, même s'ils refusaient l'idée d'inconscient.

L'Arip n'a jamais formé une école, elle comporte des intervenants-chercheurs venus d'horizons différents : sociologie, psychosociologie clinique ou expérimentale, sémiotique... Il existe une approche et un intérêt commun pour les processus inconscients qui sont à l'œuvre dans l'organisation. On ne peut donc pas parler d'une psychanalyse de l'entreprise au sens précis du terme. Il s'agit plutôt d'une «analyse» globale qui fait intervenir des modes d'approche divers. En France nos premiers clients ont d'abord été des entreprises, ce furent ensuite les établissements scolaires et les établissements sanitaires et sociaux qui furent les plus nombreux à faire appel à nous. Il y a maintenant un renouveau de l'intérêt des entreprises.

***SH* : Quelle sorte d'analyse est mise en œuvre ?**

E.E. : Cette analyse débouche parfois sur la psychanalyse des dirigeants eux-mêmes. Cette pratique a surtout cours aux Etats-Unis. Il s'agit alors, dans le cadre des nouvelles méthodes managériales de lever les inhibitions pour développer un Moi fort, plus dynamique, pour être capable de supporter le stress interne, pour faire des dirigeants plus performants, etc. En France, le plus souvent l'analyse porte sur la façon de se conduire dans les organisations et non seulement sur les méthodes de direction : comment les cadres se situent dans l'imaginaire de l'organisation, quels sont les processus d'identification des ouvriers...

On observe par exemple les clivages qui peuvent exister entre services, les «attaques contre les liens» de Bion : alors que les gens déclarent vouloir travailler ensemble, ils se débrouillent pour casser ces liens et rester seuls. On peut s'apercevoir également que dans les organisations ce sont dans certains cas les plus « bizarres » qui prennent la direction, et dans d'autres ceux que l'on peut appeler les « surnormaux », qui se disent sans états d'âme et qui bloquent leur capacité de vie fantasmatique. On peut se demander si ce ne sont pas ces types d'individus qui suscitent le plus l'admiration. Il existe aussi des personnalités *as if* (« comme si ») qui s'épuisent dans l'apparence, dans la performance et qui se vident progressivement de leur propre vie intérieure, parce qu'ils n'ont comme vie interne que l'idéal de l'organisation.

Les phénomènes de clivage, de désaveu, d'idéalisation, de sublimation, d'hostilité, d'agressivité, font encore l'objet de l'analyse et de l'intervention. On peut étudier enfin les mythes fondateurs, les histoires refoulées ou les investissements névrotiques que crée toute organisation, tout groupe.

***SH :* Quel type d'entreprise fait appel à des consultants pour se faire « analyser » ?**

E.E. : A ma connaissance, il n'y a en France aucune entreprise qui ait fait une demande explicite d'analyse. Il existe en revanche depuis cinq ans aux Etats-Unis une association (l'international Society for Psychanalytic Study of Organization) dont je suis un des membres fondateurs. Il y a eu des entreprises qui ont accepté que se déroulent à l'intérieur de l'organisation des psychodrames analytiques, du *training group*. Le plus fréquemment, elles accueillaient favorablement une analyse interne des problèmes d'organisation. Ainsi, certaines entreprises acceptent une « psychanalyse à chaud » des problèmes. Je le répète, on ne peut appliquer tels quels les concepts de la psychanalyse à l'entreprise : on ne peut pas dire que tel service représente le « mauvais objet » au sens de Mélanie Klein ou au contraire de « bonne mère »... Nous avons toujours cherché à intégrer également les enjeux historiques et économiques pour ne pas faire émerger que les dimensions psychiques de l'organisation.

***SH :* Comment se passe une intervention ? Peut-on mettre une entreprise sur le divan ?**

E.E. : Il n'y a pas de modèles, de règles systématiques ou de méthodologie codifiée. Il y a des praticiens qui interviennent sur des groupes de dirigeants, d'autres sur des services qui en font la demande. D'autres encore interviennent comme formateurs pour sensibiliser les participants aux processus inconscients dans les groupes. Dans certains cas on participe à la formation des intervenants et des agents de changement. On ne travaille en réalité qu'avec des segments de l'organisation. Le principe premier est le volontariat. La plupart du temps, c'est au cours d'une intervention que l'on parvient, petit à petit, à faire prendre en compte par les acteurs des facteurs inconscients, affectifs qui agissent au sein de l'entreprise. On va alors découvrir des peurs collectives, des émotions de groupe, l'existence de clans autour de leaders. Il ne s'agit donc pas de sonder les reins et les cœurs à la demande, mais de conduire certaines entreprises à accepter d'explorer progressivement la vie psychique de leur organisation tout entière.

***SH :* Pourriez-vous donner un exemple de ce que signifie une analyse de groupe ou d'organisation ?**

E.E. : Dans certaines organisations, on observe des gens qui se comportent comme des morts vivants. Ils préfèrent, malgré tous les dysfonctionnements qui assaillent l'organisation, se cacher la réalité et refusent d'affronter les difficultés. On peut voir des organisations qui préfèrent, parce que cela les rassure, maintenir une répétition mortifère de ce qui se fait plutôt que d'envisager autre chose (par peur que tout s'écroule). Il y a aussi des organisations qui développent un stress professionnel tendant à briser, à casser les individus.
A l'inverse, on observe des institutions où prévaut le consensus, où l'on refuse le conflit et donc le dévoilement de certains problèmes par peur de la confrontation ou par peur de briser l'harmonie interne. Il y aura alors refoulement de la parole libre, refoulement de l'agressivité...

***SH :* En matière de management participatif, l'analyste constate-t-il de réelle modification de pouvoir dans l'entreprise depuis vingt ans ?**

E.E. : L'idée du management participatif est en réalité une très vieille idée : elle date d'après-guerre. Elle a mis du temps à s'imposer. En 1956, lorsque je parlais de participation, de consultation, je me suis entendu reprocher de vouloir installer des soviets ! Maintenant, on peut dire qu'il y a des soviets partout ! Ils s'appellent cercles de qualité, groupes d'expression, groupes de projet, groupes *ad hoc*... Il y a un changement en ce sens que l'on commence à mettre en place des idées proposées par les psychosociologues dès les années 40.

Personnellement, je ne pense pas beaucoup de bien de ces méthodes dans la mesure où la participation est exigée. Michel Crozier avait bien dit dans *Le Phénomène bureaucratique* que les gens voulaient des compensations à l'investissement en terme d'argent, de prestige. Dans une certaine mesure, il est vrai que la personnalité des cadres ou des ouvriers n'est plus prise en compte ; ceux-ci se sentent plus valorisés lorsqu'ils ont de nouvelles responsabilités. Mais en même temps, jamais il n'y a eu tel contrôle sur la pensée et la psyché des individus. Jamais ne s'est autant manifestée la volonté d'emprise de l'organisation sur l'individu. L'organisation tend à prendre l'individu au piège de ses propres désirs.

Propos recueillis par
JEAN-FRANÇOIS DORTIER
(*Sciences Humaines*, n° 5, avril, 1991)

Philippe Cabin*

COMMUNICATION ET ORGANISATION**

La communication en organisation constitue un champ de recherche peu structuré et éclaté en approches très diverses : communication interpersonnelle, dynamique des groupes, sociologie des organisations, management, sémiologie, sociolinguistique... Les travaux les plus récents tentent de fournir une analyse pluraliste et systémique des phénomènes de communication en organisation.

Les recherches menées en entreprise sur le travail des cadres montrent que ces derniers passent l'essentiel de leur temps à communiquer. Henry Mintzberg considère la communication comme un des trois domaines fondamentaux du travail du dirigeant (1). Rien d'étonnant à cela : aucun système technique et humain ne peut fonctionner sans communication. Toute l'activité d'une entreprise (ou de toute autre organisation) n'est qu'un enchaînement de processus d'interactions et de communications : ceux-là sont l'huile qui permet aux rouages organisationnels de fonctionner (2).

Les mutations récentes des modes de fabrication et d'organisation ont encore accru l'importance de l'échange et de la gestion d'informations dans les activités de production. L'organisation taylorienne du travail visait à limiter au minimum les informations et les interactions nécessaires au travail : la prescription très formalisée des tâches n'exigeait en effet que peu de communication entre les agents. Les nouvelles formes d'organisation qui apparaissent aujourd'hui ne sont pas seulement consécutives à l'essor des technologies de l'« information et de la communication ». Elles

* Journaliste scientifique au magazine *Sciences Humaines*.
** Ce texte est paru dans *La Communication : états des savoirs*, coordonné par P. Cabin, Sciences Humaines Editions, 1998.
1. H. Mintzberg, *Le Manager au quotidien*, Editions d'Organisation, 1984. Voir aussi l'entretien avec H. Mintzberg dans cet ouvrage.
2. Selon l'expression de Sandra Michel, « La communication interpersonnelle », dans N. Aubert, J.-P. Gruere, J. Jabes, H. Laroche et S. Michel, *Le Management, aspects humains et organisationnels*, Puf, 1991.

résultent du développement de nouvelles rationalités, qui bouleversent les contextes professionnels : autonomie, organisation transversale, équipes-projets, participation... Ces principes ont une répercussion essentielle : celle d'une coordination accrue et complexifiée. La communication apparaît comme un processus décisif de cette coordination (3).

Les illusions de la communication organisationnelle

Le pourquoi de l'importance de la communication dans l'organisation étant acquis, il reste à en préciser le comment. Dans le monde de l'entreprise en effet, la communication est très souvent vue à la fois comme la cause de tous les maux, et le remède susceptible d'apporter une solution à tout problème : il est devenu courant (et commode) de ramener tout dysfonctionnement organisationnel à « un problème de communication ». Ce constat est révélateur des illusions qui persistent, au sein des organisations, quant aux caractéristiques et aux vertus supposées de l'acte de communiquer.

Parmi ces illusions, on peut en distinguer trois, particulièrement fréquentes et trompeuses (4). La première consiste à penser qu'il est facile de communiquer, puisqu'il suffit d'énoncer un message. La deuxième amène à penser que dès lors que l'on est parvenu à expliciter ce message, il est évident qu'il sera compris par le récepteur de la même manière que l'émetteur. Dernière illusion majeure : il n'existerait qu'une forme de communication pertinente, celle selon laquelle le message a été émis. Or on sait que la communication est multiple et multiforme.

Les sciences humaines ont très largement contribué à révéler ces idées fausses et à éclairer les logiques à l'œuvre dans les processus de communication en organisation. Ce champ de recherche reste pourtant peu structuré. Il existe en effet beaucoup de travaux sur la communication interpersonnelle et dans les groupes : par exemple la dynamique des groupes de Kurt Lewin, l'analyse transactionnelle, l'analyse de la structure affective des groupes (Jacob Lévy Moreno), etc. Mais ces approches offrent une vision de la communication essentiellement psychologique, qui conduit à sous-estimer le rôle que joue la structure organisationnelle. D'autre part, les sciences de l'organisation et du management, en dépit de l'étendue de leur champ d'investigation, se sont peu intéressées aux fonctions de la communication. Il est clair par exemple que dans les analyses de Michel Crozier, la part de la communication dans les stratégies et les comportements des acteurs est essentielle. Selon cette approche en effet, les acteurs en organisation ont une marge d'autonomie et développent des stratégies. Le pouvoir est une relation d'échange qui se négocie : au cœur de cette relation se trouve la maîtrise de zones d'incertitudes, et par conséquent celle de l'information et de la communication. Cette dernière est donc considérée comme une composante et une ressource capitales du fonctionnement

3. J.-Y. Capul, « Les communications dans les organisations », *Les Cahiers français*, n° 258, 1992.
4. S. Michel, *op. cit.*

de l'organisation, mais elle n'y est pas étudiée en tant que telle.

Une des raisons à cette situation est la difficulté à cerner avec rigueur la notion de communication en organisation, tant il est vrai que celle-ci renvoie sur le terrain à des réalités et des domaines d'actions radicalement différents. On peut sommairement les classer en quatre catégories :

– les rapports interpersonnels à l'intérieur de l'organisation : cela va des problèmes de recrutement, motivation…, aux rapports quotidiens entre un cadre et sa secrétaire, à l'organisation spatiale des lieux de travail… ;

– la distribution, la circulation et le partage de l'information, autrement dit l'entreprise comme système d'information : consignes, formalisation des procédés, diffusion de l'information interne… ;

– ce qui relève du management et de la communication entre direction et salariés : gestion des ressources humaines, journaux internes… ;

– ce qui relève de la communication vers le client et vers l'extérieur, qu'elle soit axée sur le produit (publicité, marketing, modes d'emploi…), ou sur l'organisation elle-même, ce que l'on appelle la communication institutionnelle (voir les publicités d'EDF, La Poste, Vivendi… les campagnes publicitaires lors des opérations de privatisation ou les opérations de mécénat).

Communication externe et interne

La dernière catégorie relève de ce qu'on appelle usuellement la communication externe. Les problématiques relèvent alors moins de l'analyse organisationnelle que de celle des mécanismes d'influence et d'argumentation. Des sémiologues ont également cherché à comprendre et à améliorer l'efficacité des messages publicitaires, des sociolinguistes à étudier la pertinence de la formulation des modes d'emploi des produits (5).

L'analyse de l'organisation comme espace et comme système de communication renvoie davantage aux préoccupations de la communication dite interne. Les recherches sur la communication interpersonnelle ont pour vertu de montrer la complexité des processus de communication. Elles constituent ainsi un antidote aux illusions citées plus haut : il suffit de parler pour être compris, la communication c'est simple, etc. L'analyse de la communication dans les groupes permet pour sa part de mettre au jour les phénomènes d'influence, de leadership, de construction de réseaux, de structuration qui ont cours dans les ensembles humains de toutes natures. Des expériences en psychologie sociale ont mis l'accent sur des facteurs « organisationnels » : Claude Flament a étudié l'influence du degré de centralisation du groupe sur l'efficacité de la communication, Claude Faucheux et Serge Moscovici ont montré pour leur part comment les groupes tendent à se donner une structure en accord avec les contraintes spécifiques de la tâche à accomplir (6). Dans le même ordre d'idée, des linguistes cher-

5. Voir D. Boullier, « Modes d'emploi : mode d'emploi », *Sciences Humaines*, n° 76, octobre 1997.
6. Pour une présentation développée de ces travaux, voir G. Amado et A. Guittet, *Dynamique des communications dans les groupes*, Armand Colin, 1991.

chent à comprendre les logiques des communications langagières dans les situations de travail (7).

A la recherche de la communication efficace

Dès lors qu'une organisation a des objectifs d'efficacité, et dès lors que la communication est perçue comme une ressource fondamentale, il va de soi que nombre de travaux sur la communication n'ont pas pour seul objet de comprendre les processus en cours. Ils visent aussi à les améliorer. Ils se manifestent soit par l'élaboration de « techniques » de la communication, soit par des recherches qui visent à mettre en évidence les facteurs et conditions d'une bonne communication. Ainsi, M.-R. Chartier avance sept principes nécessaires à la bonne compréhension d'un message (8) : le principe de pertinence (atteindre le cadre de référence psychologique du récepteur), le principe de simplicité, le principe de définition (définir avant de développer), le principe de structure (organiser le message en une série d'étapes successives), le principe de répétition (répéter les éléments clés du message), le principe de comparaison et de contraste (procéder par association d'idées), et le principe de l'appui sélectif (attirer l'attention sur les aspects les plus importants).
Dans une perspective voisine, certains chercheurs analysent les attitudes de communication : Lyman W. Porter a construit une échelle de six attitudes, de la plus contraignante à la plus « libre » (9) : le conseil ou ordre, l'évaluation ou jugement, l'aide ou soutien, l'enquête ou interrogation, l'interprétation, la compréhension. Chacune de ces attitudes est plus ou moins adaptée selon le contexte et les objectifs de la communication.

Les dimensions symboliques et culturelles

Des travaux cherchent à analyser le rôle du contexte social et institutionnel. Ils montrent tout particulièrement l'influence des communications informelles et de la dimension symbolique (prestige, statut, pouvoir, rites...) des relations au sein d'une organisation. C'est pourquoi nombre de tentatives de réorganisation et de changement se heurtent à la défense des individus qui n'acceptent ces transformations que par rapport à la signification qu'ils leur accordent (10).
L'existence d'un ensemble commun de référents identitaires et culturels est un autre ingrédient d'une communication efficace : la notion de culture d'entreprise a connu un succès considérable dans le milieu managérial, succès d'ailleurs éphémère, parce que le plus souvent fondé sur une vision superficielle et instrumentale.
Il importe également de prendre en compte la diversité des types de communications qui se déroulent au sein d'une organisation. La communication informelle a bien souvent un rôle plus

7. Voir par exemple D. Faita, « Interaction verbale et gestion des variables du travail », Colloque international Analyse des interactions, Aix-en-Provence, 1991.
8. M.-R. Chartier, « Clarity of expression in interpersonal communication », dans J.W. Pfeiffer et J.E. Jones, *The 1976 Annual Handbook for Group Facilitators*, University Associates Inc, 1976, cité dans N. Côté, H. Abravanel, J. Jacques et L. Belanger, *Individu, groupe et organisation*, Gaëtan Morin, 1986.
9. L.W. Porter, « Job attitudes in management », *J. Appl. Psychol.*, n° 46, 1962, cité par S. Michel, *op. cit.*
10. Voir G. Amado et A. Guittet, *op. cit.*

important que les consignes écrites ou les journaux d'entreprise. De même la communication verticale (ascendante ou descendante) possède des logiques et des contraintes qui diffèrent de celles de la communication horizontale entre personnes d'un même service ou d'un même niveau hiérarchique. Dans chaque cas, les questions de statut, de culture, d'identité, de pouvoir vont opérer différemment.

Un autre niveau important de la définition d'une communication efficace est celui des supports et de l'environnement physique de la communication. La conception et le fonctionnement du système de circulation de l'information, l'agencement et les caractéristiques physiques des lieux de travail (*voir l'article de François Lautier dans cet ouvrage*), leur éloignement, l'utilisation de telle ou telle technologie... Tous ces facteurs participent du processus de communication, et font l'objet de très nombreux travaux.

Vers de nouveaux paradigmes

D'autres approches auraient pu être développées. Cette brève présentation témoigne du caractère éclaté des travaux sur la communication en organisation, qui au final offrent des visions parcellisées. Or nous l'avons vu, la communication en organisation est le fruit d'un système complexe et dynamique de facteurs, qui mêle : la compétence et la stratégie communicationnelles des acteurs, les identités et les histoires individuelles, l'existence d'une culture et de codes de communications communs, de supports et des canaux appropriés, un contexte (économique, social, hiérarchique, matériel et physique...), une situation particulière, etc.

Les sciences de l'information et de la communication construisent aujourd'hui des modèles et des paradigmes nouveaux qui intègrent pleinement ce constat. C'est le cas par exemple, de la théorie des processus de communication d'Alex Mucchielli et de son équipe (11). L'idée qui préside à cette approche est assez simple. Pour interpréter le comportement des individus en situation de communication, il faut chercher à comprendre le « sens » que ces derniers donnent à leur action. Ce sens est le fruit d'une interaction entre l'acte de communiquer et l'ensemble des éléments qui en constituent le contexte, ce dernier étant entendu ici dans une acception large. Il résulte de divers paramètres : l'organisation de l'espace, l'environnement physique et sensoriel, les données temporelles, les processus de positionnement des individus, la nécessité de la « qualité de la relation », les normes, les processus d'expression identitaire. C'est à travers la combinaison complexe de tous ces « processus de communication », qui forment un système, que l'individu va donner sens à sa façon d'agir et de communiquer.

L'enjeu fondamental est « la construction du sens partagé », et l'organisation est ici partie intégrante de cette construction. Le travail du chercheur va consister à reconstituer et à comprendre l'ensemble des facteurs qui dirigent la construction par les acteurs, de leur

11. A. Mucchielli, J.A. Corbalan et V. Ferrandez, *Théorie des processus de la communication*, Armand Colin, 1998.

communication (*voir encadré ci-contre*) Cette approche constructiviste (l'action résulte de la construction du sens par les individus) et systémique (l'ensemble des éléments de la situation de communication forme un système) témoigne des potentialités des sciences de la communication pour fournir des grilles d'interprétation des phénomènes de communication en organisation.

Quand le service au client perturbe le système de la communication interne

Dans une société informatique de développement de logiciels de gestion, les commerciaux doivent souvent, au contact de leurs clients, répondre aux questions techniques de ces derniers. Ils ne peuvent pas toujours répondre eux-mêmes, et pour satisfaire leurs clients appellent régulièrement les spécialistes concepteurs des programmes informatiques. Or, les lignes téléphoniques de ces derniers sont souvent occupées. Par ailleurs, ils s'estiment trop souvent perturbés dans leur travail par ces appels incessants.

Il est donc décidé de mettre en place une messagerie électronique (BAL, pour « boîte aux lettres ») dans laquelle les commerciaux poseront les questions de leurs clients, questions dont les programmeurs prendront connaissance à des moments qu'ils maîtriseront. Les réponses seront ensuite transmises aux clients par les commerciaux, qui garderont ainsi le contact avec ceux-là.

Or, ce dispositif s'avère être un fiasco : il n'est pas utilisé. L'analyse communicationnelle (ici, celle des processus de structuration des relations) montre que l'outil, s'il avait été utilisé, aurait amené une modification des relations de travail à laquelle personne n'avait vraiment intérêt. En effet, les programmeurs auraient été tenus, avec la BAL, de répondre à toutes les demandes, alors qu'ils pouvaient y échapper avec le système du téléphone occupé. Le système BAL leur donne aussi l'impression d'être « sous la coupe » des commerciaux, alors que ceux-ci étaient obligés, avant, de « prendre des gants » puisqu'ils pouvaient être en situation de les déranger. Il y a là un problème de positionnement réciproque des deux groupes professionnels. D'autre part, la BAL permettait un listage des demandes, et par conséquent un contrôle possible des dysfonctionnements et des réponses apportées. Pour leur part, les commerciaux étaient désormais dans l'impossibilité de donner des réponses immédiates à leurs clients.

Comme le souligne Alex Mucchielli, cette analyse montre que les acteurs n'ont pas voulu d'une nouvelle structuration des relations de travail qui leur faisait perdre des avantages de positionnement obtenus au prix d'une négociation permanente. D'autre part, la lecture de la situation montre que l'échec n'est pas attribué à des individus en particulier. Les acteurs sont en interaction au sein d'un système total. La causalité est circulaire :

les commerciaux n'utilisent pas leur BAL, comme les programmeurs n'ouvrent pas la leur, les deux actions se renforçant l'une l'autre. Ainsi, l'existence de systèmes de pertinence très différents des acteurs de l'entreprise, sur lesquels la communication interne de l'entreprise n'a pas eu de prise, a empêché l'émergence d'une définition nouvelle et commune de la situation « pour un meilleur service aux clients ».

P.C.

Source : A. Mucchielli, J.A. Corbalan et V. Ferrandez, *Théorie des processus de la communication*, Armand Colin, 1998.

Chapitre III

Les approches managériales et économiques

« NOUS VIVONS DANS LE CULTE DU MANAGEMENT. »

ENTRETIEN AVEC HENRY MINTZBERG*

Henry Mintzberg distingue sept grands types d'organisation. Selon lui, beaucoup d'entre elles, en cherchant l'efficacité à tout prix et à court terme, risquent de perdre l'essentiel : l'engagement des individus.

***Sciences Humaines :* Pour vous, qu'est-ce qu'une organisation ?**

Henry Mintzberg : C'est un ensemble de personnes entreprenant une action collective à la poursuite de la réalisation d'une action commune. Je suis fonctionnaliste : je pense que Renault existe pour fabriquer des voitures.

***SH :* Sur quels fondements se structure une organisation ?**

H.M. : Les éléments de base sont pour moi la division du travail et les moyens de trouver une forme de coordination entre les différentes tâches. A partir de ce postulat, j'ai construit sept modèles de l'organisation : entrepreneuriale (structure simple fondée sur l'autorité d'un entrepreneur), mécaniste (bureaucratie industrielle fondée sur la standardisation des tâches), professionnelle (bureaucratie fondée sur le métier et la standardisation des compétences), divisionnalisée (grande organisation structurée en divisions spécialisées), adhocratique (structure fluide fondée sur la transversalité et l'organisation en équipes), missionnaire (organisation fondée sur une idéologie ou une culture), et politique (organisation davantage ordonnée par des jeux de pouvoir que par des structures formelles). Bien sûr il s'agit de types-idéaux, qu'il faut utiliser comme tels. Si vous prenez La Poste par exemple, c'est à première vue un modèle de bureaucratie mécaniste. Mais en y regardant de plus près, on y voit aussi des aspects du modèle professionnel, du modèle entrepreneurial, etc.

** Professeur de management à l'université McGill de Montréal et à l'Insead (Fontainebleau). Parmi ses publications :* Structure et dynamiques des organisations, *Editions d'Organisation, 1982 ;* Le Management. Voyage au cœur des organisations, *Editions d'Organisation, 1990.*

***SH :* Votre typologie des organisations s'applique *a priori* pour les entreprises. Est-elle aussi pertinente pour décrire des organisations non productives : associations, villes, ONG, administrations ?**

H.M. : La répartition est sans doute différente, mais je pense que les modèles peuvent s'appliquer à toutes les formes d'organisation. Vous avez, par exemple, des laboratoires de recherche dans des départements gouvernementaux qui fonctionnent sur le modèle de l'adhocratie. Si vous vous penchez sur les ONG, vous pourrez constater qu'elles peuvent toutes être analysées à l'aide des sept modèles. Bien sûr il y a toujours un aspect dominant lié à l'objet même de l'organisation. Ainsi, une ONG ira naturellement vers le modèle missionnaire, mais cela ne l'empêchera pas d'avoir des caractéristiques du modèle professionnel, ou mécaniste, ou politique, etc.

***SH :* L'adhocratie est selon vous la forme d'organisation la plus porteuse d'avenir. Pourquoi ?**

H.M. : Les technologies sont de plus en plus compliquées, le poids des savoirs est de plus en plus important. Il faut davantage créer en équipe, rassembler des informations de nature et d'origine différentes. Dans un tel contexte, ce n'est pas l'autorité qui compte mais la connaissance. La technologie, la connaissance, la créativité, le travail en équipe : tout cela pousse les organisations vers l'adhocratie.
Je distingue adhocratie interne (organisation par projet) et adhocratie externe (organisation en réseau). Or, on voit de plus en plus d'organisations en réseau, parce que les responsables savent maintenant qu'une organisation ne peut pas tout faire, et qu'elle doit acheter en externe un certain nombre de services.

***SH :* Par exemple, les grandes entreprises qui fonctionnent comme des réseaux de sous-traitance, comme Nike ?**

H.M. : Oui, dans un certain sens. Ce que l'on observe souvent, c'est que les organisations gardent les domaines les plus innovateurs et créateurs en interne (le design par exemple), et qu'en périphérie vous avez des gens dont la fonction est de négocier avec les fournisseurs, les clients, etc. Les fournisseurs, en revanche, ne sont pas forcément des adhocraties. Au contraire, ce sont souvent des organisations très mécanistes, avec un cahier des charges strict : par exemple pour Nike, fournir un modèle bien défini de chaussures. On a ainsi un schéma avec une adhocratie au centre, des professionnels en périphérie et, enfin, en externe, des organisations mécanistes. Il arrive cependant que l'on trouve le modèle inverse. Si vous analysez les compagnies pharmaceutiques, vous constaterez qu'elles sont très performantes pour assurer le développement de leurs produits mais qu'elles ont beaucoup de difficultés à faire de la recherche. Certaines gardent donc les processus plus programmés à l'intérieur, et elles achètent la créativité et la recherche. Dans ce cas, l'organisation conserve en interne les aspects professionnels, et sous-traite à des organisations adhocratiques.

***SH :* Vous décrivez le métier d'infirmière comme un modèle du management. Pourriez-vous expliquer pourquoi ?**

H.M. : Le travail des médecins est un travail d'intervention, c'est-à-dire qu'ils font leur travail, et qu'ils laissent le reste à la structure hospitalière. Ce sont les infirmières qui soignent les patients. Il y a beaucoup trop de management comme intervention (*cure*), et pas assez de management comme soin (*care*). Vous avez de plus en plus de managers qui réalisent de grands changements en quelques mois et qui partent. Un vrai changement dans une organisation prend au moins cinq ans, comme l'a montré l'exemple de Ford.

***SH :* On dit souvent que dans les hôpitaux, le principal frein au changement tient à la coupure entre les professionnels soignants et le personnel administratif.**

H.M. : La difficulté dans cette activité est que vous ne pouvez pas changer le travail de soin, car il est déterminé par la technologie et la spécialisation des tâches. Le manager ne peut pas changer cela ; la seule chose qu'il peut faire, c'est couper les crédits. La politique de restructuration hospitalière au Canada entraîne réorganisation sur réorganisation. Les managers font la chaise musicale, et rien ne change.

Il est très difficile de changer une organisation du travail si vous ne connaissez pas de façon intime le métier. Les administratifs de la santé ne peuvent comprendre qu'avec énormément de difficultés ce qui se passe chez les cliniciens. Cela ne veut pas dire qu'il faut laisser faire les cliniciens. Cela veut dire qu'il faut les amener à prendre eux-mêmes en charge le problème.

***SH :* La question des valeurs, des représentations des individus est peu présente dans vos travaux. Trouvez-vous cette dimension moins importante ?**

H.M. : Quand j'observe des organisations très spécifiques, comme l'Office national du film ou la Banque royale du Canada, je consacre beaucoup de réflexions à ces aspects, mais j'ai des difficultés à les analyser, car mes outils conceptuels ne sont pas adaptés. Cela ne veut pas dire que je ne trouve pas cela moins important : je trouve cela moins facile à décrire. Je penche vers des choses plus définies et plus apparentes : la stratégie, la structure.

***SH :* On observe une tendance à la dissolution du lien entre individus et organisations (contrats de travail précaires, sous-traitance, etc.). Comment analysez-vous cette évolution ?**

H.M. : C'est une tendance à la mode, surtout dans les pays anglo-saxons. Cela provient notamment du pouvoir des économistes, qui ne connaissent rien des aspects que nous venons d'évoquer : valeurs, confiance, motivation. Les économistes sont bons… pour faire des économies, mais dans les autres domaines, ils font beaucoup de dégâts. Regardez ce qui se passe en Russie avec les interventions de consultants et d'économistes américains.

En dépit de cet effet de mode, il y a beaucoup d'entreprises, et à mon avis les meilleures entreprises, qui ne suivent pas ce mouvement : Hewlett Packard est une entreprise qui marche bien, et qui reste fondée sur une culture, sur des valeurs. Je pense que les entreprises qui suivent la mode de la chaise musicale finiront par en payer le prix, car elles perdront l'engagement des individus. Une organisation n'est pas seulement une juxtaposition de personnes avec des tâches. Il faut qu'il y ait un lien et que les gens puissent se projeter dans l'avenir. Les Japonais nous ont beaucoup appris sur ce point. Le management japonais insiste beaucoup sur les aspects informels, sur les connaissances tacites. J'ai assisté récemment à un séminaire au Japon, et le conférencier parlait toujours de « Ba ». Cela veut dire « place », au sens de « où on est » et de « qui on est ».

***SH :* On constate aussi que les organisations tendent à alléger la fonction d'encadrement et à se défaire des cadres moyens. Pourquoi ?**

H.M. : Parce que certains dirigeants ne comprennent pas ce que fait le *middle-management*. Ils pensent que dans une organisation, tout commence en haut, puis descend. Or c'est faux. Ce sont les gens du milieu (le *middle-management*) qui font le lien entre le sommet et la base de l'organisation.

***SH :* La mondialisation a-t-elle des effets sur les modes de coordination des organisations ?**

H.M. : La mondialisation n'est pas un phénomène nouveau.

Singer était implantée dans le monde entier en 1900, elle était aussi internationale que Coca-Cola aujourd'hui. Quant au terme de globalisation, on l'emploie à tort et à travers. La globalisation renvoie aux idées de client et de région, mais pas à celle de direction. Trouvez-moi une seule entreprise dont la direction est globale. Je peux peut-être nommer une ou deux entreprises qui sont binationales, comme Shell. Mais qui peut penser que Coca-Cola n'est pas une entreprise américaine ?
Les deux seules organisations globales que je connais ne sont pas des entreprises : Greenpeace et la Croix-Rouge. Greenpeace travaille dans tous les continents et sur les mers. A la direction de la Croix-Rouge, qui est située à Genève, vous n'avez qu'un seul Suisse et elle est représentée dans 170 pays.

***SH :* Y a-t-il des formes d'organisation plus aptes au changement ?**

H.M. : D'abord, il faut souligner que le changement sans arrêt, c'est l'anarchie. Il faut changer quand c'est nécessaire, mais pas en permanence. En outre, quand on change quelque chose dans une organisation, il y a toujours une partie que l'on garde. Le problème, c'est qu'on ne parle que du changement, et presque jamais de la stabilité. Pour en revenir à votre question, je pense en effet que certains modes d'organisation, particulièrement le modèle entrepreneurial et l'adhocratie, sont plus aptes au changement.

***SH :* La grande entreprise multidivisionnelle est-elle plus difficile à changer ?**

H.M. : Elle est facile à changer si on se contente de changer les divisions ou d'acheter des unités. L'exemple du Crédit Lyonnais montre qu'il est très facile d'acheter des unités, si vous avez de l'argent. Ce qu'il montre aussi, c'est qu'on laisse les dirigeants jouer au business, parce qu'on vit dans le culte du management. Le conseil d'administration a laissé le P-DG s'amuser et on a vu le résultat.
On a de plus en plus de structures divisionnalisées complexes, de conglomérats. En France, pour être un P-DG respecté, il faut être président d'un « groupe ». A mon avis, il est plus intéressant et plus efficace de diriger une organisation ou une activité bien définie, qu'un groupe.

***SH :* Une organisation peut-elle mourir ?**

H.M. : Oui, et c'est une chose que les responsables ont du mal à concevoir. Il faut pourtant savoir admettre qu'une organisation puisse mourir, il faut même parfois le célébrer ! La mort de l'organisation peut procéder de la disparition de son marché ou de sa mission. Mais elle peut être liée à une maladie interne : dysfonctionnement, perte de contact avec les clients ou avec les salariés…

***SH* : Vous avez écrit que les grandes organisations, une fois créées, n'ont pas besoin de grands dirigeants.**

H.M. : Avec le culte du management, beaucoup pensent qu'il suffit d'avoir un bon P-DG pour que tout soit réglé, et que dans la difficulté, un bon leader très bien payé suffira à sauver l'entreprise. Les bonnes organisations sont celles qui ont des équipes très fortes avec des individus très engagés. Le leader doit être capable de comprendre et d'utiliser la force des équipes et des individus.

***SH* : Une partie importante de vos recherches a consisté à observer et à analyser le travail du dirigeant au quotidien. Que fait un P-DG de ses journées et à quoi sert-il ?**

H.M. : J'ai récemment passé des journées entières à observer le travail d'une trentaine de dirigeants, pas seulement des P-DG : il y avait parmi eux Rony Brauman, président de Médecins sans frontières, Catherine Join-Diéterle, qui dirige le musée de la Mode et du Costume, Jacques Bentz, directeur général de GSI, des responsables de gendarmerie, de parcs, etc. Ce travail m'a amené à construire un nouveau modèle, organisé en trois cercles, avec le manager au centre, l'organisation au-dessous, et le monde autour. Dans le premier cercle, on dirige l'information ; dans le deuxième cercle, on dirige les personnes ; dans le troisième cercle, on dirige l'action *(voir schéma ci-contre).*

Il y a des managers qui essaient de diriger l'action directement (par le management par projet par exemple). D'autres qui travaillent plutôt au niveau du facteur humain, en essayant d'encourager, de motiver les autres, pour que ces derniers prennent en charge l'action. D'autres, enfin, travaillent plus en intérieur, au niveau de l'information (en lisant des budgets, des rapports), et en essayant d'amener sur cette base les gens à agir. Le management, c'est faire les trois en même temps, à l'intérieur de l'organisation mais aussi à l'extérieur.

***SH :* Vous dites aussi que les dirigeants travaillent de la même manière qu'il y a un siècle.**

H.M. : Ce qui compte avant tout, c'est l'intuition et la communication verbale. C'est pourquoi les managers, quand ils ont une décision importante ou compliquée à prendre, continuent à prendre l'avion, plutôt que d'utiliser l'E-mail.

Si la prise de décision est surtout intuitive, si l'information qui compte arrive verbalement et de façon interpersonnelle, alors le management d'aujourd'hui n'est pas très différent de ce qu'il était il y a un siècle. Les sujets sont différents, mais la manière de prendre les décisions n'a pas changé. Ce ne sont pas les ordinateurs qui décident.

Propos recueillis par
PHILIPPE CABIN
(*Sciences Humaines*, hors série n° 20, mars/avril 1998)

LE TRAVAIL DU DIRIGEANT

Selon H. Mintzberg, le travail du dirigeant s'exerce sur trois niveaux : l'information, le contact avec les personnes et l'action.

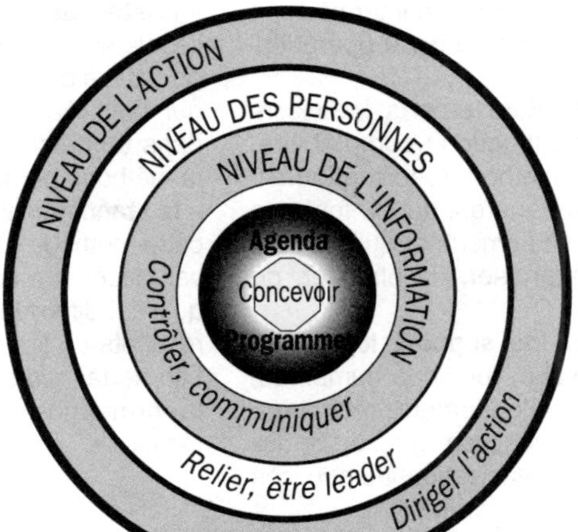

Source : H. Mintzberg, « Out the Managers's Job », *Sloan Management Rewiew*, 1995.

Le modèle de Mintzberg :

Les tâches à accomplir

Henry Mintzberg distingue cinq composantes fondamentales, que l'on retrouve dans les organisations (en fonction de leur taille) :
– **le centre opérationnel** (ouvriers, vendeurs, expéditeurs...) : à la base de toute organisation, il y a les personnes qui concourent directement à la production et à la vente des biens et services produits ;
– **le sommet stratégique** (P-DG et équipe dirigeante) : l'existence de ce centre opérationnel justifie la présence d'un responsable investi des missions de direction, de stratégie, d'allocation des ressources, de relation avec l'extérieur, de contrôle ;
– **la ligne hiérarchique** (encadrement, directeurs d'usines, responsables marketing, chefs d'ateliers...) : quand l'organisation se développe, il faut un encadrement qui joue le rôle d'intermédiaire entre le sommet et la base opérationnelle ;
– **la technostructure** (experts, ingénieurs et cadres des fonctions comptabilité, planification, méthodes, formation...), constituée d'analystes, qui ne font pas partie de l'encadrement, et qui ont pour rôle de standardiser, de planifier, de contrôler ;
– **la fonction de support logistique** (conseil juridique, relations humaines, recherche, développement, réception, restauration d'entreprise...) : procure aux membres de l'organisation les services nécessaires à leur activité.
H. Mintzberg souligne également le rôle de l'idéologie (la culture) de l'organisation.

La coordination

La coordination entre les membres de l'organisation est pour H. Mintzberg sa principale caractéristique et son principe fonctionnel. Il identifie cinq modes de coordination :
– **l'ajustement informel** consiste à s'accorder par une communication informelle (en discutant, par gestes...) : par exemple, deux artisans dans un atelier ;
– **la supervision directe,** par laquelle un responsable hiérarchique (un chef d'atelier par exemple) donne des instructions à des subordonnés et contrôle leur travail ;
– **la standardisation des procédés :** les méthodes de travail, les procédures sont consignées par avance. L'exécutant suit la programmation, sans le concours d'une tierce personne ;
– **la standardisation des résultats :** au lieu de spécifier les procédés, on fixe les objectifs à atteindre. Par exemple un VRP qui doit réaliser tel chiffre de vente dans tel délai, sans que soit spécifiée la méthode permettant d'y parvenir ;
– **la standardisation des qualifications :** cette méthode est utilisée lorsque le travail nécessite une large autonomie et qu'il est difficile de définir à l'avance les résultats ou les méthodes. La coordination se fait alors par la spécification de la formation requise pour exécuter la tâche.

une anatomie des organisations

Sept formes d'organisation

A partir de ce cadre conceptuel, en intégrant d'autres éléments de configuration (taille, système technique, nature du marché et de l'environnement...), et sur la base de nombreux travaux empiriques, H. Mintzberg a construit une typologie des formes d'organisation :

– **l'organisation entrepreneuriale ou structure simple :** elle se limite à une unité composée de un ou plusieurs dirigeants et d'un groupe de salariés. Elle fonctionne sur le mode de la supervision directe. On la rencontre dans les entreprises jeunes et les PME ;

– **l'organisation mécaniste ou bureaucratie industrielle :** la coordination passe par la standardisation des procédés et par des postes spécialisés d'un niveau de compétence faible. Par exemple, La Poste, une prison, un constructeur automobile ;

– **la bureaucratie professionnelle :** la coordination est assurée par la normalisation des compétences et non des procédés. Elle a recours à des opérationnels dûment formés et leur laisse une grande latitude. C'est la structure qu'adoptent souvent les hôpitaux, les universités, les cabinets comptables, les services d'action sociale ;

– **l'organisation divisionnelle :** elle est constituée d'unités définies sur la base des produits ou du marché, contrôlées par une direction générale. Cette configuration concerne les grandes entreprises industrielles ou de service de type conglomérat : Du Pont de Nemours, General Motors sont des exemples de structures divisionnelles ;

– **l'adhocratie ou organisation innovatrice :** il s'agit d'une structure fluide où la coordination s'opère par ajustement mutuel au moyen de communication informelle. Elle concerne des activités tournées vers l'innovation avec des personnels hautement qualifiés. On la trouve dans des secteurs comme l'industrie aérospatiale, la pétrochimie, le conseil, l'informatique...

Dans une seconde étape, H. Mintzberg ajoutera deux configurations :

– **l'organisation missionnaire :** elle est centrée sur l'idéologie de l'organisation. La coordination est fondée sur la standardisation des normes et des croyances. Elle concerne des entreprises à forte culture (par exemple, Toyota, Hewlett Packard) ou des organisations du type ONG, kibboutz, etc. ;

– **l'organisation politique :** elle est centrée sur les conflits de pouvoir. Il est à noter que H. Mintzberg a une vision pathologique de cette configuration, considérant que l'irruption de la politique tend à parasiter et à effacer les modes « normaux » de coordination. Il cite comme exemples une situation conflictuelle née d'une OPA, et l'orchestre du film de F. Fellini : *Prova d'Orchestra.*

P.C.

Jean-François Dortier*

L'APPROCHE SYSTÉMIQUE DES ORGANISATIONS**

***« Je tiens pour impossible de connaître les parties sans connaître le tout ainsi que de connaître le tout sans connaître particulièrement chacune des parties. »* C'est de ce dilemme énoncé par Pascal qu'est née l'approche systémique. Guide pour la recherche, elle constitue un outil précieux pour les intervenants en organisation.**

Quelle ressemblance existe-t-il entre le système solaire, le système scolaire, les systèmes politiques, le système nerveux, le système monétaire international et un écosystème ? Deux réponses sont permises :

– aucune ressemblance fondée, disent les détracteurs de l'approche systémique selon lesquels le mot « système » fait partie de ces notions fourre-tout qui piègent les esprits au nom de vagues analogies formelles ;

– de vraies similitudes d'organisation et de modes de fonctionnement qui seraient à l'œuvre dans des mondes aussi différents que le monde physique, le monde biologique ou celui de la société. Cette seconde réponse est le premier postulat de l'approche systémique. Son but est alors de mettre à jour ces logiques communes pour en faire un outil d'analyse des phénomènes biologiques ou sociaux.

Un carrefour disciplinaire

L'approche systémique (AS) a déjà une longue histoire. Née vers la fin des années 40, elle est le fruit d'une rencontre entre chercheurs venus de plusieurs sciences. Parmi les pères fondateurs, quatre noms émergent Norbert Wiener, professeur au MIT (Massachusetts Institute of Technology à Boston) théoricien de la cybernétique (1), Warren Mac Culloch, créateur de la

* Rédacteur en chef du magazine *Sciences Humaines*. Auteur de *Les Sciences Humaines. Panorama des connaissances*, Sciences Humaines Editions, 1998.

** *Sciences Humaines*, n° 20, août/septembre 1992.

1. Voir mots clés en fin d'ouvrage.

bionique, Ludwig von Bertalanffy, biologiste et auteur d'une *Théorie générale des systèmes* (1954), et Jay W. Forrester, électronicien au MIT qui va tenter ensuite d'élargir le champ d'application de la cybernétique à l'entreprise industrielle puis au système urbain (*Urban dynamism*). Chacun dans leur domaine, ils sont confrontés aux mêmes questions : comment décrire le fonctionnement d'organismes qui sont doués de propriétés comme l'autorégulation de leurs fonctions (l'homéostasie) la coordination spontanée de multiples éléments interdépendants, la poursuite de finalité (téléonomie) (2).

L'ensemble de ces interrogations aboutira à la formulation de la systémique, c'est-à-dire de la théorie des « systèmes » qui se définissent comme des ensembles d'éléments interdépendants, organisés et autorégulés.

L'approche systémique repose sur trois principes fondateurs : le principe d'interaction, le principe de totalité, le principe de rétroaction

• **Selon le principe d'interaction ou d'interdépendance**, on ne peut comprendre un élément sans connaître le contexte dans lequel il interagit. Par exemple, l'évolution d'un secteur économique ne peut s'analyser hors de ses liens avec l'économie d'ensemble, nationale ou internationale ; les agriculteurs en savent quelque chose ! Autre exemple : pour les tenants de l'Ecole de Palo Alto (3), courant de la psychopathologie qui s'est fortement inspirée de l'AS, il est vain de vouloir décrire la personnalité d'un individu en soi, sans prendre en compte des influences réciproques (ou « interactions ») noués avec ses parents, amis ou collègues. Les « thérapies systémiques » interviennent alors sur les relations au sein de la famille et non sur la personnalité du seul individu comme le fait la psychanalyse.

• **Le principe de totalité** rappelle que « le tout est supérieur à la somme des parties ». En matière d'organisation, on dira que dans tout regroupement (foule, équipe, entreprise, service...), la logique du groupe prime sur celle des individus qui le composent. La célèbre métaphore de la « manufacture d'épingle » d'Adam Smith est une autre expression de ce principe : 15 ouvriers spécialisés dans la réalisation d'une tâche (couper le fil d'acier, fabriquer les têtes, la pointe, etc.) fabriqueront beaucoup plus d'épingles que 15 artisans isolés. L'union d'éléments organisés fait la force ; c'est la loi des organisations.

Le principe de totalité possède un corollaire : celui de « propriétés émergentes ». Le sel de cuisine acquiert des qualités (goût, structure cristalline, etc.) absentes dans les éléments constituants. Ces propriétés « émergent » de l'assemblage des parties et ne se trouvent dans aucune d'entre elles.

• **Le principe de rétroaction** (*feed-back* et causalité circulaire). La rétroaction est un type de causalité circulaire où un effet (B) va rétroagir sur la cause (A) qui l'a produite. Le thermostat est un bon exemple de cette causalité en boucle : grâce à ce dispositif de régulation, la baisse de la température dans un appartement provoque la mise en action des

2. Voir mots clés en fin d'ouvrage.
3. *Idem*.

radiateurs qui vont réchauffer les pièces. L'augmentation de la température entraîne alors l'arrêt des radiateurs ; peu à peu la température baisse de nouveau et le cycle recommence. La rétroaction, c'est donc l'action en retour. Elle permet de rétablir le système dans son état initial en fonction des modifications subies.

Cercles vicieux et cercles vertueux

Selon les économistes libéraux, le marché correspond à un tel dispositif de régulation où l'offre et la demande s'équilibrent spontanément. De la même façon, le cycle de production de l'oxygène et du gaz carbonique par les plantes et les animaux correspond à une telle logique circulaire.

L'approche systémique « orthodoxe » s'est surtout intéressée aux phénomènes de régulation présents dans les systèmes biologiques et sociaux. En réalité, la causalité circulaire peut conduire également à des phénomènes d'amplification et de déséquilibre. Ainsi, le mécanisme de la « spirale inflationniste » qu'ont connu la plupart des pays occidentaux dans les années 70 : la hausse des prix entraîne la hausse des salaires (par suite des revendications ou lorsqu'il y a indexation des salaires sur les prix), les entreprises répercutent cette hausse de leurs coûts salariaux sur leurs prix. Une spirale à la hausse est ainsi enclenchée. Le krach boursier est un autre exemple d'amplification rétroactive. La chute brutale des cours (due par exemple à la faillite d'une grande banque) conduit une multitude d'actionnaires à vendre leurs actions pour acheter une valeur refuge. Cette vente massive d'actions va précipiter à son tour la baisse des cours. Un cycle à la baisse est alors engagé.

D'autres propriétés des systèmes ont été mises au jour. Ainsi, le principe d'équifinalité selon lequel *« on peut, des processus organiques, atteindre le même état final, le même "but", à partir de conditions initiales différentes ou par des chemins différents »* (von Bertalanffy). En matière d'organisation, cela signifie qu'il n'existe pas une voie idéale pour atteindre un objectif donné, mais une diversité de solutions possibles qui font chacune appel à une disposition différente d'un même système.

La prise en compte des niveaux d'organisation d'un système est une autre grande leçon de l'AS. Une administration est un système formé de sous-systèmes : directions, services. Or, la coordination des sous-systèmes par rapport à la finalité d'ensemble n'est jamais parfaite. C'est là un point capital, comme le note Dominique Bériot : *« L'observation du comportement des sous-systèmes à travers les actions qu'ils entreprennent et les objectifs qu'ils atteignent révèle parfois des finalités différentes de celles de leurs systèmes. Ils ont tendance à suivre le courant de leur propre raison d'être, ce qui peut entraîner des divergences profondes. Il importe donc de fixer à chaque sous-système des objectifs pour qu'il puisse mobiliser son énergie dans le sens commun, de manière à concourir au projet global. »* (4)

4. D. Bériot, *Du macroscope au microscope, l'approche systémique du changement dans l'entreprise*, ESF, 1992.

Partant de ces principes de base, l'AS s'est enrichie dans les années 60-70 par la rencontre des problématiques de l'auto-organisation et de la complexité. C'est dans cette perspective que Jean-Louis Le Moigne, un des principaux représentants de l'AS en France, a forgé une modélisation des systèmes complexes en 9 niveaux (5). Cette modélisation « hypercomplexe » voudrait dresser des règles de fonctionnement très générales d'organismes qui sont ouverts sur l'extérieur, possèdent une mémoire interne, sont dotés de centre de décision et de pilotage.

A quoi sert l'approche systémique ?

Mais ces modèles abstraits ont-ils une quelconque utilité ? Hormis l'indéniable jeu de l'esprit, à quoi sert l'approche systémique ?

En premier lieu, elle est utilisée couramment en biologie, en physiologie, en écologie, où les modèles systémiques sont légion. En sciences humaines, l'AS est un outil d'observation, une grille de lecture et éventuellement un instrument d'aide à la décision. Par exemple, on peut sans exagérer affirmer que l'économie est spontanément systémique : modélisation du circuit économique avec ses flux de biens et de monnaie, étude des modes de régulation par équilibre spontané (modèle du marché) ou intervention de l'Etat (modèle keynésien), causalité circulaire (« effet multiplicateur » de Keynes), etc.

Des sciences politiques à la sociologie en passant par la récente « écologie urbaine » ou la psychologie, les autres sciences humaines ont été également un champ privilégié d'intervention de la systémique.

Depuis les travaux pionniers de Jacques Mélèse, l'AS s'est muée aussi en outil d'aide à la décision. Dans son récent livre *Du macroscope au microscope*, Dominique Bériot montre combien la modélisation d'un système peut être utile à l'intervention en organisation.

Il propose une méthode d'intervention fondée sur quatre étapes :

– le cadrage de la demande a pour but d'expliciter clairement les objectifs généraux et les objectifs intermédiaires du changement (question de la finalité) ;

– la modélisation du système permet de trouver les sous-systèmes pertinents, les points nodaux, les facteurs d'inertie (analyse du fonctionnement) ;

– l'élaboration d'une stratégie s'appuie sur un principe d'équifinalité : il y a plusieurs voies possibles vers un objectif ; la « *best way* » est une illusion ;

– le lancement de l'action suppose de s'appuyer un point d'application, un sous-système nodal qui fera évoluer les autres. La multiplicité des réactions possibles impose de mettre en place des dispositifs de régulation. Une planification *a priori* étant impossible.

Apports et limites de l'AS

Si l'AS s'avère fertile pour la description et l'aide à l'intervention, elle court néanmoins deux dangers symétriques : celui d'apparaître comme triviale (c'est la rançon de son succès et des simplifications abusives) ; celui de se complexifier à l'extrême au point de devenir inopérante.

5. J.-L. Le Moigne, *La Modélisation des systèmes complexes*, Dunod, 1990.

Comme toute grille de lecture ayant connu quelques succès, l'AS risque d'être galvaudée, de se voir réduite à un catéchisme élémentaire qui fossilise une méthode fertile en un catalogue de règles figées. C'est la loi des idées ! Dans certains milieux du conseil en management, il faut bien admettre que l'AS s'est vu fossilisée en une vulgate à faible rendement théorique mais à fort rendement monétaire.

L'AS ne prétend pas affirmer les canons d'une démarche scientifique rigoureuse, elle a pour but de souligner la diversité et l'imbrication des causalités qui interviennent au sein d'un phénomène donné. Qu'il s'agisse d'analyser le conflit yougoslave, de définir une stratégie de développement économique, de réfléchir sur les causes de l'échec scolaire, l'AS se présente comme un outil de pensée qui permet d'articuler les logiques en œuvre. A ce titre, elle n'est pas exclusive d'autres grilles de lecture des organisations comme par exemple l'analyse stratégique (Michel Crozier), l'approche culturelle (Renaud Sainsaulieu, Philippe d'Iribarne) ou encore le regard socio-analytique (Eugène Enriquez, Nicole Aubert) (6).

6. Voir les sept approches différentes des organisations dans l'excellent ouvrage de G. Morgan, *Images de l'organisation*, Eska, 1989.

PHILIPPE CABIN*

LES NOUVELLES THÉORIES ÉCONOMIQUES DE L'ENTREPRISE**

Pendant longtemps, les économistes n'ont eu de l'entreprise qu'une vision sommaire : celle d'un agent unique et universel à la recherche du meilleur profit. Les développements récents de « l'économie de la firme » ouvrent la « boîte noire » des organisations et en donnent une image à la fois plus complexe et plus proche de la réalité.

FUSIONS-ACQUISITIONS, déconcentration, diversification, externalisation des tâches, *joint-ventures*... : les structures et les frontières de l'entreprise sont de plus en plus mouvantes et multiformes. Quoi de commun entre les structures de Benetton, celles de Bouygues ou celles de Nestlé ?

Longtemps, la science économique n'a disposé, pour penser le comportement des entreprises, que d'un modèle unique : celui d'une sorte d'automate uniforme mû par une seule logique : la maximisation des profits, c'est-à-dire l'utilisation optimale des machines et des hommes pour en tirer le meilleur bénéfice. C'est le modèle largement utilisé par l'approche dite « néoclassique ». Ce modèle simple et uniforme peut difficilement rendre compte de certaines conduites plus complexes. Une des caractéristiques principales de l'entreprise moderne réside dans la séparation entre actionnaires et managers, ce qui peut entraîner des conflits d'intérêts entre ces deux parties (1). William J. Baumol, économiste américain, affirme en 1959 que l'objectif poursuivi par les managers sera souvent de maximiser non pas le profit mais le chiffre d'affaire global de l'entreprise, dès lors que leur revenu et leur prestige sont davantage

*Journaliste scientifique au magazine *Sciences Humaines*.

** *Sciences Humaines*, n° 57, janvier 1996.

1. Les effets de cette disjonction avaient été soulignés dès 1776 par Adam Smith, père de la pensée économique libérale, comme le rappelle G. Charreaux, dans G. Charreaux et al., *De Nouvelles théories pour gérer l'entreprise*, Economica, 1987.

dépendants de cette dernière valeur. Pour interpréter ce type de phénomènes, les sciences économiques ont, depuis les années 80, développé des modèles théoriques qui offrent des visions diversifiées et plus réalistes de l'entreprise. Celle-ci est ainsi, selon les cas, « nœud de contrats », système de compétences, système d'information… Dans *Les Nouvelles Théories de l'entreprise*, Benjamin Coriat et Olivier Weinstein, professeurs d'économie à l'université Paris-Nord (2) présentent un aperçu de ces théories.

Ouvrir la « boîte noire » du modèle néoclassique

La remise en cause du modèle microéconomique dominant de l'entreprise – sorte d'atome impersonnel mû par la seule recherche du profit immédiat – s'est faite en deux temps. Dès les années 60, des tentatives on été faites pour ouvrir la « boîte noire » de l'entreprise. Mais ces remaniements sont restés marginaux. C'est surtout depuis les années 80 que les nouvelles théories de l'entreprise émergent. Les premières réinterprétations de l'entreprise peuvent être résumées autour de cinq approches (3).

Une première démarche, présentée plus haut, a consisté à prendre en compte le décalage possible des intérêts entre les actionnaires et les managers de la firme. Même si les validations empiriques de cette proposition furent controversées, cette approche a démontré que l'hypothèse de maximisation du profit ne saurait être la seule opérante. L'entreprise poursuit un ensemble d'objectifs, pécuniaires ou non pécuniaires (carrière des salariés, pouvoir et prestige des managers…) et est ainsi amenée à organiser des arbitrages.

Seconde rupture majeure dans l'approche théorique de la firme : les travaux de Herbert A. Simon, prix Nobel d'économie en 1978, et un des fondateurs des sciences de la décision. Celui-ci remet en cause le fondement même du modèle néoclassique : pour lui, l'entrepreneur n'agit pas selon une rationalité « substantive » (ou optimale) mais selon une rationalité « procédurale » ou (limitée). Par exemple, lorsqu'il réorganise un service ou recrute du personnel, le responsable n'a ni le temps, ni les moyens d'envisager toutes les configurations possibles. Il trouve en général une solution « satisfaisante » qui n'est pas forcément la meilleure en théorie. Le principe de la « rationalité limitée » aura une influence considérable sur les futures théories de la firme.

Dans le prolongement de cette démarche, le courant dit *béhavioriste* dont le livre de Richard M. Cyert and James G. March *A Behavioral Theory of the Firm* (1963) est le livre fondateur, décrit l'entreprise comme une coalition de groupes (les dirigeants, les commerciaux, les financiers, les industriels…) eux-mêmes saisis dans des structures internes (départements, divisions, sites…) et poursuivant des objectifs propres.

Les travaux de l'économiste américain Harvey Liebenstein sur les types d'efficience constituent une étape supplémentaire. Cet auteur constate que la théorie économique n'envisage pour

2. B. Coriat, O. Weinstein, *Les Nouvelles Théories de l'entreprise*, LGF Livre de poche, 1995.
3. Nous nous inspirons pour ce passage de la présentation faite par B. Coriat et O. Weinstein, *op. cit.*

l'entreprise qu'une seule manière d'utiliser les «facteurs de production» que sont le capital et le travail, les machines et les hommes. Or, les études empiriques montrent que des entreprises identiques et utilisant les mêmes facteurs de production, parviennent à des résultats très différents. Selon Liebenstein, ces différences s'expliquent par la qualité de l'organisation mise en œuvre. Ce facteur organisationnel, non pris en compte par la théorie économique, il l'appelle le *«facteur d'efficience X»*. C'est lui qui permet d'obtenir la plus grande intensité d'utilisation des facteurs et par là de faire la différence. Ces analyses déboucheront sur une exploration des incitations (salaires, contrats de travail...).

L'histoire de l'entreprise, notamment à travers les travaux d'Alfred Chandler, professeur à Harvard, a également contribué à enrichir la théorie économique de la firme (4). Chandler souligne que la compréhension de l'entreprise renvoie aux évolutions des structures productives, et particulièrement aux innovations technologiques et organisationnelles. Surtout, il décrit l'entreprise comme une institution économique dont la logique est différente de celle du marché. La firme s'oppose au marché, en substituant la «coordination administrative» à la «coordination marchande», et en instituant un système hiérarchique et centralisé.

L'entreprise « nœud de contrats »

C'est sur ce substrat d'analyses alternatives que sont apparues dans les années 80 des théories qui renouvellent la vision économique de l'entreprise. Ces nouveaux modèles ont pour nom : théorie des contrats (théorie de l'agence et des droits de propriétés), théorie des coûts de transaction, théories «évolutionnistes», théories de l'entreprise japonaise.

Les théories du contrat cherchent à combler les insuffisances du modèle néoclassique tout en s'inscrivant dans son prolongement.

Les théoriciens des «droits de propriété» s'attachent à démontrer que la forme de l'entreprise capitaliste est plus efficiente que les autres formes d'organisation (coopératives et mutualistes, entreprises publiques, autogérées), en raison du système des droits de propriété. Alain Couret donne une illustration intéressante de cette théorie, à travers l'exemple des Caisses d'épargne (5). Pendant longtemps ces entreprises étaient dotées d'un statut juridique incertain qui, selon l'auteur, *«excluait l'existence de tout droit de propriété bien défini»* et qui, par la multiplicité et la confusion des agents et des systèmes de contrôle, nuisait à l'efficacité. Une réforme mise en place à partir de 1983 a donc consisté à clarifier le système des droits de propriété afin d'inciter à mettre au clair les intérêts de chacun.

La définition des formes organisationnelles dépend donc de la manière dont sont délimités et affectés les droits de propriété. Or, l'entreprise capitaliste fonctionne comme un ensemble

4. Principaux ouvrages d'A.D. Chandler traduits en français : *Stratégies et Structures de l'entreprise*, Editions d'Organisation, 1989 ; *La Main visible des managers*, Economica, 1988.
5. A. Couret, dans G. Charreaux et al., *op cit.*

d'« équipes » au sein desquelles il est impossible de mesurer la contribution individuelle de chacun. D'où la question qui préoccupe les théoriciens des droits de propriété : comment identifier et éliminer les « tire-au-flanc » ? La solution prônée est la spécialisation d'un agent ou « moniteur » dans le contrôle des autres... Celui-ci étant très directement intéressé, par le biais du système des droits de propriété, aux résultats de l'entreprise.

Dans la « théorie de l'agence », voisine de celle des droits de propriété, la notion même d'entreprise se dilue, au profit d'un ensemble d'individus qui sont en relations contractuelles. La théorie de l'agence définit les organisations comme des « nœuds de contrats » entre un mandant (ou « principal ») qui confie la gestion de ses biens à un mandataire (ou « agent »). Mais le principal n'a pas les moyens de contrôler la loyauté de son mandataire. C'est le cas du dirigeant d'entreprise qui envoie à l'étranger un cadre afin de négocier un contrat. Il n'a aucune assurance sur la qualité de la prestation de son employé. Il va donc devoir mettre en œuvre un système d'incitation et de surveillance. Ce système a un coût. Il s'agit donc de déterminer quel est le dispositif contractuel qui minimise ce coût. Les théoriciens de l'agence vont, à partir de ces postulats, ériger un système explicatif de l'ensemble des formes organisationnelles. E. Fama et M. Jensen proposent ainsi une typologie basée sur le degré de séparation entre fonction de décision (management) et fonction d'assomption des risques (actionnariat). A l'extrémité du spectre se trouvent les grandes sociétés, avec un capital très dispersé et une séparation fonctionnelle entre actionnariat et management. Des dispositifs (hiérarchie, surveillance, droit de vote des actionnaires, conseil d'administration, systèmes d'intéressement) permettent de contrôler la loyauté des mandataires.

Les coûts de ce système sont à comparer avec les gains qu'ils occasionnent et conduisent à déterminer la taille et la structure optimale de l'organisation. Au contraire, dans l'entreprise individuelle les fonctions sont concentrées et les coûts de contrôle sont très limités. La théorie de l'agence a attiré des critiques. Elles tiennent en premier lieu à l'hypothèse de rationalité pure des individus, héritée du modèle néoclassique. On notera d'ailleurs le zèle affiché, tant par les théoriciens des droits de propriété que par ceux de la relation d'agence, à traquer les « tire-au-flanc », les *free riders* (passagers clandestins) et à brandir le bâton et la carotte. Une telle obsession révèle une occultation des phénomènes de hiérarchie, de confiance, la référence à des valeurs ou à des systèmes identitaires qui existent dans les organisations.

L'entreprise contre le marché

Le second courant dominant dans les nouvelles théories de la firme est celui des « coûts de transaction ». Le point de départ de la théorie est un article de 1937, écrit par un jeune économiste anglais, Ronald H. Coase, *The Nature of the Firm* (6). Dans cet article, l'auteur,

6. Traduction : R.H. Coase, « La nature de la firme », *Revue française d'économie*, 1987.

Théorie de l'agence : l'exemple de Bull

Un des postulats de la théorie économique est que l'entreprise cherche toujours à faire fructifier ses biens et donc à maximiser son profit en utilisant au mieux ses ressources. Or, l'économiste américain J. Galbraith faisait remarquer, il y a déjà longtemps, que ce principe n'était pas évident. Si les actionnaires d'une entreprise sont en général à la recherche du maximum de bénéfices, il est possible que le manager soit en quête d'autres objectifs : l'augmentation de la taille de l'entreprise par exemple (qui peut se traduire par des déficits temporaires).

Comment accorder les intérêts entre ceux de l'actionnaire et ceux du manager? C'est un des problèmes abordés par la « théorie de l'agence ».
Pour cette récente théorie, il n'y a pas forcément d'adéquation spontanée entre les objectifs d'un « principal » (en français mandant) et ceux d'un agent (ou mandataire) à qui le mandant est amené à confier la gestion de ses biens. Il va donc falloir trouver un système de contrôle, ou d'incitation, entre le mandant et son mandataire.

De 1933 à 1963, la société Bull était une entreprise « familiale » contrôlée et dirigée par la famille Caillès, à la fois gestionnaire et actionnaire principal. Puis, à partir de 1964, Bull passe sous le contrôle de la General Electric, puis de Honewell. A l'ère des propriétaires succède alors celle des managers. Une troisième période débute en 1976 avec la fusion CII-Honewell-Bull. L'Etat est le principal client et les managers dirigent sans véritable contrôle des actionnaires.
De 1979 à 1981, Saint-Gobain prend alors le contrôle de CII-Honewell-Bull et nomme un de ses représentants au comité de direction de la société. Mais à partir de 1982, l'Etat prend le contrôle du conseil d'administration qui est dès lors composé d'un tiers de fonctionnaires, un tiers des représentants des salariés et un tiers de membres nommés pour leurs compétences.
Les ministères sont donc les principaux dirigeants de l'entreprise et ne sont plus soumis directement aux incitations du marché.
On est loin d'un modèle unique d'une entreprise soumise à la seule loi de la maximisation du profit à court terme.

JEAN-FRANÇOIS DORTIER

qui obtiendra le prix Nobel d'économie en 1991, part d'une question toute simple : *« Pourquoi y a-t-il des organisations ? »* En effet, si l'échange de biens est le moyen le plus efficace et le plus productif pour allouer les ressources, il ne sert à rien à un chef d'entreprise de recruter des salariés, un service comptable, un service de fabrication. Après tout, toutes les fonctions de l'entreprise peuvent être sous-traitées par d'autres micro-entreprises indépendantes.

En fait, si une telle entreprise virtuelle peut exister, elle supposerait un coût énorme de « transactions ». Chaque ordre de production, qui est donné habituellement au sein de l'entreprise, devrait faire l'objet d'un contrat d'échange, mais ce système serait au final très coûteux. Ainsi, dans un système de marché, l'intervention de dix personnes dans une activité exigera la conclusion de quarante-cinq contrats liant les différentes parties les unes aux autres. L'entreprise répond à ces difficultés en internalisant ces transactions et en instituant la hiérarchie et l'administration comme mode de coordination : dans ce cadre, l'intervention de dix personnes n'exige plus que neuf accords passés avec un agent central.

Pour R.H. Coase, l'organisation qui fonctionne en interne à partir des ordres donnés et non d'une transaction marchande est, au final, plus « économique ». Dans ces conditions, on peut se demander pourquoi il y a des marchés. Tout dépend, selon R.H. Coase, de l'échelle d'organisation de la production. Le fonctionnement administratif a aussi des coûts (charges d'organisation, rigidités...) qui augmentent avec la taille de l'entreprise. C'est la comparaison entre les coûts de transaction du marché et les coûts de transaction internes qui, pour une situation donnée, permettront de déterminer quelle est l'organisation (marché ou entreprise) la plus pertinente. Si l'organisation est, à un seuil donné de production, plus efficace, elle le devient moins à grande échelle. Là, le marché devient plus efficace.

Oliver E. Williamson, chef de fil actuel de l'économie des « coûts de transaction » a prolongé les analyses de R.H. Coase (*voir son entretien ci-après*). Son analyse repose sur une microéconomie intégrant les hypothèses de comportement avancées par H.A. Simon : les agents fonctionnent selon le principe de la rationalité limitée et non de maximisation. Conséquence de ce constat : les contrats qui règlent les rapports entre les personnes ne peuvent être qu'incomplets, car personne ne peut prévoir de façon certaine les décisions prises par les individus. Cette incomplétude des contrats peut conduire certains agents à des comportements « opportunistes », c'est-à-dire à rechercher leur intérêt personnel par divers moyens (ruse, triche...) au détriment de l'entreprise. O.E. Williamson identifie les caractéristiques pertinentes des transactions, et précise les structures de gestion les plus adéquates en fonction de chaque type de transaction (7). Au total, le choix

7. Pour une explication détaillée de cette grille de lecture, on se reportera à : B. Coriat, O. Weinstein, *op. cit.* ; à P. Joffre, « Economie des coûts de transaction » ; G. Charreaux (dir.), *op. cit.* Ouvrage de O.E. Williamson traduit en français : *Les Institutions de l'économie*, InterEditions, 1994.

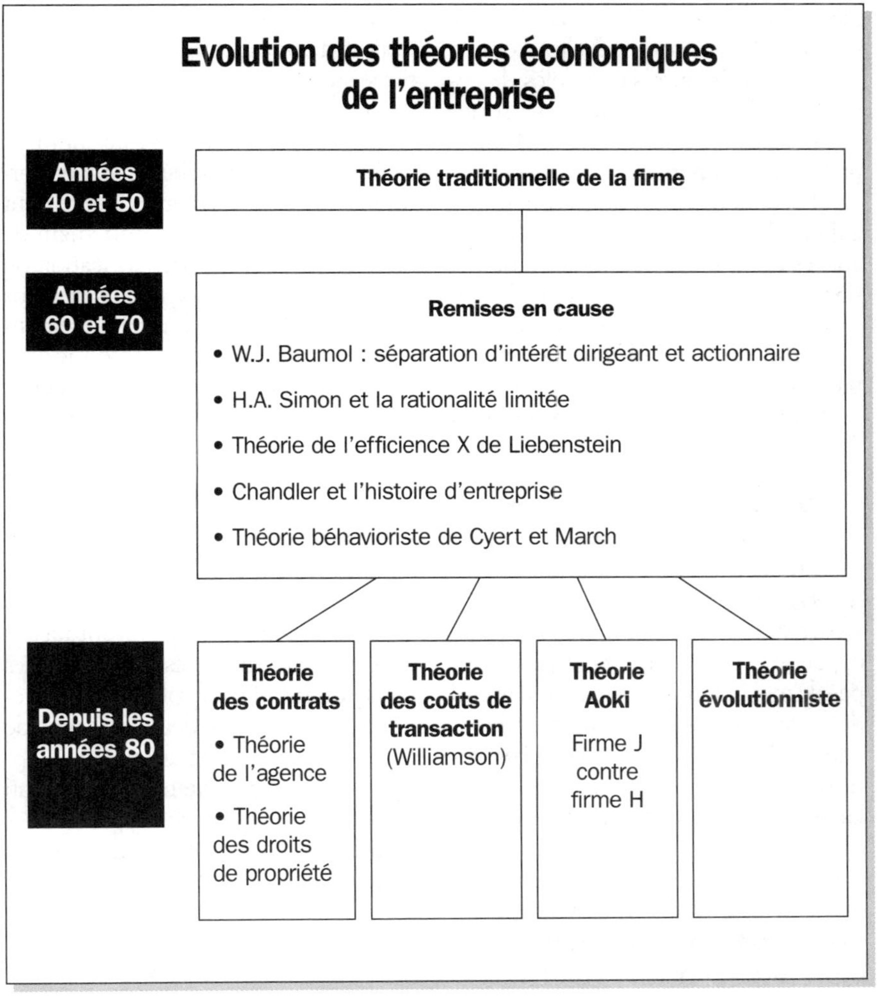

entre marché et hiérarchie repose sur un arbitrage entre la force incitative des mécanismes de marché, et l'adaptabilité qu'apporte le pouvoir discrétionnaire de la hiérarchie. Dans ses travaux récents, O.E. Williamson insiste sur l'existence de formes hybrides d'organisation de l'entreprise, empruntant aux mécanismes du marché et à ceux de la hiérarchie : alliances, systèmes de distribution verticaux quasi intégrés, *joint-venture* («aventures en commun», qui connaissent un succès grandissant, notamment dans les relations entre firmes de l'Est et de l'Ouest). La franchise commerciale, l'intégration verticale à la japonaise (fédération d'entreprises dans laquelle interviennent un chef de file et une cascade de sous-traitants unis par des relations contractuelles, comme Toyota) sont d'autres exemples de ces nouvelles formes d'organisation, sortes d'associations d'entreprises, ou « entreprises transactionnelles » (8).

La théorie des coûts de transaction a aujourd'hui un écho considérable, tant auprès des milieux scientifiques qu'auprès des acteurs et des gestionnaires. Il influence les analyses et les décisions de gestion dans de nombreux domaines, par exemple la relation d'emploi dans l'entreprise, le recours à la sous-traitance, l'intégration de telle ou telle activité...

L'entreprise comme système de compétences

Le courant que l'on désigne par le nom d'« école évolutionniste » tient une place à part. Selon cette approche, la préoccupation principale de l'entreprise n'est pas de maximiser le profit, mais d'abord de survivre, comme tout être vivant dans la théorie darwinienne de l'évolution. Conséquence de cette posture : l'attention est portée sur les processus d'innovation et d'adaptation au milieu, et donc sur les capacités d'apprentissage et d'auto-organisation des entreprises.

Cette théorie évolutionniste est née au début des années 80, l'ouvrage des deux économistes américains Sidney Winter et Richard Nelson *An Evolutionary Theory of Economic Change* (9) en marque l'acte de naissance.

Ainsi la « firme évolutionniste » se définit avant tout comme un ensemble dynamique de compétences. Ce qui différencie une entreprise d'une autre, c'est la nature des savoir-faire qu'elle a su accumuler. Ces savoir-faire contiennent par nature des facultés d'adaptation et d'apprentissage. Ils guident la firme sur un « sentier » d'évolution précis : une entreprise ne maximise pas ses ressources en se pliant à tout moment à l'évolution des marchés et aux opportunités qui se présentent. Elle ne peut pas changer du jour au lendemain de marché, de procédés de fabrication ou de type d'organisation. Seuls certains exemples attestent d'un changement dans la trajectoire : la firme modifie alors brusquement son orientation. Pour les évolutionnistes, ces changements tiennent à des opportunités technologiques que l'entreprise est capable de saisir.

La firme se définit donc ici par sa compétence foncière, fondée sur des routines et des savoir-faire organisationnels et technologiques, très souvent tacites et non transférables. Les évolutionnistes construisent des typologies d'entreprises fondées sur le degré et le type de cohérence mis en œuvre (10). L'approche évolutionniste fournit donc un modèle alternatif aux autres paradigmes pour interpréter le fonctionnement des entreprises.

Firme hiérarchique et firme horizontale

Les travaux récents autour de l'entreprise japonaise, notamment ceux de l'économiste Masahiko Aoki (11), ont eux aussi contribué à enrichir et à élar-

8. Expression utilisée par F. Fréry (intervention à la journée de l'ANVIE du 20 septembre 1994).
9. Harvard University Press, 1985.
10. Voir B. Coriat, O. Weinstein, *op. cit.*
11. Ouvrage traduit en français : *Economie japonaise : information, motivations et marchandage*, Economica, 1991.

gir la théorie économique de l'entreprise. Aoki fait un constat : l'entreprise japonaise et l'entreprise américaine fonctionnent différemment. Le facteur qui les différencie fondamentalement est la structure des échanges d'information. La firme américaine se caractérise par des principes de spécialisation rigides, un mode hiérarchique et autoritaire de répartition des fonctions, la distinction entre conception et exécution… A l'inverse, la firme japonaise présente une division du travail flexible, la rotation des tâches, une coordination basée sur des méthodes incitatives, un partage du pouvoir entre propriétaires, gestionnaires et employés. Selon Aoki, la structure souple et horizontale du système d'information de la firme japonaise est la plus efficace et la mieux adaptée à l'environnement contemporain.

Aoki poursuivra dans cette voie en distinguant deux formes fondamentales d'entreprises : la firme hiérarchique et la firme horizontale. Il mettra notamment l'accent sur l'importance, dans la firme horizontale, des mécanismes d'incitation qui touchent aussi bien les relations salariés-direction que les relations entre managers, actionnaires et banquiers.

Hormis cette dernière approche, les courants théoriques exposés ci-dessus sont tous d'origine américaine. D'autres approches, notamment françaises, fournissent des grilles de lecture de la firme, sans en faire toutefois l'objet unique et central d'analyse : c'est le cas de la théorie de la régulation (12), ou de l'école des conventions (13).

Ce renouvellement des problématiques s'inscrit dans un cadre plus général, celui des nouvelles théories économiques qui agitent actuellement la communauté des économistes. Leur point commun ? En ouvrant la boîte noire de l'entreprise, elles permettront peut-être de faire un pont avec les regards sociologiques qui, depuis longtemps, analysent et décrivent le fonctionnement interne des organisations.

12. Voir R. Boyer, Y. Saillard (dir.), *Théorie de la régulation. Etat des savoirs,* La Découverte, 1995.
13. Voir J.-P. Dupuy et al., « L'économie des conventions », *Revue économique,* 40 (2), mars 1989 ; P. Bernoux (dir.), « L'économie des conventions : débat critique », *Cahiers des relations professionnelles,* n° 9, novembre 1994.

L'ÉCONOMIE DES COÛTS DE TRANSACTION

ENTRETIEN AVEC OLIVER E. WILLIAMSON*

Les échanges ont un coût. A partir de ce simple constat, Oliver Williamson, chef de file de l'économie des coûts de transactions, propose de renouveler les approches du marché.

***Sciences Humaines :* Quelle est votre vision des entreprises et des institutions économiques ?**

Oliver E. Williamson : J'analyse les entreprises en tant qu'institutions et formes de gouvernance. La gouvernance désigne les moyens de contrôle et de guidage, le cadre contractuel, dans lequel se situe une transaction. Cette idée est assez largement répandue. Mais elle apparaît peu dans les manuels d'économie. La description «classique» de l'entreprise pour les économistes met l'accent sur la fonction de production, les prix et la technologie. Elle ne prête guère d'attention au management. Elle est pertinente pour décrire les activités économiques dont le fonctionnement est très proche du modèle idéal du marché néo-classique : les marchés de capitaux par exemple.

** Principal représentant du courant des coûts de transaction, O.E. Williamson est professeur de management, d'économie et de droit à Berkeley, Université de Californie. Ouvrage traduit en français :* Les Institutions de l'Economie, *InterEditions, 1994.*

En revanche, une approche en terme de contractualisation permet de comprendre pourquoi il existe deux institutions différentes (l'entreprise et le marché) qui ont pour même fonction de réguler l'activité économique.

En résumé, pour l'approche classique, l'entreprise est une entité de production ayant une construction technologique. Pour l'économie des coûts de transaction, elle est une entité de gouvernance ayant une construction organisationnelle.

***SH :* Quels types de problèmes cette approche permet-elle de traiter ?**

O.E.W. : L'exemple typique est la décision du «faire ou faire faire» (*make or buy*). Par exemple, mon entreprise doit-elle sous-traiter l'accueil téléphonique à une société spécialisée, ou vaut-il mieux embaucher des employés pour le faire ? Et comment évaluer tous les coûts et les bénéfices de chacune des deux possibilités ? Une approche en termes purement technologiques passera à côté de ces questions. Pour être en mesure de prendre des décisions de ce type, il est plus judicieux d'adopter un point de vue organisationnel et contractuel.

L'économie des coûts de transaction se concentre sur les transactions et les efforts qui existent dans toute organisation pour les économiser (par exemple avec la mise en œuvre de dispositifs d'incitation, d'un cadre contractuel adapté...). Elle compare les coûts de planification, d'adaptation et de contrôle des tâches. C'est une vision de l'activité économique qui remonte à Ronald Coase, en 1937. Il se demandait pourquoi coexistent deux formes différentes de coordination économique : le marché (coordonné par un système de prix) et l'entreprise (coordonnée par un système administratif et hiérarchique).

***SH :* Pourquoi une grande entreprise intégrée ne peut-elle pas faire ce qu'un ensemble de petites entreprises peut faire ?**

O.E.W. : L'intégration d'un grand nombre de fonctions au sein d'une même structure peut permettre d'économiser sur les coûts de transaction (liés à l'incertitude, au manque d'information sur les prix, à la négociation, etc.) que génère le marché. Elle fournit des instruments de contrôle qui ne sont pas disponibles sur le marché et met en œuvre des adaptations coopératives plus vite que les marchés. A l'inverse, la force du marché réside dans ses mécanismes de motivation, que les entreprises ne sont pas capables de reproduire. En outre, l'intégration occasionne des coûts bureaucratiques, ce qui explique qu'elle ne peut pas être poussée jusqu'au bout. Il y a donc un arbitrage à opérer entre ces différents coûts, pour déterminer le niveau d'intégration et de spécialisation.

Je vais prendre un exemple pour illustrer mon propos. Tenneco Inc., conglomérat le plus important des Etats-Unis (100 000 salariés) acquiert Houston Oil, petite compagnie pétrolière de 1 200 employés. Dans l'espoir de garder les personnes les plus expérimentées de Houston Oil, Tenneco leur offre des avantages spéciaux en termes de salaire et de primes. Malgré cela, une grande partie des cadres et employés de Houston Oil part rapidement. Il y a plusieurs raisons à cela. D'abord, les retards bureaucratiques à obtenir et mettre en place les systèmes de rémunération, et la difficulté à instaurer un traitement différentiel, au nom de l'équité interne de traitement entre tous les salariés du nouvel ensemble. Ensuite, les offres de producteurs de pétrole indépendants qui étaient en mesure d'offrir aux anciens salariés de Houston Oil des avantages substantiels en termes d'incitation (bonus à la production, intérêts sur le pétrole découvert, etc.). Ainsi, les grandes entreprises ne sont pas toujours en mesure, malgré leurs efforts, de faire exactement la même chose que de petites firmes.

***SH :* L'information et la connaissance ont de plus en plus d'importance dans les stratégies des entreprises. Quelles en sont les principales conséquences ?**

O.E.W. : Il faut bien savoir ce que l'on entend par « information » ou par « connaissance ». Si vous entendez par là la connaissance de procédures en référence à des technologies très spécialisées, de telles connaissances ne peuvent pas être transférées ou imitées facilement.

Par ailleurs, l'intérêt pour les savoirs spécialisés liés au facteur humain s'est développé dans les entreprises. Il est clair par exemple, que derrière certaines des fusions récentes entre grandes entreprises américaines de l'industrie des semi-conducteurs et de la micro-informatique, il n'y avait pas simplement l'acquisition de biens productifs. Il y avait surtout l'intégration de compétences humaines. La firme acheteuse espérait ainsi intégrer le « staff » productif de l'entreprise achetée au sein de la nouvelle entité et l'amener à coopérer de façon efficace.

***SH :* Entre les deux pôles constitués par le marché et l'intégration hiérarchique, il y a des organisations intermédiaires. Ce sont de grandes entreprises fonctionnant comme des nœuds de sous-traitance en cascade autour d'une entité mère. Comment analysez-vous le développement de ces « organisations hybrides » ?**

O.E.W. : Les pratiques de sous-traitances que l'on observe notamment au Japon sont très intéressantes. Ce sont les travaux de Masahiko Aoki qui ont poussé le plus loin leur analyse. Il y a toute une série de pratiques spécifiquement japonaises qui forment un système dont le résultat est supérieur à la somme des parties. M. Aoki souligne trois éléments, la sous-traitance, les relations salariales et les relations avec les banques, qui forment un système cohérent. L'entreprise mère est en mesure d'apporter l'emploi à vie au noyau dur de ses employés. La banque est familière à l'entreprise mère et à ses sous-traitants, elle a suffisamment d'information sur chacun des partenaires de la chaîne et assiste chacun d'eux pour leur gestion. Les syndicats japonais, les pratiques d'avancement, tout concourt d'une manière cohérente à encourager activement la sous-traitance.

Evidemment vous ne pourriez pas prendre les pratiques japonaises et les importer telles quelles aux Etats-Unis. Les syndicats maison, par exemple, ne sont pas tolérés aux Etats-Unis. De même une banque qui aurait un pouvoir de contrôle aussi impor-

tant serait vite suspecte. Mais ce qu'ont bien montré les Japonais, c'est que l'on peut externaliser beaucoup d'activités et améliorer la productivité. C'est ce qui leur a permis de baisser le coût de production des automobiles et de mettre la pression sur les entreprises rivales (General Motors, Renault, Ford, Volkswagen...). Celles-ci ont dû reconsidérer leurs pratiques et s'adapter.
Cet exemple montre bien comment fonctionne le processus d'innovation organisationnelle, que Joseph Schumpeter décrit par l'expression « passer à la prochaine » *(Handing on).* Une entreprise innove, ses concurrents l'imitent, les marges bénéficiaires se réduisent par le jeu de la concurrence, un autre innovateur apparaît, et ainsi de suite. Le processus génère une innovation récurrente. Il y a des profits, mais en bout de course les bénéfices sont pour l'ensemble de la société.

***SH :* Y a-t-il une forme d'institution économique qui sera dominante dans le futur ?**

O.E.W. : Une chose est certaine : les organisations, et par conséquent les contrats qui régulent les transactions économiques, deviennent de plus en plus complexes. Mais au-delà de ce constat, il faut répéter qu'il n'y a pas une forme supérieure ou universelle d'organisation. Chacune a sa propre logique et ses zones de pertinence, y compris l'administration publique. La principale conclusion de l'économie des coûts de transaction est qu'il y a une place pour chaque forme d'organisation, mais que chaque forme d'organisation doit rester à sa place.

***SH :* La prise en compte des comportements individuels est une des composantes majeures de votre approche. Vous retenez, à la suite des travaux de Herbert Simon, le postulat de la rationalité limitée, et vous ajoutez une autre hypothèse : celle de l'opportunisme des individus. Pourquoi ?**

O.E.W. : Le postulat de la rationalité limitée signifie que les individus ne fonctionnent pas selon le modèle de la rationalité pure. Ils manquent d'information, ils sont confrontés à l'incertitude, leurs capacités cognitives sont limitées. Lorsqu'ils ont une décision à prendre, ils ne calculent pas toutes les solutions possibles. Ils choisissent en général une solution « satisfaisante », qui n'est pas forcément la solution « idéale ». Cette hypothèse est cruciale car elle explique pourquoi les contrats destinés à formaliser et réguler les activités économiques sont forcément incomplets. Il est en effet impossible de prévoir à l'avance toutes les situations possibles et tous les comportements individuels. C'est pourquoi la question de la flexibilité et de l'adaptabilité de l'organisation est cruciale.

Par opportunisme, j'entends la recherche d'intérêt personnel stratégique par le moyen de la tromperie, de la ruse, ou par la divulgation d'informations incomplètes ou dénaturées. L'opportunisme est responsable des asymétries d'information qui compliquent le fonctionnement des organisations. Bien sûr, il n'est pas question pour moi d'affirmer que tous les individus sont identiquement opportunistes, et encore moins qu'ils le soient en permanence. Il s'agit de faire face aux risques contractuels. C'est pourquoi je distingue l'opportunisme *ex ante,* c'est-à-dire la volonté délibérée de tromper son partenaire, de l'opportunisme *ex post,* qui correspond à l'adaptation à une situation non prévisible.

Les agents économiques ne se contentent pas de prendre des risques et d'espérer pour le meilleur en croisant les doigts. Ils essaient de conduire leurs affaires d'une manière pratique. Ainsi, face à des gens avec qui nous avons des relations anciennes d'échange, nous serons beaucoup plus confiants. Et avec de nouveaux interlocuteurs, nous serons plus prudents… C'est une réaction normale; il ne s'agit donc pas pour nous d'affirmer que le pire va arriver dans toutes les circonstances possibles. Nous voulons simplement alerter sur le problème des comportements humains. Il faut le prendre en compte comme un élément des calculs et des choix de management.

***SH :* Pensez-vous que l'autorité, qui structurait les relations entre employés et employeurs, est en train d'être remplacée par le contrat?**

O.E.W. : Je pense en fait que l'autorité est une forme de contrat, dont les termes sont les suivants : un employé est d'accord pour travailler pour un employeur. Il accepte de mettre ses compétences et sa flexibilité à la disposition de l'employeur. Bien sûr dans certaines limites : une coopération durable avec l'entreprise en échange d'un salaire, plutôt que de fonctionner comme un fournisseur sur le marché.

Sur le marché, quand il y a conflit, celui-ci est traité devant les tribunaux, et ce d'une manière très formalisée. Dans l'entreprise, vous demandez simplement que le conflit soit arbitré à un niveau supérieur, mais à l'intérieur de l'entreprise. C'est cela qui définit la relation d'autorité. Elle est relativement souple, et vous pouvez la considérer comme une forme de contrat, plus coopérante mais moins spontanée que le contrat classique.

***SH :* Dans votre dernier livre, vous dites que la science des organisations, à laquelle se référait Chester Barnard, sera réalisée par cette génération d'étudiants. Que voulez-vous dire ?**

O.E.W. : Je voudrais suggérer qu'une science des organisations s'est mise cumulativement en place. Et c'est une science qui n'est pas restée abstraite et confinée dans des manuels. Elle traite de phénomènes empiriques et réels (des problèmes de management, de politique publique, etc.) et elle génère des prédictions. Ces prédictions sont testées à l'aide de données. Je pense que c'est comme cela que la science marche.

Les choix politiques ont été, à un certain degré, bousculés par cette science des organisations. La Banque mondiale est un bon exemple. Ses dirigeants nous disent : *« Nous savons que les institutions sont importantes et que les analyses économiques orthodoxes ne les prennent pas en compte. Nous aimerions savoir comment mieux faire. Est-ce que l'économie des institutions pourrait nous aider ? »* Je ne dirai pas que l'économie des coûts de transaction est l'instrument le plus largement utilisé par la Banque mondiale à l'heure actuelle, mais il est clair que ses dirigeants se tiennent au courant et l'utilisent activement, d'une manière à laquelle personne n'aurait pensé il y a dix ou quinze ans.

Propos recueillis et traduits par
PHILIPPE CABIN et MARTHA ZUBER
(*Sciences Humaines*, n° 79, janvier 1998)

Deuxième partie

Stratégie et changement

CHAPITRE IV

Les arcanes de la décision

Jean-François Dortier*

LE KALÉIDOSCOPE DE LA DÉCISION**

Les théories de la décision peuvent être déclinées en 5 grands types d'approches qui privilégient selon le cas : la rationalité de l'action, la psychologie du décideur, les contraintes organisationnelles, le poids des compromis, le contexte de l'action.

Octobre 1962. Une cellule de crise est réunie à la Maison Blanche. Autour du président John F. Kennedy, sont rassemblés les secrétaires d'Etat à la Défense, aux Affaires étrangères, au Trésor, à la Justice (qui n'est autre que Robert Kennedy, le frère du président) le directeur de la CIA, le secrétaire d'Etat, le chef d'état-major des armées et quelques conseillers. L'heure est grave; les services d'informations ont découvert l'installation secrète de missiles soviétiques sur le sol de Cuba, menaçant directement les Etats-Unis. Il s'agit donc pour les Américains de décider une riposte immédiate afin d'imposer le retrait des missiles. L'enjeu de la décision est crucial car le risque de déclencher une troisième guerre mondiale n'est pas négligeable.

Les discussions sont vives. Il faut trancher entre plusieurs attitudes :
– laisser faire, pour ne pas envenimer les rapports Est-Ouest;
– engager une procédure diplomatique : stratégie prudente mais qui risque d'être inopérante et d'entériner le fait accompli;
– négocier directement avec Castro. Mais celui-ci n'est-il pas l'homme de paille de Khrouchtchev?
– proposer un retrait des missiles soviétiques en échange du retrait des installations américaines en Italie et en Turquie;
– envahir Cuba au risque de déclencher

* Rédacteur en chef du magazine *Sciences Humaines*. Auteur de *Les Sciences Humaines. Panorama des connaissances*, Sciences Humaines Editions, 1998.
** *Sciences Humaines*, hors série n° 2, mai 1993.

Cinq modèles de la décision

Types d'approche	Dimensions mises en lumière
Approche rationnelle	– définition précise du problème – liste systématique des choix possibles – calcul de la meilleure utilité
Approche organisationnelle	– rationalité limitée du décideur – contraintes de l'organisation – choix d'une organisation « satisfaisante »
Approche politique	– importance des négociations et des compromis entre les groupes concernés
Approche psychologique	– stratégie mentale de résolutions de problèmes – profil de personnalité des décideurs et style prévisionnel
Approche « composite »	– intègre plusieurs dimensions des modèles précédents – étude des phases, des niveaux hiérarchiques et des contextes de la décision

une riposte soviétique;
– lancer une attaque aérienne « chirurgicale » visant les bases où sont installés les missiles;
– faire un blocus naval de l'île pour forcer le retrait.

Finalement, après avoir pesé pendant treize jours les risques et avantages de chaque proposition, la dernière est retenue. Le blocus est décidé.

Il aura l'effet attendu. Plutôt que de lancer une contre-offensive, Khrouchtchev préfère reculer. Les missiles sont retirés de Cuba au bout de quelques semaines. Si la « crise des missiles de Cuba » s'est finalement dénouée par une issue heureuse, la décision prise par Kennedy fut sans conteste la plus lourde que le président eut à trancher.

L'histoire de cette décision a été étudiée dans le détail par un politologue américain : Graham Allison; son livre *The Essence of Decision* (1) deviendra un classique de la littérature stratégique. Dans sa magistrale analyse des événements, G. Allison montre que le processus de décision américain peut être interprété selon trois modèles explicatifs différents : un modèle « rationnel », un modèle « organisationnel » et un modèle « politique ».

• Selon le premier modèle « rationnel », la décision prise est le résultat d'un choix

1. *The Essence of Decision. Explaining the Cuban Missile Crisis*, Little Brown, 1971.

comparatif entre les diverses solutions possibles. Le président Kennedy et ses conseillers ont mesuré avec soin les risques et les issues probables de chaque formule, pesé leurs avantages et inconvénients pour retenir finalement celle qui présentait le meilleur rapport « coûts/efficacité ». *A posteriori*, on peut soutenir que cette solution était sans doute la meilleure puisqu'elle a réussi !

Cette analyse, en terme de calcul rationnel, postule l'existence d'un acteur unique : « le gouvernement des Etats-Unis » qui agirait en vertu de préférences hiérarchisées en fonction de la meilleure utilité.

• Cependant, l'analyse fine des étapes et débats qui ont conduit à la décision finale ne correspond pas tout à fait à ce séduisant modèle. G. Allison montre en effet que la décision pouvait s'expliquer plus justement par un modèle organisationnel. Tout d'abord, la panoplie des solutions théoriquement possibles était plus large que celles réellement envisagées. Les propositions émanaient de scénarios préétablis soit par l'état-major des armées, soit par les milieux diplomatiques. De plus, les informations obtenues des services de renseignements étaient soit incomplètes, soit contradictoires, soit imprécises. En particulier, l'hypothèse de l'intervention aérienne « chirurgicale » en faveur de laquelle Kennedy avait un moment penché ne faisait pas l'unanimité des experts militaires.

G. Allison constate que le décideur – ici les autorités américaines – ne possédait pas une connaissance totale de la situation ; d'où le terme de « rationalité limitée » (2) chère à Herbert A. Simon. De plus, les limitations dans la connaissance des faits et hypothèses proviennent des contraintes de l'organisation qui sélectionne ou favorise tel ou tel scénario en fonction de ses intérêts.

Le modèle d'une rationalité limitée par les contraintes de l'organisation semblait finalement mieux convenir à la situation.

• Une troisième approche « politique » de la décision a été proposée par G. Allison. Ici, l'analyse privilégie le jeu des acteurs, leur capacité à manœuvrer, à produire des coalitions. Parmi les solutions possibles, Kennedy en a rejeté certaines pour des raisons politiques : il ne pouvait ni « laisser faire » (solution n° 1), ni se contenter d'une solution diplomatique (scénario n° 2) à cause des engagements pris durant sa campagne électorale : il eut été taxé de faiblesse. Le choix entre les solutions restantes fit l'objet de jeux de pouvoirs entre les administrations concernées, notamment entre les militaires partisans de l'intervention armée et le corps diplomatique qui proposait une solution négociée. Finalement, Kennedy opta pour une solution de compromis entre des positions radicales.

Selon la démonstration de G. Allison, une même décision peut s'interpréter selon trois grilles de lecture différentes ayant leur propre validité. Ces interprétations ne sont pas contradictoires. Elles soulignent chacune un aspect du phénomène : le calcul stratégique pour la première, les limites de la connaissance humaine et le poids de l'entourage organisationnel pour la seconde,

2. Voir mots clés en fin d'ouvrage.

les jeux de pouvoir et les compromis qui agissent dans toute organisation complexe enfin pour la troisième.

Comme dans un kaléidoscope, le phénomène de la décision nous montre différentes facettes selon l'angle d'observation. Les trois modèles passés en revue par G. Allison n'épuisent d'ailleurs pas le nombre d'interprétations possibles. Les sciences de la décision se sont enrichies depuis de nombreux autres modèles. On les a regroupés par commodité en deux catégories : les approches psychologiques et les modèles dits « composites ».

• Les approches psychologiques s'intéressent, selon l'angle de vue adopté, aux processus mentaux à l'œuvre lors d'une décision individuelle ou bien à la personnalité des décideurs. La psychologie cognitive envisage la décision comme un cas particulier des stratégies de résolution de problèmes. Elle explore des « rationalités subjectives » employées par les individus en situation. Beaucoup d'expériences concernent les « biais cognitifs » c'est-à-dire les raisonnements en apparence corrects qui conduisent à de fausses conclusions. H.A. Simon (toujours lui !) en donne un exemple. Plaçons dans une boîte 5 boules : 4 blanches et une noire que l'on va tirer au hasard. On demande à une personne de prédire la couleur de la boule tirée. En général, le sujet soumis à ce test va miser 4 fois sur cinq sur les boules blanches. En réalité, la stratégie mathématiquement la meilleure consiste à miser à chaque coup sur les blancs et non pas seulement 4 fois sur 5. Heureusement, les « heuristiques » (méthodes de résolutions de problèmes approximatives) employées dans la vie courante sont souvent fiables.

L'autre voie explorée par la psychologie de la décision concerne la personnalité des décideurs. Les spécialistes américains de management ont décrit toute une panoplie de profils de personnalité ou « styles décisionnels » qui correspondent à autant de styles de leadership : les intuitifs, les rationnels, les réalistes, les ingénieux, les rigides, les autoritaires, les innovants, etc. (3) Alors que l'intuitif aime suivre son inspiration, le « rationnel » s'informe, calcule, soupèse, s'arme de prudence. Le premier est créatif, le second plus conformiste.

On peut encore ranger les études de psychosociologie – comme celles menées par Willem Doise et Serge Moscovici – sur les décisions dans les groupes, parmi les analyses psychologiques. On souligne alors comment les interactions entre participants vont contribuer à polariser la décision soit dans le sens d'une radicalisation, soit dans le sens du conformisme.

• Les modèles composites désignent une panoplie d'autres approches dont le seul trait commun est de combiner plusieurs aspects des modèles précédents. On peut citer pour mémoire : le modèle de la poubelle, où la décision est vue comme une rencontre fortuite entre opportunités, problèmes et solutions toutes faites ; le modèle « d'allocation des ressources » de l'Américain Joseph Bower insiste sur les niveaux hiérarchiques de la décision dans les grandes entreprises ; le modèle « incré-

3. *Cf.* Collectif, *Individu, groupe et organisation*, Gaëtan Morin, 1986.

mentaliste» du politologue Charles Lindblom porte son regard sur les tâtonnements, les ajustements et compromis. Cette inflation des approches a quelque chose de déroutant ! Elle reflète bien sûr la complexité du phénomène mais aussi la diversité des domaines d'application. On ne décide pas de la même façon dans un ministère ou dans une PME, dans une assemblée générale de grévistes ou dans une firme multinationale. Selon le contexte d'action, la dimension politique, psychologique, organisationnelle, le poids de l'environnement... seront plus ou moins prépondérants (4).

Chaque approche met en relief une dimension du phénomène sans en épuiser l'analyse. La décision ne peut être saisie par un modèle unique et universel. La vie est heureusement plus riche que tous les modèles.

4. STRATEGOR, *Stratégie, structure, décision, identité, Politique générale d'entreprise*, InterEditions, 1988.

La tyrannie des petites décisions

Dans *La Tyrannie des petites décisions* (1), le sociologue anglais Thomas Schelling nous donne mille exemples des effets pervers qui peuvent résulter d'une somme de microdécisions individuelles.

Imaginons, nous dit T. Schelling, deux groupes humains A et B, de taille identique qui cohabitent sur un même territoire. Chacun des groupes accepte de vivre au contact de l'autre à condition de ne pas être mis en minorité. Pourtant, la distribution aléatoire des habitations crée forcément des déséquilibres locaux. Si, lorsque le voisinage d'un individu est composé de plus de 50 % de membres de l'autre groupe, celui-ci décide de partir, une ségrégation totale va se créer très vite. Les individus vont, peu à peu, tous rejoindre les membres de leur groupe par effet d'amplification.

La somme des microdécisions individuelles a produit un effet contraire à la règle de cohabitation acceptée au départ.

Une non-décision absurde

Voici un autre exemple, cité par T. Schelling, d'effet pervers lié à une somme de décisions individuelles. Un camion laisse choir une barre de fer sur l'autoroute. Les automobilistes qui suivent évitent l'obstacle mais décident de continuer leur route. La barre de fer peut ainsi rester des heures sur la voie. En effet, individuellement aucun automobiliste n'a intérêt à s'arrêter dès lors qu'il a détourné l'obstacle. Pour lui s'arrêter, revenir en arrière, retirer l'obstacle est coûteux en temps, inutile et même dangereux. D'une somme de microdécisions rationnelles (ne pas s'arrêter pour cause de danger) il résulte une macrodécision irrationnelle.

Les exemples de Schelling sont toujours des hypothèses d'école, des scénarios inventés et non observés. Séduisants et fertiles sur le plan théorique, ils pèchent cependant par un défaut majeur : leur irréalisme.

1. Puf, 1980.

Hervé Laroche*

LES DÉCISIONS STRATÉGIQUES**

OU LA PETITE FABRIQUE DE LA STRATÉGIE D'ENTREPRISE

L'action d'un dirigeant d'entreprise ne correspond pas à l'image mythique du « grand patron » clairvoyant et omnipotent. Sa connaissance de l'environnement est limitée, il se heurte à une organisation souvent rétive à ses choix. L'élaboration d'une « stratégie émergente » doit tenir compte de ces contraintes.

FUSIONS, acquisitions, alliances, investissements, lancements de produits, diversifications, recentrages, restructurations...

Aujourd'hui, les décisions stratégiques des entreprises font les titres des journaux. Les explications qui en sont données invoquent généralement la logique économique, la pression de la concurrence, l'impératif de compétitivité, etc. Ces raisons dispensent de retracer les processus concrets qui ont produit le choix final. Lorsque nous est racontée l'histoire de la décision, nous suivons les aventures d'un entrepreneur audacieux, qui saisit les opportunités, monte des coups, lance des raids ; un joueur, qui se fie à son intuition, appuyée il est vrai par de solides relations. Ou bien nous avons sous les yeux un dirigeant visionnaire, qui voit plus loin que l'horizon, un leader « charismatique », un meneur d'hommes, qui par la force de ses propres convictions entraîne l'entreprise sur la trajectoire du succès.

Quant aux ouvrages sérieux qui traitent de la stratégie d'entreprise, beaucoup nous montrent le dirigeant comme grand stratège, à la tête d'un arsenal de prévisions, de scénarios, de calculs, de méthodes, de plans, de programmes, de projets, qu'une organisation disciplinée et efficace élabore sous sa direction, et dont il conduit fermement mais sereinement la réalisation.

Représentation mythique ou modèle normatif ? L'important est que se révèle

---

* Professeur de stratégie Groupe ESCP.

** *Sciences Humaines*, hors série n° 2, mai 1993.

une trame commune, une sorte de modèle de base, implicite, de la décision stratégique, qui comporte trois temps successifs :

1) l'anticipation : les décisions procèdent de l'état futur de l'environnement;

2) le choix : le décideur est le dirigeant qui exprime sa volonté, fruit de son analyse;

3) la mise en œuvre : le choix arrêté par le dirigeant est réalisé par l'entreprise conformément à sa volonté.

Malheureusement, de nombreuses études empiriques ont montré que les processus de décision stratégique dans les entreprises s'écartent sensiblement de ce modèle rationnel et linéaire (1). Tout d'abord, l'environnement décourage les anticipations. Ensuite, l'entreprise est bien moins docile qu'on ne le croit, pour exécuter les décisions du dirigeant. Enfin, le dirigeant lui-même ne ressemble guère à ce décideur aux capacités exceptionnelles.

L'environnement incertain

Notre capacité à anticiper le cours des choses et à prévoir les évolutions de l'environnement est malheureusement très limitée. La prolifération des discours nous annonçant de quoi demain sera fait est avant tout un signe de notre désarroi face à l'avenir.

La stratégie (2) implique de mettre l'entreprise en adéquation avec son environnement, et tout d'abord avec le ou les marchés visés. Dans ce domaine, la fiabilité des prévisions est plus que douteuse. Qui avait prévu le brutal ralentissement du marché de l'informatique, après tant d'années de croissance ininterrompue? (3) Comment le géant IBM, modèle quasi universel du management performant, s'est-il laissé surprendre? Les contextes stratégiques actuels, qu'on qualifie souvent de «turbulents», découragent les prévisions et sont un défi aux systèmes de prospective et de planification (4). Certaines entreprises estiment que des prévisions fausses sont plus nuisibles que l'absence de prévisions, car elles produisent de fausses certitudes, qui limitent les capacités d'intelligence et de réaction des managers.

L'environnement stratégique d'une entreprise est aussi un univers d'acteurs – concurrents, fournisseurs, distributeurs – parties prenantes de toutes sortes. Les difficultés de Thomson dans la télévision à haute définition (TVHD) ne sont pas liées à la réaction d'un marché qui n'a pas encore été véritablement sollicité. C'est le très complexe processus de négociations, de compromis, d'alliances autour de normes, de technologies, de produits et de marchés, entre tous les acteurs concernés, au premier rang desquels les Etats, qui a tourné au désavantage de la firme. Les alliances de plus en plus nombreuses que les firmes passent entre elles sont souvent décrites comme des moyens de réduire l'incertitude générée par la multiplicité des acteurs, en stabilisant leurs

1. Dans une étude portant sur 73 cas, NUTT estime à moins de 20% les choix résultant d'un processus rationnel, «Types of organizational decision processes», *Administrative Science Quarterly*, n° 29, 1984. Après analyse de 136 cas, David J. Hickson et ses collègues n'identifient que 42 cas de processus «fluides», ceux qui dans leur typologie se rapprochent le plus de la norme rationnelle, *Top Decisions*, Oxford, Blackwell, 1986.
2. Voir mots clés en fin d'ouvrage.
3. Article écrit en 1993.
4. Voir mots clés en fin d'ouvrage.

relations. Mais on voit dans certains secteurs (comme l'informatique) que ces alliances finissent par produire plus de confusion que d'ordre, et que les alliés d'aujourd'hui sont souvent les ennemis de demain.

L'organisation rétive

Les moyens humains et organisationnels qui composent l'entreprise sont censés servir les desseins stratégiques élaborés par le dirigeant. La formulation de la stratégie serait l'apanage du dirigeant, et sa mise en œuvre serait la mission de l'ensemble de l'entreprise. Cette distinction si naturelle occulte le rôle considérable de l'organisation dans la réalisation de la stratégie. L'organisation se montre bien souvent rétive, et cela de plusieurs manières.

Les entreprises, et surtout les grandes, sont dotées de structures (5) et de systèmes de gestion (6) qui déterminent largement leur fonctionnement. Ces dispositifs constituent souvent une force d'inertie qui confère aux grandes entreprises des allures de pétroliers géants. Chez Usinor-Sacilor (sidérurgie), il a fallu plusieurs années d'efforts pour que les unités productrices, habituées à mesurer leur performance en tonnes produites et en coût à la tonne, centrent leur comportement sur d'autres critères, tels que l'adaptation des produits aux demandes du marché, la qualité des produits et du service, la diversification de l'offre, etc.

Les structures produisent leur propre dynamique, mais les acteurs, individus et groupes, qui peuplent ces structures, s'en servent également pour satisfaire leurs propres intérêts. Les décisions stratégiques, par essence, désignent des enjeux importants. Notamment, elles répartissent les ressources humaines et financières au sein de l'organisation. Les actions stratégiques de la direction générale sont décodées en ces termes par les acteurs, qui de plus nourrissent souvent des projets spécifiques. Des processus politiques – luttes, conflits, négociations, alliances, ruses, etc. – s'engagent autour de la formulation, de la sélection, et de la réalisation de ces actions et de ces projets.

Il n'est pas toujours facile de distinguer clairement les intérêts particuliers et l'intérêt de l'entreprise. Si tel manager cherche par tous les moyens à « faire passer » son projet de nouveau produit, c'est bien sûr parce que cela lui donnera plus de territoire, plus de pouvoir, plus d'importance ; mais c'est aussi parce qu'il croit sincèrement que c'est un bon projet. Et il se peut bien qu'il ait raison.

Ces processus politiques peuvent également s'apparenter à un jeu dans lequel les participants cherchent à tirer profit des situations qui se présentent, du hasard, des coïncidences, des circonstances particulières. Dans une entreprise industrielle, un groupe d'ingénieurs ne parvenait pas à faire financer un projet de prototype, qui n'était pas jugé stratégiquement pertinent. Pourtant, il fut finalement accepté, une fois reformulé comme un partenariat avec une autre entreprise que la direction générale souhaitait approcher. De tels processus trahissent la part de désordre qui règne dans les organisations. Ils sont sources

5. Voir mots clés en fin d'ouvrage.
6. *Idem.*

d'aberrations dans les choix organisationnels, mais aussi, on le voit, permettent des innovations.

Les limites de la pensée stratégique du dirigeant

Le décideur ne domine ni l'environnement auquel il est confronté, ni l'organisation qu'il dirige. Il n'est pas non plus, ainsi que le mythe le dépeint, idéalement lucide et rationnel. La liste est longue des biais cognitifs (7) auxquels les dirigeants sont exposés. Il faut convenir que les problèmes stratégiques, par leur importance, leurs ambiguïtés, leur singularité, favorisent les erreurs et illusions. Le dirigeant est confronté à un dilemme : en privilégiant les approches méthodiques, traitant des données «objectives» et autant que possible quantifiées, il perd les informations qualitatives, impalpables mais essentielles, car un problème stratégique est toujours une configuration complexe de faits et d'interprétations ; mais en faisant confiance à l'expérience, aux analogies, à sa perception, à l'intuition, il risque d'être victime de sa subjectivité. Le dirigeant n'aborde pas les situations stratégiques d'un œil vierge. Il a notamment des représentations de ce qui est important ou non, et de ce qu'il convient de faire ou non. Il s'appuie sur des règles et principes qui sont pour lui des évidences, mais qui pour l'observateur apparaissent comme des croyances, c'est-à-dire des «manières de penser» dont la validité n'est pas démontrée.

Cela ne signifie pas que ces croyances soient des erreurs. Toutefois, elles peuvent avoir des fondements irrationnels, dans la mesure où elles reposent sur des images et fantasmes inconscients. Ainsi, le patron d'une entreprise de mobilier de luxe de grand renom affirmait ne pas avoir de concurrents. Il percevait son entreprise comme un groupe de créateurs et d'artistes, et non comme une entreprise industrielle et commerciale. Il n'imaginait pas que les clients puissent comparer ses produits à d'autres : ils n'avaient tout simplement pas d'équivalents. La fameuse «affaire des avions renifleurs» a montré que des dirigeants à la formation scientifique prestigieuse pouvaient perdre tout sens critique devant la promesse mirifique d'une nouvelle technologie.

Les dirigeants contrôlent-ils la stratégie ?

Entre les incertitudes générées par l'environnement, les dérives organisationnelles, les croyances et marottes des dirigeants, y a-t-il donc une chance de voir se former des décisions stratégiques un minimum sensées et cohérentes ? Il est vrai que ces tensions peuvent empêcher la formation d'une stratégie véritable. Mais dans beaucoup de cas, elles peuvent être, sinon résolues, du moins contrôlées.

Souligner que les processus qui fabriquent la stratégie s'écartent souvent de la rationalité mise en scène par les mythes du dirigeant décideur ne signifie pas que les dirigeants soient médiocres ou impuissants. Ils peuvent développer des moyens indirects de contrôle et d'influence. Ainsi, par la mise en place de structures et de systèmes de gestion, ils définissent des

7. Voir mots clés en fin d'ouvrage.

« règles du jeu » qui peuvent induire une dynamique allant dans le sens souhaité. Par rapport aux processus politiques, le dirigeant, qui est lui aussi un acteur politique, ne manque en général pas d'atouts, du fait de sa position privilégiée, à l'interface entre les unités de l'entreprise, et en contact avec l'environnement. Il peut se poser en arbitre régulateur des conflits internes et favoriser les projets et les acteurs qui sont compatibles avec ses propres préférences et ses propres ambitions.

La véritable question est cependant ailleurs. La configuration des structures et la répartition du pouvoir dans l'entreprise sont généralement des parties d'un système plus ou moins cohérent qui comprend également un ensemble de croyances portant sur la stratégie, largement partagé par le groupe des dirigeants, et souvent aussi par les autres niveaux du personnel. On parle alors de paradigme stratégique (8), par analogie avec les paradigmes scientifiques. Le paradigme décrit l'environnement, l'organisation dans l'environnement, et ce qui marche et ne marche pas pour survivre et prospérer dans cet environnement.

Ainsi, dans telle entreprise, on considère que, parce que l'environnement est perçu comme instable et hostile, le développement doit se faire dans le cadre strict de l'activité traditionnelle. Il s'agit avant tout de bien faire son métier, celui-ci étant défini en termes de compétences techniques et de produits. Ce paradigme est porté par le groupe d'ingénieurs spécialisés qui se reproduit régulièrement à la tête de la firme. Dans une autre, au contraire, on favorise une diversification (9) des activités, parce qu'on tient pour vrai que les compétences de gestion priment sur les compétences techniques et que la diversification est un moyen de se protéger des retournements de conjoncture.

Le paradigme stratégique constitue une « logique dominante » qui détermine largement les résultats de la plupart des décisions. La question centrale est la capacité des dirigeants à en prendre conscience et à en jouer de manière à profiter de l'élan, tout en évitant les écueils et les dérives. Dans cette perspective, les événements stratégiques – faillite d'un gros client, entrée d'un nouveau concurrent puissant, apparition d'une technologie de substitution – constituent des mises à l'épreuve du paradigme stratégique, des tests de sa capacité à maintenir l'entreprise sur une trajectoire favorable. Ils sont aussi pour les dirigeants l'occasion de faire évoluer ce paradigme : redéfinir ce qui doit être tenu pour vrai et ce qui doit être tenu pour bon, et réorienter les forces qui façonnent la stratégie de l'entreprise.

On voit que le rôle du dirigeant, s'il n'a plus l'aura du grand décideur, est cependant fondamental, déterminant, et… difficile. Sa situation est en effet assez inconfortable. On attend de lui une lecture claire d'un environnement incertain et souvent ambigu. Tenu d'incarner une volonté, il est pourtant dépendant, pour l'action concrète, d'une foule de relais – hommes, unités, procédures, systèmes. Entre les choix énoncés et les résultats promis et atten-

8. Voir mots clés en fin d'ouvrage.
9. *Idem.*

dus, des années entières peuvent s'écouler, pendant lesquelles les orientations prises ne manqueront pas d'être contestées ou détournées, à la faveur d'événements extérieurs qui sembleront remettre en question son projet. La réalité des décisions stratégiques est donc bien éloignée de l'image mythique. Les réussites stratégiques se construisent rarement à l'aide d'intuitions fulgurantes ou de plans rigoureux. Le groupe alimentaire français BSN (Danone) est une des plus belles réussites industrielles et commerciales françaises. Son populaire patron, Antoine Riboud, est considéré comme un des meilleurs dirigeants d'entreprise français. Pourtant, l'histoire stratégique de BSN est largement fondée sur l'échec d'une stratégie initiale, qui consistait, pour le petit groupe verrier qu'était BSN dans les années 60, à atteindre une dimension internationale, notamment dans le verre plat. Cet échec fut le point de départ d'une diversification dans l'agroalimentaire, qui devait se développer avec succès, faisant d'un groupe spécialisé dans les produits industriels un champion du marketing et des produits de grande consommation. La capacité à produire une « stratégie émergente » (10) à partir d'un flux de décisions et d'événements apparemment disjoints est une des premières conditions de survie pour les entreprises.

10. Voir mots clés en fin d'ouvrage.

A lire sur le sujet

Il n'existe pas en français d'ouvrage spécialisé sur ce thème. On trouvera toutefois des développements conséquents et accessibles dans :

- G. Kœnig, *Management stratégique : vision, manœuvres, tactiques*, Nathan, 1990 (notamment chapitres I à III).
- STRATEGOR, *Stratégie, structure, décision, identité*, InterEditions, 1988 (notamment chapitres XIII à XVI).

Plus difficile, mais fondamental :

- J. March, *Décisions et Organisations*, Editions d'Organisation, 1991.

DÉCIDEUR OU ARBITRE ?

ENTRETIEN AVEC BERTRAND COLLOMB*

Le dirigeant d'une grande entreprise face aux contraintes de l'organisation et du temps.

***Sciences Humaines :* Lorsque le président d'une grande entreprise dit : *« La seule décision que je prenne de façon autonome, c'est l'affectation des places de parking »*, comment réagissez-vous ?**

Bertrand Collomb : Je pense effectivement qu'un dirigeant prend très peu de décisions seul. Mais cela me paraît relativement cohérent avec ce que nous visons pour l'entreprise : qui n'est pas une armée en campagne où il faut que quelqu'un ordonne et que tout le monde obéisse sans réfléchir. Dans l'organisation moderne, les choses ne se passent pas ainsi. Ce peut être le cas, dans des situations extrêmes, où le pouvoir de décision individuel du dirigeant reprend son importance. Par exemple, une des questions sur laquelle j'ai senti la responsabilité personnelle la plus forte est celle de l'indépendance de l'entreprise et de l'actionnariat. Mais en général, la décision dans l'entreprise est essentiellement collective.

Par ailleurs, elle n'est pas ponctuelle, elle se déroule dans le temps. Il me semble plus pertinent de voir la décision comme un processus. On peut intervenir au cours d'une étape. Prenons l'exemple récent de l'implantation d'une usine Lafarge en Allemagne de l'Est. Quand j'ai demandé à mes collaborateurs d'étudier les opportunités d'une implantation dans ce pays, ce n'était pas une décision. Mais il est probable que cela a été important dans le fait que, six mois plus tard, on m'ait suggéré que ce serait une bonne idée. Dans beaucoup de cas, quand vous identifiez un problème, un processus démarre ; ce processus vous n'y participez pas et la décision vient toute seule à la fin de ce processus.

***SH :* Dans une vision de la décision comme processus, vous êtes un peu le garant de celui-ci, le fabricant de compromis ?**

B.C. : Pour que la dynamique fonctionne, il faut qu'il y ait une organisation qui marche, avec des gens qui jouent le jeu. Cela signifie qu'en amont, la mise en place de l'organisation et le choix des hommes prennent une importance décisive.

** Président-directeur général de Lafarge.*

***SH* : Les lieux de décisions ritualisés comme le conseil d'administration, par exemple, sont-ils les véritables lieux de décisions ?**

B.C. : Il est plus juste de dire que le conseil d'administration participe à la décision. D'abord, il oblige, par le rituel, le chef d'entreprise à venir expliquer et justifier ses choix, ce qui veut dire que les décisions ne peuvent plus être capricieuses ou arbitraires. Or, le fait qu'elles soient expliquées peut modifier la décision. Ensuite, face aux choses que l'on demande au conseil de ratifier, il y a des réactions des membres du conseil, qui sont autant de signaux pour le chef d'entreprise.

Il peut arriver que dans des situations de crise, le CA ait à trancher, lorsque le président le lui demande expressément, lorsque le management de l'entreprise est en cause, ou pour faire face à des pressions externes : OPA, actionnaires qui se révoltent, etc. Le conseil a donc un pouvoir de décision par exception qu'il exerce rarement, mais il a surtout un pouvoir de construction des processus de décision.

***SH* : Avez-vous le temps de réfléchir à vos décisions, et considérez-vous que l'urgence est nécessairement mauvaise conseillère ?**

B.C. : Je crois qu'il ne faut pas confondre urgence et rapidité de réaction. Je constate que dans les processus de décision publique, les décisions importantes et non préparées sont souvent prises sous l'empire de l'urgence dans des conditions épouvantables. J'ai entendu des ministres me dire qu'ils étaient affolés par la façon dont cela se passait. Pourquoi de telles situations se produisent-elles ? Parce que durant les périodes où les décisions n'étaient pas urgentes, on n'y a pas travaillé. La rapidité de réaction, c'est autre chose. Quand il se passe quelque chose d'imprévu, il faut réagir vite, mais on est dans un domaine et sur un substrat qui est préparé. Par exemple, l'opportunité d'acquisition : je pense que si l'on a un balayage stratégique suffisant, si l'on sait se demander quelles sont les entreprises susceptibles d'être achetées un jour ou l'autre, si l'on s'est posé la question du prix auquel on pourrait les acheter, etc., on peut très sainement réagir en vingt-quatre heures à une opportunité d'acquisition qui ne se représentera pas. Il est donc possible de prendre une décision en vingt-quatre heures si le terrain est préparé. Il faut planifier beaucoup, pour réagir vite.

***SH* : Venons-en à l'« alchimie », c'est-à-dire la dimension intuitive de la décision. Comment envisagez-vous la « décision-intuition » ?**

B.C. : L'intuition, c'est la capacité de prendre une décision dans une situation d'information très imparfaite. Il y a des gens qui réussissent assez bien à gérer par intuition. Il est clair qu'à Lafarge, nous ne sommes pas une organisation qui est faite pour travailler ainsi, parce que nous avons une tradition collégiale. Or l'intuition est difficile à partager.

Je pourrais sur ce point citer un exemple qui est aussi un hommage à Antoine Riboud. C'est lui qui m'a curieusement incité à acheter une usine en Allemagne de l'Est. J'avais lu dans les journaux, un mois après la chute du mur de Berlin, qu'il avait fait deux investissements dans ce pays. Or, au même moment, nos équipes qui enquêtaient sur place nous expliquaient que l'on ne savait pas à qui parler, que l'on ne savait pas qui avait le pouvoir, que l'on ne savait pas ce qui allait se passer, et que c'était « la pagaille la plus complète ».

Lorsque j'ai rencontré A. Riboud, je lui ai demandé :

« Il paraît que vous avez fait des investissements mais est-ce que vous savez si les gens avec qui vous parlez ont le pouvoir ?

Il m'a répondu :

– *non !*

– *Savez-vous combien ca va vous coûter ?*

– *Non.*

Mais il a ajouté :

– *ils auront toujours besoin de manger.* »

Je suis revenu en disant à mes collaborateurs : *« Ils auront toujours besoin de ciment. On devrait quand même essayer même si on ne sait pas avec qui on parle.* »

Ceci dit, ce n'est pas un mode de décision. On ne peut pas prendre des risques sur des situations d'informations imparfaites tout le temps. Mais je me méfie énormément de la logique pure parce que beaucoup d'erreurs sont commises en son nom. Les apparences de la logique que vendent un certain nombre d'approches de consultants sont parfois trompeuses et *a posteriori*, il est toujours très facile d'expliquer quand quelque chose n'a pas marché, pourquoi ce n'était pas raisonnable.

***SH :* Est-ce que tout cet appareillage de rationalité ne sert pas un peu de garde-fou ?**

B.C. : L'appareil rationnel est tout à fait important. Je considère encore une fois qu'il serait criminel de prendre des décisions sans essayer d'en peser les risques, de manipuler toutes les informations dont on dispose, etc. Même si en situation d'incertitude, les informations dont on dispose sont toujours très limitées.

***SH :* Y a-t-il une hiérarchie des décisions qui détermine celles qui vous sont réservées ?**

B.C. : Je vois très clairement la différence entre les décisions stratégiques majeures où je joue un rôle plus direct et les décisions opérationnelles. Mais il y a parfois des décisions plus ponctuelles ou plus opérationnelles qui par les conséquences politiques, sociales ou relationnelles qu'elles ont, deviennent stratégiques. Le collaborateur effectuant un choix en terme de politique de prix et de politique de marché est peut-être en train de prendre la décision stratégique sans le savoir. Et cela, je ne le vois pas.

A cet égard, l'agenda du dirigeant n'est pas du tout neutre. Il y a des choses qui ne sont pas stratégiques qui, si elles sont liées à l'emploi du temps ou aux relations des dirigeants, deviennent critiques. Cela concerne aussi les gouvernants : Mr Bush était plus à l'aise avec la politique extérieure parce qu'il avait des relations directes et personnelles avec les autres chefs d'Etat, alors qu'à l'intérieur, il fallait absolument que cela passe par une mécanique qu'il ne maîtrisait pas. Il y a des phénomènes identiques dans l'entreprise.

Le dirigeant doit être attentif à ce que son emploi du temps personnel ne fausse pas sa perspective. Par exemple, à l'heure actuelle, je m'occupe beaucoup d'environnement au titre de Président de la Commission Environnement du Plan. Cela comporte un risque : celui de voir tout dans l'entreprise sous l'angle de l'environnement. J'ai accepté parce que je pensais que c'était important. Mais je dois prendre garde à conserver un équilibre dans mes préoccupations.

Propos recueillis par
PHILIPPE CABIN et JEAN-MICHEL SAUSSOIS
(*Sciences Humaines*, hors série n° 2, mai 1993)

CHAPITRE V

Le management et le pouvoir

POINTS DE REPÈRE
CENT ANS DE MANAGEMENT

Le management recouvre l'ensemble des pratiques touchant à l'organisation de la production, la gestion des ressources humaines... Apparues au début du siècle avec l'émergence des grandes organisations industrielles ou bureaucratiques, les premières tentatives de formalisation sont dues à des ingénieurs. Enseigné depuis dans les écoles de commerce, le management compte ses classiques, ses dates clés et... ses « gourous ».

Les œuvres

1911 : F.W. Taylor publie *The Principles of Scientific Management* (trad. en 1912).

1916 : H. Fayol publie *L'Administration industrielle et générale* (trad. en anglais en 1949).

1920 : M.P. Folett publie *Creative Experience.*

1933 : E. Mayo publie *The Human Problems of an Industrial Civilisation* (suivi de *The Social Problems*, 1949).

1938 : C. Barnard publie *The Functions of the Executive.*

1954 : P. Drucker publie *The Practice of Management* (trad. en 1957).

1910 — 1920 — 1930 — 1940 — 1950

1913 : Création de la première chaîne de montage d'automobiles aux usines Ford de Detroit.

1914 : H. Ford prend la décision de verser un salaire minimum de 5 $ à ses ouvriers (le *Five dollars a day*).

1920 : A. Sloan entame la réorganisation de la General Motors. Georges D. Edwards crée le premier département de la qualité (Western Electric).

1922 : Création de la *Harvard Business Review.*

1927-1932 : E. Mayo dirige ses recherches sur la motivation dans les ateliers Hawthorne.

Mise en place des premiers séminaires de *training group* aux Etats-Unis.

Les faits

1960 :
D. McGregor publie *The Human Side of Enterprise* (trad. en 1971).

1962 : R.R. Blake et J.S. Mouton publient *Managerial Grid* (trad. en 1969).

1965 : H.I. Ansoff publie *Corporate strategy* (trad. en 1965).

1969 : P. Drucker publie *The Age of Discontinuity ; Guidelines to our Changing Society* (trad. en 1970).

1978 : A. Chandler publie *The Visible Hand : The Managerial Revolution in American Business* (trad. en 1988).

1978 : C. Argyris et D.A. Schön publient *Organizational Learning : A Theory of Action Perspective.*

1982 : T.J. Peters et R.H. Waterman publient *In Search of Excellence* (trad. en 1983).

1987 : P. Drucker, *The Frontiers of Management* (trad. en 1988).

1989 : R. Moss Kanter publie *When Giants Learn to Dance* (trad. en 1992).
M. Crozier publie *L'Entreprise à l'écoute.*

1993 : M. Hammer et J. Champy publient *Reengineering the Corporation.*

1993 : H. Sérieyx publie *Le Big Bang des organisations.*

1994 : M. Hammer publie *The Reengineering Revolution.*

1960 **1970** **1980** **1990**

1961 : A. Feigenbaum lance l'expression « *Total quality control* ». P. Crosby développe le concept de « Zéro défaut » chez Martin Marietta.

1962 : M. Bower crée l'agence McKinsey. Création du premier cercle de qualité au Japon.

1969 : Première Conférence internationale sur le contrôle de la qualité (Japon).

Lancement de plusieurs plans de restructuration dans la grande industrie en France (sidérurgie, textile), aux Etats-Unis (automobile)…

1980 : K. Blanchard conçoit le « manager minute ».

1987 : Adoption de la norme ISO 9004.

1989 : Signature de l'« Accord à vivre » introduisant le principe de l'enrichissement des tâches dans les usines Renault.

1993 : Boeing annonce la suppression de 28 000 emplois (20 % des effectifs).

POINTS DE REPÈRE
CENT ANS DE MANAGEMENT

LES « GOUROUS »

Chester Barnard (1886-1961)
Cadre à la Bell Telephone Company, il est un des premiers à étudier le processus de prise de décision dans les organisations et à s'intéresser à la fonction du leadership. Pour lui, l'entreprise se distingue des organisations bureaucratiques (Eglise, Etat) ; le management consiste à obtenir la participation volontaire des individus à la réalisation d'objectifs communs, autrement que par l'exercice d'un pouvoir autoritaire. Son principal ouvrage est *The Functions of the Executive*, paru en 1938.

Peter Drucker (né en 1909)
Né à Vienne, fils d'un fonctionnaire autrichien, il émigre en Grande-Bretagne dans les années 20 puis aux Etats-Unis où il devient consultant de la General Motors. Son maître mot : la direction par objectifs (DBO). Pour lui, le rôle du dirigeant est celui de chef d'orchestre, capable de déterminer les objectifs, de coordonner les activités, de motiver et de communiquer, de mesurer les performances, enfin de former le personnel et se former lui-même. Il a publié près d'une trentaine d'ouvrages dont *La Pratique de la direction des entreprises* (1954). Ses analyses débordent souvent le cadre de l'organisation et comportent des considérations sur l'avenir de la société.

Henri Fayol (1841-1925)
Ingénieur français, diplômé de l'Ecole des mines de Saint-Etienne, il est le premier à entreprendre la rationalisation des fonctions de direction. Le management consiste, selon lui, en cinq fonctions : prévoir et planifier ; organiser ; commander ; coordonner ; contrôler. Il n'a écrit qu'un livre, mais c'est un classique : *L'Administration industrielle et générale* (1916).

Henry Ford (1863-1947)
Le premier à appliquer à grande échelle les principes du taylorisme en y ajoutant deux autres dimensions : la mécanisation des tâches ; un mode de gestion qui associe rémunération élevée et travail peu qualifié. Des principes que **Hyacinthe Dubreuil** (1883-1971) contribua à faire connaître en France. Même si les systèmes modernes de production ont apporté d'importantes transformations, ils dérivent tous du fordisme, de l'avis même de **Taiichi Ohno**, le père du toyotisme.

Taiichi Ohno (né en 1912)
Ingénieur, il a fait toute sa carrière chez Toyota. Le système de production qu'il met en place (le toyotisme) repose sur une idée simple : partir de l'aval (la vente) pour organiser l'amont (la production des postes de travail) ; et deux « piliers » : la production juste à temps ; l'autoactivation des machines (l'arrêt automatique de la production en cas de défaut de fabrication). Des principes que T. Ohno a consignés dans *L'Esprit Toyota* (traduit en français, Masson, 1989).

Alfred Sloan (1875-1966)
Fils d'un négociant, il est à l'origine de l'organisation décentralisée et multidivisionnelle qui permit de sauver la General Motors de la faillite financière. Le principe : organiser l'entreprise en filiales et départements autonomes soumis aux contrôles d'une équipe réduite de dirigeants. Ce mode d'organisation a été très tôt adopté par la plupart des grandes entreprises, y compris le concurrent Ford. Après soixante ans de sloanisme, la General Motors, confrontée à la concurrence japonaise, a dû modifier sa structure d'organisation dans les années 80 en s'inspirant pour partie du toyotisme. Les principes du sloanisme ont été consignés dans *Mes années à la General Motors*, parues en 1963.

Tom Peters (né en 1942) et Robert H. Waterman (né en 1936)
Les auteurs du best-seller des années 80-90, *Le Prix de l'excellence*, vendu à plusieurs millions d'exemplaires (cinq millions pour la seule édition anglaise). L'un comme l'autre sont d'anciens consultants de l'agence McKinsey. Leur théorie de l'excellence découle d'ailleurs d'un projet mené pour le compte de cette agence. Si la théorie a été démentie par les faits, l'ouvrage marque un tournant dans la pensée du management. Cinq ans après la publication du *Prix de l'excellence*, **T. Peters** a publié *Chaos Management* dans lequel il admettait qu'« *il n'y a pas d'entreprise excellente* » ; il dirige sa propre société, commercialisant conférences, cassettes vidéo, séries télévisées... De son côté, **R. Waterman** poursuit une carrière plus discrète.

Frederick W. Taylor (1856-1915)
Taylor a inspiré tout un courant de réflexion sur l'Organisation scientifique du travail (OST), mais le taylorisme n'a en fait concerné qu'une partie du secteur productif.

Et les autres... l'historien de l'économie **Alfred Chandler** (né en 1918) ; **Mary Parker Folett** (1868-1933), une des rares théoriciennes du management ; le Français **Octave Gélinier** (né en 1916), qui introduisit la DPO en y ajoutant la dimension participative ; **Michael Porter** (né en 1947), spécialiste de l'approche stratégique...

JEAN-MICHEL SAUSSOIS*

COORDONNER, COOPÉRER, ADHÉRER**

LES ENJEUX DU MANAGEMENT

Qu'est-ce que le management ? Des pratiques formalisées, qui concernent trois types de problèmes au sein d'une organisation : la coordination des activités, la coopération entre les membres de cette organisation et, enfin, l'adhésion à la culture de l'entreprise.

MANAGEMENT, voici un mot au destin étrange : français d'origine, il est exporté aux Etats-Unis puis réimporté dans les années 50. En donner une définition n'est pas chose facile aujourd'hui. Le mot est usé à force de servir. Sa portée diffère selon que l'on se place du point de vue du micro-manager (celui qui fait tourner «la boutique» au quotidien, au milieu de son équipe) ou du macro-manager (celui qui essaie de voir loin, surplombant l'organisation). Une façon de sortir de cette impasse est de comprendre le management comme une formalisation de pratiques sous la forme d'énoncés pragmatiques. En l'absence de théorie du management, ces énoncés ne prennent leur sens que dans une perspective historique, c'est-à-dire à la lumière des problèmes qui se posent concrètement aux entreprises au fur et à mesure de leur transformation.

Ces problèmes peuvent se classer en trois groupes : 1) les problèmes relevant de la coordination des activités ; 2) les problèmes relevant de la coopération ; 3) les problèmes relevant de l'adhésion pour produire la performance. A ces problèmes, les discours managériaux répondent selon des niveaux d'analyse différents : les uns mettant l'accent plutôt sur l'organisation, les autres sur le

---

* Professeur à l'Ecole supérieure de commerce de Paris (ESCP). Auteur de nombreux articles et ouvrages. Parmi ses récentes contributions : « L'entreprise à l'épreuve du dehors et du dedans », dans P. Besson (dir.), *Dedans, dehors ; les nouvelles frontières de l'organisation*, Vuibert, 1998.

** *Sciences Humaines*, hors série n° 20, mars/avril 1998.

manager et sur le leadership ou sur la culture organisationnelle.

Comment coordonner les activités

Les problèmes relatifs aux modes d'articulation des activités les unes par rapport aux autres renvoient à la traduction française de «management». Tous les étudiants américains qui ont suivi un MBA ont encore en mémoire l'expression POSCORB, moyen mnémotechnique pour *planning, organizing, staffing, directing, coordinating, reporting, budgeting* (1). Cette séquence renvoie aux fonctions de base du management, décrites dès le début de ce siècle par le Français Henri Fayol, au moyen d'une succession de verbes : administrer c'est prévoir, planifier, organiser, commander, coordonner et contrôler (2). Vaste programme !

C'est Peter Drucker qui a le premier clairement énoncé aux Etats-Unis le principe de direction par objectif comme méthode de coordination des activités. C'était dans les années 50. En France, cette méthode sera introduite dans les années 60, avec beaucoup de difficulté sous la houlette d'Octave Gélinier – qui ajoutera la dimension participative à la direction par objectif (DPPO) de façon à «lubrifier» les emboîtements hiérarchiques. Si les entreprises françaises ont fait leur ce sigle, elles n'en ont pas mesuré toutes les implications.

La gestion par objectif, s'appuyant sur une méthodologie complexe, a des effets structurants sur les activités, notamment des cadres opérationnels. Cette technique a l'effet des tests acides pour les lignes hiérarchiques qui seront les premières à parler de «gadgets» pour mieux les dénoncer et ne pas les appliquer. Les réticences portent sur la difficulté à définir les objectifs, à mesurer les résultats par rapport à ces mêmes objectifs, et sur l'incapacité d'engager des moyens suffisants pour «tenir» les objectifs. Résultat : la direction par objectif ne fut jamais que partiellement appliquée dans les entreprises françaises.

Depuis, d'autres techniques de coordination ont vu le jour telles que le *Reengineering* (3) ou la méthode dite ABC (*Activity Based Costing*). Apparues dans les années 80, ces deux méthodes s'inscrivent dans le droit fil des analyses de Peter Drucker (4). Il s'agit d'énoncer des principes qui visent à recueillir et analyser des informations qui reflètent les processus, plutôt que les découpages fonctionnels. Par processus, il faut comprendre une activité transversale, c'est-à-dire une activité qui met en jeu plusieurs fonctions, ayant un début et une fin, dont le coût peut être chiffré et à laquelle une responsabilité peut être attribuée. Dans cette perspective, on

1. Planifier, organiser, pourvoir (en personnel), diriger, coordonner, rendre compte, budgéter.
2. H. Fayol, directeur général des mines de Commentry et auteur de *L'Administration générale et industrielle, prévoyance, organisation, commandement, coordination, contrôle* (1916), est considéré aux Etats-Unis comme l'un des fondateurs du management ; Voir J.-M. Saussois, « Henri Fayol ou l'invention du directeur général salarié », J.-P. Bouilloud et B. lécuyer, *L'Invention de la gestion,* L'Harmattan, 1991.
3. J. Champy, *Reengineering du management*, Dunod, 1995.
4. Reconnu comme le penseur contemporain du management, P. Drucker a écrit des dizaines de livres et des centaines d'articles sur le management, notamment *La Pratique de la direction des entreprises*, Editions d'Organisation, 1957.

analysera, par exemple, le lancement d'un produit nouveau, de la naissance de l'idée à sa mise sur le marché. Après la pensée par objectif, on assiste donc à la pensée par « processus », autre mécanisme puissant de coordination. Là encore, le nombre de séminaires sur ces techniques est impressionnant. Cependant, leur mise en place est aussi difficile que pour la DPO ; la structure fonctionnelle de l'entreprise est souvent évoquée pour expliquer le rejet. Mais ce dernier s'explique aussi par la crainte des cadres d'être pris dans une dynamique de « dégraissage », de raccourcissement des lignes hiérarchiques, des réductions de frais généraux.
La tentation de réagir sur le thème « plus ça change et plus c'est la même chose » est grande. On parlera de gadgets pour consultants, de modes managériales pour disqualifier ces techniques de coordination. Ce ne sont, en fait, que des techniques qui laissent de côté une question essentielle pour le management : la question de la coopération. Dit autrement, il s'agit de s'interroger sur le comment faire pour « ménager » les uns et les autres afin que les choses se fassent.

Comment assurer la coopération

Dans les années 50, on aurait parlé de l'entraînement des hommes ou des problèmes de commandement ou de leadership. Le management devient alors une affaire de style. Dans les années 60, des styles de management seront proposés dans les séminaires pour cadres à la suite des travaux de Robert Blake et Jane Mouton (5). Les managers pourront par le biais de QCM s'autodiagnostiquer et autocorriger leur style. On parle de manager efficace, du manager sûr de lui, du manager minute, ou encore du manager paradoxal.
Ces méthodes à visée introspective vont être la caractéristique des années 80. Elles visent à intérioriser l'efficacité au niveau de l'individu. L'expression « manager » devient ambiguë : il y a le manager avec un « m » et le manager avec un « M », mais le point commun reste cette volonté de faire en sorte que les choses soient faites par des personnes responsables dans leur travail.
Aussi, les années 80 voient-elles fleurir des énoncés sur la responsabilisation de la base construite sur le principe de la subsidiarité. On parlera d'*Empowerment* pour désigner ce management consistant à faire confiance *a priori* pour favoriser la coopération entre les niveaux hiérarchiques. La confiance doit se substituer au contrôle. Les nouveaux énoncés de management font également l'éloge de l'incertitude et du paradoxe allant de pair avec la capacité de prendre des initiatives et « d'assurer ».
Apparemment nouveau, ce concept d'*Empowerment* est déjà présent dans les écrits publiés au début du siècle par Mary Parker Follet, qui parlait alors de « pouvoir coactif » pour désigner la capacité de faire les choses en commun. Considérées comme radicales à l'époque, les idées de Mary Parker Follet sont réaménagées aujourd'hui au moment où des dirigeants cherchent *« à donner à chacun le pouvoir d'agir pour aider l'entreprise à atteindre ses*

5. *The Managerial Grid III*, Gulf, 1985.

résultats». Cette recherche de la coopération est une constante des techniques de management qui visent toutes à «embarquer» des personnes dans le même bateau. Ce problème devient d'autant plus aigu aujourd'hui que le manque de courant ne corrige plus la mésentente des rameurs pour adhérer à un objectif commun. Tout le monde tire à hue et à dia, d'où une série d'énoncés visant à produire de l'adhésion. Ici, il s'agit moins de techniques que de discours «performatifs», d'exhortations d'autant mieux reçues que les émetteurs énoncent avec conviction leur message. Le prêche devient une forme de communication à la fois séduisante et repoussée.

Comment obtenir l'adhésion du personnel

Les problèmes relatifs à l'adhésion du personnel dominent la littérature managériale dans les années 80. De nombreux livres paraissent ainsi sur le «management par les valeurs» et sur «la culture d'entreprise». De quoi s'agit-il? De dire simplement que l'efficacité d'une entreprise passe par le partage des valeurs entre ses membres sur ce que doit être l'entreprise dans le futur, ce qui est important et ce qui ne l'est pas, ce qui est bien et ce qui est mal. On le voit, les énoncés rentrent dans le *no man's land* des valeurs. Incontestablement, la publication de *In Search of Excellence* (6) assure un succès sans équivalent à la valeur de l'excellence.

Ecrit par des consultants, anciens de Mc Kinsey (Peters, Waterman), ce livre de 350 pages paru en 1982 eut un succès phénoménal aux Etats-Unis : cinq millions de copies vendues en un an et demi. En France, le livre traduit dès 1983 reçut un accueil enthousiaste (300 000 exemplaires) de la part des dirigeants, certains en achetant par centaines à leurs collaborateurs, avec la consigne de les utiliser comme bibles pour l'action. Les conclusions portent sur l'étude de 43 entreprises «excellentes», c'est-à-dire des entreprises qui ont su démontrer, sur la base de six critères financiers, leur supériorité sur leurs concurrents et cela pendant une période de vingt ans. Les attributs de l'excellence reposent, eux, sur huit principes : 1) prendre le parti de l'action; 2) rester à l'écoute du client; 3) favoriser l'autonomie et l'esprit novateur; 4) asseoir la productivité sur la motivation du personnel; 5) mobiliser autour d'une valeur clef; 6) s'en tenir à ce que l'on sait faire; 7) préserver une structure simple et légère; 8) allier souplesse et rigueur.

Le succès de ce livre devait cependant tourner court. Cinq ans après la publication du livre, les deux tiers des entreprises qualifiées d'excellentes ne l'étaient plus. Certaines (Atari, Avon, Revlon) étaient même en sérieuse difficulté. Richard Tanner Pascale, professeur à Stanford (7), fait remarquer qu'il est aussi difficile de cerner les attributs du succès des entreprises dans un secteur économique, que de cerner les attributs des personnes restées en bonne santé durant la peste bubonique

6. T.J. Peters et R.H. Waterman, *Le Prix de l'excellence* (1982), InterEditions, 1983.
7. R. Tanner Pascale (1990), *Les Risques de l'excellence*, InterEditions, 1991.

du Moyen Age ! Pas plus que la description des attributs des personnes en bonne santé ne permet de fournir immédiatement une leçon sur l'art et la manière de rester bien portant, la description des entreprises en bonne santé économique à un moment donné ne nous renseigne sur l'excellence.

Comment expliquer alors le succès des énoncés sur l'excellence malgré cette critique méthodologique de bon sens ? Des chercheurs comme Alain Eraly (8) souligneront la dimension performative de ce discours, fondé sur le parti pris de l'action et l'écoute. Un tel discours venait à point nommé pour les cadres des grandes entreprises contraintes à d'importantes restructurations : c'est en effet aux cadres que revenait la tâche de justifier celles-ci auprès de « la base ». Dans un monde de plus en plus gagné par une rationalité économique et technique, les discours sur l'excellence avaient au moins le mérite de rappeler que les employés étaient des personnes avant d'être du personnel à gérer.

D'autres analyses comme celle de Nicole Aubert et Vincent de Gaulejac se sont attachées à mesurer les effets négatifs de ces mêmes discours en mesurant leur coût psychologique pour les cadres eux-mêmes, de plus en plus sollicités et gagnés par le stress (9).

Et si les énoncés sur l'excellence participaient à la remise en cause de la rationalité comme source d'efficacité ? C'est la thèse que se dégage de l'analyse de Patrice Bonarelli. Après un long travail d'immersion dans l'entreprise, ce dernier a constaté la capacité de résistance des cadres face à l'adoption de démarches rationnelles exposées dans les livres de gestion et leur engouement pour la simplicité des principes de l'excellence (10). Il en conclut que les décisions culturelles, c'est-à-dire encastrées dans la culture de l'entreprise, sont préférées aux décisions rationnelles. Ce qui ne veut pas dire que les décisions se prennent sans réfléchir ; seulement, on ne fera pas de longs calculs pour savoir, par exemple, s'il vaut mieux acheter et entretenir des voitures ou les louer. Il est « évident » que le temps passé à se poser cette question n'a pas de sens eu égard aux activités considérées comme vitales pour l'entreprise ; louer des voitures est de l'ordre de l'évidence partagée et cela en dépit des chiffres apportés par le chercheur qui montrera le contraire sur le plan économique. Les conséquences de la décision étant considérées comme sans enjeu, on ne perdra pas de temps à réfléchir dessus. Les managers ayant tendance à considérer que l'intérêt des acteurs de l'entreprise se porte ailleurs, sur les produits, les marchés, la technologie, ils chercheront donc la mobilisation et non la motivation individuelle.

Depuis, la tendance semble s'être renversée. Les années 90 voient plutôt retomber les discours flamboyants sur le management par les valeurs « communautaires » et l'on assiste plutôt à un retour aux valeurs individuelles. La culture d'entreprise tend à disparaître des séminaires et des livres de gestion pour

8. A. Eraly, *L'Idéologie dans le discours managérial*, Université de Bruxelles, texte non publié.
9. N. Aubert et V. de Gaulejac, *Le Coût de l'excellence*, Seuil, 1991.
10. P. Bonarelli, *La Réflexion est-elle rentable ? De la décision en univers turbulent*, L'Harmattan, coll. « Logique de gestion », 1994.

faire place aux discours exhortant la « prise en charge individuelle » par la contractualisation des rapports entre l'individu et l'entreprise. Par un retour de balancier, la chaleur des rapports humains, que l'on trouve dans la solidarité mécanique inhérente à la culture de l'entreprise, se substitue à la froideur du lien juridique engageant l'individu et l'entreprise. L'entreprise, comme nœud de contrat, cherche moins la fidélité aux valeurs que la prestation d'une compétence. Une compétence qui s'achète et se vend à tout moment sur un marché. *« Soyez votre propre manager »*, semblent dire ces nouveaux discours, *« oubliez ces discours trop protecteurs vous menant sur de fausses espérances »*. L'entreprise ne procure plus l'emploi mais assure l'employabilité, c'est-à-dire la capacité pour un individu de se maintenir en permanence sur le marché du travail, toujours en alerte pour maintenir ses connaissances à niveau.

On le voit, cette suite d'énoncés a de quoi donner le tournis. Des cadres, pas forcément désabusés, s'en amusent : *« Au cours de ces derniers mois, on nous a dit que le profit était plus important que le chiffre d'affaires, que la qualité était plus importante que le profit, que les gens étaient plus importants que le profit, que les clients étaient plus importants que les employés, que les gros clients étaient plus importants que les petits clients, que la croissance était le facteur expliquant notre succès ; pas étonnant que nous allions si mal ! »*

Finalement, le retour aux valeurs sûres que sont les pères fondateurs du management (H. Fayol, M.P. Follett pour le début du siècle, C. Barnard, P. Drucker pour l'après-guerre) demeure la seule attitude réaliste pour résister à cette tourmente des idées. Ce n'est pas une tentative de fuite vers le passé mais un simple souci de « calmer le jeu » afin de retrouver des repères robustes.

LE POUVOIR CONFISQUÉ

ENTRETIEN AVEC MICHEL CROZIER*

Pour Michel Crozier ce n'est pas tant la société que les élites qui sont bloquées. Les dirigeants pensent encore que les réformes s'imposent par le haut. La solution passe par l'écoute des individus et un apprentissage de la délibération.

***Sciences Humaines :* Vous avez été un des premiers à soutenir une vision de la sociologie où l'acteur prend une place centrale. Aujourd'hui, presque tous les sociologues utilisent cette notion « d'acteur » ou de « stratégie ». Mais cette généralisation fait que la notion perd un peu de son contenu. Pouvez-vous préciser votre conception de l'acteur ?**

Michel Crozier : Quand je me suis battu pour mettre la notion d'acteur au centre de l'analyse des phénomènes sociaux, c'était dans le contexte dominant du déterminisme. L'idée que les gens sont des « agents », jouets de forces obscures, et non des sujets qui agissent par eux-mêmes était une idée très répandue. Comme sociologue empirique, je voyais certes des contraintes, mais aussi des gens qui utilisaient leur marge de liberté, faisaient des choix, élaboraient des stratégies.

La notion d'acteur est essentielle, mais le problème n'est pas d'opposer l'acteur au déterminisme. Prenons l'exemple du choix d'orientation d'un individu vers une carrière littéraire ou scientifique. Il évolue certes dans un univers de contraintes du fait de son milieu d'origine, de ses ressources, etc., mais il dispose également de marges d'autonomie évidentes si l'on observe la diversité des trajectoires, les phénomènes de mobilité sociale qui existent. Cette marge d'autonomie augmente d'ailleurs de plus en plus dans nos sociétés. Les gens n'ont jamais été aussi libres de choisir, qu'il s'agisse de leurs études, leurs amis ou de leur conjoint.

** Sociologue, directeur de recherche émérite au CNRS, fondateur du centre de sociologie des organisations. Parmi ses publications récentes :* La Crise de l'intelligence, *InterEditions, 1995.*

***SH :* On sait que dans votre analyse des stratégies d'acteurs au sein des organisations vous accordez une grande importance aux relations de pouvoir et à la « défense du territoire » de chacun. Est-ce à dire que, selon vous, la principale préoccupation des personnes en organisation serait le pouvoir ou la préservation de l'autonomie ?**

M.C. : Cette question me paraît artificielle. Le problème qui se pose à l'individu est *« comment vais-je pouvoir m'affirmer ? »*

Pour exister, pour intervenir comme un acteur dans son travail, il faut s'affirmer, travailler avec d'autres et coopérer. Cette coopération fait nécessairement intervenir un jeu du pouvoir. Le pouvoir participe de toutes les relations humaines autant dans le travail qu'à l'école ou dans la famille. Même si vous avez une conception totalement altruiste de la vie et que vous vous consacrez à une action humanitaire, la simple question de l'efficacité de votre action et de l'organisation avec d'autres personnes fera intervenir la question du pouvoir. Cela ne signifie pas que le pouvoir soit la seule ou la principale motivation humaine. Seules certaines personnes vont s'aliéner dans ces relations de pouvoir et prendre le moyen pour le but. La question n'est pas tant de nier la présence du pouvoir dans les relations humaines mais de savoir comment la gérer.

***SH :* Justement, en lisant votre dernier livre *La Crise de l'intelligence*, on retrouve ce leitmotiv : montrer que les acteurs sont toujours oubliés dans le commandement bureaucratique à la française.**

M.C. : Ce livre part en effet d'un constat sévère. Celui du désastre de l'Etat français et de la classe dirigeante française. Le terme est sans doute exagéré mais je l'emploie à dessein pour choquer et provoquer une réaction. Il y a dans ce livre une réflexion désabusée sur l'échec permanent des réformes en France.

La raison réside dans le fait que les dirigeants ne savent pas réformer. Qu'il s'agisse du domaine politique, administratif ou économique, les élites ont été formées à élaborer des solutions toutes faites, construire des plans d'action rationnels. Elles continuent à vouloir imposer par le haut de grandes réformes et de petites mesures. Or ce mode de changement n'est pas adapté à notre monde pour deux raisons.

D'une part, nous vivons dans un monde complexe et changeant où l'innovation permanente est essentielle. Cela suppose des interactions constantes entre les acteurs sociaux pour dépister les problèmes à temps, encourager les initiatives, formuler des réponses qui tiennent compte des situations spécifiques. Cela ne peut se faire sans la participation de tous les acteurs concernés. D'autre part, dans une perspective démocratique, le rôle des dirigeants n'est pas de réformer par le haut, d'imposer, ou de proposer des solutions prédéfinies, mais d'investir pour que le système change. Nos responsables échouent dans les réformes parce qu'ils ne disposent pas de visions et de méthodes concernant la façon de gérer le changement.

***SH* : Pouvez-vous donner un exemple ?**

M.C. : Prenons celui de l'Education nationale qui est très révélateur. L'EN vit dans un climat de « réformite » perpétuelle. Tout nouveau ministre qui arrive rue de Grenelle apporte avec lui une réforme dans sa besace. Ces réformes conduisent soit à des conflits et rejets, soit à des réarrangements de surface sans prise sur les problèmes réels. L'histoire des réformes scolaires en France est aussi celle de déconvenues successives.
L'Ecole connaît un malaise profond. Ce malaise provient d'une interrogation sur ses finalités. Les jeunes se demandent à quoi servent les études qu'ils doivent pourtant prolonger s'ils ne veulent pas être exclus du marché du travail. Les enseignants s'interrogent sur leur véritable mission. L'Administration se borne à gérer un énorme ministère : à modifier les horaires, réorganiser les filières, parfois à transformer les contenus des programmes mais sans vraiment répondre au malaise de fond.
Notre école reste profondément marquée par le système Jules Ferry. Forgé pour accompagner le développement industriel du siècle dernier, ce système est inadapté aux défis du prochain siècle, aux attentes des élèves et des enseignants. Les capacités d'autonomie, de communication, les capacités d'action et d'initiative requises pour vivre dans cette société ne sont pas développées. Au demeurant, les établissements et les enseignants sont eux-mêmes bridés dans un système très rigide. L'Ecole continue à proposer un enseignement fondé sur le commandement, l'accumulation des connaissances et l'apprentissage solitaire.
Ce système reste uniforme. En réalité personne, du sommet à la base, n'est satisfait, mais le système continu à se reproduire sans pouvoir changer en profondeur. Ce système étouffe l'initiative et stérilise la bonne volonté des enseignants.

***SH* : Quelles seraient selon vous les conditions de la réforme ?**

M.C. : La démarche de changement suppose une profonde transformation de la façon de diriger. Cela implique une modification de notre façon de penser. Il nous faut passer d'une logique de la direction supposée omnisciente à une logique plus démocratique qui suppose de s'appuyer sur les ressources humaines.

En France, les décideurs se pensent comme des surhommes qui doivent avoir réponse à tout : la crise de l'Education nationale, le chômage, la réussite des entreprises, la crise des systèmes de protection sociale. S'ils ne proposent pas de solutions clés en mains, ils semblent perdre leur légitimité. En fait, la fonction du décideur doit être d'apprendre à gouverner autrement. L'Ena ou Polytechnique sont des écoles à fabriquer de beaux esprits capables d'avoir réponse à tout. Le mépris à l'égard du travail collégial, des commissions de travail et des négociations est très fort dans notre pays. La logique du changement me semble devoir s'appuyer sur deux conditions principales : l'écoute d'une part, la délibération ensuite. Une décision se prépare, se fonde sur une phase de préparation, de définition du problème, de délibération et d'accompagnement des mesures...

***SH :* On a le sentiment pourtant que les responsables passent beaucoup de temps à écouter, à consulter. N'est-ce pas le signe d'une capacité d'écoute réelle qui pourrait paralyser en partie les initiatives ?**

M.C. : Ce que l'on appelle « écoute » repose la plupart du temps sur le sondage et la consultation des représentants officiels. Ce sont là deux caricatures de l'écoute véritable.

Le sondage est une méthode très artificielle. Elle consiste à recueillir des opinions très abstraites, générales. Il faut donner des conditions d'expression. L'idée que tout se passe dans la tête et le cœur des gens *in abstracto* est fausse. Ecouter, cela suppose de mettre en place des entretiens qualitatifs approfondis. Lorsqu'on fait travailler les gens sur des problèmes concrets, ils se mobilisent, réfléchissent, décrivent et analysent la situation qu'ils vivent et ne se contentent pas de formuler des revendications ou des appréciations générales.

Ecouter, ce n'est pas non plus consulter seulement les partenaires officiels, syndicats, amicales, représentants. L'absurde mesure du CIP pour les BTS et les IUT qui a mobilisé la jeunesse fut prise à la demande explicite d'un syndicat représentatif ! Dans l'Education nationale, la définition des programmes scolaires a lieu lors de réunions auxquelles participent les représentants des divers corps de professeurs. Chaque réunion se fixe des objectifs de simplification et de réduction d'horaires, mais chacun voulant défendre son territoire, on aboutit au maintien des programmes surchargés. Lorsqu'il faut réformer, les intérêts corporatistes s'opposent et bloquent toute innovation.

***SH :* Comment dépasser ces blocages ?**

M.C. : Après l'écoute, qui a déjà pour but de reformuler les problèmes en profondeur, il faut délibérer. Les Français ne savent pas délibérer, c'est-à-dire choisir des solutions. C'est là tout l'art du changement qui est un art difficile. Délibérer, ce n'est ni imposer de solution arbitraire, ni se soumettre aux desiderata de chacun. Cela suppose d'impliquer les personnes, de faire émerger les problèmes et créer les conditions d'un dialogue. Pour changer, il faut permettre une expression en dehors de la langue de bois dans laquelle chacun se réfugie. Instaurer un dialogue qui fasse apparaître oppositions et problèmes réels. Ces échanges et négociations vont faire naître des opportunités, des comportements nouveaux. C'est, par exemple, la méthode qui a été employée en Nouvelle-Calédonie entre des protagonistes qui semblaient pourtant sur des positions inconciliables. Le consensus ne peut être obtenu si on se contente de consulter puis de formuler ensuite une solution venue du haut, établie en fonction d'un hypothétique «intérêt général». Le consensus doit se construire à partir de discussions à tous les niveaux de responsabilité. C'est ce qui se passe en Suisse, ou au Japon. Dans ces pays, le consensus n'est pas une donnée culturelle mais une construction qui passe par de nombreuses instances de concertations et de délibérations. Il faut oublier les solutions toutes faites, instaurer une démarche d'écoute et de délibération radicalement différente qui implique les acteurs.

***SH :* Pouvez-vous donner un exemple de telles transformations réussies ?**

M.C. : Entre 1987 et 1988, nous sommes intervenus avec une équipe de sociologues dans le département traction de la SNCF. La traction, c'est le secteur des conducteurs de train et leur encadrement, soit environ 20000 personnes. L'intervention a eu lieu dans une situation de crise, après les grandes grèves des années 1986-87. Il y avait alors une situation de blocage complet entre les cheminots et leur direction. Nous avons commencé une enquête auprès des personnels. Cette enquête ne s'est pas faite sous la forme d'un sondage, mais à partir d'entretiens qualitatifs approfondis, en commençant par le secteur le plus dur, celui de la traction. Lors de ces entretiens, les roulants furent amenés à expliquer précisément comment ils vivaient, travaillaient ; quels problèmes se posaient à eux… Il ne s'agissait pas d'enregistrer simplement leur opinion sur la direction, les chefs. Ces entretiens ont permis de dégager plusieurs problèmes principaux qui n'avaient rien à voir avec les clichés rapportés habituellement autant par les syndicats que par la hiérarchie. Notamment, nous avons pu voir que les roulants étaient mécontents de la façon dont le « roulement » leur était imposé. Le roulement définit leur emploi du temps, leur week-end. Or, il est géré centralement par des procédures bureaucratiques sur lesquelles ils n'ont pas de prise. Il leur semblait donc ne pas pouvoir agir dessus et ils avaient le sentiment d'être incompris, voire méprisés par une direction aveugle. Ces roulants entretenaient des rapports différents avec l'encadrement proche. Curieusement, les revendications salariales, mises en avant par les syndicats, n'apparaissaient qu'au second plan. Il fallait donc transférer un système de gestion bureaucratique et centralisé à des responsables locaux ayant plus de marge de manœuvre et assumant une part de responsabilité dans l'élaboration du roulement. Ces transformations n'ont pu avoir lieu qu'une fois que les sociologues eurent clairement restitué auprès des protagonistes les positions des uns et des autres, qu'un dialogue autour des problèmes réels ait pu s'engager, que de nombreuses réunions de concertations et débats se soient déroulés. Par exemple, les informaticiens responsables du système informatique gérant le roulement ont pu intégrer des modifications qui n'avaient pas été prévues, et semblaient même techniquement impensables au départ. Un climat nouveau est apparu dans ce secteur de la traction. Le but de l'écoute et des délibérations n'est pas de gommer les conflits et de créer une hypothétique « transparence ». Il est moins facile de mettre tout le monde d'accord que de déceler en commun les problèmes.

D'autres cas, plus spectaculaires de transformation ont eu lieu récemment et méritent d'être cités en exemple. La transformation du ministère de l'Equipement en est un autre. Cela a pris vingt ans. Le cas plus récent d'Air France, où des sociologues sont intervenus directement et ont permis la réinstauration d'un dialogue rompu est également significatif. Si 80 % des salariés ont accepté le plan de redressement proposé par Christian Blanc, c'est parce qu'une procédure d'écoute a été mise en place et que le personnel avait compris qu'on l'avait enfin écouté. Ce plan ne s'adressait pas simplement aux salariés pour leur faire payer la crise, mais imposait une restructuration complète du management.

Dans chaque cas, la même méthode a été appliquée, fondée sur l'écoute des acteurs, la concertation, la délibération et non l'application d'une recette concoctée dans le cénacle des services centraux.

***SH :* Est-il possible selon vous de généraliser ces méthodes ?**

M.C. : Bien sûr ! La société française n'est pas bloquée ; c'est son système politico-administratif qui l'est. Piloter le changement suppose une réforme des systèmes de pensée. Concrètement, cela appelle une formation nouvelle des élites dirigeantes. Il ne s'agit pas de se débarrasser des dirigeants, mais ceux-ci doivent apprendre à devenir capables de négocier, d'écouter, d'organiser des rencontres, d'impulser des dynamiques de changement et non de proposer des solutions toutes faites. L'Etat, ou plutôt les sphères dirigeantes de l'Etat sont les plus arriérées, et doivent les premières se réformer.

Propos recueillis par
JEAN-FRANÇOIS DORTIER
(*Sciences Humaines*, hors série n° 9, mai/juin 1995)

Guy Pelletier*

LES FORMES DU LEADERSHIP**

APPROCHES AMÉRICAINES

Le leadership se définit par la capacité de mobilisation et d'influence. Guy Pelletier distingue plusieurs courants de réflexion fondés respectivement sur : les traits de personnalité du leader, son comportement, les contraintes organisationnelles, les aspects relationnels et enfin la capacité de mobiliser dans des situations de changement.

La notion de leadership est apparue au siècle dernier, dans les franges de la révolution industrielle et de la constitution de ces nouvelles organisations du travail qui marqueront le XXe siècle. Le leadership est associé à la position du leader mais seulement de celui qui est jugé «démocratique». Cette précision est des plus importantes car, au regard du sens anglo-américain, il est abusif de parler de leadership autocratique ou d'identifier ce terme à l'hégémonie comme le font, par exemple, les dictionnaires français le *Larousse* et le *Robert*.

Le concept de leadership s'inscrit dans un cadre culturel, idéologique et identitaire qui a des caractéristiques particulières : celui de l'homme «libre», des droits individuels forts, d'une réglementation sociale limitée, de communautés «locales» relativement autonomes et d'un appareil étatique ou bureaucratique relativement faible. Au sein d'un tel contexte, les modes de régulation de l'action ne peuvent pas reposer sur des approches très structurées, voire autoritaires, et la question fondamentale posée est la suivante : comment mobiliser des collaborateurs et des subordonnés qui sont des agents libres ? Si cette capacité d'action s'avère opportune pour un dirigeant au quotidien, elle constitue une compétence stratégique majeure lorsque vient le temps de transformer les organisations

* Professeur à l'Université de Montréal, département d'études en éducation et administration de l'éducation.
** *Sciences Humaines*, hors série n° 20, mars/avril 1998.

et les sociétés. Toutes les formes de pouvoir ne sont pas du leadership. Malgré le nombre surprenant de travaux portant sur cette notion, on s'entend généralement pour définir le leadership comme la capacité de susciter la participation volontaire des personnes ou des groupes au regard des objectifs suivis. Parce que le leadership repose sur la notion – toutefois discutable – de participation volontaire, il se distingue de la notion d'autorité. Si l'autorité est déléguée par l'instance hiérarchique en fonction du poste occupé, le leadership fait implicitement référence au processus d'attribution, c'est-à-dire aux mécanismes d'identification positive, voire de projection, que des personnes réalisent à l'égard d'une autre. Ce processus crée une situation potentiellement favorable à cette dernière, mais elle est aussi porteuse de contraintes. En effet, un individu ne peut en influencer un autre que si ce dernier est en relative dépendance par rapport à lui. En ce sens, l'exercice du pouvoir est un construit d'acteurs qui est à la fois relatif aux personnes elles-mêmes, à leur capacité à lire les situations, à les traduire en relations et à œuvrer sur les perceptions et les représentations. L'essence même du leadership repose donc sur cette combinaison complexe et personnelle de savoirs, savoir-faire et savoir-être, qui n'est pas octroyée avec l'obtention d'un poste, et relève de la capacité d'influence d'une personne sur d'autres. Cette influence ne peut pas être considérée comme un simple synonyme de pouvoir. Ce dernier repose sur l'habileté d'un individu à mobiliser au sein d'un groupe les divers détenteurs d'influence. Quant à l'autorité, elle est, en somme, un pouvoir « institué », c'est-à-dire un pouvoir accepté, légitimé et reconnu. Elle se concrétise dans l'idéal weberien de l'autorité rationnelle légale, c'est-à-dire dans la source de pouvoir jugée la plus stable pour gouverner les organisations contemporaines.

Malgré l'importante diversité des modèles théoriques sur le leadership, généralement cinq approches majeures sont retenues.

L'approche axée autour des traits

Dès la Seconde Guerre mondiale, plusieurs recherches ont été financées par l'armée américaine afin d'identifier quels étaient les principaux traits des officiers ayant de l'ascendant sur leur troupe. Ces recherches se sont multipliées par la suite. Ralph M. Stogdhill (1), Edwin E. Ghiselli, Charles Handy et plus récemment Robert Vecchio, en ont réalisé des synthèses qui mettent en évidence l'absence de paramètres communs permettant d'esquisser un portrait type singulier. Les quelques aspects qui semblent assez constants ne sont pas suffisants pour prédire la réussite dans un poste de direction. Ces aspects sont principalement : l'intelligence, vue comme capacité à résoudre des problèmes ; l'initiative, en tant qu'habilité à percevoir un besoin et à élaborer une stratégie appropriée de réponse ; et l'assurance personnelle, c'est-à-dire la confiance en soi et, son corollaire, la maîtrise d'un niveau rela-

1. R.M. Stogdill, *Handbook of Leadership*, Free Press, 1974.

tivement élevé de compétences pertinentes. Les recherches sur les traits ont le mérite de mettre en valeur la dimension personnelle, voire informelle, des dirigeants qui avaient un important ascendant sur leurs collaborateurs et subordonnés. Toutefois plusieurs auteurs, dont Bernard M. Bass (2), signalent qu'un gestionnaire n'acquiert pas du leadership à cause de traits particuliers mais bien d'abord parce que, face à une situation donnée, la configuration de ses caractéristiques personnelles s'accorde aux besoins, aux caractéristiques et aux projets des personnes influencées *(followers)*.

L'approche axée sur les comportements

Les limites ressenties à l'approche des traits ont conduit les chercheurs, notamment ceux de l'université de l'Ohio, à accorder une attention majeure aux rapports entre les comportements des dirigeants et la satisfaction et le rendement de leurs subordonnées. La forme la plus achevée de ces premiers travaux réside dans la grille managériale de Robert R. Blake et Jane S. Mouton (3). Ces derniers identifient deux attitudes majeures et complémentaires de l'encadrement : la première se focalise sur la tâche (production) et la seconde sur les relations (considération). En reportant sur des axes cartésiens ces deux orientations à l'égard des subordonnés, ils énoncent cinq styles dominants de gestion :
– l'anémique, qui s'investit peu, tant dans la tâche que dans les relations;
– le social, qui ne s'intéresse qu'à la dimension des relations;
– l'autocrate, orienté uniquement sur la tâche;
– l'intermédiaire qui cherche à établir un équilibre entre ces deux orientations;
– le dirigeant intégrateur qui arrive à concilier les deux orientations poursuivies.

Aux yeux de ces auteurs, le leadership ne peut être associé qu'aux deux derniers types de dirigeants dont le modèle intégrateur représente le type idéal.

L'approche des contingences

Sous cette approche, on retrouve un large éventail de théories cherchant à expliquer pourquoi certains types de leadership peuvent s'avérer efficaces dans certaines situations et non dans d'autres. Le plus souvent, les modèles théoriques tiennent compte des caractéristiques personnelles du dirigeant, de celles des subordonnées et du type de situation, généralement définie par la nature du travail, de la structure organisationnelle et des contraintes de l'environnement. Sous cette approche, le modèle théorique qui suscite le plus d'intérêt auprès des dirigeants nord-américains est celui énoncé par Paul Hersey et Kenneth H. Blanchard (4) qui complète le modèle de R.R. Blake et J.S. Mouton – orientation sur la tâche et orientation sur la relation – par une composante qu'ils nomment le degré de maturité des subordonnés.

---

2. B.M. Bass, *Leadership and Performance beyond Expectations*, The Free Press, 1985.
3. R.R. Blake et J.S. Mouton, *The New Managerial Grid*, Gulf Publishing, 1978.
4. P. Hersey et K.H. Blanchard, *Management of Organisational Behavior*, Prentice Hall, 1982.

Cette maturité est à la fois psychologique et professionnelle, et se définit par la capacité des employés à se fixer des buts élevés, mais réalistes, par l'engagement dans la tâche ainsi que la formation et l'expérience. Ces éléments donnent lieu à une typologie comportant quatre niveaux de maturité :

- M1 (peu de maturité), les employés possèdent un très bas niveau de qualification, connaissent mal les exigences de leur travail et se montrent peu motivés à l'accomplir ;
- M2 (maturité moyenne/faible), les employés maîtrisent peu les exigences de leur travail mais se révèlent motivés pour l'accomplir ;
- M3 (maturité moyenne/élevée), les employés connaissent les exigences de leur travail, maîtrisent les compétences nécessaires mais se révèlent de moins en moins motivés pour l'accomplir ;
- M4 (maturité élevée), les employés sont fortement engagés dans leur tâche qu'ils réalisent avec un grand niveau de maîtrise et de réussite.

A ces paliers de maturité correspondent quatre styles majeurs de gestion proposant des orientations d'action à l'égard de la tâche et de la relation :

- le style directif (S1) correspondant au niveau M1 et consistant à mettre l'effort sur la définition et la réalisation des tâches en accordant peu d'attention aux relations interpersonnelles ;
- le style dit « de motivation » ou « vendeur » (S2) correspond au niveau M2 et consiste à centrer ses interventions autant sur la relation (soutien et encouragement) que sur la tâche (instrumentation et formation) ;
- le style participatif (S3) est particulièrement approprié pour les employés de niveau M3 où le travail d'équipe et l'engagement dans de nouveaux projets sont indiqués ;
- la délégation (S4) ou, en d'autres termes, l'intervention minimale de direction auprès de ses employés, serait l'approche la plus justifiée pour le niveau M4.

Dans l'esprit des auteurs, il n'y a pas de style « idéal » mais plutôt des styles jugés plus ou moins appropriés selon les situations. Une dimension importante de cette approche, malheureusement souvent occultée, est le rôle important de formateur du dirigeant. En effet, ce dernier, après avoir diagnostiqué le niveau de maturité d'une personne (ou d'un groupe) et déterminé le style d'intervention le plus approprié, doit chercher à faire progressivement cheminer cette personne (ou ce groupe) vers les stades ultérieurs de maturité.

La recherche constante d'une adaptation à l'évolution des contextes, le souci d'une juste compréhension manifestée à l'égard des employés, le réalisme des descriptions proposées et la validation par la pratique professionnelle expliquent probablement l'intérêt manifeste qu'obtient cette approche auprès des dirigeants en exercice – et cela malgré son caractère rudimentaire, son aspect technique et d'une certaine surestimation de la capacité d'un dirigeant à exercer un éventail varié de style de gestion.

L'approche transactionnelle

Cette approche est vraisemblablement la plus « politique » car elle repose, en majeure partie, sur la mouvance du pouvoir selon les contextes et la nature des réactions potentielles des personnes soumises à celui-ci. Elle s'est surtout intéressée à la dynamique des rapports lors des échanges entre les individus qui, en tant qu'acteurs – qu'ils soient dirigeants ou travailleurs –, établissent des relations de réciprocité où les uns comme les autres recherchent des bénéfices. Dans l'esprit de George C. Homans, l'influence acquise sur les autres se fait « au prix » d'une acceptation de se laisser influencer par ces derniers. En d'autres termes, la capacité d'un dirigeant à acquérir du leadership sur ses collaborateurs et subordonnés est, en partie, sujette à son ouverture personnelle à accepter leur influence. Il s'agit en fait d'un processus très complexe où le dirigeant habile se montre ouvert aux demandes de ses collaborateurs – en les faisant en majeure partie siennes –, ce qui permet à ces derniers de « s'identifier » à celui-ci. Il faut que le dirigeant ait « vraiment compris » ses subordonnés mais aussi, qu'il ait su interpréter et traduire cette « compréhension » dans ses propres schèmes d'action afin de s'en distancier et de ne pas être subjugué par les schèmes interprétatifs des « autres ». Une variante de cette approche se retrouve dans l'observation de Peter M. Blau. Toute personne qui accepte un service d'une autre personne accepte implicitement que cette dernière prenne du pouvoir sur lui. D'une façon souvent implicite, des employés acquièrent du pouvoir sur leur patron en lui rendant des « services ». Inversement, des patrons prennent de l'ascendant sur leurs employés en leur rendant des « services ». Or, un examen critique de la situation révèle assez rapidement que les « services rendus » par les uns et les autres font, en fait, partie du juste exercice de leurs tâches respectives. En définitive, l'exécution d'une tâche présentée sous la forme d'un « service rendu » peut créer une réelle situation de dépendance.

Enfin, si la plupart des théories sur le leadership ont tendance à s'inscrire suivant un protocole « un dirigeant et un groupe d'employés », l'approche transactionnelle aborde plutôt la relation entre le cadre et ses subordonnés sous le mode du contrat individuel et bilatéral. Le dirigeant cherchera à établir des formes satisfaisantes d'appariement avec chacun de ses employés afin de moduler le faisceau de ses relations dans les limites de ses capacités à interagir, des ressources dont il dispose et de la nature des objectifs à atteindre.

L'approche transformationnelle

Tout en comportant certaines caractéristiques des approches précédentes dont celle des traits, le leadership « transformatif » est devenu l'approche qui suscite le plus d'intérêt aujourd'hui. Plusieurs facteurs expliquent cette situation dont les plus importants reposent probablement sur l'essoufflement général des modèles traditionnels de fonctionnement et l'engagement actuel dans d'importantes transformations organisationnelles et sociales. Si Max Weber avait jugé le modèle bureaucratique comme idéal par rapport au modèle de la société charismatique, considéré comme beaucoup plus instable, le renouvellement et la revitalisation des organisations modernes peuvent difficilement se réaliser sans la contribution de leaders charismatiques. Cette approche repose sur le besoin qu'éprouvent des personnes, à des degrés et à des époques divers, de se référer à un « grand rassembleur » qui réussirait à les mobiliser pour réaliser des projets signifiants qu'elles ne se sentent pas en mesure d'accomplir par elles-mêmes. Abraham Zaleznik, dans un article remarqué de la *Havard Business Review*, avait attiré l'attention sur la montée importante des gestionnaires (managers) dans les entreprises américaines au détriment des leaders, et sur les conséquences néfastes du phénomène, tout particulièrement en ce qui concerne la motivation des personnels et le degré de compétitivité des entreprises. À la même époque, les travaux de James M. Burns et de Robert J. House allèrent progressivement susciter un intérêt manifeste. Le premier mit en valeur les caractéristiques du leadership charismatique et son efficacité à mobiliser les personnes, particulièrement lorsque l'environnement socio-économique devient incertain et que le projet d'entreprise perd de son sens. Le second s'attardera surtout sur les mécanismes d'influence, mettant en lumière le rôle des affects dans le processus. Les subordonnés n'ont pas seulement besoin de comprendre, ils ont aussi besoin d'être convaincus et, pour cela, il faut savoir aussi les interpeller au niveau de leurs émotions. B.M. Bass identifie trois dimensions majeures à ce type de leadership.

• Le charisme : le leader sait interpeller les personnes, créer un environnement humain convivial propice à l'identification et à l'appartenance, détecter ce qui est important et exprimer une vision articulée.

• La reconnaissance individuelle : le leader délègue des projets pour favoriser des situations d'apprentissage, demeure attentif à la situation de ses employés, particulièrement de ceux qui semblent laissés pour compte, et les aborde comme des personnes distinctes.

• La stimulation intellectuelle : le leader lance des idées nouvelles, pose des questions, invite à repenser les méthodes traditionnelles, ouvre le regard sur des façons différentes d'aborder les problèmes et de réaliser les processus.

Pour leur part, Warren G. Bennis et Burt Nanus (5) regroupent en quatre compétences majeures les caractéristiques des dirigeants jugés particulièrement efficaces lors de la conduite de grands changements organisationnels :

– la gestion de l'attention qui se traduit par la capacité à susciter et à maintenir l'intérêt des membres de l'organisation au regard des orientations et des buts privilégiés ;

– la gestion de la signification qui repose sur la capacité à communiquer sa vision, sa compréhension des choses et, surtout, de la rendre signifiante auprès de son personnel ;

– la gestion de la confiance, c'est-à-dire la capacité à faire preuve de soutien, de fiabilité et de constance dans ses rapports avec son personnel ;

– la gestion de soi, c'est-à-dire d'abord

5. W.G. Bennis et B. Nanus, *Diriger : les secrets des meilleurs leaders*, InterEditions, 1986 ; traduction française de *Leaders*, Harper & Row, 1984.

être attentif à soi-même, à ses forces et à ses faiblesses, à la nature de ses ressources personnelles et à leur utilisation adéquate. Elle se traduit par un effort constant pour sa formation et celle de ses collaborateurs et subordonnés.
Plusieurs autres auteurs, dont James Kouzes et Barry Posner, ont poursuivi les travaux en cherchant à mieux circonscrire les mécanismes mis en jeu dans les processus d'attribution et d'identification qui jouent des fonctions majeures dans cette conception du leadership. Enfin, signalons que certaines approches émergentes, dont celle de Robert E. Quinn (6), cherchent à réaliser des synthèses nouvelles des orientations observées dans le traitement du leadership.

Mythe ou réalité ?

Il existe une véritable prolifération d'ouvrages et de discours sur le leadership. S'il est communément admis que les personnes en poste d'autorité ont une influence indéniable sur le fonctionnement de leur organisation, la pléthore des modèles et des formations proposés sur le sujet est probablement sans commune mesure avec leur contribution réelle à l'amélioration des relations de collaboration au sein des organisations et à l'efficacité générale de ces dernières. Alors comment expliquer un tel engouement ? Il s'agit certes d'une niche de marché lucrative pour plusieurs consultants qui ne manquent pas de faire jouer, à leur faveur, le miroir aux alouettes dans ce domaine. Mais, il y a probablement plus que cela. Aborder la thématique du leadership, c'est utiliser une thérapie douce pour traiter de l'exercice du pouvoir. Sous ce couvert homéopathique, les dirigeants se sentent en sécurité pour parler d'eux-mêmes, de leur pratique, de leur réussite et de leurs doutes. Le leadership est aussi associé à un ensemble de mythes qui légitiment et renforcent la pertinence de la fonction de cadre, qui permettent aux employés de croire à une éventuelle mobilité s'ils font bien leur travail. L'imaginaire du leadership insinue, en aval, un spectre d'attentes et de comportements chez les subordonnés qui finissent par considérer comme valable ce qui se fait en amont.

6. R.E. Quinn, *Beyond Rational Management*, Jossey-Bass Publishers, 1991.

A lire sur le sujet
- A. Bryman, *Charisma and Leadership in Organizations*, Sage Publications, 1992.
- P. Collerette, *Pouvoir, leadership et autorité dans les organisations*, Presses de l'Université du Québec, 1991.
- L. Maillet, *Psychologie et organisations : l'individu dans son milieu de travail*, Agence d'Arc, 1993.
- B. Nanus, *Visionary Leadership*, Jossey-Bass Publishers, 1992.
- P.B. Vail, *Managing as a Performing Art*, Jossey-Bass Publishers, 1989.
- G.A. Yukl, *Leadership in Organizations*, Prentice Hall, 1989.

Cinq sources majeures de pouvoir

J.R.P. French et B.H. Raven (1) ont identifié des sources de pouvoir qui peuvent être regroupées de la façon suivante.

Les pouvoirs de position qui comprennent :
– le pouvoir coercitif fondé sur la capacité de menacer et d'exercer des sanctions ;
– le pouvoir de renforcement fondé sur la capacité d'offrir une faveur ou un avantage apprécié à une personne ou à un groupe de personnes ;
– le pouvoir légitime qui est basé sur l'autorité rationnelle légale associée à un poste hiérarchique.

Les pouvoirs personnels qui comprennent :
– le pouvoir de référence (ou charismatique) qui est fondé sur la capacité d'influencer parce que l'on est un sujet de référence, d'admiration et d'identification ;
– le pouvoir de l'expertise fondé sur la compétence professionnelle (connaissances et habileté), plus précisément sur la désidérabilité et la pertinence des compétences détenues au regard des besoins de l'action.

A des niveaux variables, un dirigeant aura recours à ces différentes bases de pouvoir. Toutefois, celui à qui l'on reconnaîtra des compétences en leadership manifestera une plus grande maîtrise des bases de pouvoirs personnels.

1. « The bases of social power », dans D. Cartwright et A. Zander (dir.), *Group Dynamics*, Harper and Row, 1968.

Conseil en management : le marché américain

Aux Etats-Unis, les cabinets conseil font vivre des dizaines de milliers de personnes. Leur légitimité est comparable à celle des cabinets d'avocats.

Le conseil en management est un milieu dont, en principe, on ne parle pas outre mesure : la déontologie exige en effet de ne pas dévoiler les noms des clients. Autre obstacle de compréhension, non négligeable : ces « clients » restent eux-mêmes très discrets sur le sujet des missions qu'ils confient aux cabinets conseil.

Mais qu'est-ce qu'au juste que le conseil en management ? Pour quelles raisons les entreprises, privées ou publiques, mais également les administrations ont-elles recours à un cabinet conseil ?

Pour Marianne Binst, directrice du département santé du groupe Assurances Athéna et ancienne consultante chez Bossard, *« la fonction du cabinet conseil est double : premièrement, il aide une entreprise à conduire un changement ; deuxièmement, il fait office d'agence d'intérim de haut niveau, mobilisant, durant un laps de temps limité, des compétences très pointues. Pour les membres d'une organisation, s'impliquer dans une procédure de changement ne va pas de soi... »*

Aux Etats-Unis, la profession de consultant a su conquérir rapidement une légitimité comparable à celle dont jouissent les cabinets d'avocats ou ceux d'experts-comptables. Pourtant, à la différence des experts-comptables ou des avocats, il n'y a aucune obligation légale pour les entreprises à recourir à un cabinet conseil en management. De l'avis de la plupart des professionnels, ce statut doit beaucoup à Marvin Bower, fondateur, en 1962, de la célèbre agence McKinsey. Depuis, le conseil en management est devenu une véritable industrie (*voir tableau ci-dessous*). Les effectifs d'un cabinet conseil peuvent en effet s'élever à plusieurs milliers de personnes. Andersen Consulting, par exemple, compte près de 44 000 personnes réparties dans 152 bureaux à travers le monde (47 pays).

Le poids des business schools

Aux Etats-Unis, les professeurs des business schools ont longtemps été au centre de l'univers du conseil en management. Les conseils qu'ils vendaient aux entreprises n'étaient ni plus ni moins que les méthodes qu'ils enseignaient sous une forme théorique à leurs étudiants...

De plus en plus, la voie royale semble passer par la publication d'un best-seller comme l'atteste l'exemple de Michael Hammer

(à l'origine du concept de reengineering) ou de Tom J. Peters, co-auteur du *Prix de l'excellence*, vendu à plusieurs millions d'exemplaires. Aujourd'hui, ce dernier est à la tête d'une véritable entreprise d'édition, de formation, d'organisation de conférences...
Malgré la crise, le succès du conseil en management ne s'est pas démenti. A cela on peut avancer l'explication suivante : la globalisation, le mouvement de dérégulation, la révolution liée aux nouvelles technologies de l'information bousculent les repères traditionnels ; dans ce contexte, les dirigeants des grandes entreprises ont un besoin croissant d'idées et de méthodes clés en main.
Le champ d'intervention n'a cessé de s'étendre. Au conseil traditionnel se sont ajoutés de nouveaux savoir-faire : la mise en place des opérations de privatisation ou d'externalisation (*outsourcing*), la gestion des savoirs (*knowledge management*)...
Le conseil auprès des petites entreprises est également en plein essor. Dans ce cas, le consultant peut assister le chef d'entreprise aussi bien dans sa négociation avec son banquier que dans la gestion de la trésorerie ou encore dans la réduction des impayés... (en France, la moitié des cabinets appartenant à cette catégorie n'existaient pas il y a encore cinq ans).
A côté des cabinets conseil généralistes, susceptibles d'intervenir sur n'importe quel domaine, d'autres se sont spécialisés. Certains offrent des expertises fondées sur des technologies de pointe. Aujourd'hui, le degré de spécialisation des cabinets conseil est tel que Michael Porter, à l'origine de la théorie du positionnement stratégique, préfère qualifier son propre cabinet conseil de « boutique » (sous entendu de luxe...).
Quand Alfred Sloan, président de la General Motors, a fondé la Sloan School of Management au MIT (Massachusetts Institute of Technology) en 1931, en vue de *« réduire l'écart entre le savoir du monde académique et l'expérience du monde des affaires »*, aurait-il pu imaginer qu'il jetait les bases d'une véritable industrie mondiale ?

MARTHA ZUBER

Les cinq plus grands cabinets conseil en management américains (en 1996)

(à travers le monde)	Chiffres d'affaires en millions de $	Nombre de consultants
Andersen Consulting	3115	43808
McKinsey & Co	2100	3944
Ernst & Young	2100	11200
Coopers & Lybrand Consulting	1918	9000
KPMG Peat Marwick	1380	10764

Source : Consultants News

MICHEL BAUER*

PME : UN PATRONAT AUX TROIS VISAGES**

Profit, pouvoir, famille, pour le patron de PME, il n'y a pas que la seule logique économique qui compte. Les décisions du dirigeant sont également guidées par la logique du pouvoir et de la famille. Trois logiques parfois contradictoires.

MOINS de 0,1 % des entreprises françaises ont plus de 500 salariés, plus de 99 % des entreprises ont donc moins de 500 salariés ! (1) Et pourtant la plupart des représentations qui structurent les discours sur l'entreprise, *a fortiori* s'il s'agit de discours savants, ont été forgées à partir d'analyses portant sur le fonctionnement des grandes entreprises.

Même quand ils parlent de PME, les économistes et les sociologues tout comme les responsables économiques et politiques du pays pensent en fait «grande entreprise». La PME est donc implicitement décrite comme «une grande entreprise en réduction» et/ou comme «une grande entreprise en puissance», c'est-à-dire comme une grande entreprise qui du fait d'une taille réduite n'a pas «encore» tous les attributs de l'entreprise.

Lorsqu'ils doivent préciser les traits singuliers des PME, les auteurs reprennent souvent les caractéristiques utilisées pour décrire la grande entreprise, se contentant d'y ajouter l'adjectif «faible» : faible taille, faible degré de structuration organisationnelle, faible degré de formalisation des règles et procédures, etc.

Et pourtant, s'il est vrai que les grandes

* Directeur de recherche au CNRS, cofondateur avec B. Bertin-Mourot de l'Observatoire des dirigeants, auteur de *Les Patrons de PME entre le pouvoir, l'entreprise et la famille*, InterEditions, 1993 ; *Radioscopie des grands patrons français* (avec B. Bertin-Mourot), L'Harmattan, 1997.

** *Sciences Humaines*, n° 48, mars 1995.

1. 92,3% des 2,4 millions d'entreprises françaises ont moins de 10 salariés. La moitié n'a pas de salariés ; 7,2% ont entre 10 et 99 salariés ; 0,5%, entre 100 et 499.

entreprises sont des PME qui ont grandi (par croissance interne et/ou externe), on peut montrer empiriquement que l'inverse est faux : les PME ne sont pas des grandes entreprises en puissance ni même en réduction.

D'ailleurs aujourd'hui un nouveau consensus se fait jour parmi les chercheurs pour affirmer la singularité des PME, pour briser cette unité conceptuelle qui s'était peu à peu créée, autour d'une supposée « logique d'entreprise », entre les grandes entreprises et les PME, et donc pour déconstruire cette catégorie de la pratique courante qui a nom « entreprise » et qui fonde cette représentation unifiée.

Les économistes comme les sociologues sont de plus en plus nombreux à travailler sur les PME en reconnaissant que la taille n'est pas le seul déterminant de la complexité, et qu'une taille réduite ne signifie donc pas simplicité (2). Ils tentent ainsi de rompre avec la conception évolutionniste de l'entreprise, encore dominante au cours des années 80, et ont pour projet l'élaboration d'un corps théorique original pouvant rendre compte tout à la fois de la singularité et de la diversité de ces objets particuliers que sont les PME.

Mais il y a encore loin de ce projet à la réalité. Parce que la plupart des travaux sur l'entreprise ont, au cours de ces trente dernières années, porté sur la grande entreprise, parce que la PME a été « la grande oubliée de l'économie industrielle » et de la sociologie, on manque encore cruellement d'analyses et *a fortiori* de théories permettant de comprendre les logiques singulières à l'œuvre dans ces organisations particulières (3).

Ces analyses font d'autant plus défaut que les PME jouent un rôle croissant dans toutes les économies occidentales. Au plan de l'emploi, ce rôle croissant est évident puisque les PME ont été les seules organisations dont la contribution à l'emploi a été positive au cours des dernières années ; mais ce rôle se vérifie également en termes de chiffres d'affaires, de valeur ajoutée, et même d'exportation. Ce phénomène économique majeur, qu'il traduise le dynamisme propre de ces firmes, célébré par Schumacher autour de la formule « *small is beautiful* » et/ou des contre-performances des grandes entreprises ou même leurs décisions d'externaliser certaines de leurs activités, manifeste l'irruption, dans nos économies développées, d'un secteur socio-économique essentiel et original (4) mais encore largement méconnu.

Nos travaux sur les patrons de PME doivent être considérés comme contribution à cette recherche collective qui vise une meilleure appréhension de la singularité des PME et une meilleure compréhension de leur logique de fonctionnement et de leur mode de gouvernement. Et cette tentative apparaît d'autant plus légitime que les patrons de PME, des plus traditionnelles comme des plus dynamiques, et conformément

2. Voir notamment F. Piotet et R. Sainsaulieu, *Méthodes pour une sociologie de l'entreprise*, Fondation nationale des sciences politiques, 1994.
3. On trouvera néanmoins un excellent compte rendu des principales recherches sur les PME dans P.-A. Julien (dir.), *Les PME : bilan et perspectives*, Economica, 1994.
4. J. Rocher-Machart, *Réussir nos PME*, Dunod, 1991 ; D. Taddéi et B. Coriat, *Made in France. L'industrie française dans la compétition mondiale*, Livre de Poche, 1993.

au modèle de l'entrepreneur schumpétérien, pèsent d'un poids considérable sur leur firme, sur le contenu de leurs activités, et de leurs stratégies, comme sur leur organisation et leur fonctionnement.

Les très nombreuses « radiographies » de patrons de PME que nous avons effectuées nous permettent d'affirmer qu'au sommet de son entreprise, même pour des décisions cruciales, même quand il ne se l'avoue pas immédiatement, un patron de PME, loin de fonctionner avec la seule rationalité économique, obéit aussi à d'autres logiques et notamment à des logiques politico-familiales.

On explicitera ici la nature, le mode d'expression et l'importance de ces différentes logiques d'action autour d'une loi fondamentale, de ses corollaires et de onze propositions (5).

1 – La loi fondamentale : « Au nom du Père, du Fils et de l'Entreprise »

Nous avons pu montrer qu'un patron de PME agit selon une triple logique : une logique économique, une logique politique et une logique familiale. Cette loi fondamentale permet de caractériser son activité professionnelle, c'est-à-dire l'ensemble des décisions qu'il prend dans sa firme comme produit d'une triple rationalité.

• Une rationalité économique : le patron d'une PME fonctionne comme un *Homo œconomicus* intéressé par les résultats de son entreprise et les profits qu'elle dégage.

• Une rationalité politique : le patron d'une PME fonctionne comme un *Homo politicus* qui, comme tous les hommes politiques, cherche à consolider son pouvoir ou au moins à le conserver.

• Une rationalité familiale : le patron d'une PME fonctionne comme *Pater familias* qui comme bon nombre de pères de famille tente d'aider, à sa façon, ses enfants.

Deux corollaires permettent de préciser cette loi fondamentale :

– corollaire n° 1 : pour caractériser un dirigeant de PME, comme pour rendre compte de son action de patron, on ne peut éviter d'évaluer la taille relative de chacune de ses trois têtes. Cette caractérisation qui évolue souvent dans le temps s'avère très utile pour retracer l'histoire d'un chef d'entreprise ;

– corollaire n° 2 : les décisions d'un patron de PME expriment une combinaison négociée des projets inspirés par chacune de ces trois têtes. Si ceux-ci sont trop divergents, il arrive que le dirigeant, tiraillé entre des projets contradictoires, préfère attendre : ses non-décisions résultent ainsi souvent de tensions et de conflits entre ses trois têtes.

L'intérêt de ces conclusions de recherche s'apprécie à leur capacité à rendre compte du comportement des patrons de PME, de leurs décisions de leurs hésitations et même de leur inaction ; nombre de leurs faits et gestes qui à première vue apparaissent bizarres, voire « irrationnels » deviennent ainsi parfaitement compréhensibles.

Cette loi fondamentale se vérifie dans de nombreuses décisions quotidiennes ; mais elle fonctionne aussi pour les options stratégiques qui engagent dura-

5. Ces lois et ces propositions sont illustrées et explicitées dans M. Bauer, *Les Patrons de PME entre le pouvoir, l'entreprise et la famille*, InterEditions, 1993.

blement l'entreprise : les décisions d'investissement et de diversification, les programmes de restructuration et de réorganisation et évidemment les actions de transmission.

2 – « Au nom de l'entreprise » : Le poids et la nature des rationalités économiques

Trois propositions permettent de préciser le poids réel des préoccupations économiques des patrons de PME et de cerner la nature de leurs différentes rationalités économiques.

Proposition *Homo œconomicus* n° 1 : dans l'univers des PME, il n'y a qu'une seule rationalité légitime : la rationalité économique. Bien qu'un dirigeant de PME ne soit que très rarement l'incarnation d'un seul projet économique et de la compétence nécessaire pour le réaliser, le discours non économique apparaît comme un véritable tabou au sommet des PME. Cette règle du « parler seulement économique », bien que non écrite est scrupuleusement observée ; elle explique les décalages souvent considérables entre le discours et la réalité, entre logique d'action légitime et logique d'action à l'œuvre.

Proposition *Homo œconomicus* n° 2 : il existe une grande variété de rationalités économiques. Pour dessiner les traits de l'*Homo œconomicus* d'un patron de PME, il ne suffit donc pas de mesurer l'intensité de ses préoccupations économiques, il est indispensable de savoir selon quelles orientations économiques il dirige sa firme. Cette précision doit porter notamment sur les deux dimensions structurantes de l'action économique d'un patron de PME : la dimension entrepreneuriale et la dimension patrimoniale (6).

Proposition *Homo œconomicus* n° 3 : les préoccupations entrepreneuriales et patrimoniales d'un patron de PME ne sont pas exclusives l'une de l'autre. Il est donc possible de croiser les deux dimensions entrepreneuriales et patrimoniales de l'action économique des dirigeants d'entreprise, ce qui permet de dégager quatre figures très contrastées d'*Homo œconomicus*, patron de PME.

3 – « Au nom du Père » : le poids et la nature des rationalités politiques

Quatre propositions vérifiées dans la majorité des PME expriment clairement que les patrons de PME ne fonctionnent pas seulement selon une rationalité économique mais aussi selon une rationalité politique.

Proposition *Homo politicus* n° 1 : l'importance des préoccupations politiques des patrons de PME se manifeste notamment dans le décalage qui existe entre une forte préoccupation autour de la question de la pérennité de leur firme et, d'autre part, une extrême difficulté à préparer leur transmission. Cette opération qui met en cause leur existence de patron est d'autant plus difficile à réaliser en douceur qu'ils se sont constitué leur existence de patron autour d'une défense systématique de leur monopole d'autorité légitime.

Proposition *Homo politicus* n° 2 : les dirigeants de PME évitent d'avoir à leur côté un dauphin ; tout au plus acceptent-ils un « héritier-de-la-famille » mais en le maintenant dans une condition

6. On retrouve ici les distinctions de J. Bunel et J. Saglio, pionniers en France dans l'étude des patrons de PME : *La Société des patrons*. Laboratoire économie et humanisme, Rapport Cordes, 1976.

« d'héritier-qui-attend-passivement », c'est-à-dire en prenant garde qu'il ne se mue pas en « dauphin » pressé de prendre le pouvoir.

Proposition *Homo politicus* n° 3 : les patrons de PME sont particulièrement réticents à partager l'exercice de leur pouvoir. Ils veillent à ce que leur autorité ne puisse être mise en cause par des hommes trop remarquables. Ils hésitent à accueillir de la matière grise fabriquée hors de leur entreprise et ont souvent une préférence marquée pour des équipes de direction composée… d'une seule personne.

Proposition *Homo politicus* n° 4 : les chefs d'entreprise éprouvent beaucoup de difficultés à arrêter de travailler à un âge qui, pour l'ensemble des salariés, correspond à celui de la retraite. Ils ont plutôt tendance à s'accrocher à leur pouvoir et à conserver aussi longtemps que possible les prérogatives constitutives de leur identité sociale.

4 – « Au nom du Fils » : le poids de la nature des préoccupations familiales

Alors que l'économiste, le sociologue et même le langage courant désignent souvent les PME comme des « entreprises familiales », rares sont ceux qui ont pris au sérieux cette caractéristique singulière de ces unités socio-économiques ; rares sont ceux qui ont intégré dans l'analyse du fonctionnement et du développement de ces firmes cette dimension familiale. Et pourtant, l'entreprise est souvent une réalité familiale avant d'être une réalité économique. On illustrera ici cette thèse délibérément brutale autour de quatre propositions.

Proposition *Pater Familias* n° 1 : les caractéristiques familiales pèsent d'autant plus sur le fonctionnement d'une entreprise que la différenciation entreprise/famille est inachevée. Cette différenciation doit se lire sur les dimensions du nom de l'entreprise sur sa localisation géographique, son histoire, la détention de son capital, l'origine de ses dirigeants, et des rapports que l'éventuelle descendance du chef d'entreprise entretient avec la firme.

Proposition *Pater Familias* n° 2 : les patrons de PME s'inspirent souvent des structures familiales pour définir la structure de leur firme : lorsque plusieurs membres de la famille travaillent dans une PME, il existe souvent une assez forte homologie entre structure familiale et statut dans l'entreprise ; la hiérarchie des générations comme celle de l'âge, du sexe et du degré de parenté avec le père fondateur est le plus souvent strictement respectée, et les éventuels conflits qui traversent la famille n'épargnent pas l'entreprise.

Proposition *Pater Familias* n° 3 : les préoccupations familiales pèsent de manière d'autant moins avouables sur les décisions d'un chef d'entreprise qu'elles expriment souvent simultanément deux conceptions contradictoires de la famille : une conception aristocratique génératrice d'un rêve dynastique supposé garantir au dirigeant l'immortalité et une conception plus bourgeoise génératrice d'une dévolution égalitariste du patrimoine familial.

Proposition *Pater Familias* n° 4 : les patrons rêvent souvent de construire une véritable dynastie, ce qu'exprimait avec beaucoup de justesse l'ancien président du CNPF, Yvon Gattaz : *« Les chefs d'entreprise se répartissent en deux catégories : ceux qui pensent que le génie est héréditaire… et ceux qui n'ont pas d'enfant.* » Néanmoins, du point de vue patrimonial, le dirigeant de PME en France ne se distingue guère des autres Français : spontanément il fonctionne plutôt conformément aux lois bourgeoises issues de la Révolution et souhaite donc laisser son bien en parts égales à ses enfants.

Expliciter cette triple logique et réhabiliter les logiques souterraines

Cette prise en compte explicite des logiques d'action économiques, politiques et familiales, permet de construire des typologies exprimant la grande diversité des patrons de PME et de leur firme, des situations au sommet des PME comme des actions qui y sont menées.

Caractériser un patron de PME par la taille relative de chacune de ses trois têtes conduit à imaginer un nombre infini d'éventualités, situées toutes dans un espace à trois dimensions. Pour cerner les traits essentiels d'un patron de PME, il faut donc d'abord le situer dans cet espace à trois dimensions ; et ce n'est que dans un deuxième temps qu'il convient d'affiner l'analyse et de dessiner plus précisément les traits de ses têtes les plus développées. Le rôle joué par les patrons dans la construction de leur entreprise explique qu'il soit possible de fonder une typologie de PME à partir de celle des patrons de PME, même si proximité ne signifie pas identité, et s'il est donc absurde de confondre analytiquement une entreprise (fût-ce une PME) et son patron. La richesse de cette typologie d'entreprises s'apprécie au fait qu'elle permet de casser l'uniformisation trop fréquente des représentations de l'entreprise familiale et de rompre avec les analyses qui ne distinguent les firmes qu'en fonction de leur taille, de leur secteur, de leur forme juridique, de leur forme organisationnelle et de leur résultat comptable.

Grâce à l'explication des logiques souterraines politiques et familiales, on quitte les modèles microéconomiques et les analyses de la bureaucratie, on ne raisonne plus sur des firmes théoriques mais sur des entreprises réelles.

Et cette explicitation des logiques souterraines jette une nouvelle lumière sur les politiques publiques vis-à-vis des PME, trop souvent construites autour de l'hypothèse que le chef d'entreprise n'est qu'un *Homo œconomicus* et que celui-ci n'a de surcroît que des préoccupations familiales, soit une double réduction de la rationalité des patrons de PME.

Travailler avec les PME suppose de reconnaître la complexité des rationalités de leurs dirigeants, c'est-à-dire de respecter la loi fondamentale. Ce qui vaut pour les pouvoirs publics vaut *a fortiori* pour les chefs d'entreprise et pour leurs conseils : ils doivent apprendre à briser le tabou des logiques politiques et familiales, à remettre en cause le monopole de légitimité de la rationalité économique, et à travailler simultanément sur les trois dynamiques – économiques, politiques et familiales – qu'ils savent inextricablement liées.

POUVOIR ET TRANSMISSION D'ENTREPRISE

Entretien avec Me Bernard Monassier

Pour Bernard Monassier, notaire, la typologie des patrons de PME, construite par Michel Bauer, permet de comprendre certains problèmes qui se posent lors de la transmission d'entreprise.

***Sciences Humaines :* Selon les travaux de Michel Bauer, le chef d'entreprise agit en fonction de trois logiques : économique, politique, familiale. Cette grille de lecture vous est-elle utile pour votre pratique professionnelle ?**

Bernard Monassier : L'approche traditionnelle de la transmission d'entreprise ne prend en compte que les aspects juridiques, fiscaux et économiques. J'ai trouvé l'analyse « triptyque » de Michel Bauer à la fois originale, et correspondant à une réalité sur le plan sociologique.

J'ai par exemple dans ma clientèle une grande entreprise familiale dans laquelle le patron, père de famille de 75 ans, avec deux de ses trois fils travaillant dans l'entreprise, se posait le problème de « passer la main ». Il était tiraillé entre trois préoccupations : celle de l'égalité de traitement de ses trois héritiers (*Pater familias*) ; celle de garder les attributs du pouvoir (*Homo politicus*) ; celle du devenir de son entreprise (*Homo œconomicus*).

Le va-et-vient entre ces trois volontés dura des semaines, et finit par engendrer une situation conflictuelle entre les membres de la famille. Au cours d'une réunion avec ces derniers, je leur ai raconté l'histoire des « trois casquettes » du dirigeant. Mes interlocuteurs ont alors reconnu qu'ils étaient exactement dans la situation décrite. Le problème s'est débloqué, et nous avons pu réussir la transmission, en prenant en compte les diverses préoccupations, désormais exprimées, de chacun.

* Notaire, président du groupe Monassier France, président de l'Association pour la promotion et le rapprochement d'entreprises.

***SH :* M. Bauer parle d'une atrophie fréquente de la figure de l'*Homo œconomicus*, et d'une hypertrophie des deux autres figures. Etes-vous d'accord ?**

B.M. : Cela est souvent corrélé avec l'âge du dirigeant. Un chef d'entreprise de plus de 65 ans, n'ayant pas préparé sa transmission, aura tendance à développer une hypertrophie du *Pater familias*. Quand on vieillit, on se rapproche de la mort, et un des moyens de se survivre, c'est le « rêve dynastique ». Lorsque l'on a moins de 60 ans, on cherche davantage à préserver l'avenir économique de l'entreprise.

***SH :* Lorsque vous avez à mener des opérations de transmission d'entreprise, la prégnance des logiques politique et familiale ne vous transforment-elles pas en psychologue ou en confident ?**

B.M. : Nous sommes d'abord des psychologues et des confidents. Je passe 45 à 50 % de mon temps à régler des problèmes psychologiques ou relationnels. Très souvent, la difficulté à résoudre un problème en apparence technique résulte de questions psychologiques qui ont été occultées. Il faut laisser parler et écouter les gens. Penser par exemple que le dirigeant en passe de quitter son entreprise a besoin de garder certains attributs du pouvoir : il y a des dispositifs techniques et juridiques pour cela.

***SH :* Les entreprises « tribales » ou autocratiques sont-elles celles dont les performances sont les plus médiocres ?**

B.M. : Non, il n'y a pas de règle en la matière. En revanche, on peut souvent observer le phénomène suivant dans les entreprises autocratiques. Le dirigeant autocrate a tendance à déresponsabiliser, voire à « casser » ses collaborateurs. Résultat : lorsqu'il quitte l'entreprise, il n'y a plus personne pour prendre des décisions.

Je peux vous donner l'exemple d'un chef d'entreprise âgé de 80 ans. Il avait un neveu héritier, mais l'avait laissé toute sa carrière à des tâches subalternes. Il avait par ailleurs d'autres collaborateurs très compétents, mais ceux-ci se sont révélés complètement sclérosés, incapables de prendre des initiatives. Lorsque le dirigeant a pris sa retraite, l'entreprise s'est mise à perdre de l'argent, et a rapidement disparu.

***SH :* Peut-on mettre en rapport la typologie de Michel Bauer avec des indicateurs socioéconomiques : taille, secteur, localisation géographique ?**

B.M. : C'est très difficile. Sur le plan géographique, on peut de façon très grossière établir des distinctions qui tiennent à des traditions historiques et culturelles. Ainsi, dans le Nord, on a une tradition industrielle et commerçante relativement importante : d'où une certaine prédominance de la logique purement économique. Dans le Midi, au contraire, prédominent les dimensions familiales et politiques : les gens ont plus d'intérêt pour la chose publique et les attributs du pouvoir. On peut également faire mention de différences selon la taille des entreprises. Mais de telles oppositions sont très sommaires, et trouveront beaucoup de contre-exemples.

***SH :* Peut-on évaluer le poids économique global des transmissions d'entreprises et de leurs dysfonctionnements ?**

B.M. : On a sur ce point des chiffres qui sont contestés et contestables. Des études ont par exemple établi que 8 à 10 % des dépôts de bilan avaient pour origine une transmission d'entreprise mal préparée. On sait par ailleurs que 35 à 50 % des chefs d'entreprises ont plus de 55 ans, ce qui signifie que presque la moitié des entreprises seront à transmettre dans les 5 à 8 ans à venir. Cela donne une idée de l'importance des enjeux.

Propos recueillis par
PHILIPPE CABIN
(*Sciences Humaines*, n° 48, mars 1995)

CHAPITRE VI

Le changement et ses paradoxes

Norbert Alter*

ORGANISATION ET INNOVATION**

UNE RENCONTRE CONFLICTUELLE

Structurer l'organisation de façon à réduire l'incertitude tout en tirant profit de cette incertitude pour innover : tel est le dilemme auquel l'entreprise doit aujourd'hui faire face.

STABILITÉ : telle était la principale caractéristique des organisations de types taylorien et bureaucratique. Aujourd'hui, c'est davantage la mobilité et l'incertitude qui caractérisent l'organisation de la majorité des entreprises. Comme le montre l'évolution du secteur automobile ou bancaire, les systèmes techniques, de même que les structures de travail évoluent constamment, comme un processus non fini. Les compétences sont elles-mêmes instables car soumises à l'évolution constante de la nature du travail et des objectifs.

Aussi l'analyse du fonctionnement des entreprises ne peut-elle se réduire à leur capacité organisationnelle, celle qui consiste à programmer, standardiser et coordonner les tâches. Elle doit également prendre en compte leur capacité d'innovation, qui consiste à élaborer de nouvelles combinaisons entre les différentes ressources dont dispose l'entreprise pour réagir à de nouvelles contraintes ou opportunités.

Ces deux logiques sont largement complémentaires : une entreprise doit à la fois savoir s'organiser et innover. Le problème est que ces deux logiques sont contradictoires (1) : l'organisation a fondamentalement pour but de réduire les incertitudes du processus de

* Professeur à l'université Paris-Dauphine. Auteur de *La Gestion du désordre en entreprise*, L'Harmattan, 1990 et de *Sociologie de l'entreprise et de l'innovation*, Puf, 1996.

** *Sciences Humaines*, hors série n° 20, mars/avril 1998.

1. N. Alter, *Sociologie de l'entreprise et de l'innovation*, Puf, 1996.

production, alors que l'innovation tire parti des incertitudes pour parvenir à transformer l'ordre des choses. On sait bien que ce sont les organisations « souples » qui réagissent le mieux aux opportunités. Le caractère incomplet, flou, de leurs règles d'organisation leur permet en effet de limiter l'influence des facteurs de rigidité internes.

Cette complémentarité antagonique permet de comprendre les désarrois croissants des méthodes de management : plus elles formalisent le fonctionnement de l'organisation, et plus elles réduisent ses capacités de gestion. Plus, au contraire, elles encouragent l'ajustement mutuel, moins elles permettent de contrôler le fonctionnement d'ensemble. La succession, rapide au cours des dix dernières années, des méthodes ou des modes managériales, exprime la volonté de réduire cette tension.

Le temps de l'innovation

Pour les sociologues qui analysent les organisations, le terme de changement renvoie à l'idée d'une modification subie, circonscrite dans l'espace et dans le temps, ayant des « effets » plus ou moins positifs, les contraintes économiques étant considérées comme fixes. A l'inverse, le terme d'innovation fait plutôt référence à la création volontaire d'une nouvelle donne organisationnelle. Selon la définition originelle de Joseph Schumpeter (2), l'innovation représente l'ensemble des actions mises en œuvre pour faire passer une invention sur le marché, et ces actions supposent l'élaboration de combinaisons nouvelles entre les différentes ressources dont dispose l'entreprise. Elle est une « destruction créatrice » des réalisations antérieures ; elle suppose du « coup d'œil et de l'intuition » plus que des qualités étroitement gestionnaires ; enfin, elle s'oppose aux défenseurs de l'ordre antérieurement établi.

Les travaux menés dans cette perspective partagent au moins trois idées communes.

• Les deux types d'innovation généralement distingués (concernant ou bien les produits ou bien les procédés) sont associés ; par exemple, la mise sur le marché d'un nouveau véhicule automobile suppose une modification du processus de production (robotique, normes de qualité, services commerciaux...).

• Les retours sur les investissements immatériels, qui représentent les principales dépenses en matière d'innovation sont difficilement évaluables. D'abord parce qu'ils mettent en interaction des facteurs multiples (la réussite de la mise en œuvre d'une nouvelle organisation tient, par exemple, à la mobilisation du personnel, à la capacité de négociation de la hiérarchie, aux types de règles élaborés...). Ensuite et surtout parce que leurs retombées participent d'un développement de la « productivité organisationnelle », également difficilement évaluable.

• L'innovation apparaît donc comme une sorte de « pari » dont le succès est lié à la capacité collective à y participer activement. Le succès d'une innovation suppose, en effet, qu'un grand nombre d'acteurs de l'entreprise parviennent à faire leur le projet initialement déve-

2. J.A. Schumpeter, *Théorie de l'évolution économique*, traduction française : Dalloz, 1935.

loppé par les directions. Ce processus d'appropriation entraîne une déformation du projet initial, déformation permettant son adaptation aux contraintes concrètes du travail, localement définies.

Structures molles et capacités d'innovation

Les travaux anglo-saxons, connus sous le nom de «théorie de la contingence structurelle», infirment l'idée qu'il existe une seule bonne façon d'organiser le travail (le *«One Best Way»* de Taylor). En fait, les règles de l'organisation sont soumises aux contraintes spécifiques à chaque entreprise : l'âge, la taille, la technologie, la nature du produit, le type de concurrence. Ces contraintes, largement explicitées et articulées par Henry Mintzberg (3), définissent le degré de formalisation des règles d'une entreprise (leur codification, leur précision, et leur coordination) et donc ses capacités d'innovation. Plus une structure est formalisée et plus ses rigidités internes limitent ses capacités d'innovation.

A titre d'exemple, une entreprise ancienne, de grande taille, disposant d'un marché captif, réalisant des produits simples ne supposant pas la mise en œuvre de technologies complexes, tendra à un fonctionnement bureaucratique, caractérisé par une forte formalisation des règles.

A l'inverse, une entreprise récente, de taille moyenne, située sur un marché concurrentiel, réalisant des produits complexes supposant l'utilisation d'une technologie sophistiquée, se définit par sa capacité à innover. Dans ce cadre, le degré de formalisation des règles est le plus faible possible, de manière à réduire les rigidités internes. H. Mintzberg a nommé ce type de structure «adhocratique» : les règles de l'organisation sont *«ad hoc»* définies en fonction de la nature des questions à résoudre.

Dans les deux cas, le changement est analysé comme le résultat de l'adaptation des structures à leur environnement. C'est sur cette approche que repose l'essentiel des interventions managériales ayant pour but de moderniser les entreprises de manière à les «ouvrir» aux contraintes d'innovation. En France, la modernisation du secteur public repose par exemple sur deux principes : tout d'abord l'identification d'une ouverture nécessaire à la concurrence; ensuite, la redéfinition de règles organisationnelles permettant de dépasser «les rigidités bureaucratiques» et les routines (4). Plus largement, on peut expliquer de cette manière l'engouement des entreprises pour des méthodes de management toujours renouvelées : ces méthodes se présentent comme les grandes réconciliatrices entre les deux logiques, innovation et organisation.

Toutefois, même les modèles d'organisation les plus ouverts présentent des limites à l'intégration de ces deux logiques. A titre d'exemple, la gestion par projet introduit des rigidités en matière de délais. En renforçant l'autorité du responsable et en soumettant à une

3. H. Mintzberg, *Structure et dynamique des organisations*, Editions d'organisation/Editions Agence de l'Arc, 1982.

4. Sur ce point, voir le numéro 115 de la *Revue française de gestion*, 1997.

logique unique des compétences souvent contradictoires, elle réduit la capacité critique des individus. Certaines tendances managériales nord-américaines consistent à réduire à leur minimum les rigidités organisationnelles en faisant appel à des spécialistes extérieurs rémunérés sur les résultats de leur action. Dans ce cas, ce sont les contrats qui deviennent un facteur de rigidité : les aléas et les incertitudes (apparition de nouvelles données en cours de contrat) supposant d'infinies procédures juridiques ayant pour but de réaménager les accords passés.
Tout modèle d'organisation censé développer la capacité d'innovation manque au moins partiellement son objectif puisque, en réduisant l'incertitude, il réduit l'autonomie des acteurs et donc leur capacité à porter l'innovation de l'intérieur.
Mais les efforts de rationalisation ne portent eux-mêmes que rarement leurs fruits. La mobilité des contraintes d'innovation, ainsi que la superposition et la contradiction des modes managériales ne permettent pas à un modèle de s'imposer sans être constamment transgressé par les «petits acteurs» : à l'intérieur des entreprises, les salariés développent l'innovation pour conquérir autonomie et reconnaissance sociale.
Le changement de fond se situe finalement à un niveau microsociologique : les contraintes d'innovation amènent au développement d'un «nouveau professionnalisme» (5) : une capacité à traiter efficacement des tâches incertaines, dont les procédures ne sont pas codifiées, la compétence étant tirée de l'expérience et de l'appartenance à des réseaux informels. A titre d'exemple, la complexité accrue du travail des employés commerciaux des banques empêche toute stabilité des connaissances (pour cause de multiplication des produits et de double contrainte consistant à faire plus de chiffre tout en respectant les règles administratives).

Les acteurs de l'innovation

Toute organisation est le résultat d'une «construction sociale», d'une rencontre entre des volontés d'acteurs au moins partiellement contradictoires et donc conflictuelles. C'est ce qu'ont montré Michel Crozier et Erhard Friedberg (6) à travers leur analyse stratégique. Cela explique en particulier les phénomènes de résistance au changement ainsi que la construction des environnements de l'entreprise, par les acteurs et non par des lois indépendantes de leur action. Selon M. Crozier, le changement en organisation ne peut donc être le résultat d'un «décret», d'une série de nouvelles règles; il doit associer les acteurs dans la représentation qu'ils se font de leur intérêt.
Longtemps centrée sur les univers bureaucratiques, l'analyse stratégique a aussi mis en évidence des phénomènes de résistance : la conception de l'organisation et de la rationalité de la décision, caractérisée par le centralisme, le cloisonnement et l'irresponsabilité, limite considérablement les possibilités

5. H. Kern et M. Schumann, «Vers une professionnalisation du travail industriel», *Sociologie du travail*, n° 4, 1984.
6. M. Crozier, *Le Phénomène bureaucratique*, Seuil, 1963; M. Crozier et E. Friedberg, *L'Acteur et le Système*, Seuil, 1977.

de changement réel. Le thème du cercle vicieux bureaucratique (règles de gestion centralisées/cloisonnements/jeux de pouvoir parallèles/dysfonctions/nouvelles règles centralisées) a été pendant longtemps la principale perspective de recherche de ce courant à propos de la question de l'innovation.

Partant de concepts comparables et de l'idée selon laquelle les acteurs peuvent être des « non-humains » (objets techniques, dispositifs industriels, animaux représentant des contraintes ou des ressources dans la construction d'une situation sociale), Michel Callon et Bruno Latour ont cherché à comprendre les processus spécifiques de l'innovation. Leur « sociologie de la traduction » (7) a permis de mettre en évidence quatre autres catégories de phénomènes :

– les situations ou enjeux sont dépendants de la manière dont les acteurs les « retraduisent », leur donnent un sens spécifique à leur logique ; à titre d'exemple, le walkman représente une utilisation inattendue du magnétophone portable ;

– le « coût » de l'innovation est un argument, jamais une contrainte objective ; la mise en œuvre de robots dans une chaîne de production s'explique éventuellement par l'intérêt que représente cet investissement pour les spécialistes de la robotique, indépendamment de ses retombées économiques ;

– la réussite d'une innovation est liée à sa capacité à réunir des alliés, pas à ses qualités intrinsèques ou à la nature du terrain d'accueil ; ce qui fait avancer une innovation ne correspond pas à ses qualités objectives et économiques, mais à l'influence des acteurs qui la portent ; on peut penser ici à l'exemple du Concorde ;

– le développement des innovations repose sur un réseau informel de relations ; il ne suit pas une structure de décision hiérarchisée.

Basées sur des observations plus directement liées à l'analyse des dimensions culturelles et collectives de l'innovation, et de leur antagonisme avec celles de l'organisation, d'autres recherches mettent en évidence les éléments suivants (8) :

– l'incertitude, dans les entreprises contemporaines, caractérise le fonctionnement et laisse ainsi une place considérable au jeu des acteurs ; la rationalité économique est le résultat de ces jeux ;

– les directions ne peuvent « décider » de l'innovation, elles ne peuvent qu'y inciter car elles ne contrôlent pas la définition du sens et de l'efficacité du travail ; elles sont en fait amenées à arbitrer entre des forces de défense des règles antérieures et des forces d'innovation, de « destruction créatrice » ;

– le processus d'une innovation se structure en trois séquences : les directions incitent à l'innovation ; des acteurs porteurs de logiques d'innovation s'appuient sur cette ouverture pour s'approprier les objectifs de l'innovation en y trouvant le moyen de définir leur conception de la rationalité (ce faisant

7. M. Callon, Eléments pour une sociologie de la traduction, *L'Année sociologique*, 1986 ; B. Latour, *La Vie de laboratoire*, La Découverte, 1988 ; M. Akrich, M. Callon et B. Latour, « A qui tient le succès des innovations ? » *Gérer et comprendre*, nos 11 et 12, 1988.

8. N. Alter, *La Gestion du désordre en entreprise*, L'Harmattan, 1990.

ils perturbent l'ordre antérieur) ; dans un dernier temps, les directions interviennent, en accord avec les tenants de la défense des règles, à institutionnaliser, de manière souvent régressive, le développement des pratiques innovantes ;
– enfin, dans une entreprise, l'innovation est bien une forme d'exercice de la déviance, par rapport aux règles et aux normes de l'organisation ; elle transgresse les formes de gestion établies et soumet ses acteurs à la sanction, même si celle-ci s'avère finalement productive.
On comprend alors toute la difficulté du management : accepter que les solutions ne soient pas connues au départ et qu'il est donc parfaitement impensable de ne faire qu'« accompagner le changement » décidé par le sommet de la hiérarchie. Il s'agit bien plus de le construire en tirant parti des expériences successives des différents acteurs, même si ces pratiques contredisent le projet initial. Une conception critique de la rationalité en matière de décision a été proposée à travers le « modèle de la poubelle » *(voir encadré ci-contre).*

La culture de l'innovation

Cette situation paradoxale est liée au fait que les capacités de traitement institutionnel des processus d'apprentissage sont encore mal connues. On persiste à croire que l'innovation est conduite alors qu'elle est, dans le meilleur des cas, contrôlée après coup. De ce point de vue, l'apprentissage global de l'entreprise semble bien être en retard sur les apprentissages culturels des acteurs eux-mêmes. Comme le montre Renaud Sainsaulieu (9), la transformation des organisations repose en effet sur une modification des jeux de pouvoir. Mais celle-ci s'articule sur quatre autres dimensions : une augmentation cognitive et affective des échanges (le changement mobilise de l'échange) ; un élargissement du champ perceptif (réalisation de projets nouveaux, perceptions des enjeux) ; le développement de relais de communication informels et de réseaux d'alliés ; une protection institutionnelle contre la sanction économique et sociale immédiate de l'erreur (expérimentations pilotes, management participatif…).
Le problème est que généralement l'innovation se déploie sans ce type de soutien parce qu'elle remet en cause l'institution, qu'elle est à proprement parler un moment de déviance. A la fin des années 50, Robert K. Merton (10), à propos des innovateurs, utilise ainsi le terme de « cosmopolite » pour mettre en évidence que c'est leur altérité par rapport aux règles de la société qui leur assure une position centrale dans le processus d'innovation, leur capacité à s'écarter de la norme. De même, selon lui, les entrepreneurs innovateurs qui se trouvent le plus souvent entre le registre de l'estime due à celui qui réussit et la honte qu'on éprouve d'avoir fréquenté celui qui va en prison pour trop avoir interprété les règles.
Pour la vie en entreprise, cette situation n'est cependant ni confortable ni durable. Faute de procédures de ges-

9. R. Sainsaulieu, *L'Identité au travail,* Presses de la FNSP, 1977.
10. R.K. Merton, *Eléments de théorie et de méthode sociologique,* 1949, Plon, traduction française, 1965.

Du modèle de la poubelle… « invisible »

Les solutions apportées à un problème ne découlent pas toujours de décisions mûrement réfléchies voire rationnelles. Elles peuvent survenir de manière purement fortuite. C'est ce que M.D. Cohen, J.-G. March et J.-P. Olsen (1) ont mis en évidence dans les années 70, à travers le modèle dit de la poubelle (appelé encore, selon les traductions, modèle de la corbeille ou de la boîte à ordures…). Pour ces auteurs, en effet, les processus de décision s'apparentent à des poubelles dans lesquelles sont déversés problèmes et solutions au fur et à mesure de leur découverte. Résultat : la rencontre entre un problème et une solution est souvent fortuite.

Le modèle de la poubelle amène à reconsidérer les organisations non comme des agents rationnels mais comme des « anarchies organisées » : les décisions sont élaborées selon des préférences très variées, peu cohérentes entre elles et mal définies ; la technologie est floue, les membres de l'organisation ne comprenant pas les procédures, fonctionnant par essais, erreurs en tirant parti des expériences ; enfin, la participation des membres est fluctuante. Ce modèle s'applique bien évidemment aux situations d'innovation, dans lesquelles l'information préalable, à propos des objectifs et des moyens à mettre en œuvre pour les atteindre, est faible. On a ainsi pu mettre en évidence le caractère erratique des décisions pouvant être conçues comme « normales » par les individus.

Prenons par exemple trois questions banales concernant le développement d'une innovation. Comment faire pour « mobiliser les acteurs », « avoir une politique rationnelle de gestion des coûts », « développer la relation commerciale ». Prenons de manière tout à fait indépendante trois solutions managériales à caractère général : développement de la communication interne, mise en place de procédures de certification, formation du personnel.

Les relations entre chacune des questions et des réponses, et ceci dans n'importe quel ordre, peuvent faire l'objet de politiques considérées comme sérieuses, alors qu'elles ne se fondent sur aucune relation logique spécifique : on constate que chacune des réponses peut être conçue comme rationnelle.

La logique du modèle de la poubelle est donc vérifiée. Mais l'indépendance des questions par rapport aux réponses devient invisible, voire légitime. On mesure alors bien l'importance des croyances dans les procédures de gestion.

N.A.

1. M.D. Cohen, J.-G. March et J.-P. Olsen, *Le Modèle de la boîte à ordures des choix organisationnels*, J.-G. March, trad. fr., *Décision et organisation*, Dunod, 1972/1981.

tion s'attachant à analyser la réalité de leurs pratiques et la capacité à en tirer parti, les acteurs porteurs de l'innovation doivent constamment négocier, construire et déconstruire des réseaux d'alliés, vivre en fait avec le sentiment constant du risque. Dans cette perspective, l'incertitude n'est plus un moyen de réaliser l'autonomie, elle devient une source d'angoisse, qui fait l'objet de constats critiques de la part de la psychosociologie (11), de la psychopathologie (12) et de la sociologie (13). Pour associer concrètement le management à la gestion du désordre décrit, il demeure trois lignes d'action. Tout d'abord, il convient d'accepter l'idée que les processus d'innovation réussis sont le résultat d'une transgression au moins relative, des missions envisagées initialement et que cette conduite est une source d'efficacité inattendue. Le retour au réel, du point de vue managérial, suppose ainsi d'analyser les faits, le travail réel, les « ressources des acteurs » avant de décider.

11. N. Aubert et V. de Gaulejac, *Le Coût de l'excellence*, Seuil, 1991.
12. C. Dejours, *Travail, usure mentale. De la psychopathologie à la psychodynamique du travail*, 1980, Bayard Editions (réédition 1992).
13. N. Alter, « La lassitude de l'acteur de l'innovation », *Sociologie du travail*, n° 4, 1993.

« LES INDIVIDUS SONT GUIDÉS PAR LEUR DÉSIR D'APPRENDRE. »

ENTRETIEN AVEC CHRIS ARGYRIS*

Les organisations sont comme les individus : elles savent tirer profit des erreurs pour améliorer leur fonctionnement. A condition toutefois, selon Chris Argyris, de savoir aussi remettre en cause les objectifs et les valeurs qui guident l'action de ses membres.

***Sciences Humaines :* Pour de nombreuses personnes, le nom de Chris Argyris, que l'on associe à celui de Donald Schön, évoque l'apprentissage organisationnel (1). En quoi consiste l'apprentissage pour une organisation ?**

Chris Argyris : On peut considérer qu'une organisation apprend lorsqu'elle parvient à détecter et à corriger une erreur, étant entendu qu'il y a erreur quand un écart apparaît entre une intention et ses conséquences effectives, entre un projet et ses retombées. La découverte d'un écart n'est qu'une première étape dans la voie de l'apprentissage. D'autres étapes doivent intervenir pour corriger l'erreur de telle sorte qu'elle soit durable. L'une consiste à modifier le comportement des individus ; ce mode de correction ne requiert qu'un apprentissage que D. Schön et moi avons appelé « en simple boucle ». L'autre méthode consiste à changer le « programme maître » ; c'est l'apprentissage en double boucle. Le principal obstacle à cet apprentissage est l'existence de routines défensives tant au niveau des individus que de l'organisation.

** Professeur à l'université de Harvard, il a mené de nombreuses recherches-actions au sein d'entreprises et de cabinets conseil. Il est l'auteur d'une trentaine d'ouvrages dont* Knowledge for Action*, paru en 1993, et traduit en français en 1995 par* Savoir pour agir *(InterEditions).*

***SH :* En quoi consistent ces routines défensives ? Comment se développent-elles ?**

C.A. : Les routines défensives sont un phénomène désormais bien connu des managers. Elles désignent toute politique ou toute pratique qui évite aux membres d'une organisation d'éprouver un embarras ou de ressentir une menace et qui les empêchent en même temps d'en découvrir les causes.

Quand vous demandez à un cadre d'entreprise ou un dirigeant : *« Comment se fait-il que vous ayez ces problèmes ? »*, la réponse est généralement du genre : *« C'est la nature humaine »* ou encore *« Les organisations sont par nature pleines de problèmes. »* De telles réponses n'encouragent pas à apprendre. Aussi curieux que cela puisse être, les individus développent des plans pour rester dans l'ignorance, surtout quand les pro-

Deux voies d'apprentissage

Au sein d'une organisation, Chris Argyris et Donald Schön distinguent deux formes d'apprentissage.

Il y a apprentissage en simple boucle lorsque les membres d'une organisation se bornent à changer de stratégie d'action sans s'interroger sur les valeurs qui les sous-tendent. Un tel apprentissage se rencontre lorsque les membres de l'organisation, à commencer par ses dirigeants, effectuent des attributions, portent des jugements et défendent leur point de vue sans expliciter leur raisonnement, sans vérifier le bien-fondé des attributions émises ou des évaluations qu'ils ont faites (théorie d'usage de Modèle 1).

Un apprentissage à double boucle consiste à remettre en question les valeurs qui guident les stratégies d'action. Les valeurs les plus propices à ce type d'apprentissage sont celles qui inclinent les individus à disposer d'informations valides pour faire des choix informés et à contrôler la mise en œuvre de ces choix pour pouvoir repérer et corriger les erreurs. De la part des dirigeants de l'organisation, cela suppose de savoir défendre son point de vue, faire des évaluations et émettre des attributions en illustrant ses propos, en invitant autrui à confronter son raisonnement, en cherchant à tester la validité de ses attributions et évaluations (théorie d'usage de Modèle 2).

Pour C. Argyris et D. Schön, une organisation est apprenante lorsqu'elle parvient à réaliser de manière durable un apprentissage en double boucle.

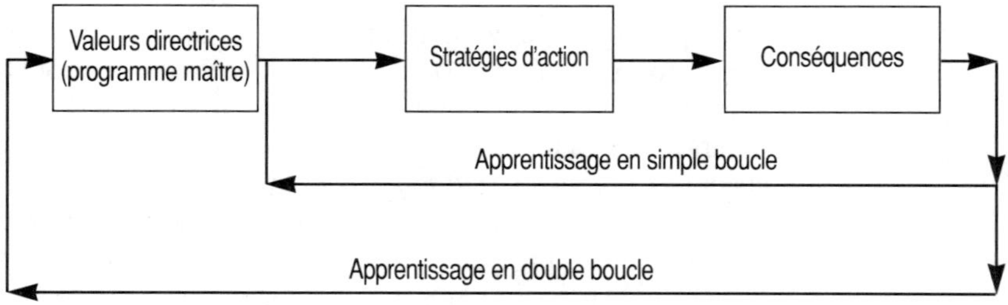

blèmes sont embarrassants ou menaçants, c'est-à-dire au moment précis où il importe de savoir apprendre efficacement. Ce qui est paradoxal, c'est que nous sommes conscients de l'inconséquence des autres et nous sommes conscients qu'ils n'en ont pas conscience. Nous avons rarement conscience de notre propre inconséquence. Ce qui est responsable en partie de nombre de nos difficultés de communication. Les gens focalisent les torts sur les autres et sont toujours en position défensive. Non seulement ils n'ont pas conscience, mais encore ils excellent dans ce comportement.

L'analyse de ce phénomène nous a conduits, mes collègues et moi, à distinguer deux sortes de théories d'action : d'un côté celles qu'affichent les individus et qui englobent leurs croyances, leurs attitudes et leurs valeurs (soit les *théories professées*) ; de l'autre, les théories qu'ils élaborent en réalité pour mettre en œuvre leurs actions (ce que nous appelons les *théories d'usage*). La théorie d'usage se révèle sensiblement différente de la théorie professée sans que les individus en aient conscience. Si les nombreuses recherches ont permis de procurer des conseils, elles ne fournissent pas un savoir actionnable, c'est-à-dire réellement applicable, qui permet de surmonter et de modifier les routines défensives. La plupart des recommandations produisent souvent l'effet opposé ; elles renforcent les routines défensives existantes.

Dans le monde que j'essaie de créer au sein d'organisations, les individus sont guidés par leur désir d'apprendre. Ils peuvent être vulnérables sans pour autant se sentir faibles. Par exemple, un individu peut préconiser une politique en acceptant qu'elle soit soumise à une vérification préalable. Quand bien même cette vérification prouverait qu'il a tort, il ne perdra pas pour autant confiance en lui. Il appréciera, au contraire, cette nouvelle chance qui lui est donnée d'apprendre quelque chose qu'il n'avait pas vu avant.

***SH :* Les routines défensives sont-elles propres à certains individus, à certaines cultures ?**

C.A. : Si les théories professées diffèrent d'un individu à l'autre, nous n'avons pas constaté beaucoup de différences dans les théories d'usage. Concrètement, s'il existe différentes manières de ne pas perdre la face, la règle suivie dans le but de sauver celle-ci est la même : devant une situation embarrassante ou une menace, il s'agit d'esquiver la difficulté en dissimulant l'esquive. Cette théorie d'usage s'observe partout, que cela soit dans des organisations américaines, européennes, asiatiques... On la retrouve aussi bien chez les jeunes que chez les adultes, chez les femmes que chez les hommes, chez les gens instruits ou non, etc.

L'apprentissage organisationnel passe par une meilleure connaissance de la théorie d'usage la plus courante. C'est pourquoi D. Schön et moi avons cherché à caractériser les valeurs directrices qui la sous-tendent ainsi que les stratégies d'actions auxquelles ces valeurs donnent lieu. Les valeurs directrices sont au nombre de quatre. Elles inclinent l'individu à vouloir garder le contrôle de la situation, à maximiser les gains et à minimiser les pertes, à ne pas exprimer de sentiments négatifs, enfin, à apparaître rationnel. Ces valeurs inclinent les individus à effectuer des attributions, des jugements et défendre leur point de vue sans illustrer leurs propos, sans expliciter leur raisonnement, sans vérifier le bien-fondé des attributions émises ou des évaluations qu'elles ont faites. De telles stratégies conduisent à des incompréhensions et donc à des erreurs en cascade.

Ces valeurs et ces stratégies constituent ce que D. Schön et moi avons désigné les théories d'usage de Modèle 1. A l'échelle de l'organisation, ces théories d'usage produisent des stratégies personnelles d'esquive et de dissimulation dont l'ensemble aboutit à une esquive et à une dissimulation généralisées au niveau de l'organisation, ce qui, à son tour, renforce les théories d'usage individuelles. Il en résulte un système organisationnel à apprentissage restreint. Quand un décalage est perçu entre les résultats des actions entreprises et les objectifs fixés, la réponse consiste à envisager une nouvelle action sans questionner la logique sous-jacente, c'est-à-dire sans modifier les valeurs directrices.

Nous avons appelé Modèle 2 la théorie d'usage qui peut aider les organisations à s'affranchir de ces systèmes d'apprentissage restreint, en particulier des routines organisationnelles défensives.

Comme pour le Modèle 1, les trois comportements principaux forment la trilogie « défendre, évaluer, attribuer ». Toutefois, à la différence de ce qui se produit avec le Modèle 1, les comportements de Modèle 2 conduisent à des stratégies d'action qui mettent clairement en lumière la façon dont les acteurs ont établi leurs évaluations ou leurs attributions et comment ils les présentent de façon à encourager autrui à les examiner et à les vérifier. La réduction des routines défensives facilite l'apprentissage en double boucle (*voir schéma page 61*). Embarras et menaces ne sont ni esquivés ni dissimulés, ils sont affrontés. Cela dit, ce passage du Modèle 1 au Modèle 2 ne va pas de soi : il nécessite une réelle motivation et une forte volonté de changement de la part des membres des organisations.

***SH :* Ces routines défensives concernent-elles toutes les organisations ou seulement les entreprises ?**

C.A. : Les routines défensives se développent dans tout type d'organisations. De nombreuses recherches ont, par exemple, mis en évidence ce type de routines dans le milieu scolaire, chez les enseignants comme chez les élèves (1). A titre d'exemple, un chercheur a montré – à travers une observation du travail en classe – comment les enseignants ont tendance à favoriser les garçons, à reprocher aux élèves ce qui aura mal tourné sans examiner leur propre responsabilité, à exercer un contrôle unilatéral tout en agissant comme s'ils faisaient confiance aux élèves. Ces derniers, de leur côté, produisent leurs propres routines défensives en adoptant un comportement brouillon : ils sèment le désordre par plaisir, ne font pas attention, ne travaillent pas ; ils se servent du chahut pour masquer leur propre impuissance. En réponse, les enseignants adoptent des stratégies de survie où ils jouent tour à tour la carte de la domination, de la fraternisation et de la distanciation.

***SH :* Le processus d'apprentissage suppose une adaptation de chaque organisme à son environnement. Par conséquent, est-ce qu'on ne pourrait pas envisager que l'adaptation vienne de la création de nouvelles organisations plus adaptables ?**

C.A. : La création d'une organisation nouvelle ne résout pas le problème. En témoigne ce cabinet conseil créé par sept directeurs associés qui avaient quitté d'autres organisations à cause justement de l'existence de routines organisationnelles défensives. Leur intention était de fonder un cabinet de conseil où de telles routines n'existeraient pas. Or, l'organisation qu'ils ont mise en place ne faisait que reproduire les particularités qu'ils déploraient ailleurs. Mes collègues et moi sommes parvenus à leur montrer qu'ils obéissaient à des stratégies telles que « évaluer autrui par des procédés qui n'incitent pas à vérifier la validité de l'évaluation ». Nous leur avons fait compren-

***SH* : Concrètement, comment avez-vous procédé ?**

C.A. : Nous avons commencé par diagnostiquer et établir le diagramme des configurations organisationnelles défensives qui inhibaient l'apprentissage et qui aboutissaient aux jeux politiques qui leur déplaisaient. En découvrant ce diagramme, les directeurs ont eu une réaction positive ; ils ont reconnu qu'il rendait compte de la complexité à laquelle ils devaient faire face. J'ai procédé au diagnostic de leurs théories d'usage au moyen d'une méthode de cas. Concrètement, il s'est agi d'aider les directeurs à prendre conscience de la manière dont ils raisonnent, et à constater l'écart existant entre la théorie qu'ils professent et celle qu'ils mettent réellement en œuvre. Pour ce faire, je reviens avec chaque interlocuteur sur des situations (un dialogue avec un collègue par exemple) qui lui ont laissé un sentiment d'incompréhension ou d'injustice en lui demandant de la décrire ; je lui demande d'indiquer ce qu'il éprouvait ou pensait et qu'il n'a pas dit à son interlocuteur.

***SH* : Vous considérez-vous davantage comme praticien ou chercheur ?**

C.A. : Quand j'interviens dans une organisation, j'essaie de réunir chercheurs et praticiens dans le double but de comprendre et d'exercer une action. Les chercheurs en sciences sociales se doivent d'adopter une approche active, c'est-à-dire qui permette de comprendre mais aussi d'agir. Sans quoi, ils risquent d'être discrédités comme cela se produit actuellement aux Etats-Unis.

Dans ce contexte, le psychosociologue Kurt Lewin reste pour moi une référence : il a été un pionnier du savoir actionnable, c'est-à-dire à la fois théorique et pratique. En cela, il a largement contribué à crédibiliser les sciences sociales en montrant qu'elles pouvaient contribuer à l'apprentissage et à l'action.

Propos recueillis par
MARTHA ZUBER
et JEAN-CLAUDE RUANO-BORBALAN
(*Sciences Humaines*, hors série n° 20, mars/avril 1998)

1. P. Woods, *The Divided School*, Routledge & Kegan Paul, 1979.

Philippe Cabin*

LES COÛTS HUMAINS DU MANAGEMENT**

Les nouvelles méthodes de management sont-elles responsables des effondrements psychiques au travail ? L'entreprise découvre aujourd'hui les effets pervers de la performance.

Fondés sur l'épanouissement individuel et la réalisation de soi, les nouveaux modes de management produisent des effets pervers (fatigue nerveuse, épuisement psychique, décompressions) de plus en plus importants, le phénomène du *karoshi* au Japon (1) en constituant l'illustration la plus extrême. Pour rendre compte de ce type de réaction, un nouveau concept a été élaboré par des psychosociologues, celui de *burn out*, traduit en français par « brûlure interne » (2). De telles approches cherchent à dépasser la notion bien incertaine de stress.

L'entreprise se préoccupe aujourd'hui de ces questions : alors que le stress est le fruit d'un souci de performance, un excès de stress se traduit finalement par une performance déclinante. D'où des coûts croissants. Pour l'individu, en termes d'hypertension, de troubles du sommeil, de fatigue chronique, de dépression, de dépendances : alcoolisme, tabagisme. Pour l'entreprise : absentéisme, perte de productivité, baisse de qualité, manque de créativité (l'homme stressé dépensera son énergie non à créer, mais à survivre dans un univers hostile). Coûts enfin pour la communauté par le biais des dépenses de santé publique.

---

* Journaliste scientifique au magazine *Sciences Humaines*.
** *Sciences Humaines*, n° 17, mai 1992.
1. Voir mots clés en fin d'ouvrage.
2. *Idem.*

Toujours plus, toujours mieux, toujours plus vite

Le concept d'excellence, à la mode actuellement dans les entreprises, et épinglé dans le livre de Nicole Aubert et Vincent de Gaulejac *Le Coût de l'excellence*, induit une logique d'accélération permanente : toujours plus, toujours mieux, toujours plus vite. Dans cette perspective, qui est celle du « Chaos management » prôné par le consultant américain Tom Peters (3), l'entreprise est sans cesse en danger. D'où un mode de fonctionnement quasi obsessionnel, dans lequel le stress assure la fonction de carburant de la performance.

Selon N. Aubert, l'avènement de ce type de management traduit plusieurs changements de logiques (4). En premier lieu, le passage d'une logique disciplinaire à une logique de l'adhésion, qu'elle qualifie de « système managinaire », signifie que l'entreprise ne manage plus seulement des corps, elle manage de l'énergie psychique, de l'imaginaire. On passe par ailleurs d'une logique du donnant-donnant à une logique du gagnant-gagnant : on est condamné au succès, avec le sentiment diffus de n'en avoir jamais fait assez. On envisage le salarié comme un être de passion. Certains cadres, évoquant des difficultés avec leur entreprise, parlent de « chagrin d'amour ». Enfin, le discours managérial produit des injonctions contradictoires (« choisir les contraintes auxquelles on adhère librement ») qui plongent l'individu dans un sentiment constant de tension et de paradoxe.

On perçoit aisément les potentialités pathogènes de ces pratiques et de ces discours. Une autre question est de savoir s'ils suffisent à rendre compte de tous les phénomènes psychopathologiques observés. On peut se demander en premier lieu s'ils ont un impact réel. Y a-t-il une « emprise de l'organisation » telle que cette dernière parvient à déterminer les conduites des individus qui la composent ? Ces réflexions conduisent à mesurer l'importance des présupposés théoriques et méthodologiques. Pour Christophe Dejours (5), l'absence de référence à l'activité réelle des gens au travail conduit à accorder une importance excessive à l'organisation : *« Ça ne fonctionne pas comme ca ; les cadres sont beaucoup moins perméables aux cultures et aux discours de l'entreprise. Ils ne font pas tout ce qu'on leur ordonne. Ils savent jouer avec les contraintes et ont leurs propres stratégies de défense. »*

Par ailleurs, d'autres facteurs sont susceptibles d'engendrer des pathologies nerveuses au travail. *« Le blocage durable du fonctionnement mental que peut causer l'organisation du travail, et en particulier le système taylorien, est une cause majeure de maladies somatiques. »* (6) Cela ne se traduit pas immédiatement par une maladie, mais en premier lieu par une paralysie psychique qui s'accompagne de fatigue (celle-ci ne répond pas toujours à une charge physique excessive) et de

3. T. Peters, *Le Chaos management*, InterEditions, 1988.
4. Entretien avec N. Aubert, professeur de sciences humaines à l'ESCP.
5. Entretien avec C. Dejours, professeur de psychologie du travail au CNAM.
6. C. Dejours, *Travail, usure mentale. Essai de psychopathologie du travail*, Bayard, 1993.

dépression. Plus généralement, la souffrance au travail est dans cette perspective imputable au choc entre une histoire individuelle porteuse de projets, d'espoirs et de désirs, et une organisation du travail qui les ignore. Le nouveau management a en quelque sorte cherché à gérer cette contradiction. Ainsi, souligne le Dr J.-C. Ringler (7), *« alors que le travail est un lieu de souffrance, on a voulu en faire le lieu principal du bonheur »*.

Taylorisme plus excellence égale stress

De fait, l'anxiété est présente dans tous les types de tâches professionnelles. Le bruit, les rythmes, le caractère répétitif des gestes ou des procédures sont générateurs d'usure mentale (8). La rapidité croissante des mutations technologiques et de la circulation des informations crée une ambiance de changement permanent. Par ailleurs, on assiste à l'explosion de la temporalité : il n'y a plus de priorité, mais une succession d'actions qui entraîne une dispersion mentale. Enfin, il est inutile d'insister longuement sur le fait que la menace persistante du chômage crée un facteur supplémentaire d'insécurité.

Quant à la disparition affirmée du taylorisme, de nombreuses analyses invitent à la circonspection. Pour Stéphane Beaud et Michel Pialoux *« contre les discours prophétiques annonçant la fin du taylorisme, il faut rappeler que les activités de montage font appel largement au travail d'OS, (...) l'intensité du travail s'est accrue sous l'effet de la chasse systématique aux temps morts... Les impératifs de la nouvelle organisation du travail (zéro panne, zéro défaut, zéro stock) imposent une implication différente. »* (9) D'après ces auteurs, il semble bien qu'en raison de la greffe de certains éléments du nouveau management sur ce qu'il faut bien appeler des restes de taylorisme, les effets anxiogènes se soient cumulés. Ils ajoutent : *« Le nouveau système exige une forte cohésion des groupes de travail qui se sont vu confier des tâches autrefois dévolues aux contrôleurs, voire à la hiérarchie... D'où un climat de suspicion et de pression du groupe sur chacun de ses membres. »* Si le discours de l'entreprise hyperréactive concerne en premier lieu l'univers des managers, de multiples indicateurs montrent qu'il est à l'œuvre à tous les niveaux de l'entreprise. Le témoignage d'un ouvrier de Peugeot est intéressant à cet égard : *« A la fin, je craquais complètement... dans cette logique, on en arrive à un moment où on a de la méchanceté... On travaille par haine, et on travaille bien par haine. »* (10)

Un phénomène global

Une étude menée par le BIT montre que le stress apparaît aujourd'hui comme un phénomène très largement répandu, qui concerne aussi bien les cols bleus que les cadres, aussi bien les PVD que les pays industriels (11).

7. Entretien avec le Dr J.-C. Ringler, secrétaire général du Centre international de recherche et d'information sur le stress.
8. *Cf.* « La souffrance », *Actes de la recherche en sciences sociales*, n° 90, décembre 1991.
9. S. Beaud et M. Pialoux, « L'esclave et le technicien », *Autrement*, n° 126, janvier 1992.
10. Cité par S. Beaud et M. Pialoux, *Idem*.
11. Communication de V. Di Martino, du Bureau international du travail, au colloque « Stress, santé et management », organisé par Logos, 15 janvier 1992.

Certains analystes, on l'a vu, sont beaucoup plus circonspects, notamment quant à l'autorité qu'exercerait le discours managérial sur les pratiques individuelles.
Dès lors, quel regard poser sur l'usure mentale au travail, pour apporter quel type de solution ? Faut-il chercher du côté de l'organisation ou du côté de l'individu ? N. Aubert et V. de Gaulejac, s'appuyant sur les travaux qu'ils ont menés en collaboration avec Max Pagès, proposent le concept de « système psychique organisationnel », par lequel s'opère une transformation de l'énergie libidinale en force de travail (12). L'entreprise, au moyen d'un contrat narcissique, propose-impose au salarié un idéal organisationnel qui va capter le moi idéal de l'individu. A un moment, la fusion est complète. Pour parler clairement, à ce point, le cadre n'existe plus que par et pour l'entreprise, il se réalise par elle, il fait corps (et âme) avec elle : la réalisation des objectifs de l'entreprise devient vitale pour son fonctionnement personnel. Lorsque l'individu ne peut plus suivre, et qu'il se voit retirer par l'entreprise les gratifications narcissiques qu'elle lui accordait, c'est l'ensemble du moi qui s'effondre. L'individu est cassé, il est comme une coquille vide.

L'entreprise tribale

Il y a une tendance chez beaucoup de dirigeants d'entreprise, et les nouveaux modes de management en sont la meilleure illustration, à vouloir développer une entreprise tribale. Mais dans le cas d'un désaccord entre le salarié et l'entreprise, cette dernière en revient très vite à une logique sociétale et contractuelle. D'où un sentiment de trahison : l'entreprise, qui était l'objet d'un véritable investissement amoureux, redevient un simple partenaire-adversaire de nature juridique.
Pour C. Dejours, il faut partir des conduites des agents en situation de travail, et de l'interprétation qu'ils en font : c'est le travail qui fait la souffrance et le stress, et non l'organisation. L'entreprise ne peut prescrire une pensée et une conduite à ses salariés : les agents ont toujours un certain pouvoir de décision, d'initiative, d'innovation, de résistance. D'où un décalage entre organisation du travail prescrite et organisation du travail réelle, l'organisation prescrite se révélant le plus souvent inapplicable. De ce fait, les agents sont amenés à tricher, et c'est cette tricherie qui s'avère au centre de l'interface travail-santé mentale. C'est la nécessaire coordination de ce bricolage permanent entre les opérateurs qui fait l'organisation réelle du travail. Que la négociation de la tricherie se dérègle, et c'est toute l'économie du plaisir au travail qui part en déroute. C'est alors que l'on pénètre dans le registre de la souffrance. Le fait d'appréhender les questions des coûts humains du management sous cet angle a cet avantage capital, aux yeux de C. Dejours, de rendre possible une vision clinique des problèmes.

Travailler, c'est tricher

Le constat des causes managériales du stress et des diverses formes d'épuisement psychique au travail amène à s'in-

12. N. Aubert, V. de Gaulejac, *op. cit.*

terroger sur les moyens d'y remédier. Cette démarche est d'autant plus délicate que l'entreprise (au même titre que la société tout entière sans doute), si elle accepte de traiter les problèmes de santé physique, est beaucoup plus réticente quant aux questions de santé mentale. S'attaquer au stress, ce serait aussi risquer de se priver d'un carburant considéré comme efficace (13). Ce serait, en outre, un véritable aggiornamento pour beaucoup de dirigeants : il n'est jamais facile de remettre en cause un discours et un ensemble de valeurs sur lesquels on fonde sa pratique.

D'ailleurs, si tant est que celles-ci aient été réellement prégnantes, certains signes attestent d'une distanciation. D'après un dirigeant de cabinet d'études spécialisé dans les sondages d'entreprise, *« on constate chez les cadres une forte baisse de la réactivité. Mais les chefs d'entreprises ne s'en aperçoivent pas car les cadres continuent d'adhérer du bout des lèvres au discours de l'entreprise. »* (14) De même on a récemment observé au Japon l'apparition d'un syndrome de « névrose de démission », de nombreux jeunes cadres refusant, en démissionnant, de sacrifier leur vie à l'entreprise (15).

Ce constat amène à une double conclusion. On peut juger que le « management-commando » ou « management-passion » est le principal fautif. Dans cette perspective, puisque l'on observe un certain déclin de la crédibilité de ces usages, il suffirait d'en atténuer les outrances et d'attendre que la mode passe. On peut au contraire envisager l'organisation du travail comme relation sociale et non comme discours ou comme situation prescrite. Les gens ont un besoin fondamental d'être reconnus, c'est ce besoin qui constitue l'armature de la santé mentale. En tout état de cause, aucune des deux approches n'exclut l'autre. S'il est indéniable que l'organisation n'est pas toute puissante, on ne saurait considérer à l'inverse que le collectif, et les arbitrages qui en son sein font l'organisation du travail, échappe à la pression de l'organisation. La liberté de l'acteur ne trouve pas seulement ses limites dans celle des autres, mais aussi dans des structures. On est ici dans un débat qui traverse l'ensemble des sciences de l'homme. Enfin, l'idée d'incertitude est au cœur des soucis de l'entreprise. Peut-être faut-il accepter l'idée qu'une entreprise ne peut pas tout prévoir, qu'il existera toujours des zones d'indétermination qu'on ne peut pas gérer.

13. N. Aubert, « Le stress du chaos et la brûlure du succès », *Revue française de gestion*, nov./déc. 1991.
14. Cité par F. Lemaître, « Les cadres à contre-courant », *Le Monde initiatives*, 26 février 1992.
15. « L'individualisme est-il une maladie ? », *Courrier international*, n° 57, 1991.

Rachel Beaujolin[*]

LA PERFORMANCE CONTRE LES RESSOURCES HUMAINES ?[**]

Comment concilier la logique des ressources humaines qui valorise la participation, la culture d'entreprise, le projet commun, la formation, etc., avec l'impératif de rentabilité financière à court terme, synonyme de flexibilité, de réduction des effectifs et des coûts ? Tel est le dilemme auquel est confrontée la gestion des ressources humaines dans l'entreprise.

Dans son roman *La Boîte* (1), l'écrivain François Salvaing met en scène un jeune cadre, Patrick Bardeilhan, confronté à un rude défi. Il débute sa carrière de responsable des ressources humaines au début des années 80 dans plusieurs filiales de province d'un groupe parisien. Les maîtres mots de l'entreprise sont alors « projet d'établissement », « cercle de qualité », « dialogue social ». Les missions confiées au jeune Patrick concordent parfaitement avec ses ambitions personnelles et sa vision de l'avenir. Faire des ressources humaines, c'est rendre l'entreprise à la fois plus efficace et plus humaine, plus efficace parce que plus humaine. La mobilisation des salariés repose sur la formation, la participation, le travail en équipe, la responsabilisation... Tel est le discours alors dominant dans les grandes entreprises.

Puis, à la fin des années 80, vient le retournement de tendances. Les difficultés économiques s'accumulent. Les stratégies internationales du groupe et la concurrence acharnée conduisent « la Boîte » à se délester des « canards boiteux ». L'heure est aux licenciements, « dégraissages », « charrettes » et c'est tout naturellement à Patrick, nouvellement promu directeur des relations humaines, que l'on confie le soin d'effectuer ce travail. La mort dans l'âme, le jeune cadre devient en quelques mois

---

* Chercheur associé au Centre de recherche en gestion de l'Ecole polytechnique (CRG) et consultante. Auteur de *Les Vertiges de l'emploi, l'entreprise face aux réductions d'effectifs*, Grasset/*Le Monde*, 1999.
** *Sciences Humaines*, n° 98, décembre 1998.
1. F. Salvaing, *La Boîte*, Fayard, 1998.

la bête noire des salariés. Celui qui décide qui va être licencié, quand, et à quelles conditions. Patrick a soin de mettre en place des plans sociaux (aide au départ, retraites anticipées), de se préoccuper des reconversions et reclassements – ce que l'on nomme l'*«outplacement»*. Il assume ses nouvelles fonctions avec, tout d'abord, l'espoir de trouver des solutions alternatives, puis avec le lourd poids, sans cesse croissant, de sa mauvaise conscience et des regards accusateurs qui se portent maintenant sur lui. *La Boîte* est un roman. Mais il résume bien l'histoire réelle qu'ont vécue nombre de directeurs des ressources humaines (DRH) au tournant des années 80-90, et qui a posé un dilemme crucial pour la gestion du personnel. Comment donc concilier les discours sur «l'entreprise citoyenne», «les valeurs communes», «les ressources humaines» avec les impératifs de la performance? Comment accorder logique sociale et logique économique?

On émettra ici l'hypothèse que les instruments de gestion dont se dotent les responsables pour assurer la performance de leur entreprise structurent fortement les choix d'organisation, et en particulier, leur capacité à innover en la matière. En d'autres termes, le conflit entre gestion du social et de l'économique n'existe que si on réduit le social à un coût supplémentaire et on ne pense l'efficacité qu'en terme de gains de productivité à court terme.

Les années 70-80 : une convergence formidable

A partir des années 70, plusieurs secteurs de l'industrie sont touchés par la crise. Après trois décennies d'expansion où s'est pourtant installé en France le modèle de «l'entreprise moderne», décrit par Alfred D. Chandler comme celui d'une entreprise intégrée et intégratrice, la grande entreprise découvre sa mortalité. L'exemple le plus marquant est celui de la sidérurgie, qui entre de façon massive dans une phase de restructuration et dans une forte rupture par rapport à ses pratiques antérieures. Le textile, l'automobile et bien d'autres secteurs connaîtront une remise en cause profonde de l'organisation et de la relation de travail.

Ce retournement de tendance arrive juste au moment où l'entreprise s'est lancée dans un nouveau discours sur le social. Les décennies 70-80 découvrent et voient se développer fortement les ressources humaines. Le passage de la fonction «gestion du personnel» à celle de «ressources humaines» marque cette inflexion. Il s'agit de repenser l'organisation et la place des hommes dans l'organisation, de réviser l'articulation entre l'économique et le social. Ce qui se traduit notamment par la mise en œuvre d'organisations qualifiantes dans le cadre d'une recherche de performance globale.

A ce titre, le discours d'Antoine Riboud, P-DG de BSN, tenu à Marseille en 1972, marque un tournant : il y annonce *«le double projet économique et social de BSN»* et affirme en particulier que *«les entreprises les plus performantes pensent solidairement le changement technologique, le contenu du travail et le changement des rapports sociaux internes à l'entreprise»*. De façon parallèle, dès la fin des années 70,

Quand l'entreprise devient vache à lait

L'entreprise C., dotée de quatre sites de production, est leader sur son marché. Au début des années 80, cette entreprise à forte tradition familiale est achetée par un groupe international et connaît au même moment un ralentissement de son activité. La direction du groupe demande alors à l'entreprise C. de rechercher des leviers de flexibilité. C. a donc développé la flexibilité horaire (accord de modulation du temps de travail), la flexibilité professionnelle (recherche de polyvalence), la flexibilité de la rémunération (système d'intéressement mis en place de longue date). Ces changements s'insèrent dans un projet global de recherche d'une « organisation qualifiante ». Des groupes de production ont, par exemple, été reconfigurés afin que des agents de production connaissent toutes les étapes du processus de production. Cette nouvelle conception de la fabrication a permis d'intégrer le contrôle qualité des produits et la maintenance dans la définition du poste des ouvriers, dorénavant « opérateurs ». Ces éléments sont présentés comme des conditions de « la nouvelle productivité ». Tout est mis en œuvre pour tendre vers un codéveloppement économique et social de l'entreprise.

Au début des années 90, le groupe auquel C. appartient est confronté à de nouvelles contraintes : il doit mobiliser de plus en plus de bénéfices pour assurer sa croissance externe, et il doit assurer aux marchés financiers une rentabilité supérieure aux capitaux engagés. Or, justement, C. est évaluée par le groupe comme une « vache à lait », soit une entreprise qui doit dégager du *cash-flow* sans nécessiter beaucoup d'investissements. Dès la fin des années 80, la contribution financière de C. au groupe augmente régulièrement et les investissements se tarissent. Les résultats financiers de C. croissent sans que les effets induits de cette politique sur l'organisation (obsolescence d'une partie de l'équipement, coûts induits et dysfonctionnements liés au recours massif à l'externalisation des activités) soient évalués.

R.B.

l'ANACT (Agence nationale pour l'amélioration des conditions de travail) et les syndicats de salariés amorcent des travaux afin d'enrichir les instruments de mesure du facteur travail.

Une convergence forte se dessine alors entre les enjeux énoncés par les différents partenaires sociaux. Le constat commun est le suivant : c'est une vision réductrice de la performance que de mesurer le facteur travail à son seul coût, de réduire la mesure de la productivité à celle de la main-d'œuvre. Le travail n'est pas qu'un coût, il est aussi un facteur de valeur ajoutée, d'innovation, de compétence, de qualité, etc. Un changement dans ces modes de mesure devient donc d'autant plus pressant que les critères de la compétitivité ont évolué. Elle prend justement en compte l'innovation ou la qualité, toutes choses qui ne peuvent être intégrées dans les produits que par une nouvelle conception en gestion de la main-d'œuvre.

On assiste donc à une floraison d'initiatives autour du thème du «management participatif» : expression des salariés, cercles de qualité, groupes de projets sont alors mis en place. Les pouvoirs publics en incitent le déploiement, notamment en 1983 avec l'instauration des lois Auroux sur l'expression des salariés. Dans les grandes entreprises, on pense alors conjointement le développement de la communication interne, l'élaboration de projets d'entreprise, l'enrichissement des tâches de production, et le développement de la polyvalence, voire « d'organisations qualifiantes». Bon nombre de ces entreprises trouvent un nouveau souffle dans leur posture de «laboratoire social».

La «fonction personnel» est hissée au statut de «fonction ressources humaines», et se trouve de plus en plus fréquemment intégrée dans les comités de direction, noyaux centraux de décision de l'entreprise. La fonction personnelle s'extrait d'une logique juridico-administrative pour entrer dans une logique socio-organisationnelle. Elle commence à concevoir de nouveaux instruments de gestion.

En particulier, au milieu des années 80, un «indicateur de productivité globale», conçu par des chercheurs du CERC, est repris dans certaines grandes entreprises. Il s'agit d'ouvrir la mesure de la productivité à l'ensemble des facteurs de production (la main-d'œuvre, mais aussi l'ensemble des consommations extérieures, les coûts de structure, les amortissements du capital, etc.). L'application de ce ratio fait alors apparaître, dans ces grandes entreprises, une forte «productivité main-d'œuvre», alors que la productivité de l'investissement est plutôt négative. En bref, les facteurs de productivité sont plus du côté de la main-d'œuvre que de celle du capital.

L'enjeu est fort. Avec les «nouvelles organisations», il s'agit de mettre en harmonie le facteur travail (compétence, organisation, participation, innovation, qualité...) et les critères de performance. C'est à cette condition qu'en effet, «l'économique» et «le social» peuvent se voir réconciliés dans l'entreprise.

Les années 90 : remise en cause

Pourtant, à partir du début des années 90, les démarches innovantes et les nouvelles formes de calcul du lien entre travail et performance qui leur sont associées sont stoppées, puis marginalisées. «L'indicateur de productivité globale» est jugé trop complexe à manipuler par les opérationnels. En outre, il entre en concurrence avec d'autres indicateurs utilisés par les entreprises, tel le «prix de revient global», fortement mobilisé par les directions générales des entreprises.

Enfin et peut-être surtout, il est peu à peu devenu contradictoire ou «accessoire» face à l'accroissement des injonctions de rentabilité exprimées au sommet. L'exigence accrue de rentabilité fait de la productivité globale un enjeu

secondaire, un objectif auquel n'est pas accolée une évaluation chiffrée et régulièrement évaluée. Sa mise en œuvre devient subordonnée à des volontés locales.
En fait, les deux objectifs, recherche d'économies à court terme d'une part, et recherche de performance globale à moyen/long terme d'autre part, bien que parfois conjointement affirmés, ne s'inscrivent pas dans les mêmes temporalités. Ils ne se rattachent pas aux mêmes critères d'évaluation du facteur travail et de la performance, et ont donc du mal à s'accorder.
Or justement, le début des années 90 est marqué pour les entreprises par l'accroissement de la contrainte financière à court terme. Avec la déréglementation des marchés financiers, l'entrepreneur qui veut attirer des investisseurs se trouve contraint de dégager une rentabilité au moins égale à celle des marchés financiers. La concurrence sur le marché des capitaux est rude ; les entreprises ont besoin d'un « trésor de guerre » pour assurer leur croissance. Il s'agit pour elles de séduire une sphère financière attirée par des produits financiers très rentables. Aux yeux de cette même sphère financière, l'annonce d'une décision de réduction des effectifs apparaît même comme une indication d'accroissement de la rentabilité financière et un signal de qualité de gestion. Les gestionnaires de fonds d'investissements et autres experts financiers interviennent fortement dans la création de tels jugements de valeur sur la santé financière des entreprises.
Le facteur travail est donc réduit à sa dimension de coût (une masse salariale). Et il est évalué comme une charge dont il s'agit de se délester.
La sphère financière fonctionne dans des temporalités beaucoup plus courtes que la logique industrielle ou encore la logique organisationnelle. Et dans l'urgence, l'alternative des transformations organisationnelles ou des adaptations qualitatives des ressources humaines ne permet pas vraiment d'afficher des résultats immédiats et chiffrés. Comme nous l'affirme crûment un directeur industriel : « *Connaissez-vous un investissement qui ait un* pay-back *(retour sur investissement) aussi rapide ?* » Il estime le « retour sur investissement » de la décision de réduction des effectifs à un an. Certes, une telle estimation ne tient pas compte des coûts indirects et des effets induits de mesures répétées de réduction des effectifs. Mais une évaluation *a posteriori* de la décision de réduction des effectifs ou encore de restructuration n'a pas cours et de ce fait, ne vient pas alimenter les mécanismes de décision.
Même si, dans leurs discours, les entreprises continuent d'évoquer les ressources humaines comme stratégiques, ou encore de s'afficher « citoyennes », il n'en reste pas moins que dans les faits, on les voit plutôt inscrites dans un mouvement de rationalisation permanent des coûts (allégement des effectifs) et de quête effrénée de flexibilité (recours aux contrats de travail temporaire, soustraitance, externalisation d'emplois).

Quelles nouvelles marges de manœuvre inventer ?

C'est une des grandes leçons des systèmes de décision : on peut difficilement revenir en arrière en matière d'organi-

sation. Les mécanismes d'irréversibilité sont plus forts, et les dynamiques enclenchées créent leurs propres effets. De fait, les nouvelles formes d'organisation, développées au cours de la décennie 80, rencontrent de nouvelles limites : la polyvalence des agents a été fortement développée, les nouvelles marges de manœuvre en matière d'implication sont difficiles à trouver.
En même temps, il apparaît que l'entreprise rencontre de grandes difficultés à maintenir des formes de lien social en son sein. A force de se réorganiser, elle devient cloisonnée. A force de rechercher toujours plus de flexibilité, elle devient morcelée. Les cadres se sentent pris dans un tourbillon dont ils ne voient pas la fin. Et même s'ils en perçoivent les dysfonctionnements, ils se sentent liés par une injonction de redressement des coûts et d'allégement de la masse salariale, qui au final est la plus forte. Dès lors, reste-t-il des marges de manœuvre en matière d'innovation socio-organisationnelle ?
On constate ici ou là des tentatives pour relancer l'innovation. On trouvera des directeurs d'usine qui chercheront à jouer de leurs marges de manœuvre locale pour développer des formes de flexibilité. Par exemple, tel directeur d'usine dont l'activité est saisonnière (fabrique de skis) cherchera des employeurs partenaires ayant une saisonnalité inverse (cueillette de fruits) pour embaucher ensemble des salariés à temps partagé sur l'année ; tel autre directeur stabilisera des intérimaires dans l'emploi en leur proposant de constituer des équipes de week-end, etc. Autant de formes d'emploi émergentes visant à redéfinir les conditions et les modalités de la flexibilité, en intégrant la double dimension économique et sociale.
Des établissements tentent donc de développer des formes de flexibilité interne (notamment par le biais d'accords d'aménagement et de réduction du temps de travail). Mais de telles démarches restent subordonnées à l'obtention de ratios économiques et financiers satisfaisants au regard des instances d'évaluation et de contrôle. On voit des acteurs locaux tenter de réanimer de telles expériences, tout en s'efforçant de rester dans le cadre fixé par la direction. Ainsi, le Patrick de *La Boîte*, en charge du dégraissage du service entretien, oriente les licenciés vers la création d'une entreprise de nettoyage, à laquelle « la Boîte » sous-traitera les fonctions anciennement traitées par les ex-employés.
En fait, pour sortir du dilemme entre les contraintes financières à court terme et la logique sociale de l'entreprise, conçue comme un facteur de performance et non un coût, il importe de redéfinir le spectre de ces notions « d'économique » et de « social ».
Pour l'économique, un des enjeux majeurs des entreprises consiste en un accroissement de leurs leviers de flexibilité, et cela ne semble pas connaître pour l'heure de limite. Un tel mouvement induit une redéfinition permanente des contours de l'entreprise, de l'organisation du travail et de la relation contractuelle.
Dès lors, la prise en compte de la dimension sociale suppose d'inventer des modes de régulation permettant de

concilier exigence de flexibilité et protection individuelle et collective des individus au travail. Dans cette perspective, on peut certainement penser un renouveau des formes d'organisation et de travail, qui passerait par une prise en compte des relations interentreprises, et des relations entre l'entreprise et ses bassins d'emploi. Ce qui invite dès lors à « repenser le local » pour repenser des formes d'organisation.

La contrainte marchande existe : on ne peut en négliger la puissance ni ses effets sur la régulation sociale. Pour autant, les marges de manœuvre existent. Elles peuvent être accompagnées et ravivées.

A lire sur le sujet

- ANACT, *Changement organisationnel et instrumentation de gestion*, Coll. « dossiers documentaires », 1995.
- R. Beaujolin, « Les engrenages de la décision de réduction des effectifs », *Travail et Emploi*, 75, 1998.
- M. Berry, *Une Technologie invisible ? l'impact des instruments de gestion sur l'évolution des systèmes humains*, Centre de recherche en gestion de l'Ecole polytechnique, 1983.
- Commissariat général au Plan, « France : la performance globale », commission « Compétitivité française » du XIe Plan, présidée par J. Gandois, La Documentation française, 1992.
- ECOSIP, « Cohérence, pertinence et évaluation », *Economica*, 1996.
- J.G. March et H.A. Simon, *Les Organisations*, Dunod, 1958, rééd. 1991.
- A.D. Chandler, *La Main visible des managers, une analyse historique*, Economica, 1977.
- A. Riboud, « Modernisation, mode d'emploi », rapport au Premier ministre, C. Bourgois Editeur, « 10/18 », 1987.

Troisième partie

Ordre et régulation interne

Chapitre VII

L'individu et le groupe

Sandra Bellier-Michel*

L'INDIVIDU ET LE SYSTÈME**

L'existence de l'entreprise moderne dépend de la qualité des interactions qui existent entre elle et ses acteurs. Quelle que soit la théorie adoptée, trois formes de liens affirment leur présence constante : l'appartenance à l'organisation, l'implication au travail et le libre consentement.

L'ENTREPRISE MODERNE (1) – celle que nous connaissons aujourd'hui – est toujours au départ un rassemblement hétéroclite d'individus destinés à travailler ensemble. Qu'est-ce qui en fait une organisation durable? Quelles sont les interactions qui président à l'intégration des individus? Comment caractériser les liens indispensables au fonctionnement des entreprises? Comment décrire les mécanismes qui tissent, développent et maintiennent la relation individu/organisation?

Nous en distinguerons trois : le sentiment d'appartenance, l'implication au travail et la soumission «librement consentie». Ces trois formes de liens permettent de «régler» trois types d'investissements psychiques indispensables à la bonne marche de la production : l'investissement sur le groupe, l'investissement sur le travail et l'investissement sur soi. Mais l'analyse que l'on peut en faire dépend du regard que l'on porte sur l'entreprise et, de manière générale, de la définition que l'on donne de ce qu'est une organisation. Nous retiendrons ici trois approches classiques, largement répandues en sociologie des organisations. On les

* Consultante en gestion des ressources humaines, maître de conférences à l'Institut d'études politiques (IEP). A publié récemment *Modes et Légendes au pays du management*, Vuibert, 1997 ; *Le Savoir-être dans l'entreprise*, Vuibert, 1998.

** *Sciences Humaines*, hors série n° 20, mars/avril 1998.

1. Cette orientation du sujet nous amènera parfois à employer de manière synonyme les termes d'«organisation» et d'«entreprise», qui recouvrent pour nous aussi bien les administrations, que les PME ou les grandes entreprises.

appellera approches « rationaliste », « humaniste » et « politique ».
L'approche rationaliste considère l'organisation comme un lieu d'échanges entre individus rationnels : les intérêts de chacun y sont tournés vers la recherche de buts propres. Structure, règles et procédures sont pensées de manière à garantir une efficacité maximale dans la poursuite de ces buts. Le modèle de référence est l'entreprise taylorienne, l'entreprise de l'ingénieur, l'entreprise mécaniste selon la typologie de Gareth Morgan (2).
La conception humaniste veut redonner à la personne sa place dans l'organisation. C'est une approche consensuelle qui part du principe que le bonheur des individus entraîne la réussite et l'efficacité de l'organisation. Cet idéal de buts partagés, cohérents et convergents, est commun à l'école dite des « relations humaines » et aux pratiques de « gestion des ressources humaines » telles qu'elles se sont développées depuis une dizaine d'années. Seules les méthodes changent : le courant des relations humaines est plus centré sur les comportements individuels, celui de la gestion des ressources humaines sur les processus de prise de décision impliquant les individus.
L'approche politique, enfin, voit dans l'organisation un lieu de tensions internes dues essentiellement à des problèmes d'allocations de ressources rares et aux stratégies individuelles ou collectives qui coexistent et souvent s'opposent. L'organisation est le résultat d'un processus de négociation permanent. Les négociations n'empêchent pas totalement la survenue de conflits entre différents groupes d'intérêts. Un individu est d'abord relié à son entreprise par le sentiment d'en faire partie. Ce sentiment d'appartenance est directement lié aux politiques d'intégration.

Le sentiment d'appartenance

Ces politiques influencent les pratiques de gestion des ressources humaines et de management : recrutement, formation, système de rémunération. Elles se déclinent suivant deux axes : le temps et l'espace. Faut-il intégrer à long, moyen ou court terme ? Faut-il intégrer à l'atelier, à l'agence, à l'usine, au bureau, à l'entreprise, au groupe, à la firme multinationale… ? Les bons choix dans ces matières relèvent d'un processus complexe et non d'une décision officielle ou d'une procédure autoritaire. C'est au terme d'une négociation subtile, informelle et parfois inconsciente, que l'on peut déterminer à quoi et pour combien de temps l'individu doit se sentir appartenir à l'organisation. Les directives autoritaires dans ces domaines provoquent des résistances. Telle entreprise qui déclare qu'elle ne pourra plus garder les salariés à vie, telle PME qui impose à ses salariés l'appartenance au groupe qui vient de la racheter, telle société qui annonce la « fin des baronnies », tout cela sera vécu par les individus comme des ruptures, voire des trahisons vis-à-vis de leur propre investissement dans l'organisation. En outre, la fragilité actuelle – et très nouvelle – du sentiment d'appartenance des salariés à l'entreprise est liée à la situation de chômage. Les travaux de John

2. G. Morgan, *Images de l'organisation*, Presses de l'université de Laval et Eska, 1991.

Atkinson (3) prennent une actualité inattendue : l'entreprise est composée de plusieurs cercles qui vont d'un noyau central de salariés permanents jusqu'aux prestataires extérieurs, irréguliers et précaires

Comment l'école rationaliste analyse-t-elle le sentiment d'appartenance ? Les relations entre l'individu et l'organisation sont en principe fondées sur des échanges équilibrés qui permettent à chacune des parties d'obtenir ce qu'elle cherche. Le sentiment d'appartenance n'est donc pas une nécessité en soi, mais un moyen de garantir de part et d'autre la loyauté minimale indispensable au bon fonctionnement de l'entreprise. D'où, par exemple, la notion de « salaire d'efficience » (4). Elle part de l'idée que si les entreprises se conformaient au prix du marché du travail, elles seraient la plupart du temps amenées à baisser les salaires qu'elles distribuent. C'est encore plus vrai en période de chômage. Or, on constate que les salaires sont nettement au-dessus d'un hypothétique « prix d'équilibre ».

Conclusion : ce qui s'échange au travers du sursalaire n'est pas de nature marchande mais sociale et psychologique. C'est justement cette loyauté dont l'entreprise a besoin qui retiendra les meilleurs et créera un sentiment de reconnaissance. C'est pourquoi l'employeur maintient le niveau des salaires alors même que le marché fluctue, et valorise la plupart du temps l'ancienneté. Ces deux conditions constituent un contrat implicite entre le salarié et l'employeur sur lequel se construit le sentiment d'appartenance. Le prix à payer pour un tel engagement des uns est le licenciement ou la non-embauche des autres, à savoir les jeunes (5) et les chômeurs.

L'approche humaniste décrit le sentiment d'appartenance comme un besoin des individus et lie son objet à la culture d'entreprise. « *Les théories de la motivation vont nous indiquer que la participation à un groupe correspond en outre à un fort besoin d'appartenance, chacun a besoin de se sentir membre d'une collectivité, et le travail est un pourvoyeur d'opportunités en ce sens.* » (6) C'est vrai pour le petit groupe et ce doit être vrai aussi pour l'organisation, pour autant qu'existe une culture commune qui garantisse l'homogénéité et le consensus nécessaires au bon fonctionnement de l'ensemble. Cette notion de culture d'entreprise, souvent décrite, jamais totalement maîtrisée dans les pratiques, s'articule souvent à l'idée de projets : projets individuels, professionnels, d'entreprise, de site, d'usine, d'agence, etc. Ce foisonnement de projets permet de susciter le sentiment d'appartenance. En effet, quand on s'engage sur l'avenir, on se lie psychologiquement au développement de l'organisation.

L'approche politique (7) s'intéresse également à la notion de culture, mais considère aussi l'existence de sous-cultures et de sous-groupes : les commerciaux

3. J. Atkinson, « Manpower Strategies for Flexible Organisations », *Personal Management*, n° 16 (8).
4. Voir R. Salais et L. Thévenot, *Le Travail, marché, règles, conventions*, Economica, 1986 ; « Emploi et Chômage », *Cahiers français*, n° 246, La Documentation française, mai/juin 1990.
5. J.-F. Amadieu, *Organisations et travail*, Vuibert, 1993.
6. M. Thévenet et J.-L. Vachette, *Culture et comportement*, Vuibert, 1992.
7. Voir J.G. March, P. Lawrence et J. Lorsch ou encore H. Mintzberg, et bien sûr M. Crozier.

dans les usines, les informaticiens dans les banques, les « anciens » par rapport aux « nouveaux », etc. Ces unités de plus petite échelle sont celles où l'individu satisfait son besoin de reconnaissance et d'identité personnelle (8). Dans les travaux de Michel Crozier et d'Erhard Friedberg (9), le sentiment d'appartenance à l'entreprise n'est pas posé comme un objectif en soi. C'est à travers les relations de pouvoir qu'il manifeste son existence. C'est, en particulier, au sein du collectif de travail que s'exprime le pouvoir informel de chacun : le « management clandestin » (10) y prend toute sa dimension. Mais l'investissement dans les jeux de pouvoir suppose, en fait, une forme d'appartenance à l'organisation. Donc, l'appartenance est un présupposé et non un objectif : c'est parce qu'il y a appartenance que les jeux de pouvoir vont se développer.

Faisons le bilan : le sentiment d'appartenance est considéré par l'approche rationaliste comme un moyen, par l'approche humaniste comme un besoin et par l'approche politique comme une condition première. Dans tous les cas, ce sentiment est une des interactions fondamentales sur laquelle repose l'organisation.

L'implication au travail

Définie comme un mode d'investissement dans le travail, l'implication ne doit pas être confondue avec la motivation. La motivation est une notion beaucoup plus large qui intègre l'ensemble des dimensions historiques, familiales, sociales, conscientes et inconscientes, qui jouent sur la personnalité. L'implication ne se confond pas non plus avec la satisfaction au travail, qui est un résultat lié à une expérience. La satisfaction est plus facile à mesurer, mais a peu de valeur explicative, car on ne sait jamais de quoi elle témoigne. Pour notre part (11), il nous semble plus clair de réserver le terme d'implication à ce qui, dans l'investissement au travail, relève de la psychologie individuelle et des traits de personnalité. Cet investissement personnel est sans doute lié à l'importance accordée à la « valeur travail » par les parents – en particulier par le père – et par le groupe social auquel on appartient. A cela s'ajoutent un certain nombre de traits personnels. L'ensemble construit une relation au travail qui va de l'*« ego involvement »* (implication personnelle) au *« job involvement »* (implication au travail). Prenons pour exemple la manière dont Victor Vroom dans son étude de 1962 mesure l'implication : *« Si un problème se pose à votre travail et n'est pas entièrement résolu lorsque vous rentrez chez vous, vous arrive-t-il d'y penser après le travail ? »* (12) Ce type de questions met l'accent sur le comportement individuel, « hors de la vue » de l'organisation, sur la manière dont l'individu intériorise ses « droits et devoirs » en regard de l'image qu'il a de lui-même. L'implication définit un type d'investissement au

8. R. Sainsaulieu, *L'Identité au travail*, Presses de la Fondation nationale des sciences politiques, 1985.
9. M. Crozier et E. Friedberg, *L'Acteur et le système*, Seuil, 1977.
10. M. Moullet, *Le Management clandestin*, InterEditions, 1992 ; et R.T. Mowday (dir.), *Employee-Organization Linkages*, Academic Press, 1982. Voir aussi le texte de M. Moullet dans cet ouvrage.
11. S. Michel, *Peut-on gérer les motivations ?*, Puf, 1989.
12. V. Vroom, « Ego Involvement, Job Satisfaction and Job Performance », *Personal Psychology*, n° 15, 1962.

travail qui est une garantie pour l'organisation : elle est un meilleur prédicteur de la performance que la satisfaction.
D'autre part, il n'y a pas de lien systématique entre l'implication et la satisfaction au travail. On peut être très impliqué et souffrir de cette implication, rêver de travailler moins et de s'investir davantage dans d'autres sphères. C'est sans doute la raison pour laquelle il existe des liens importants entre l'implication et un certain nombre de manifestations, y compris physiques, de ce qu'on appellerait aujourd'hui le stress professionnel (13).
Comment l'approche rationaliste décrit-elle l'implication au travail ? Encore une fois, comme un échange de bons procédés qui font que le salarié impliqué investit ses capacités et son énergie personnelle pour satisfaire aux tâches et aux comportements requis. En échange de quoi, il se verra récompensé par un salaire à la mesure de ses résultats. Ce qui relie et soutient l'investissement au travail, c'est un contrat implicite qui fait que, au-delà d'un descriptif aussi précis que possible des activités requises, le salarié doit s'engager sur un comportement garantissant le sérieux et l'engagement maximaux de ses capacités professionnelles. Ce n'est pas une affaire de sentiments, de valeurs ou de loyauté morale, mais d'intérêts bien compris : l'organisation achète en réalité davantage que le savoir-faire ou le diplôme du salarié.
Du côté de l'approche humaniste, on peut faire des parallèles intéressants entre les discours sur la motivation qui sont au cœur de l'école des relations humaines et le discours actuel sur les compétences. Dans les deux cas, on insiste sur l'importance de l'investissement personnel dans le travail. Bien souvent, derrière les discours sur la motivation, typiques de ce courant, c'est la valorisation de l'investissement personnel dans les projets professionnels qui est traitée. La compétence, quant à elle, concerne la mise en œuvre, la mise en action de ce qui a été « promis » dans un diplôme ou un CV. Vu sous cet angle, elle suppose, comme l'implication, un type d'investissement dans le rôle professionnel. Dans les deux cas, il s'agit de faire, de manière autonome et volontaire, ce qui est le plus efficace pour l'entreprise.
L'approche politique analyse l'implication comme un élément de stratégie individuelle dans l'organisation. Ces stratégies d'acteurs sont liées à la manière dont l'individu investit le champ professionnel et y place des enjeux personnels. Ces acteurs que décrit M. Crozier cherchent à faire reconnaître leur professionnalisme, leur savoir-faire et leur expertise. C'est là que se situe une des sources majeures de leur pouvoir et de leur identité professionnelle. D'où leurs comportements « impliqués ».

La soumission

Il n'existe pas d'organisation sans soumission individuelle, pas de travail dans une entreprise sans liens de subordination : c'est ce qui définit l'essence même d'un contrat de travail. Mais quelle est la forme de soumission adaptée aux entreprises modernes ? Pour la décrire,

13. V. de Gaulejac et N. Aubert, *Le Coût de l'excellence*, Seuil, 1992.

nous emprunterons aux psychosociologues, à Jean-Léon Beauvois et Robert-Vincent Joule (14) en particulier, la notion de « soumission librement consentie ». De très nombreux chercheurs se sont en effet préoccupés de savoir comment on pouvait amener les sujets à émettre une conduite en désaccord avec leurs motivations, leurs goûts ou leurs intérêts. Le libre consentement est apparu comme très important. D. Linder, J. Cooper et E. Jones (15), par exemple, observent que plus les sujets sont déclarés libres, plus leur soumission est, à terme, profonde et durable. Le processus sous-jacent s'explique ainsi : l'écart à combler en termes cognitifs pour rationaliser *a posteriori* ses actes est plus important si l'on est déclaré libre que si on ne l'est pas. L'effet de ce travail cognitif important est donc plus profond. La déclaration de liberté engage l'individu, c'est pourquoi elle a un effet aussi puissant. Pour expliquer un comportement qui pourrait lui paraître absurde, douloureux, pénible ou contraire à ce qu'il pense, l'individu déclaré libre doit trouver une justification à son comportement.

Bien sûr, la situation de travail n'est pas celle d'un laboratoire où l'on fait varier des conditions expérimentales. Néanmoins on peut les rapprocher dans la mesure où les organisations cherchent aussi les moyens les plus économiques d'obtenir une soumission sans contraintes et qui aille au-delà du simple conformisme. Or, la déclaration de liberté a ceci d'économique qu'elle fait prendre en charge par l'individu le choix de la soumission.

Dans le cas de l'approche rationaliste, c'est tout simplement le contrat de travail qui joue le rôle de déclaration de liberté : un contrat est censé lier deux parties équivalentes en droit. Il ne peut être question d'aliénation si les termes sont clairement établis. Pour donner consistance au salaire d'efficience et au contrat implicite, il faut qu'existe entre l'organisation et l'individu une formalisation officielle qui garantisse la liberté de chacun. Le contrat explicite joue un rôle essentiel pour que se développent les interactions implicites.

Pour les humanistes, la soumission librement consentie joue un rôle central et sans cesse renouvelé. Actuellement, la soumission se construit dans des discours et des pratiques qui mettent en jeu la sociabilité, l'adaptabilité, l'autonomie des salariés, en deux mots leur « savoir-être » (16). En assimilant celui-ci à une compétence, on invite les individus à engager ce qu'ils ont de plus personnel dans la performance professionnelle. Mais cet engagement ne peut que résulter d'une disposition intime. On peut changer de savoir-faire, de diplôme ou de connaissance, mais peut-on vraiment se détacher de son « savoir-être » ? Si on est jugé « psychologiquement compétent », si on adopte les bons comportements, ce ne peut pas être sous la contrainte, mais parce qu'on a des dispositions. En valorisant le savoir-être, on en vient donc indirecte-

14. J.-L. Beauvois et R.-V. Joule, *Soumission et idéologies*, Puf, 1981 ; J.-L. Beauvois, *Traité de la servitude libérale*, Dunod, 1994.
15. D. Linder, J. Cooper et E. Jones, « Decision Freedom as Determinant of the Role of Incentive Magnitude in Attitude Change », *Journal of Personal Soc. Psychol.*, n° 6, 1967.
16. S. Bellier-Michel, *Le Savoir-être dans l'entreprise*, Vuibert, 1998.

ment à demander aux individus de s'engager dans l'organisation parce qu'elle est une occasion de développement personnel. On interpelle directement le salarié dans la liberté de sa personne en créant la confusion entre son niveau de savoir-être et celui de son épanouissement individuel.

Dans le cadre de l'approche politique, la soumission librement consentie est analysée en termes de manipulation de l'inconscient : « l'emprise de l'organisation » se manifeste au niveau le plus intime et le moins maîtrisable, au sein même de l'imaginaire individuel. Le terme de « managinaire » (17), ou management de l'imaginaire, illustre bien le courant qui tente de décrire l'organisation comme un lieu de domination, comme une « prison du psychisme ». A l'approche politique s'ajoute alors l'approche psychanalytique qui cherche à expliquer pourquoi l'aliénation, inhérente aux situations de travail, est à ce point occultée par les individus qu'ils en viennent à souhaiter et à valoriser leur propre soumission.

Ainsi, quelle que soit l'approche retenue, dès lors que l'on s'interroge sur les interactions qui relient l'individu à l'organisation, certains thèmes sont constants. Le sentiment d'appartenance, l'implication au travail et la soumission librement consentie ont la même fonction : mettre l'investissement psychique de chacun au service de l'organisation. Aucune organisation ne peut d'ailleurs vivre sans cette énergie ; aucune ne peut éviter que, sans cesse, les individus tentent de la détourner vers d'autres fins. Le sentiment d'appartenance mesure l'investissement dans le collectif, l'implication mesure l'investissement dans le travail, dans la production et dans l'action, et la soumission librement consentie mesure l'investissement en soi-même. Les organisations ne fonctionnent que si ces trois investissements fondamentaux se font en majeure partie en leur sein. Elles répondent ainsi à la fois à la question de leur propre pérennité et à celle du besoin de lien des individus. La véritable question n'est donc pas celle des interactions entre l'individu et l'organisation, mais celle de la clairvoyance et du degré de liberté avec lesquels l'individu peut maîtriser ces liens et exercer des choix.

17. A. Bron et V. de Gaulejac, *La Gourmandise du tapir*, Desclée de Brouwer, 1995.

Maurice Thevenet*

L'IMPLICATION AU TRAVAIL**

Nous ne travaillons pas que pour l'argent. Quelles sont les diverses motivations qui poussent un employé à s'investir dans son entreprise ?

Qu'y a-t-il de commun entre ce chef de rayon d'hypermarché qui assume soixante heures de travail hebdomadaires, cet OS qui corrige sur un véhicule les défauts de qualité dont il n'est pas l'auteur et cet ancien salarié qui déplore la fermeture de son usine ? Ils témoignent tous d'une relation forte à leur institution de travail, faite de respect, d'affection, voire de reconnaissance. En s'intéressant à l'implication, la littérature de management tente d'explorer les liens complexes et multiples qui se tissent entre l'individu et son entreprise.

Le management nous a habitués à des concepts auxquels chacun attribue ses propres significations et valeurs : l'implication ne faillit pas à cette tradition. Certains l'assimilent à la « mobilisation » (vers les buts de l'entreprise) et d'autres à la reconnaissance d'un investissement affectif dans l'entreprise. Quoi qu'il en soit, le mot a toujours une connotation positive à la mesure des espoirs mis dans une explication, voire une solution à l'éternelle question du comportement humain.

L'implication ne constitue pas un concept de plus pour faire croire à la découverte du gène de la performance mais elle fédère un ensemble de problématiques que nous tenterons d'élucider avant de discuter son utilité.

---

* Professeur à l'ESSEC et au CNAM. Parmi ses publications : *La Culture d'entreprise*, Puf, « Que sais-je ? », 1994.

** *Sciences Humaines*, n° 28, mai 1993.

Le travail évolue, l'implication demeure

La question de l'implication part du principe que l'on ne peut être membre d'un groupe sans construire progressivement avec lui une relation et sans s'être construit en partie soi-même dans cette relation. Aborder la relation, c'est se distinguer des théories des organisations qui cherchent les structures générant la performance de l'action collective. Mais c'est également s'écarter d'approches strictement psychologiques qui s'attachent aux seules attentes, pulsions ou réactions de l'individu envers son entreprise. Plus qu'à l'un ou l'autre de ces deux pôles, l'implication s'intéresse à leur rencontre tout au long d'un processus d'interactions.

La relation est un échange fort et multiple qui engage de l'argent, du temps et de la performance mais aussi des sentiments et du sens. C'est également une relation partielle car l'individu ne s'implique pas que dans l'organisation. Cette relation est donc banale : on ne peut vivre dans une organisation sans développer cet échange et, plutôt que de savoir si la personne a de l'« appartenance », ou pas, il est plus opportun d'en chercher les formes et l'intensité.

Deux grandes évolutions justifient l'intérêt pour l'implication. Le travail change dans ses formes et dans les représentations qui lui sont liées : chômage persistant, vulnérabilité des emplois, carrières en dent de scie faites d'emploi salarié, non-salarié et de chômage. A cela s'ajoute la multiplication des rapports juridiques de travail (emploi intérimaire, contrat aidé, sous-traitance) et des formes d'horaire qui rythment le temps de travail et des autres activités personnelles. On ne peut donc plus raisonner sur la relation au travail avec les concepts d'une époque lointaine où l'activité à temps plein – et à droits pleins – était la norme. Dans des situations de travail aussi éclatées, la relation développée par chacun avec son institution devient un vrai sujet de curiosité et donc de recherche.

Plus encore, cet éclatement s'opère alors que structures et modes de travail changent en profondeur. Multiplication des groupes de projet, raccourcissement des lignes hiérarchiques, critique de la bureaucratie ou généralisation de la relation client-fournisseur sont autant d'évolutions qui ont en commun d'exiger de chaque employé qu'il prenne de plus en plus sur lui-même pour être efficace. Dans le service, la performance est fortement dépendante de la façon dont l'employé utilise sa marge de liberté pour répondre aux clients. Il devient donc indispensable de mieux comprendre ce que l'employé investit dans son travail, car c'est l'origine de ses réactions quand les règles et les procédures ne suffisent plus à fixer celles-ci. Les théories vont donc s'attacher à décrire et à expliquer l'implication. Ces théories explicatives peuvent être réparties en deux grandes catégories.

Les théories de l'implication

D'une part, l'approche psychosociologique considère que l'implication de la personne est la conséquence de transactions avantageuses avec l'organisation. En se sentant redevable envers l'organisation, la personne serait poussée à renforcer sa présence et son investissement dans l'organisation. On retrouve là les approches «échangistes» de la psychosociologie américaine (1) comme les travaux de H.S. Becker (2) qui tentent de modéliser les comportements humains. L'attachement «calculateur» de A. Etzioni (3) s'en rapprocherait, qui résulte d'une analyse rationnelle de ce que l'individu gagne ou perd à rester dans l'organisation. Associée à des travaux de psychologie cognitive, cette approche explique pourquoi l'ancienneté ou le manque de diplôme semble prédisposer, d'après des résultats de recherche assez stables, la personne à une forte implication.

D'autre part, l'approche psychologique (4) décrit l'implication comme un processus d'identification : la personne se sent appartenir à l'entreprise et fait de sa participation un facteur de définition personnelle : *«en tant que personne, je me décris comme un membre de l'entreprise X»*. La plupart des travaux effectués s'en tiennent à cette approche psychologique de l'implication qu'ils décrivent comme un processus d'identification doté de trois caractéristiques :

– adhésion aux buts et valeurs de l'organisation;
– volonté d'agir dans le sens de ces buts et valeurs;
– désir de rester dans l'entreprise.

Cette définition a donné lieu à l'élaboration d'un instrument de mesure, largement utilisé aux Etats-Unis ainsi qu'en France (5), ce qui permet d'expliquer en partie son succès.

Ainsi décrite, l'implication a suscité de nombreuses recherches portant sur ses antécédents et conséquences. Au chapitre des antécédents, on trouve l'ancienneté ou le manque de diplôme; quant aux conséquences, elles concernent un faible absentéisme et *turn-over* même si toutes les recherches ne fournissent pas de résultats définitifs.

Mais cette notion suscite aussi de nombreuses critiques (6). La première concerne la mesure même de l'implication : on raisonne en termes d'intensité, de faible ou forte implication comme si celle-ci correspondait à une notion unique, sans que l'on en regarde les formes et aspects. La deuxième concerne la nature du lien avec l'organisation. L'adhésion à l'entreprise est-elle un accord, une acceptation, un investissement affectif, un serment ? Elle ressemble souvent à un accord avec des valeurs et des buts et l'on connaît le fossé entre un accord et des comportements... Plus encore, dans quels aspects de l'organisation s'identifie-t-on ? S'agit-il de valeurs réelles ou déclarées, des opinions de ses dirigeants, des politiques affirmées ou émergentes, du cadre de travail ? Cette double imprécision ouvre la voie à tous les espoirs illusoires d'une fusion des salariés autour de ce que leurs dirigeants croient bon : il est humain d'espérer, dans une organisation, que chacun vous suive comme un seul homme. Mais l'observateur

1. G. Homans, *The Human Group*, 1960.
2. H.S. Becker, «Notes on the concept of commitment», *American Journal of Sociology*, 66, 1960.
3. A. Etzioni, *A Comparative Analysis of Complex Organizations*, Free Press, 1961.
4. S. Michel, *Peut-on gérer les motivations ?*, Puf, 1989. Voir aussi l'article de S. Bellier-Michel dans cet ouvrage.
5. M. Thevenet, *Impliquer les personnes dans l'entreprise*, Liaisons, 1992.
6. A.E. Reichers, «A review and reconceptualization of organizational commitment», *Academy of Management Review*, vol. 10, n° 3, 1985.

raisonnable veut plutôt comprendre l'implication telle qu'elle est, en tenant compte de la liberté d'investissement des individus dans la réalité de fonctionnement de l'organisation.

La troisième critique concerne la focalisation sur l'organisation alors que les salariés investissent aussi ailleurs. Le salarié travaille mais s'occupe aussi de sa famille et de ses groupes d'adhésion culturelle, sociale ou politique. On peut donc se consacrer à la relation avec l'organisation en occultant des investissements concurrents qui aident à mieux la comprendre.

Implication et performance

Alors, que retenir de l'implication ? Premièrement, elle incite à s'intéresser à l'individu tel qu'il est et non comme on voudrait qu'il soit. Deuxièmement, elle conduit à mieux comprendre l'organisation dans sa relation avec les individus. L'implication traduit donc, sous une forme nouvelle, le fond ancien de la réalité sociale : prendre l'individu et l'organisation pour ce qu'ils sont, afin de décrire la relation qui ne peut manquer de se créer entre eux.

Finalement, l'implication est-elle utile ? Elle peut améliorer la qualité des pratiques de management pour autant que l'on n'en attende pas ce qu'elle est incapable de produire. Quelques principes pourraient clarifier ce mode d'emploi.

Considérons tout d'abord que chacun est impliqué. Même si les formes et l'intensité de l'implication ne correspondent pas à ce que chacun attend de ses collaborateurs, ceux-ci n'en ont pas moins développé avec leur institution une relation digne d'examen. Nos recherches ont montré que les formes de l'implication sont diverses (7). Elle est, bien entendu, le reflet de la cohérence entre les valeurs de la personne et celles de l'organisation. Mais on note également un lien étroit entre l'attachement au produit de l'entreprise et l'implication dans celle-ci. Pour certaines populations, l'implication se rapporte à l'importance donnée au métier. C'est le cas des infirmières qui ne sont pas impliquées dans l'organisation (l'hôpital) mais dans leur profession (où qu'elle se pratique) (*voir encadré ci-contre*).

Le gestionnaire doit considérer l'implication comme une ressource sans toutefois l'assimiler à la performance. En effet, chacun connaît des agents impliqués mais peu efficaces, notamment par manque de compétence. Néanmoins, l'implication traduit un attachement, une confiance en l'organisation qui ont leur valeur. Une étude sur des cadres de banque a montré que les plus impliqués (plus anciens, plus mobiles, moins formés, moins payés et plus opérationnels) se sont avérés les « anti-modèles » que voulait recruter la banque à cette époque (*voir encadré ci-contre*).

Alors, ne faut-il pas reconsidérer la notion de performance, n'y a-t-il pas un intérêt majeur à disposer de cette confiance, même si aucun indicateur ne

7. M. Thevenet, E. Tissier-Desbordes, « Implication dans l'organisation et implication dans le produit », Communication au XXIIe Congrès international de psychologie appliquée, Kyoto, juillet 1990. E. Tissier-Desbordes, M. Thevenet, « Implication dans le produit et implication dans l'organisation », Actes du XXIIe Congrès de l'AGRH, ESSEC-Cergy, 1992. M. Thevenet, « Implication dans l'organisation et gestion de carrière », *Revue française de gestion des ressources humaines*, n° 2, février 92. M. Thevenet, « Les professionnels peuvent-ils s'impliquer ? Le cas des infirmières », dans R. Le Duff, J. Allouche, *Annales de management*, Economica, 1992.

Bonne ou mauvaise implication ?

Des cadres bancaires

Une enquête menée auprès de 250 cadres d'une même banque a montré que les plus impliqués ne sont pas ceux que l'on pense. Cette banque recherchait de jeunes cadres diplômés de l'enseignement supérieur, justement ceux-là qui s'avéraient les moins impliqués. Les plus impliqués étaient les plus anciens, peu diplômés, fidèles « grognards » très mobiles du réseau des agences qui ont eu, plus que les autres, des parents proches ayant travaillé dans la banque.

A première vue, si la performance prend aujourd'hui l'habit du diplôme, de la jeunesse et des fonctions sophistiquées du management, elle ne se conjugue pas avec « implication ». Mais à y regarder de plus près, on remarque que les succès rencontrés jusqu'ici par la banque s'expliquent peut-être par la présence de ces cadres anonymes qui, dans tous les secteurs, faisaient suffisamment confiance à leur institution pour mettre en œuvre tous ces changements d'activité, de structure ou de technologie. Avant de savoir si l'implication produit de la performance, il faudrait donc savoir ce que l'on appelle la performance : est-ce la construction de plans sophistiqués ou la capacité de les mettre en œuvre ?

Des infirmières

Parmi toutes nos études, les plus faibles résultats d'implication ont été observés au sein de la population des infirmières d'un hôpital parisien. Des infirmières non impliquées : est-ce possible ? Leur faible implication n'est qu'une faible adhésion à leur hôpital, mais elles adhèrent à des valeurs professionnelles, « techniciennes », liées à leur métier et aux conditions qu'elles estiment être nécessaires à son bon exercice. Elles sont impliquées dans leur travail mais pas dans leur organisation.

L'implication ne se suffit pas à elle-même. Encore faut-il la comprendre. Dans un grand service public, les vendeurs s'avèrent avoir un assez haut niveau d'implication : une étude montre que les valeurs auxquelles ils adhèrent en s'impliquant dans l'entreprise concernent les caractéristiques du service public. Que de ressources d'implication dans ce secteur pour peu que l'on ait l'humilité de les reconnaître et de les utiliser !

M.T.

la mesure dans une grille d'appréciation ? Le responsable doit donc apprendre à utiliser à bon escient l'implication de ses collaborateurs. Il doit chercher en quoi elle peut aider à résoudre des problèmes. Notons au passage l'erreur qui consiste à occulter la ressource de la notion de service public dans certaines opérations de « modernisation » du secteur public, alors que nos études montrent une très forte implication des agents.

Le concept d'implication ne répond certainement pas au besoin largement ressenti d'une vigoureuse mobilisation des personnes mais il permet de mieux comprendre la réalité de ce que chacun investit dans sa relation à l'organisation et de ce que chaque organisation détient comme capital dans ces investissements multiples. Tout ce qui, comme l'implication, rend plus humble et modeste devant la réalité du fonctionnement de nos organisations n'est-il pas utile ?

Dominique Oberlé*

LES GROUPES : L'APPORT DE LA PSYCHOLOGIE SOCIALE**

Creuset de la formation de l'individu, qu'il soit redouté ou recherché, le groupe reste un élément nécessaire à la socialisation.

La victoire de l'équipe de France en Coupe du monde, la violence des bandes dans les banlieues... La vie des groupes fait parfois les titres de l'actualité. Selon le tour que prennent ces événements, les représentations que l'on se fait du groupe seront soit positives et idéalisées, soit au contraire négatives.

Avant d'être un objet scientifique, le groupe est en effet un objet de croyances. Le nous idéal est un groupe dont l'action surmonte les impuissances individuelles – « l'union fait la force » – par la mise en commun des énergies, des enthousiasmes, des capacités, et grâce à la solidarité entre les membres. Mais quand le groupe n'est pas idéalisé, il fait peur. L'individu redoute d'y être contraint, malmené, nié, entraîné malgré lui. De façon plus large, transparaissent couramment à son égard méfiance et suspicion. Les connotations péjoratives présentes dans les termes de sectes, clans, bandes, gangs, cliques sont associées dans l'imaginaire collectif à l'idée de secret, de conspiration, de violence, de transgression. Le groupe devient alors une menace.

La force des croyances à propos du groupe n'en rend pas aisée l'investigation scientifique. Malgré la nécessité théorique de distinguer le savoir scientifique du sens commun, les représentations et les croyances ordinaires imprègnent le discours scientifique.

* Maître de conférences à l'université Paris-X-Nanterre. Dernier ouvrage paru : *Le Groupe en psychologie sociale*, avec V. Aebisher, Dunod, 1998.

** *Sciences Humaines*, n° 94, avril 1999.

Peut-être est-ce là une des raisons des crues et des décrues de l'engouement pour l'étude des groupes, particulièrement sensibles en psychologie sociale. Les petits groupes et l'étude des processus qui s'y déploient ont pourtant constitué l'un des socles fondateurs de cette discipline.

Comment définir le groupe ?

Quand il est question de définir le groupe, on s'accorde plus volontiers sur des définitions négatives (ce qu'il n'est pas) que sur des définitions affirmatives. Il est ainsi classique de signaler que tout regroupement de personnes ne constitue pas forcément un groupe, qu'il peut se réduire à un agrégat, c'est-à-dire à un ensemble d'individus unis par la simple proximité physique, mais sans liens entre eux, comme par exemple dans une file d'attente. Si le groupe se différencie d'une simple collection de personnes, ce ne peut être que par l'établissement d'une ou plusieurs liaisons entre elles. Un premier type de lien est imaginaire : c'est parce que les désirs et les rêves des membres entrent en résonance que le groupe se forme. Un autre grand type de lien dérive de la technique, de procédés ou de savoir-faire partagés qui créent des liens fonctionnels entre les personnes. Le psychanalyste français Didier Anzieu, à la suite de son collègue anglais Wilfred R. Bion, s'est attaché à montrer l'enchevêtrement des dimensions imaginaire et technique dans toute activité collective (1). La liaison se constitue également par l'adhésion commune à un système de valeurs. Si ce type de lien est particulièrement explicite dans les groupes confessionnels par exemple, en fait, il existe dans tous les groupes par le biais du système de normes qui les régit. Il n'y a pas de groupe sans normes, et réciproquement, les normes sont produites par des collectifs.

Ainsi, l'agrégat des personnes qui forment cette file d'attente au bureau de poste se transformera en groupe lorsque, se mettant à interagir entre elles, ces personnes échangeront leurs représentations du service public et s'organiseront pour engager ensemble une action de contestation visant à obtenir que plus de guichets soient ouverts. C'est donc dans l'interdépendance de ses membres qu'un groupe se forge. Encore faut-il bien voir que cette interdépendance implique une triple détermination, fonctionnelle, normative et imaginaire. Ce constat s'applique à toute une série de situations (prise d'otages, panne d'ascenseur, etc.) qui semblent transformer brusquement une collection d'individus hétérogènes en un collectif capable d'une action commune.

Dans ce qui précède, le groupe a été défini par l'interaction et l'interdépendance, c'est-à-dire défini de l'intérieur. Or, ce qui se passe dans un groupe, la manière dont il se forme, s'organise et se structure dépendent pour une bonne part de ce qui se passe à l'extérieur du groupe, et en particulier de ses rapports avec d'autres groupes (2). C'est ce qu'a magistralement démontré

1. D. Anzieu, *Le Groupe et l'Inconscient*, réédition Dunod 1999.
2. M.A. Hogg, *The Social Psychology of Group Cohesiveness : From Attraction to Social Identity*, Harvester, 1992.

le philosophe Jean-Paul Sartre, dans son analyse de la Révolution française (3). Sans la famine, explique-t-il, ce groupe (des insurgés) ne se serait pas constitué. Mais d'où vient qu'il se définisse comme organe de lutte commune ? Pourquoi ces hommes ne se sont-ils pas disputé les aliments comme des chiens, comme il arrive parfois ? C'est l'encerclement de Paris par les troupes du roi qui a transformé la horde des affamés en groupe. Et c'est contre un autre groupe, le gouvernement qui tentait une politique de force, contre «les dragons» que le peuple de Paris s'est armé.

On le voit, le groupe ne peut être défini sans rapport d'extériorité. C'est particulièrement frappant dans l'analyse sartrienne, où la délimitation du groupe est figurée concrètement par l'encerclement. Mais tout groupe s'établit en rapport avec d'autres groupes, et définit son fondement, son identité, sa raison d'être, même si ce n'est pas immédiatement apparent. Ainsi, à La Poste, la transformation de la file d'attente en groupe s'opère par rapport à une autre entité, aux intérêts antagonistes, l'entreprise publique La Poste qui cherche à faire des économies. Dans une entreprise, le groupe des grévistes s'oppose aux non-grévistes.

Certes, le processus de différenciation grâce auquel un groupe se forme par rapport à d'autres n'est pas forcément aussi conflictuel que dans les exemples évoqués, mais il est toujours à l'œuvre. Le groupe des femmes se constitue par rapport aux groupes des hommes, des gens du troisième âge regroupés en association revendiquent leur droit à la sexualité en référence aux plus jeunes, etc. On le voit, les caractéristiques du groupe, ses finalités, ses enjeux n'acquièrent de signification que dans la confrontation, la comparaison avec d'autres groupes et les évaluations qui en découlent.

La découverte des motivations sociales

C'est incontestablement à l'issue des résultats de l'étude d'Elton Mayo à la Western Electric (4) que le groupe est devenu un objet d'étude privilégié de la psychologie sociale. On est à la fin des années 20 aux Etats-Unis, les principes du management scientifique de Frederick W. Taylor sont appliqués dans les grandes entreprises, caractérisées par le développement récent de la production en grande série. Ces principes consistent en un immense effort de rationalisation du travail, rendu d'autant plus nécessaire que le travailleur est considéré comme un être non rationnel. Puisqu'il n'a que des motivations économiques (gagner de l'argent), on ne peut pas compter sur ses conduites spontanées au travail qui le conduiraient plutôt à la flânerie. Il faut donc rationaliser le travail par l'analyse rigoureuse des tâches et l'établissement de règles qui suppriment tout imprévu.

C'est dans ce contexte qu'après une première étude non concluante, des chercheurs supervisés par E. Mayo étudient à la Western Electric, à Hawthorne près de Chicago, des facteurs

3. J.-P. Sartre, *Critique de la raison dialectique*, Gallimard, 1960.
4. E. Mayo, *The Social Problems of an Industrial Civilization*, Harvard University Press, 1945.

susceptibles d'améliorer le rendement, comme l'amélioration de l'éclairage, la mise en place de pauses, etc. Comme d'autres à cette époque, E. Mayo, qui a fait des études de médecine et de psychologie en Ecosse et en Angleterre, pense que ce sont les conditions matérielles de travail qui peuvent expliquer la fatigue, l'absentéisme, les accidents du travail et le mauvais rendement. Quel n'est donc pas son étonnement lorsqu'il constate auprès des ouvrières sujets de l'expérimentation, installées dans une pièce spéciale à cet effet, que l'amélioration du rendement est indépendante de l'amélioration des conditions de travail. Ainsi, lorsque les conditions de travail initiales sont rétablies (baisse de l'éclairage, suppression des pauses, etc.), la productivité reste à son plus haut niveau ! Les ouvrières, elles-mêmes étonnées, attribuent ce constat à l'établissement de bonnes relations à l'intérieur du groupe qu'elles ont formé, ainsi que vis-à-vis de la direction. E. Mayo reprend à son compte ces explications et les théorise.

Ce ne sont donc pas les conditions matérielles, mais la constitution d'un groupe solidaire avec un bon climat qui explique l'amélioration du rendement ! Cela signifie en particulier que les travailleurs n'ont pas que des motivations économiques, mais aussi sociales, telles que développer des relations cordiales, devenir visible aux yeux des autres, obtenir de la considération, de la reconnaissance, développer un sentiment d'appartenance. Et c'est justement dans le cadre de petits groupes que cela est rendu possible ! En effet, c'est en se constituant comme le groupe des volontaires pour l'expérimentation que ces ouvrières ont satisfait ces motivations. D'une part, elles ont développé entre elles une vraie camaraderie et des liens de solidarité. D'autre part, leur groupe est repéré et leur attire du prestige, tant des autres ouvrières de l'usine que de la direction. D'ailleurs, ce dont se rend compte E. Mayo, dans la suite de l'étude dans d'autres ateliers de l'usine, c'est que lorsque l'organisation formelle de l'entreprise ne permet pas de satisfaire ces motivations sociales, les travailleurs créent sur la base d'affinités des groupes informels dans lesquels cela devient possible. Et c'est bien plus en qualité de membres d'un groupe qu'en tant qu'individus qu'ils réagissent (positivement ou négativement) aux injonctions de la direction, aux normes de l'entreprise.

Voilà comment fut découvert, par hasard, l'impact de l'appartenance à un petit groupe et l'influence du groupe sur les comportements de ses membres. Le mouvement des relations humaines se développa à la suite de cette découverte et se donna un double objectif théorique et pratique. D'une part, mettre en évidence et conceptualiser les différents phénomènes et processus de groupe. D'autre part, développer des interventions dans les organisations pour mettre à profit les découvertes faites à Hawthorne. Pour améliorer la vie et la productivité de l'entreprise, il s'agissait en particulier d'apprendre à la hiérarchie à tenir compte du facteur humain, en distribuant des renforcements sociaux, en faisant participer les salariés à l'élaboration de décisions les concernant, en organisant les équipes de travail sur le modèle de groupes cohésifs. Ce mouvement a été à juste titre critiqué pour son angélisme et sa non-prise en considération de la dimension nécessairement conflictuelle du monde du travail, où se côtoient des groupes et des personnes aux intérêts antagonistes.

Un système d'interdépendance

Kurt Lewin (5), l'un des fondateurs de la psychologie sociale moderne, a profondément orienté l'étude des groupes. Sa théorie repose sur un principe gestaltiste : un tout est autre chose que la somme de ses éléments, et c'est la manière dont ces éléments s'agencent et se structurent entre eux, et non leurs caractéristiques intrinsèques, qui le caractérise. Dans cette perspective, le groupe a une réalité propre. Non réductible à la somme des individus qui le composent, il forme un système d'interdépendance.

Les principaux éléments du groupe sont les membres bien sûr, mais pas seulement. Il y a aussi les buts du groupe, ses valeurs, ses normes, ses modalités de communication et de commandement, les statuts et les rôles des participants. Enfin, la manière dont ces différents éléments sont perçus par les participants, les représentations qu'ils en forgent font aussi partie des différents éléments interdépendants d'un groupe, de sorte que si l'un d'eux vient à varier, les autres varieront aussi. K. Lewin a cherché les preuves empiriques de cette analyse théorique en tentant de vérifier expérimentalement l'hypothèse suivante : en modifiant le style de commandement dans un groupe, on modifie son climat, en particulier le taux d'agressivité qui s'y développe. Autrement dit, si l'élément « style de commandement » varie dans un groupe, alors l'élément « climat » variera également. En 1939, K. Lewin et ses collaborateurs Ronald Lippit et Ralph K. White ont pu ainsi mettre en évidence que, lorsque les groupes d'enfants sur lesquels a eu lieu l'expérience étaient dirigés de manière autoritaire, cela produisait un climat soit très agressif, soit apathique. Quand le style de commandement était de type « laisser faire », on constatait toujours une grande agressivité. Quant au style de commandement démocratique, c'est lui qui provoquait le moins d'agressivité. K. Lewin voulait démontrer que les résultats observés étaient bien des phénomènes de groupe, et que l'on ne pouvait les attribuer à des facteurs personnels, c'est-à-dire aux traits de personnalité des adultes qui commandaient, et/ou des enfants qui participaient à l'expérience.

La conception lewinienne du groupe met donc en lumière des processus spécifiques, qui ne peuvent être déduits de la seule psychologie individuelle ni étudiés au seul niveau des individus. Cette approche théorique a ouvert la voie à l'étude des facteurs constitutifs de la structure des groupes (réseaux de communication, hiérarchie des rôles et des statuts) et à la saisie de phénomènes collectifs comme le climat, la cohésion, le moral, la normativité des groupes.

5. K. Lewin, *Resolving Social Conflicts*, Harper and Brothers, 1948.

Peut-on résister à l'influence du groupe ?

Même si vous faites partie de ces personnes qui se sentent autonomes, libres d'esprit et non influençables, il vous est arrivé de vous ranger, à votre corps défendant ou non, à l'avis d'un groupe ou de ce que vous avez ressenti comme tel. Cette adhésion plus ou moins forte, ou plus ou moins feinte, et qui concerne aussi bien les pensées, les opinions que les conduites, recouvre deux phénomènes différents : la normalisation (6) et le conformisme (7).

La normalisation renvoie à des situations assez floues, dans la mesure où aucune norme n'existe à leur propos, et celles-ci vont progressivement être créées, par tâtonnements successifs et influence mutuelle. Par exemple, dans ce groupe avec lequel vous faites depuis peu de la musique, il devient clair pour tous les participants qu'un retard d'un quart d'heure est acceptable, jusque-là personne ne dit rien, mais pas plus. Inutile d'ailleurs d'arriver à l'heure exacte, car personne n'est là et vous attendez bêtement. De même, tous les participants ont pris l'habitude de faire une pause au bout de deux heures, et de grignoter alors ce que chacun à tour de rôle apporte. Cela s'est fait petit à petit. Quand, lors d'une des premières séances, un de vos camarades a mis sur la table des paquets de chips pour tout le monde, vous vous êtes dit que, la prochaine fois, vous amèneriez quelque chose. Et comme vous n'avez pas été le seul à le penser et à le faire, cela est devenu une habitude, une norme de fonctionnement.

Le conformisme, lui, concerne des situations où une norme existe déjà, soutenue par la majorité du groupe. Qu'est-ce qui peut amener un individu à modifier ses opinions ou ses comportements pour les mettre en accord avec ceux prônés par la majorité ?

En 1958, le psychologue social Herbert C. Kelman a mis en évidence trois raisons :

– on peut se conformer par complaisance, le conformisme est alors utilitaire, il n'atteint pas les croyances profondes de l'individu, il lui permet seulement de ne pas se faire remarquer, de ne pas avoir de problèmes ;

– on peut se conformer par identification, il importe dans ce cas de préserver des relations positives avec un groupe auquel on tient. On se conforme parce que l'on s'identifie à ce groupe et que l'on veut plaire à ses membres. On parle alors d'influence normative. Son enjeu est l'acceptabilité sociale ;

– on peut se conformer par intériorisation, le contenu évoqué par la majorité est alors intériorisé au point que l'individu, convaincu parce qu'il a entendu ou vu, n'a pas l'impression de se conformer mais d'adhérer de son plein gré. C'est notamment quand la majorité a une haute crédibilité que ce type de conformisme se développe.

Quoi qu'il en soit, du seul fait qu'elle existe, la majorité exerce une pression à se conformer, comme l'a bien montré l'expérience de S.E. Asch, dans laquelle les sujets avaient à évaluer les tailles de

6. M. Sherif, *The Psychology of Social Norms*, Harper and Row, 1936.

7. S. Asch, « Effects of group pressure upon the modification and distortion of judgment », dans H. Quetzkow (dir.), *Groups, Leadership and Men*, Carnegie Press, 1951.

bâtonnets. C'était une tâche très simple, facile, sans aucune ambiguïté. Le hic, c'est que les sujets effectuaient cette évaluation après avoir entendu plusieurs compères de l'expérimentateur donner des réponses fausses. Un nombre significatif des sujets se conforma à l'opinion de la majorité, en adoptant les réponses erronées ! Ils exprimèrent après l'expérience leur malaise de s'être trouvés dans une si troublante situation : d'abord persuadés qu'ils avaient raison, puis progressivement ébranlés par la constance des réponses de la majorité.

Mais la résistance à la pression majoritaire n'est-elle pas envisageable ? Plusieurs cas peuvent se présenter. Ainsi, par exemple, vous avez osé affirmer votre point de vue opposé à celui de la majorité après vous être aperçu qu'il y avait quelqu'un dans le groupe qui pensait comme vous, c'est-à-dire que vous avez bénéficié d'un «support social» (8). Ou bien, le fait de vous être opposé à l'avis majoritaire a provoqué votre rejet du groupe (9). Ou encore, non content de vous être opposé à la majorité, vous n'avez eu de cesse de la convaincre de la justesse et du bien-fondé de votre point de vue. A la condition d'avoir développé vos arguments de manière consistante, convaincue et calme à la fois, sans dénigrer les membres de la majorité, vous êtes parvenu à vos fins et ils ont fini par renoncer à leur point de vue pour adopter le vôtre ! Dans ce cas, vous avez agi comme un minoritaire actif (10).

On le voit, même si ce n'est pas évident, il est possible non seulement de résister à l'influence majoritaire, mais aussi de lui opposer une alternative. Cependant, la psychologie sociale a mis un certain temps à concevoir puis à étudier ces processus d'influence, qui sont le fait de minorités et mènent à l'innovation. C'est en particulier sous l'impulsion du psychologue français Serge Moscovici que ce champ de recherches s'est développé.

La prise de décision collective

Notre vie est largement déterminée par des décisions prises par des groupes, comités de sélection, commissions parlementaires, jurys, commissions d'examinateurs, etc. C'est dire l'importance de la prise de décision en groupe et l'intérêt d'en comprendre les mécanismes.

La décision de groupe est potentiellement supérieure à la décision individuelle, puisque l'instance de décision collective dispose de plus de points de vue et d'un pool d'expertise plus large. Sans doute le processus y est-il plus lent, mais ce n'est pas forcément un handicap si cela correspond à un examen attentif de toutes les facettes du problème considéré.

Pourtant, la qualité des décisions groupales peut être amoindrie par un certain nombre de biais, qui limitent la rationalité des décisions. C'est en particulier le cas lorsqu'un phénomène, appelé «pensée de groupe», se développe. Il est spécifique des groupes cohésifs qui ont à prendre des décisions

8. V.L. Allen, «Social support of non conformity», dans L. Berkowitz (dir.), *Advances in Experimental Social Psychology*, vol. VIII, Academic Press, 1975.
9. S. Schachter, «Deviation, rejection and communication», *Journal of Abnormal and Social Psychology*, n° 46, 1951.
10. S. Moscovici, *Psychologie des minorités actives*, Puf, 1982.

Les gens travaillent-ils mieux seuls ou en groupe ?

L'individu est-il stimulé ou inhibé par la présence d'autrui ? Les gens travaillent-ils mieux seuls ou en groupe ? Si ces questions, que posent aujourd'hui les chercheurs en psychologie sociale à propos du groupe, ne différent pas de celles qui au début du siècle fondèrent la discipline, c'est qu'elles mettent en jeu une grande variété de facteurs qui ne permettent pas des réponses simples et univoques. C'est un chercheur mordu de cyclisme, Norman Triplett qui il y a plus de cent ans (1897) posa la première question après avoir constaté que les performances des cyclistes étaient meilleures quand ils couraient en présence d'autres cyclistes et non pas seuls contre la montre (1). On découvrit plus tard (2), que cet effet de facilitation sociale ne se manifeste en fait qu'à propos de tâches simples et bien apprises. Pour des tâches plus complexes et moins familières la présence d'autrui a au contraire un effet inhibiteur. Par ailleurs, à la suite de Ringelmann (3), un ensemble de travaux a mis en évidence le phénomène de la paresse sociale qui correspond à une baisse de l'effort individuel dans le cadre d'un travail collectif. Mais dans ce cas également les travaux ultérieurs (4) nuancèrent le constat. La paresse sociale diminue quand les contributions personnelles ne sont pas totalement diluées dans le résultat collectif, et que les participants peuvent percevoir et évaluer l'efficacité de leurs efforts. Par ailleurs, l'émergence du phénomène de paresse sociale dépend du contexte normatif et culturel (5). Des valeurs communautaires limitent le phénomène au contraire des valeurs individualistes qui l'encouragent, tout en incitant certains à jouer les « profiteurs » ou à « faire cavalier seul » (6), ce qui renforce le peu de motivation pour l'effort collectif.

Alors, plusieurs valent-ils mieux qu'un ? On l'a longtemps cru, expérimentations comparatives à l'appui (7), jusqu'à ce que les chercheurs réalisent qu'on ne pouvait conclure à la supériorité du groupe que si sa performance surpassait celle du membre le plus performant. On s'aperçut alors que la supériorité des groupes n'était pas à tous les coups assurée, et que cela dépendait en particulier du type de tâche. Lorsque la performance groupale correspond à la somme des performances individuelles (tâches additives), écosser des petits pois en famille par exemple, le rendement du groupe est supérieur au rendement individuel. Ceci dit, il n'est pas forcément aussi important qu'escompté, à cause du phénomène de paresse sociale qui génère des « tire-au-flanc ». Lorsque la tâche rend les membres du groupe dépendants les uns des autres, comme dans une ascension en cordée par exemple (tâches conjointes), le nombre de personnes n'augmente pas la performance, qui en tout état de cause ne peut être meilleure que celle du membre le moins performant (la cordée ne peut aller plus vite que le membre le plus lent). Dans les tâches disjointes au contraire, si un seul membre trouve la solution au problème, tout le groupe réussit. Le rendement du groupe est égal à celui de son meilleur membre. Enfin pour certaines tâches (tâches discrétionnaires) (8), la réussite dépend de la manière dont les membres combinent leurs contributions. C'est le cas d'une décision collective par exemple, ou de tout problème dont on attend une solution consensuelle. Alors, il arrive que la réussite du groupe soit meilleure que la réussite individuelle.

Quoi qu'il en soit, alors que les performances potentielles d'un groupe ne dépendent que de l'adéquation entre les exigences de la tâche et les ressources disponibles dans le groupe (compétences et outils), les performances réelles dépendent également de la bonne volonté des participants et de leur capacité à coordonner leurs contributions. Ces deux éléments, motivation et coordination sont responsables d'une certaine déperdition, de sorte que la performance réelle du groupe est plus faible que sa performance potentielle. On ne peut pas cependant en conclure que le groupe est toujours moins performant que l'individu qui travaille seul, car le résultat du travail de groupe ne résulte pas de la seule agrégation des contributions individuelles. Une discussion de groupe par exemple peut permettre l'accessibilité à des idées ou à des raisonnements qu'on n'aurait pas découverts seul.

D.O.

---

1. N. Triplett, « The dynamogenic factors in pacemaking and competition », *American Journal of Psychology*, 9, 1897.
2. R.B. Zajonc, « Social facilitation », *Science*, 149, 1965.
3. M. Ringelmann, « Recherches sur les moteurs animés : travail de l'homme », *Annales de l'Institut national agronomique*, 2e série, 12, 1913.
4. K.D. Williams, S. Harkins, B. Latané, « Identifiability as a deterrent to social loafing : two checking experiments », *Journal of Personality and Social Psychology*, 40, 1981.
5. W.K. Jr. Gabrenya, Y.E. Wrang, B. Latané, « Social loafing on an optimizing task : Cross-cultural differences among Chinese and Americans », *Journal of Cross-cultural Psychology*, 16, 1985.
6. N.L. Kerr, « Motivation losses in small groups : A social dilemma analysis », *Journal of Personality and Social Psychology*, 45, 1983.
7. *Cf.* en particulier la célèbre recherche de M.E. Shaw : « Comparison of individuals and small groups in the rational solution of complex problems », *American Journal of Psychology*, 44, 1932.
8. Cette typologie est celle proposée par I.D. Steiner : *Group Processes and Productivity*, New York Academic Press, 1972.

dans un contexte stressant, sous la direction d'un leader autoritaire et partial. Dans ce cas, les opinions minoritaires ont du mal à s'exprimer, le conformisme aux idées les plus évidentes et à celles des membres les plus en vue domine. La recherche du consensus à tout prix prime sur tout le reste, et aboutit à un comportement moutonnier, qui inhibe l'esprit critique, l'indépendance de pensée, et la recherche d'alternatives pourtant nécessaire à une décision rationnelle. C'est en analysant le compte rendu de prises de décisions qui se révélèrent catastrophiques, comme celles qui aboutirent à la destruction de la flotte américaine à Pearl Harbor, à l'escalade de la guerre au Viêt Nam ou à l'invasion de la baie des Cochons, que le psychologue social américain Irving L. Janis (11) identifia ce phénomène, caractérisé en particulier par la limitation de la recherche d'informations, l'évitement du débat et l'autocensure.

Comme la prise de décision en groupe correspond à une convergence finale à partir d'une relative diversité des positions de départ, de nombreux chercheurs (12) ont proposé des modèles susceptibles de permettre des prédictions, en fonction de la distribution des opinions initiales et des règles décisionnelles adoptées. Les plus courantes de ces règles procèdent soit de l'unanimité, soit de la majorité, soit de l'évidence de la vérité. Dans ce dernier cas, c'est la rigueur de la démonstration qui est valorisée, et non le nombre de personnes qui partagent le point de vue. Cette règle – «la vérité l'emporte» – est en particulier de mise quand la décision concerne un problème bien défini qui n'admet qu'une seule solution.

Pour les autres types de problèmes, c'est souvent la règle de la majorité qui prime, bien qu'elle implique, comme on vient de le voir à propos de la pensée de groupe, bien des inconvénients. La règle d'unanimité, qui implique que les participants adhèrent réellement à la solution proposée et ne se contentent pas de s'y plier, favorise le débat entre des positions divergentes. Dans ce cadre, la minorité peut s'exprimer et amener les autres participants à prendre en compte des options concurrentes. Or, l'existence de dissensions et le traitement de celles-ci par le débat améliorent la qualité des décisions, car elle oblige à examiner les différentes facettes d'un problème, et à ne pas cantonner la réflexion dans des démarches de confirmation des premières et plus habituelles idées… qui ne sont pas forcément les meilleures !

Quand on pense aux jurys d'assises et aux règles qui président à leurs délibérations, ces remarques prennent toute leur importance. Dans une expérience, des étudiants durent, comme dans les jurys, juger de l'innocence ou de la culpabilité d'une personne accusée de meurtre. Mais certains groupes avaient pour consigne d'adopter la décision à l'unanimité, les autres à la majorité des deux tiers. Les jurys qui devaient aboutir à un verdict unanime examinèrent

11. I.L. Janis, *Victims of Groupthink*, Houghton-Mifflin, 1972.
12. J.H. Davis, «Social interaction as a combinational process in group decision», dans H. Brandstatter, J.H. Davis et G. Stocker-Kreichgauer (dir.), *Group Decision Making*, Academic Press, 1982.

les dossiers plus longuement et scrupuleusement que les autres.

Bien que le sens commun considère souvent que les décisions de groupe sont plus prudentes et conservatrices que les décisions individuelles, ce n'est pas toujours le cas. Dans certaines circonstances, en particulier quand la diversité des points de vue de départ correspond malgré tout à une même orientation normative, et quand les participants se sentent impliqués par l'objet de la décision et s'engagent sans réticence dans la discussion, les décisions de groupes peuvent être plus risquées et extrêmes que la moyenne des positions individuelles initiales. On observe alors une radicalisation de la tendance de départ. Les chercheurs (13) s'en sont rendus compte en comparant les décisions prises sur une même question par des sujets ayant réfléchi d'abord seuls, puis en groupe. Cette extrémisation des positions, connue sous le nom de « polarisation », a reçu trois principaux types d'explication, en fonction de trois perspectives théoriques :

– la théorie des arguments persuasifs (14) : puisque les participants penchent au départ pour une position, ils vont avoir tendance à développer des arguments à l'appui de cette position. Chacun va donc découvrir dans la bouche des autres de nouveaux arguments en faveur de sa position ;

– la théorie de la comparaison sociale (15) : les participants, toujours avides d'approbation sociale, n'hésitent pas à accentuer leur point de vue lorsqu'ils réalisent qu'il est partagé ;

– la théorie de l'autocatégorisation (16) : les participants réagissent, non à partir de leurs préférences personnelles, mais en tant que membres du groupe. Ils adoptent la position qui leur paraît la plus prototypique dudit groupe. Celle-ci est souvent plus extrême que la moyenne des positions individuelles, puisqu'elle se définit notamment pour se différencier d'autres groupes.

En jetant toute la lumière sur les effets de radicalisation que peut avoir l'interaction groupale, la découverte de la polarisation aide à comprendre que les situations de groupe puissent aboutir au pire comme au meilleur. En effet, et l'actualité nous le rappelle tous les jours, les groupes peuvent générer des débordements violents et destructeurs, mais aussi des comportements de dévouement et de solidarité admirables.

Encore faut-il bien voir que dans un groupe, c'est essentiellement en tant que membres que les individus réagissent, en fonction des normes, des valeurs, des représentations qui y sont à l'œuvre. Et celles-ci sont grandement affectées par les rapports intergroupes et les processus de différenciation mutuelle qui s'y déploient.

Appartenance et identité

Il est frappant de voir combien la normativité des groupes contribue à l'uniformité des conduites. Ce que pensent, ce que disent, ce que font les membres

13. S. Moscovici et M. Zavalloni, « The group as a polarizer of attitudes », *Journal of Personality and Social Psychology*, n° 12, 1969.
14. E. Burstein et A. Vinokur, « Persuasive argumentation and social comparison as determinants of attitude polarization », *Journal of Experimental Psychology*, n° 13, 1977.
15. G.S. Sanders et R.S. Baron, « Is social comparison irrelevant for producing choice shifts ? », *Journal of Experimental Social Psychology*, n° 13, 1977.
16. J.-C. Turner, *Social Influence*, Open University Press, 1991.

des groupes auxquels nous appartenons ou auxquels nous nous référons exerce incontestablement une grande influence sur nos propres choix. Est-ce à dire que la vie de groupe correspond forcément à une sorte d'embrigadement plus ou moins forcé ou consenti, et à une dépersonnalisation ? La première réponse qui s'impose est évidemment de rappeler que, si les autres nous influencent, nous influençons aussi les autres ! Et que si les groupes façonnent les gens en leur imprimant leur mode de faire et de pensée, ils sont aussi produits par eux. Par ailleurs, c'est la connaissance d'un phénomène qui permet de se prémunir de ses aspects éventuellement néfastes. Ainsi, l'étude des groupes a mis en évidence que la meilleure façon d'éviter les inconvénients de la pression à la conformité, consiste à favoriser le doute, la réflexion, l'esprit critique, en particulier par l'acceptation des points de vue minoritaires.

Cela dit, l'adhésion à des normes communes n'a pas que des aspects négatifs. Elle facilite non seulement les rapports avec les autres, car les normes partagées fournissent un cadre de référence commun, mais elle permet aussi d'entreprendre des actions salutaires, impossibles à accomplir seuls, et de construire des rêves de lendemains meilleurs. Et sans cette capacité à imaginer un futur, il est difficile de s'investir dans le présent et d'y exister autrement que par la violence ou dans l'apathie. Enfin, l'intégration dans des groupes et l'appartenance catégorielle participent de la définition de soi qu'élabore l'individu. Dans cette perspective, la dépersonnalisation, qui est certes un des processus qui sous-tend les phénomènes de groupe, n'implique rien de négatif. Elle ne correspond pas en effet à une perte d'identité mais à un changement d'optique. En effet, en groupe, notre appartenance se transforme en levier de nos pensées et de nos actions. Et pour chacun de nous, être membre d'un groupe n'est pas secondaire, mais au contraire constitutif de notre identité.

Trois modèles de formation des groupes

Les psychologues sociaux se sont longtemps demandé ce qui poussait les gens à s'affilier à des groupes. Trois types de réponses ont été apportés.

• Le modèle utilitaire : on se sert des groupes pour combler certains besoins.

Selon cette approche, l'affiliation à un groupe permet de satisfaire certains besoins. Dans de nombreuses situations insatisfaisantes ou menaçantes, nous recherchons l'appui des autres, pour nous sentir moins impuissants, plus en sécurité. En 1959, le psychologue social américain Stanley Schachter a pu mettre en évidence que l'affiliation est en particulier un remède contre l'anxiété. Dans son expérience, des étudiantes apprirent d'un prétendu médecin (un compère de l'expérimentateur) qu'elles allaient participer à une recherche sur les réactions aux chocs électriques. A certaines, il était précisé que ces chocs seraient douloureux, à d'autres au contraire, qu'ils seraient très légers et indolores. A toutes, on annonçait une petite attente, le temps que l'on prépare la salle. Voulaient-elles attendre seules ou avec d'autres, elles n'avaient qu'à le préciser par écrit. Bien entendu, l'expérience s'arrêta là ! 63 % des étudiantes mises en condition de forte anxiété choisirent d'attendre avec les autres, 33 % seulement dans l'autre cas.

De nombreuses recherches ont porté sur l'existence d'un besoin d'affiliation proprement dit, dû à la nécessité d'éviter l'isolement et d'avoir des contacts avec les autres. Les gens ont des besoins sociaux à satisfaire, et les groupes pour cela leur sont utiles.

• Le modèle de la cohésion sociale : on s'aime, alors on forme un groupe.

Selon ce modèle, l'attraction interpersonnelle est l'élément déterminant dans la formation des groupes. Plus l'attrait est grand, plus le groupe est cohésif. Mais la cohésion est une propriété variable. Certains groupes sont plus cohésifs que d'autres et le même groupe peut être plus ou moins cohésif selon les circonstances. On a pu mettre en évidence que la cohésion fait baisser le *turnover*, et rend la participation au travail du groupe plus active, qu'elle augmente le moral et la satisfaction. En revanche, même si on a longtemps cru et parfois mis en évidence que la cohésion améliorait le rendement des groupes, ce n'est pas toujours le cas, et on ne peut donc conclure à l'existence d'une liaison toujours positive entre cohésion et rendement.

Un des effets les plus criants de la cohésion dans un groupe, c'est qu'elle accentue la conformité aux normes du groupe, pour le meilleur... et pour le pire. En s'appuyant sur la conformité particulièrement forte des groupes cohésifs, il est possible de provoquer des changements dans les habitudes de leurs membres. On peut les amener à renoncer à leurs préjugés, à acquérir un nouveau style de vie, à changer de comportement alimentaire, dans la mesure où les changements prônés correspondent à ce qui est valorisé dans le groupe.

• Le modèle de l'identification sociale : on est membre d'un groupe, alors on s'aime.

Cette approche implique une critique de la définition de la cohésion en termes d'attraction interpersonnelle. Leurs auteurs estiment que l'attraction pourrait bien n'être qu'un épiphénomène, une conséquence d'un processus plus fondamental. Leurs arguments s'étayent sur les théories de l'identité sociale et de l'autocatégorisation, qui les amènent à affirmer que la question au départ de la formation des groupes n'est pas *« est-ce que j'aime ces gens ? »* mais *« qui suis-je ? ».* Autrement dit, la formation des groupes a une base perceptive et cognitive, et non pas affective. Je m'autocatégorise comme membre d'une famille nombreuse, comme étudiante, comme membre d'un orchestre. Ces catégories constituent des éléments importants du concept de soi et précisent les attributs d'une catégorie, ce qui est prototypique de cette catégorie, et à partir de quoi je m'évaluerai et évaluerai les autres. Cette analyse aboutit à distinguer l'attraction interpersonnelle fondée sur les particularités personnelles (je la préfère parce qu'elle est si gaie) à l'attraction sociale fondée sur la prototypicalité (en tant que membre de ce groupe d'alpinistes qui valorise l'endurance, j'ai un penchant pour lui, le plus endurant de nous tous). On voit qu'alors, l'attraction interpersonnelle ne s'avère plus nécessaire à la formation d'un groupe et au développement de sa cohésion. Celle-ci est le fruit de l'identification sociale de plusieurs personnes à un même groupe. L'ordre des choses est alors inversé, on ne formerait pas des groupes avec des gens que l'on aime, on aimerait les gens qui font partie des mêmes groupes que nous. Ainsi, en voyage dans un pays étranger, il a pu vous arriver d'éprouver de la sympathie pour des personnes sans rien connaître d'elles, du simple fait que vous avez reconnu qu'elles étaient, comme vous, françaises.

Pour en savoir plus

S. Guimond, « Les groupes sociaux », dans R.-J. Vallerand, *Les Fondements de la psychosociologie*, Gaëtan Morin Editeur, 1994.

Philippe Cabin*

LES RITUELS DE L'ENTREPRISE**

La vie de l'entreprise est ponctuée de multiples cérémonies et pratiques rituelles : « grand-messes » d'entreprise, procédures d'admission, pots de départ en retraite, bizutages, signes de reconnaissances, jargons... L'interprétation de ces phénomènes éclaire les dimensions cachées de l'activité humaine au travail.

Les rites (ou rituels) constituent une catégorie du sens commun. On parle de rituels à propos de multiples événements, y compris les plus banals : la poignée de main, la réunion... En outre, l'adjectif « rituel » a souvent une connotation péjorative, désignant quelque chose de répétitif, de routinier et vide de sens.

Nous distinguerons par commodité, deux acceptions. Un rite, c'est en premier lieu une pratique ou une cérémonie coutumière formalisée et réglée, de nature sacrée ou symbolique : le défilé du 14 juillet, la messe, la remise des Césars, un procès. A la suite des travaux de chercheurs se penchant sur les processus de communication et d'interaction, dont le plus célèbre est Erving Goffman, la définition du rite s'est élargie à celle d'activités organisées et codifiées ayant une fonction de reconnaissance, d'identification et de communication, et indispensables à la vie sociale : anniversaires, fêtes, formules de politesse, gestes signifiants...

On peut donc affirmer, armé de ces précisions terminologiques, que le rite constitue une catégorie universelle qui se manifeste non seulement dans l'univers du sacré, des croyances mais également dans le monde séculier, public ou privé. Toutes les manifestations de la vie moderne en sont ponctuées. Bernard Denni propose ainsi une interprétation du vote s'appuyant sur le dualisme

* Journaliste scientifique au magazine *Sciences Humaines*.

** *Sciences Humaines*, n° 31, août/septembre 1993.

sacré/profane, analysé notamment par Durkheim (1). La mise en rapport des gouvernés avec le domaine sacré du pouvoir est une opération délicate qui réclame des précautions : d'où la ritualisation. Le vote est le moment où l'électeur pénètre dans l'espace du pouvoir : c'est pour cela que la procédure est codifiée et solennelle. De même, Marc Abèlés propose une analyse de l'ascension de la roche de Solutré par François Mitterrand, interprétée comme un rite de régénération (2). Les spectacles sportifs et musicaux, notamment les concerts de rock sont également des cérémonies ritualisées et ordonnancées (3).

Rites de passage et rites d'initiation

L'entreprise n'échappe pas à la logique de la ritualisation, même si les formes en sont moins spectaculaires : elle est une communauté d'individus qui n'a pas seulement besoin de dégager des bénéfices. Il faut également que les gens puissent cohabiter et travailler ensemble, alors qu'ils ont des intérêts divergents et d'autres sphères de motivation. Le rite est un élément constitutif du système de croyances, de normes et d'adhésion qui permet au groupe de coopérer.

Les rites ont fait l'objet de multiples classifications et nomenclatures. La catégorie des rites de passage a été théorisée par l'anthropologue Arnold Van Gennep (4). Tout individu passe par plusieurs statuts au cours de sa vie et les transitions sont marquées par des rites : la naissance, l'entrée dans l'âge adulte, le mariage, la mort sont l'objet de rites de passage. On retrouve ce type de manifestations dans les organisations modernes. L'entrée et la réussite dans les grandes écoles sont ainsi scandées par des rites de passage. L'énarque en franchit trois : le concours qui sépare le lauréat de ceux qui échouent, le stage en milieu professionnel où il entre dans la peau du personnage, la procédure ultime de classement (5). L'« usinage » désigne l'ensemble des rites d'initiation auxquels est soumis le jeune ingénieur des Arts et Métiers (6). Les procédures d'admission ou de sortie dans les écoles (par exemple le « Grand Oral » de Sciences-Po ou de l'ENA) et dans les entreprises (entretien, passages de tests psychométriques ou de tests en situation, stages) sont finement formalisées dans le temps et dans l'espace.

Les rites d'intégration relèvent d'une logique voisine. Il s'agit de faire naître ou de revitaliser les sentiments partagés afin de lier les membres du groupe, de promouvoir la cohésion et l'adhésion de tous aux buts de l'organisation. Ce sont les dîners d'entreprise, les pots. Mais ce sont aussi les « messes » d'entreprise : tel ou tel grand groupe qui loue le

1. B. Denni, « Participation politique et démocratie », Thèse d'Etat, IEP Grenoble, 1986.
2. M. Abélès, *Anthropologie de l'Etat*, Armand Colin, 1990.
3. Analysant les matches de football à Marseille, Milan et Turin, C. Bromberger identifie quatre lois présidant à la mise en scène de ce spectacle sportif : identification, territorialisation, symbolisation, ritualisation : C. Bromberger, « Pour une ethnologie du spectacle sportif », dans G. Althabe et al., *Vers une ethnologie du présent*, Editions de la Maison des sciences de l'homme, 1992.
4. A. Van Gennep, *Les Rites de passage*, E. Noury, 1909.
5. I. Bellier, « Regard d'une ethnologue sur les énarques », *L'Homme*, janvier/mars 1992.
6. D. Cuche, « La fabrication du "Gadz'arts", Esprit de corps et inculcation culturelle chez les ingénieurs Arts et Métiers », *Ethnologie française*, XVIII (1), 1988.

Zénith ou Bercy pour un grand show d'autocélébration. Ces pratiques sont sans doute celles qui se rapprochent le plus du rite au sens premier du terme. Les rites de mise en valeur, célébrations publiques des réalisations de certains salariés, désignent les comportements valorisés par l'entreprise et jouent ainsi le rôle de mécanismes de renforcement. Dans certaines firmes américaines les ouvriers reçoivent des «bons points». Une cérémonie annuelle récompense les meilleurs employés dans ce qui constitue une forme moderne du stakhanovisme.

Rites et culture d'entreprise

La célébration de la «culture d'entreprise», la valorisation d'une éthique communautaire dans l'entreprise et la vogue du management participatif ont ancré la conviction, chez les managers, qu'il fallait gérer les esprits autant que les corps. Cette nouvelle idéologie a généré des formes spécifiques de rituels. Denis Guigo a analysé les ressorts du management participatif, en se penchant sur son application dans une usine de construction automobile (7). La gestion participative fondée sur l'adhésion des employés peut être appréhendée comme cadre rituel, en relevant trois dimensions clés constituées par les rapports au savoir, au temps et au sacré. Dans les ateliers observés, ces trois dimensions opèrent pleinement. Le détour par l'ethnologie des grands rituels classiques offre ainsi un nouvel éclairage : les rituels participatifs tentent en somme de construire, rouage après rouage, ce que le courant managérial actuel de la «culture d'entreprise» suppose *a priori* : la cohésion de tous les membres d'une entreprise autour des objectifs énoncés par les dirigeants.

Cette dernière remarque pose la question de la «fabrication» de la communauté et du caractère artificiel de certains rituels. Par l'analyse comparative de plusieurs firmes, Omar Aktouf apporte des éléments de réponse (8). Trois entreprises retiendront ici notre attention. Dans la première, une firme algérienne de forage pétrolier en voie de réorganisation, l'auteur observe une «perte d'identité par changement» : nostalgie sur les «origines», légende du «dirigeant-créateur», dénonciation de la disparition des rituels liés au métier (déménagement de sonde, fin de forage). La deuxième entreprise est un organisme financier dans lequel les dirigeants développent des pratiques et un discours de management participatif : «communication», «concertation», «culture de la complexité» sont les maîtres mots. Mais les résultats ne sont pas à la hauteur des ambitions de la direction : les très nombreuses cérémonies et réunions agacent et sont vécues comme des rituels creux. On se trouve ici dans le cas d'un discours «identité et culture d'entreprise» de type incantatoire, sans liens avec la réalité. La troisième firme observée est une fabrique de pâte à papier. On y décèle : un ensemble de rites d'initiation soigneusement et spontanément observés par

7. D. Guigo, «Tous pour un ? Ethnologie de l'entreprise participative», communication au Colloque «Le métier de dirigeant : son passé, son présent, son avenir», HEC Montréal, 15-19 juin 1992.

8. O. Aktouf, «Le symbolisme et la "culture d'entreprise"», dans J.-F. Chanlat (dir.), *L'Individu dans l'organisation*, Presses de l'Université de Laval et Eska, 1990.

les employés, une légende enracinée et colportée de création et de héros créateur, de nombreuses anecdotes confirmant la « mythologie » des héros fondateurs et dirigeants, de multiples cérémonies, assidûment suivies, pas de discours « culture d'entreprise ». Les cérémonies ne sont pas ici ressenties comme des corvées ; au contraire, on y revit toutes les légendes et anecdotes colportées à propos des patrons. O. Aktouf précise que cette dernière entreprise connaît un degré de motivation élevé, une productivité et des résultats financiers exceptionnels.

Que conclure de cette analyse ? Essentiellement que les rites doivent faire sens. Le rite et le discours doivent être cohérents avec les conditions réelles d'existence des gens. Les attitudes, croyances, valeurs, symboles, ne viennent qu'après : ils sont générés, alimentés et entretenus par les éléments matériels. Selon O. Aktouf : *« Il n'y a que les dieux et les immanences transcendantes qui soient en mesure d'imposer à l'homme des symbolismes désincarnés ou des credos dont l'essence n'est que pure spiritualité. »*

Métiers, traditions, cultures nationales

Les rites peuvent émaner d'autres instances de légitimation. Il existe de nombreux rituels liés au métier et à sa tradition. Des corporations marquent ainsi leur identité et leur territoire : c'est le cas des médecins, des magistrats, des universitaires, des militaires. Dans l'industrie, des métiers à forte identité comme la sidérurgie, la mine, le chemin de fer produisent toute une série de rituels et de jargons. Le chantier naval fait partie de ces milieux professionnels. Le lancement d'un navire est un bon exemple de cérémonie minutieusement ordonnancée (9). Le rituel ouvrier est distinct de l'ensemble de la cérémonie (public, personnalités…) car il est fait de connaissances et de dispositifs techniques : la manœuvre consistant à déclencher l'ébranlement d'un monstre de plusieurs centaines de tonnes est une opération délicate. Le savoir-faire et la tradition techniques sont ici étroitement liés à la ritualisation.

Le rite est aussi influencé par les cultures nationales et locales. La façon de s'adresser à ses subordonnés, de conduire une réunion ou un projet diffère d'un pays à l'autre. Dans l'étude qu'il a menée dans trois pays, Philippe d'Iribarne a mis en évidence trois manières radicalement différentes de penser et de gérer les rapports sociaux dans l'entreprise : en France, ils sont régulés par une logique de l'honneur ; aux Etats-Unis, ils s'opèrent sur le mode de l'échange marchand et du contrat ; aux Pays-Bas, ils se fondent sur une véritable religion du consensus. Il montre, par exemple, comment l'affrontement verbal, mal admis dans une entreprise néerlandaise, est considéré comme normal dans une usine française. Mais l'intensité et la durée des « engueulades » restent en principe dans des limites strictement ritualisées (10).

9. Y. Guin, « Culture et rituels ouvriers. Les lancements de navires en Basse-Loire, XIXe et XXe siècle », *Ethnologie française*, n° 2, 1984.
10. P. d'Iribarne, *La Logique de l'honneur*, Seuil, 1989.

L'insulte comme signe de connivence

Cette observation nous amène à la seconde acception de la notion de rite, celle qui désigne les rites d'interaction, pratiques et gestes quotidiens qui régissent les relations humaines. Ces manifestations apparemment banales n'en ont pas moins une importance capitale. Des sociolinguistes ont montré comment, dans des groupes, l'usage rituel d'insultes joue en fait un rôle de maintien de la complicité. La façon de s'adresser à ses collègues, supérieurs ou subordonnés est structurée par toute une série de déterminants : hiérarchie, sexe, existence d'une connivence extérieure à l'entreprise, culture nationale... D. Guigo a étudié les termes d'adresse dans un bureau. La typologie qu'il a construite (tutoiement/vouvoiement, usage du prénom, usage du nom, usage de « Monsieur » ou « Madame »), lui a permis de mettre en évidence les logiques à l'œuvre dans ce jeu. Au total, conclut-il, *« le jeu de la "bonne distance" semble bien être un des outils fondamentaux des membres des organisations »*. (11)

Les salariés bricolent des contre-rituels

L'observation des entreprises révèle aussi que les individus cherchent à préserver leur identité et échapper à l'ordre symbolique imposé par l'entreprise : on constate une multitude de micro-rituels parallèles bricolés par les acteurs. Noëlle Gérôme a réalisé deux études de terrain qui illustrent cette dimension cachée de l'activité rituelle : l'une dans un dépôt de bus à la RATP, l'autre dans une usine de conception de prototypes d'avions et d'équipement aéronautiques de la compagnie Dassault-Bréguet (12). L'inventaire de ces rituels témoigne d'une diversité étonnante. Il y a des rites calendaires : repas précédant les congés de Noël, galette des rois. Il y a des rites occasionnels, qui marquent les événements importants de la vie de l'entreprise et des salariés : promotion, mariage d'un collègue, enfant, départ en retraite... L'auteur souligne que ces cérémonies ont souvent un double visage : un rite officialisé par l'institution (le pot, le discours, le cadeau) et un « contre-rituel » au cours duquel le salarié honoré continue à fêter l'événement avec ses collègues les plus proches, et où le groupe tourne en dérision la cérémonie officielle. Au discours officiel correspond un discours allégorique qui célèbre d'autres exploits que la compétence professionnelle. On ne saurait trop souligner l'importance de la dérision et de l'humour dans la vie du groupe professionnel : blagues et anecdotes croustillantes font partie des exutoires qui permettent de supporter le quotidien. Chaque secteur d'activité, au sein d'une même entreprise, peut produire des formes différentes de rituels. Ainsi, dans l'usine Dassault, quand un chaudronnier a cinquante ans, ses collègues lui offrent une rose avant d'arroser cet anniversaire ; alors que dans les

11. D. Guigo, « Les termes d'adresse dans un bureau parisien », *L'Homme*, juillet/septembre 1991.
12. N. Gérôme, A. Guiche, « Un village éclaté : le dépôt Floréal. Une étude ethnologique des pratiques culturelles dans un dépôt d'autobus », RATP, Projet Réseau 2000, Recherche financée par le ministère de la Recherche, 1987 ; N. Gérôme, « Les rituels contemporains des travailleurs de l'aéronautique », *Ethnologie française*, n° 2, 1984.

bureaux, on offre à l'intéressé des fraises et du sucre, afin qu'il puisse publiquement et solennellement « sucrer les fraises ».

N. Gérôme relève également des rites d'initiation qui relèvent de la pratique du bizutage : on plonge les jeunes nouveaux arrivés dans des bacs d'eau, on les peint, on « plâtre » leur caisse à outil... Autre élément intéressant, la « perruque » : ce terme désigne le bricolage durant le temps de travail, à l'occasion d'un anniversaire ou d'un départ en retraite, d'un cadeau artisanal qui accompagne ou remplace, en le personnalisant et en lui donnant une dimension plus affective, le traditionnel cadeau acheté.

Ainsi, sans qu'on n'y accorde grande attention, les rites rythment la production et l'existence des individus dans l'entreprise, structurent et reflètent les rapports sociaux, participent à la mobilisation et au conditionnement des salariés, et offrent des dérivatifs. Dès lors, comment interpréter ces phénomènes ? Pour Pierre Bourdieu, ils sont un élément du système de légitimation symbolique de l'ordre établi : *« Parler des rites d'institution, c'est indiquer que tout rite tend à consacrer et à légitimer (...); ou ce qui revient au même, à opérer solennellement (...) une transgression de l'ordre social et de l'ordre mental qu'il s'agit de sauvegarder à tout prix. »* (13) Il met à juste titre l'accent sur le caractère performatif du rite. Mais une telle approche évacue un peu rapidement la fonction de production de sens. La démarche anthropologique montre à quel point la dimension symbolique pèse sur les comportements humains, pas seulement en terme d'inculcation, mais aussi en terme de communication, d'échange, de préservation de territoires et d'identités. Nous l'avons vu, il n'y a pas que des rites marquant l'appartenance à l'institution. Nombreux sont ceux qui traduisent des références à des identités transversales (affinités personnelles, politiques, syndicales, de métier...), et la volonté de se préserver de l'emprise de l'organisation. Si les exemples que nous avons évoqués mettent en évidence le conditionnement des salariés au travail, ils expriment aussi la diversité des systèmes d'identification. Les rites sont au cœur du va-et-vient permanent des individus entre intégration et différenciation.

13. P. Bourdieu, « Les rites d'institution », *Actes de la recherche en sciences sociales*, n° 43, juin 1982.

A lire sur le sujet

- « Ethnologie de l'entreprise », *Journal des Anthropologues*, n° 43-44, mai 1991.
- J. Cazeneuve, *Sociologie du rite*, Puf, 1971.
- E. Goffman, *Les Rites d'interaction*, Editions de Minuit, 1974.
- D. Guigo, *Ethnologie de la vie de bureau*, L'Harmattan, 1994.
- E.T. Hall, *La Dimension cachée*, Seuil, coll. « Points Essais », 1978.
- J. Maisonneuve, *Les Rituels*, Puf, coll. « Que sais-je ? », 1988.
- E. Marc, D. Picard, *L'Interaction sociale*, Puf, 1989.
- A. Monjaret, *La Sainte-Catherine. Culture festive dans l'entreprise*, CTHS, 1997.
- D. Picard, *Du code au désir*, Dunod, 1983.
- R. Sainsaulieu, *L'Identité au travail*, Presses de la FNSP, 1977.

LE SAVOIR, LE TEMPS ET LE SACRÉ

ENTRETIEN AVEC DENIS GUIGO*

La plupart des pratiques et des dispositifs de management ont une fonction de rite et de consolidation du groupe.

***Sciences Humaines* : Le terme de rite connaît un usage commun très large. Mais le concept de rite, si nous l'entendons dans son acception anthropologique, est-il pertinent pour décrire le fonctionnement d'une organisation moderne ?**

Denis Guigo : Le terme de rite est utilisé dans deux sens distincts : un sens faible d'acte machinal plus ou moins automatique (la poignée de main du matin…), et un sens fort pour les cérémonies dans lesquelles le participant s'engage bien davantage (la messe, la commémoration au monument aux morts…). Les deux sens peuvent s'appliquer aux organisations modernes mais c'est dans la seconde acception – une cérémonie, un grand rituel – que l'approche ethnologique apporte un regard particulièrement novateur, notamment pour répondre à la vieille interrogation sur le consentement des dominés à l'ordre qui les gouverne, une question déjà posée par La Boétie dans le *Discours de la servitude volontaire*. En effet, c'est sans doute parce que certains systèmes de management moderne (gestion participative, qualité totale…) construisent de véritables rituels que les salariés entrent dans le jeu de l'entreprise, d'une manière que ni l'appât du gain, ni la contrainte patronale n'expliquent totalement.

***SH* : Comment caractériser ces rituels d'entreprise ? Ont-ils les mêmes fonctions que dans les autres institutions (religion, famille…) ?**

D.G. : On s'accorde en général pour donner au rite une fonction première de cohésion du groupe ; il joue en effet ce rôle dans l'entreprise, en soulignant la frontière qui sépare le groupe du monde extérieur (les séminaires initiatiques des jeunes cadres…) et en rappelant la place de chacun dans l'ordre établi (les subordonnés écoutent les chefs présenter les résultats annuels de l'entreprise, interpréter le passé, prophétiser l'avenir…). Pour ce qui est des dispositifs modernes de management qui pourraient être assimilés à des rituels, on y retrouve les trois axes que l'ethnologie classique a dégagés à travers des ouvrages comme *Le Rameau d'or* de Frazer, *Rank among the Swazi*, de Kuper, *The Forests of Symbols* de Turner :

* *Denis Guigo† était chercheur au Centre de recherche en gestion de l'Ecole polytechnique. Auteur de* Ethnologie de la vie de bureau, *l'Harmattan, 1994.*

d'une part le savoir, car les rituels sont exécutés par des officiants patentés et l'interprétation des résultats est une affaire de spécialistes ; d'autre part le temps, pour le découpage minutieux des cérémonies et le calendrier dans lequel elles s'inscrivent ; enfin le sacré, car un rituel s'accompagne d'invocation d'éléments transcendants (Marc Abélès a magistralement développé ces trois axes dans son *Anthropologie de l'Etat*).

En entreprise, dans certains systèmes de gestion participative, on retrouve l'articulation du savoir (les dispositifs d'évaluation des performances sont bâtis par des spécialistes...), du temps (les cérémonies régulières de suivi d'objectifs...) et du sacré (tout se fait au nom de la survie de l'entreprise, ce qui transcende le niveau individuel). Les managers se muent en prêcheurs d'une nouvelle religion de la qualité, ouverte à tous les travailleurs de bonne volonté.

***SH :* Les entreprises cherchent souvent à fabriquer de toutes pièces une « culture d'entreprise », et donc à créer artificiellement des rites. Dans quelle mesure de tels rites peuvent-ils être crédibles auprès de la population concernée ? Autrement dit, le rite peut-il être un outil de management ?**

D.G. : Si le rituel est ancré au cœur de l'entreprise, c'est-à-dire si la hiérarchie en tire une légitimité supplémentaire en animant des cérémonies (c'est la mise en scène du savoir), avec une judicieuse gestion temporelle qui lie les échéances collectives (les résultats de l'entreprise) et les temps individuels (les carrières des personnes) ; si d'autre part cela se fait sous l'égide de valeurs censées s'imposer à tous, autrement dit sacrées (la qualité, la compétitivité, la survie...), alors le système a toutes les chances de produire des effets. Mais cela ne se construit pas par simple proclamation « d'en haut », au contraire de certaines visions manipulatrices de la culture d'entreprise. Il faut que les responsables de terrain bâtissent le système patiemment depuis le bas, en agençant de manière cohérente les détails de la vie quotidienne des ateliers, afin que les grandes idées (la participation, la responsabilisation, la qualité...) s'incarnent de manière crédible dans les rouages de la gestion. Faute de quoi le rituel n'est plus qu'un théâtre, et son sens s'évanouit.

Propos recueillis par
PHILIPPE CABIN
(*Sciences Humaines*, n° 31, août 1993)

Michel Moullet*

L'ORGANISATION CLANDESTINE**

Dans l'entreprise comme dans d'autres organisations, les rapports entre personnes perturbent la belle ordonnance institutionnelle. Le regard du sociologue analyse cet agencement du formel et de l'informel, dégageant règles non dites et structures cachées.

Comme d'autres théâtres d'action, les entreprises doivent prendre en compte une large part d'informel. Comment le souci de rationalité et de performance s'accommode-t-il de cette réalité voilée et difficilement maîtrisable ? De la réponse à cette question dépend la façon de concevoir et d'engager l'action.

Il existe au moins deux représentations de l'articulation entre le formel et l'informel, très répandues chez les managers. L'une fait valoir que l'informel est marginal. Selon cette conception l'organisation rationnelle et l'exercice du management laissent place à quelques comportements parasites, mais ils n'alourdissent pas le navire et ne ralentissent pas sa marche. Une autre représentation reconnaît et valorise ces zones d'autonomie et de liberté. Elles meublent, enrobent et arrondissent l'ensemble, contribuant ainsi à donner de la souplesse. Ces deux représentations ont un point commun : elles distinguent bien les mécanismes fondamentaux de l'organisation et, à côté ou dans les interstices, les manifestations éparses de la vie informelle. Toutes les deux induisent une façon de concevoir l'action, en l'occurrence : laissons faire ce phénomène naturel diffus, nous pouvons l'ignorer.

Le regard sociologique, lorsqu'il s'attache à regarder les choses de près, enseigne tout autre chose. Au cœur de

---

* Sociologue et consultant, Associate Partner Andersen Consulting. Il a publié *Le Management clandestin*, InterEditions, 1992.

** *Sciences Humaines*, hors série n° 5, mai/juin 1994.

l'action, il nous montre à chaque fois une dynamique informelle qui touche aux mécanismes fondamentaux du fonctionnement des organisations. Citons ici trois de ces mécanismes : la division du travail, les processus de décision et les modes de gouvernement, la mesure de la performance.

L'acte premier de l'organisation

La division du travail qui découpe les responsabilités est le principe de base de toute organisation, souvent même l'acte premier d'organisation. Prenons l'exemple d'une entreprise, jeune filiale d'un grand groupe, qui développe et produit des machines industrielles en petite série. L'expérience sur chaque famille de machine est faible. Lorsque sonne l'heure de la livraison, la mise au point de la machine n'est jamais terminée. Elle se poursuivra donc chez le client. Il en résulte que l'installation et la mise au point des machines « sur site » constituent toujours une opération importante, douloureuse et coûteuse, d'autant plus que le client est plus éloigné (l'entreprise exporte 70 % de sa production). La vie n'est pas facile pour les techniciens qui se déplacent. Eloignés de leur base, ils « transpirent sur la machine » avec les ingénieurs de l'entreprise cliente, sans cesse « derrière leur dos ». Il faut travailler vite pour minimiser les indemnités de retard dues au client.

Les techniciens de mise au point sont les seuls à voir fonctionner les machines dans des conditions « industrielles ». A ce titre, ils en ont une connaissance unique, que ne partagent ni les ingénieurs ni les techniciens de développement et d'étude. La matière première utilisée par ces machines est en effet trop coûteuse pour réaliser des essais nombreux. Seuls face aux problèmes à régler, les techniciens de mise au point disposent d'une grande autonomie et doivent faire preuve de beaucoup d'initiative et d'ingéniosité. Contraints de terminer un travail qui n'a pas été achevé par le développement et par l'industrialisation, ils sont amenés à intervenir sur le « cœur » de la machine, sa partie noble, voire à en modifier les caractéristiques. Bricoleurs par nécessité, ils empiètent directement sur le rôle de la cellule développement animée par des ingénieurs spécialisés en la matière. Considérant que l'intervention des techniciens de mise au point ne doit pas dépasser certaines limites, les ingénieurs contestent avec virulence ce droit d'intervention.

Des conflits fréquents et une animosité solidement ancrée s'instaurent. La situation tourne à la guerre de position. En fin de compte, la réalité incontournable donne le dernier mot aux techniciens de mise au point et d'intervention : le client doit disposer d'une machine qui fonctionne. Voici que les acteurs principaux du développement sont les techniciens en bout de chaîne, recomposant, dans les faits et dans les cris, la division du travail au sein de l'entreprise.

La division du travail contestée

Au-delà de cet exemple qui oppose des techniciens de mise au point et des ingénieurs de développement, situés aux deux extrémités d'une même chaîne

d'activité, il faut voir plus largement le principe de la division du travail contesté par un jeu concurrentiel sur la façon de résoudre les problèmes qui se posent quasiment au quotidien dans l'action. Déjà ici l'informel et l'improvisation ne se contentent pas d'un rôle d'appoint.
La multiplication des exemples permettrait de pousser plus loin. Elle montrerait que dans les organisations on ne fait pas son lit comme on se couche et révélerait la façon dont différentes formes de division du travail telles que les organisations par fonction, les organisations en lignes, les structures matricielles, sont aménagées, voire recomposées par leurs habitants. L'exemple précédent montre une collectivité occupée à organiser et à maîtriser l'accumulation d'expérience sur des produits nouveaux pour elle.
L'exemple suivant montre comment l'informel et les liens invisibles touchent un autre mécanisme fondamental du fonctionnement des organisations : les processus de décision et *in fine* le mode de gouvernement.
Dans cette usine de maintenance et de réparation de moteurs à haute performance, l'état des différents composants est très variable. Il est impossible de spécifier les procédures de réparation de façon exhaustive : les différentes opérations, leur séquence, leur durée, sont adaptées à l'état de fatigue des moteurs et des composants. Ce travail de diagnostic est accompli par un groupe « d'inspecteurs ». Travaillant dans le cadre de contrats de longue durée avec une clientèle captive, l'entreprise se préoccupe peu de son carnet de commande et de ses prix de revient. Dans certaines limites, les clients sont davantage sensibles à la qualité du travail qu'à son coût.

Le pouvoir du planning

L'analyse montre rapidement que les inspecteurs, chargés d'examiner l'état des pièces et de définir les réparations à effectuer, se comportent en « fournisseurs de travail ». Dans une fonction où « l'œil » et l'interprétation comptent pour beaucoup, ils ont tendance à dramatiser l'état des pièces, et à maximiser le travail à réaliser par les ateliers en exploitant tout le potentiel d'intervention que peut contenir une pièce. On l'a compris, dans cette relation se joue l'alimentation des ateliers dans un contexte où la charge de travail n'est pas à son meilleur niveau.
Cette stratégie est supportable parce que les clients ne sont pas trop exigeants sur les prix des réparations. En revanche ils le sont sur les délais. Le service du planning, troisième acteur de cette coalition, joue le rôle de pivot entre les différents ateliers. Il est le seul à disposer d'une vue d'ensemble sur les flux. Sachant à chaque instant où en sont les ateliers, quel est l'état des stocks – si la pièce du moteur n'est pas prête, est-il possible d'en monter une autre appartenant à un moteur moins « pressé » de retourner chez son propriétaire ? – le service du planning minimise les temps d'attente des pièces, afin de donner aux opérateurs le temps d'intervention le plus long possible. Dans certains cas, il sait même disposer de quelques moyens d'interventions pour modifier le circuit de réparation des pièces, une prérogative qui, en principe, n'appartient qu'au

bureau des méthodes (ici non plus la division du travail n'est pas indemne). Qui gouverne dans cette entreprise ? Une coalition dominante occupée à développer un programme précis : le gonflement artificiel de l'activité. Pourquoi parler de gouvernement ? Parce que cette dynamique informelle au centre de laquelle se trouve notre coalition imprime une direction précise à cette entreprise. Il s'agit d'un système bien structuré de décisions et d'orientations de l'action. Ce système apparaît d'autant plus clairement que la volonté du management fixe une autre direction – le développement d'une dynamique commerciale – pour répondre à la baisse du carnet de commandes et s'efforce, sans succès, d'y entraîner l'entreprise. Nous voici au point de rencontre avec la résistance au changement. Cette rencontre nous permet de vérifier, s'il en est encore besoin, que la dynamique informelle touche bien aux mécanismes fondamentaux du fonctionnement de l'organisation. Elle nous permet en même temps d'aller plus loin et d'éclairer en quoi le troisième mécanisme – la mesure de la performance – est au centre des pratiques informelles.

La mesure de la performance

La résistance au changement ne se manifeste pas uniquement comme une opposition quasi physique au mouvement, tel l'âne qui refuse d'avancer. Elle se manifeste de façon beaucoup plus subtile dans la démonstration de l'inutilité du changement. Pour prouver que le changement est inutile, la première chose à faire est de montrer que la performance du fonctionnement en place est satisfaisante. A ce titre, la mesure de la performance constitue un enjeu important. Nous l'avons vu dans l'exemple précédent : l'entreprise retardera d'autant plus l'échéance de l'ouverture commerciale qu'elle arrivera à se prouver qu'elle ne manque pas de travail. Présenter une performance est un exercice consistant à mettre en valeur certains faits et à en minorer, à en occulter voire à en évacuer d'autres. Nul besoin en la matière de vastes échantillons pour affirmer que l'exercice est commun.

Parmi les innombrables façons de pratiquer cet exercice, on peut discerner quelques dispositifs assez répandus : les zones franches, les circuits de recyclage, les systèmes d'épuration. Les zones franches sont des espaces dans lesquels on peut s'affranchir des règles normalement en vigueur. Une visite plus approfondie de notre entreprise de réparations révélerait, par exemple, comment les délais de livraison des moteurs réparés font l'objet de négociations quasi ritualistes avec les représentants des clients, familiers des ateliers. D'autres excursions nous montreraient des moratoires, des opérations de recapitalisation dans des circonstances exceptionnelles qui s'affranchissent des règles habituelles auxquelles obéit la vie des affaires.

Lorsqu'il n'est pas possible de se libérer des règles, il faut trouver d'autres voies. Les circuits de recyclage en sont une. Ils visent à redonner une bonne apparence à des choses ou à des faits qui ne correspondent pas aux normes et qui ne sont pas présentables en l'état. Ils sont bien connus de tous ceux qui dans telle ou telle usine ont refabriqué des pièces en temps masqué. Plus expéditifs, les systèmes d'épuration ont pour fonction d'éliminer les effets indésirables et les contre-performances. Les sociétés de Bourse, lorsqu'elles portaient encore le nom de charges d'agents de change en fournissaient un très bon exemple. Les règles traditionnelles de confiance étaient telles que les clients avaient l'habitude de passer leurs ordres oralement, par téléphone. Lorsque l'évolution du cours se détériorait alors que les acheteurs souhaitaient, pour spéculer, se débarrasser rapidement des titres qu'ils achetaient, les charges avaient la possibilité, pour leurs meilleurs clients, d'annuler l'achat des titres en les comptabilisant sur un compte nommé « compte erreur » dont la fonction première n'était bien entendu pas celle-ci. Le preneur d'ordre évitait ainsi à son client – ou à lui-même lorsqu'il intervenait pour son propre compte – de perdre de l'argent lorsque l'évolution des cours sur le marché du règlement mensuel tournait mal.

Le jeu complexe du formel et de l'informel

De toutes ces pratiques courantes ressort une même leçon : toutes les organisations consacrent beaucoup de temps et d'intelligence à présenter une performance apparente. En d'autres termes, la mesure et la présentation de la performance, en apparence celles des activités les mieux formalisées dans les organisations, sont aussi celles qui dans les faits laissent le plus de champ aux pratiques informelles, voire clandestines. Nous voici au terme de ce rapide parcours. Quelle représentation du rapport entre le formel et l'informel nous livre-t-il ? Un jeu social complexe qui s'exprime dans l'articulation subtile et à chaque fois particulière entre trois registres d'action : les structures apparentes, la volonté managériale, les structures profondes.

Les premières concernent l'organisation formelle, la plus visible. Elles définissent la division du travail, attribuent les responsabilités, développent les procédures, planifient les actions et spécifient les outils de mesure. La volonté managériale, quant à elle, affiche les objectifs visés, les orientations souhaitées et les résultats attendus.

Les structures profondes, enfin – nous les avons appelées ailleurs « management clandestin » – constituent de puissants systèmes informels d'échange. Dans un jeu concurrentiel sur la façon de résoudre les problèmes essentiels que se pose l'organisation, ces ensembles structurés marquent non seulement le fonctionnement, mais aussi les dynamiques d'évolution des organisations qu'ils habitent.

Heurts et douleurs

L'articulation entre ces trois registres d'action n'est jamais naturelle. Elle se fait rarement sans heurts et sans douleurs, démontrant ainsi que dans la plupart de nos entreprises l'exercice du management reste encore fondamentalement, quoi qu'on en dise, un exercice d'ordonnancement et d'administration très attaché au maintien de systèmes et de structures.

L'observation des organisations les plus formalisées, les plus techniciennes, les plus « professionnelles », nous permet de rappeler cette vérité première : l'économie n'est qu'un sous-ensemble de la vie sociale. Dans l'entreprise, malgré le lourd appareillage technique et managérial, le jeu est social avant d'être économique. Au moment où la dignité des entreprises ne peut plus se fonder uniquement sur les résultats économiques, cette vérité reste très contemporaine.

« IL N'Y A PAS DE RÈGLES SANS PROJET. »

ENTRETIEN AVEC JEAN-DANIEL REYNAUD*

C'est moins le respect des règles que leur production qui constitue le ressort principal des organisations humaines. Cette activité de production des normes est constitutive de l'action collective.

***Sciences Humaines :* Vous faites de la production des normes et de ce que vous appelez « l'activité de régulation » un principe fondateur de l'action sociale. Qu'entendez-vous par le terme de régulation ?**

Jean-Daniel Reynaud : L'idée selon laquelle la réalité sociale de base est une interaction sociale réglée n'est pas originale. Elle a été défendue par toute une tradition sociologique, notamment celle de Talcott Parsons. Mon approche est légèrement différente, en ce sens que je fais l'hypothèse que les règles de cette interaction sont construites par les acteurs eux-mêmes. Autrement dit, j'étudie davantage la régulation que les règles, je m'intéresse plus à l'activité qu'à ses résultats.

Prenons maintenant la question sous un autre angle. Les analyses de la décision, par exemple la théorie des jeux, supposent des individus qui, en fonction de certaines règles du jeu, prennent des décisions. Ce que j'essaie de montrer, c'est que la modification des règles fait partie des stratégies des acteurs. Je vais prendre un exemple emprunté à Donald Roy (1). Un ouvrier est soumis à un salaire au rendement. Le bureau des méthodes lui a donné un rythme et un tarif de pièces qui lui « conviennent », c'est-à-dire qui lui permettent facilement d'obtenir des primes au rendement, et donc de gagner davantage. Il jugera probablement que si son rendement s'élève trop, le bureau des méthodes sera enclin à réviser le taux de rémunération à la baisse, pensant que celui-ci était mal estimé. L'ouvrier préférera donc s'imposer une limite de production, et donc modérer ses gains immédiats, pour ne pas courir le risque de voir le taux de rémunération baisser, ce qui à long terme aurait eu pour effet d'augmenter la cadence et de limiter son revenu. Cet exemple montre une chose très importante : on ne peut comprendre le comportement des salariés qu'à travers leur volonté de changer (ou de maintenir) les règles du jeu à leur profit.

** Professeur honoraire de sociologie au CNAM. Auteur notamment des* Règles du jeu, l'action collective et la régulation sociale, *Armand Colin, réédité en 1997, enrichi de cinq « variations ».*

***SH :* Vous dites qu'il n'y a pas de règles sans projet. Pourriez-vous expliciter et illustrer cette proposition ?**

J.-D.R. : Consentir à une règle, c'est consentir à une obligation. Il me semble que ce qui explique la contrainte d'une norme, c'est une action collective. Autrement dit les règles n'ont de sens que rapportées aux fins d'une action commune, d'un projet commun. C'est bien parce qu'elles sont liées à ce projet qu'elles sont obligatoires.

***SH :* Il y a pourtant des règles qui sont « imposées », des dogmes (par exemple on peut difficilement dire que les interdits alimentaires sont liés à un projet).**

J.-D.R. : Il est évident que nous n'inventons pas la plupart des règles que nous suivons. Mais nous ne les recevons pas passivement : il faut mobiliser la règle. Par exemple, mon voisin fume dans un compartiment non fumeur et cela me gêne. Il faut alors que je mobilise la règle : que je l'invoque, que je proteste, le cas échéant que je prenne à témoin les autres personnes ou que j'appelle le contrôleur. Autrement dit, je dois brandir la règle, sans quoi il ne se passera rien. Il y a donc bien une appropriation nécessaire.

En second lieu, la partie « héritée » des règles est inscrite dans un certain nombre de dispositifs. Dans la pratique sociale, nous manions inconsciemment un certain nombre d'« objets » (des règles juridiques, des procédés, des techniques), dans lesquels un sens est inscrit. L'analyse cognitive montre que les opérations intellectuelles sont souvent réduites à la mobilisation, sous une forme extrêmement sommaire, d'une règle sous-jacente, qui est d'autant plus forte qu'on n'en a pas conscience.

***SH :* Qu'est-ce qui fait qu'une règle est respectée ?**

J.-D.R. : C'est avant tout le fait qu'elle permet une action collective. Cela signifie deux choses : d'une part qu'elle est acceptée par les autres comme pouvant diriger cette action collective ; d'autre part qu'elle permet d'atteindre l'objet de l'action collective.

***SH :* En quoi la régulation dans l'entreprise diffère-t-elle de celle que l'on observe dans les autres univers sociaux ?**

J.-D.R. : La première différence tient au fait que, dans l'entreprise, l'élaboration des règles est extrêmement explicite. Par comparaison, dans les relations familiales, vous avez des règles, nombreuses et parfois assez strictes. Il est pourtant rare que l'on trouve nécessaire de les mettre noir sur blanc.

Seconde spécificité : dans l'entreprise, la sanction est immédiate. Par exemple, dans la production, si vous ne respectez pas les règles techniques, votre produit ne sort pas. Quant à la sanction économique, elle est, elle aussi, immédiate : c'est le bénéfice, ou le déficit, ou la faillite. Il y a donc peu d'institutions dans lesquelles la sanction soit aussi claire et aussi rapide que dans l'entreprise. A l'inverse, si vous prenez l'exemple d'une religion qui vous promet le salut, l'application de cette sanction est loin d'être évidente.

***SH :* Une des menaces souvent utilisées dans les rapports sociaux est celle qui consiste à « appliquer les règles ». Comment expliquer ce paradoxe ?**

J.-D.R. : Une règle est toujours un moyen de pouvoir. Un chef d'atelier peut dire, par exemple, à ses subordonnés : on ne va plus faire comme on procédait jusqu'à présent, on va faire exactement comme le demande la direction. Or par-delà cette menace, il y a une réalité : celle d'un écart très fort entre, d'une part, les règles affichées et explicites, et, d'autre part, les règles implicites et informelles, qui sont courantes, et souvent nécessaires dans les relations de travail. La menace d'appliquer la règle consiste donc à recourir à la règle «officielle», dont on sait qu'elle est moins acceptable pour les intéressés.

***SH :* On assimile souvent les règles à une organisation bureaucratique et contraignante. A l'inverse, l'organisation « performante » et « flexible » est davantage vue comme transparente, sans règles formalisées. Cette distinction est-elle pertinente selon vous ?**

J.-D.R. : Elle est tout à fait pertinente. Mais comme je l'ai déjà dit, derrière une relation de régulation, il y a une relation de pouvoir. La formalisation, le durcissement des règles reflètent cette relation de pouvoir. Une entreprise transparente, flexible, est sans doute plus performante, et donc souhaitable. Mais elle est beaucoup plus difficile à construire et à organiser, car on ne peut occulter la question du pouvoir. Michel Crozier dit que l'autogestion n'est pas la solution, c'est le problème. Je dirais que pour la flexibilité, c'est pareil.

Cette question de la flexibilité a été remarquablement analysée par Nicolas Dodier, dans son livre *Les Hommes et les Machines. La conscience collective dans les sociétés technicisées* (2). Il montre comment, dans le processus d'une production de boîtes métalliques, il y a une adaptation et une reconstruction constantes des règles techniques, qui permettent de traiter les problèmes au fur et à mesure qu'ils émergent. Néanmoins, N. Dodier établit une distinction claire entre ces règles techniques et les règles sociales qui sont beaucoup moins flexibles. Dans le cas des règles techniques en effet, les enjeux de pouvoir sont plus limités : quand il s'agit de production, le problème est moins le statut des personnes ou les relations de pouvoir que celui de trouver «comment on fait».

***SH :* Ne peut-on pas considérer que, dans les entreprises actuelles, l'activité de régulation telle que vous la définissez ne joue qu'à la marge, les règles fondamentales (par exemple : le système de propriété, la logique financière, le marché du travail...) étant «données»?**

J.-D.R. : J'analyse l'action sociale comme le résultat d'une volonté et d'une décision. Cette décision s'exerce dans un champ de contraintes, et, en effet, le système de contraintes actuel dans les entreprises est très pesant. Cependant il n'est pas vrai que la liberté des gens, face à ces contraintes, soit très faible. Au contraire, ils sont davantage condamnés à inventer. Prenons l'exemple de l'industrie automobile. La contrainte du marché est de plus en plus forte. Mais elle oblige les entreprises à inventer des produits. Le problème n'est plus de construire une voiture qui peut rouler; il est d'inventer le nouveau modèle qui s'imposera dans deux ans. L'enjeu central devient l'innovation et la conception des modèles.

L'analyse que l'on peut faire du marché du travail est analogue. Le constat que l'on fait souvent (insécurité, pression à la production, précarité) est indiscutable. Peut-on pour autant en conclure que la régulation n'opère plus qu'à la marge? Je pense que c'est le contraire. La nouvelle configuration incite à l'innovation. Le «marché du travail» n'est plus un marché. De plus en plus, les relations de travail se traduisent par des contrats individualisés, complexes et fragiles, même s'ils sont loin d'être toujours à l'avantage du salarié. Cette individualisation fait de la relation d'emploi un contrat plus personnalisé et plus exigeant. Un tel processus ne peut s'expliquer par un mécanisme global de marché.

***SH :* Cette individualisation n'a-t-elle pas des implications sur les formes de l'action collective?**

J.-D.R. : En effet, les types d'action collective changent; ce qui pose un problème d'adaptation pour les organisations repré-

Les règles informelles et la « logique des sentiments »

La tradition sociologique distingue dans l'organisation un système formel (ce qui est écrit dans les règlements intérieurs, dans les définitions de postes, dans les procédés...) et un système informel (relations réelles qu'est censé découvrir le sociologue). On oppose ainsi l'informel au formel comme la pratique à la règle affichée.

Pour F.J. Roethlisberger et W.J. Dickson (1), il faut plutôt considérer ces registres comme deux systèmes fondés sur une logique différente. Prenons un exemple : des ouvriers, bien que payés au rendement, font en sorte de ne pas « trop » produire. En « freinant » ainsi la production, ils ne se conduisent pas comme le voudraient les principes de la rationalité économique, mais selon la règle du groupe de leur atelier qui s'exprime selon la « logique des sentiments » : les statuts personnels, les réseaux d'amitié, les traditions professionnelles, les relations interpersonnelles et leur histoire, l'honneur et les rapports de prestige. En bref, la sociabilité, l'identité et les intérêts propres de ce groupe. La limitation volontaire et concertée de la production assure que l'équilibre interne du groupe ne sera pas perturbé par une intervention extérieure, en l'occurrence, celle de la direction.

Le système formel est pour sa part mis en œuvre par la direction. Il suit une logique du coût et de l'efficacité, soumise aux impératifs externes de la concurrence, du marché et de la productivité.

Conclusion : en ne prenant pas en compte cette logique des sentiments, ceux qui ont la charge de la logique de l'efficacité (les dirigeants) risquent de se créer des difficultés pour atteindre leurs objectifs. Ils devront donc se former à percevoir la réalité des relations entre hommes (on parlera alors des « relations humaines ») et ajouter à leurs capacités techniques et gestionnaires, l'art d'administrer (*the administrative skill*).

P.C.

1. F.J. Roethlisberger et W.J. Dickson, *Management and the Worker*, Harvard University Press, 1939.

D'après Jean-Daniel Reynaud, *Les Règles du jeu*, Armand Colin, réédition 1997.

sentatives. Pour caricaturer, je dirais que la CGT et l'UIMM avaient la même conception de la notion de marché du travail, comme phénomène économique et comme phénomène de classe. Aujourd'hui, il y a toujours des actions collectives, mais elles changent de niveau. On a de plus en plus d'actions collectives au niveau de l'entreprise, qui ne sont pas forcément cohérentes avec les intérêts d'une catégorie socioprofessionnelle ou d'une organisation représentative.

***SH :* Vous écrivez que *« le conflit ouvert représente un progrès dans la rencontre des régulations »*. Que voulez-vous dire par là ?**

J.-D.R. : Il y a souvent des situations bloquées, des impasses. Or le conflit ouvert est tout de même une sommation de faire se rencontrer les points de vue, et finalement, une obligation de trouver une solution.

***SH :* La faiblesse de la négociation ne tient-elle pas au fait qu'elle ne porte que sur les règles formelles ?**

J.-D.R. : La négociation sert à traiter un conflit, ouvert ou potentiel. En ce sens, il est vrai qu'elle doit se traduire, *in fine*, par des règles formelles. Mais il faut nuancer ce premier constat. En premier lieu, il est fréquent qu'une négociation aboutisse à des règles vagues, confuses ou incomplètes. Je lisais récemment un livre sur les relations professionnelles en Suède, qui sont pourtant réputées pour être très organisées, centralisées, etc. L'auteur constatait qu'une partie très importante des accords était extrêmement vague.
Seconde remarque : beaucoup des règles qui sont écrites dans les conventions collectives sont des règles qui ne sont pas destinées à être présentées devant un tribunal. Cela peut être choquant pour un juriste français, mais c'est pourtant la réalité dans d'autres pays. En Grande-Bretagne, la convention collective n'est pas opposable devant un tribunal. L'expression de *gentlemen's agreement*, que l'on emploie souvent, ne signifie pas que l'on est entre *gentlemen* ; elle veut dire que l'on n'a pas le droit de s'adresser à un tribunal.

***SH :* Dans *Les Règles du jeu*, vous soulignez un paradoxe : l'Etat produit de plus en plus de règles ; mais celles-ci sont de moins en moins coercitives pour les individus. Comment expliquer cette évolution ?**

J.-D.R. : En même temps que l'action de l'Etat s'étend à des domaines de plus en plus étendus et variés de la vie sociale, les moyens de son action deviennent de moins en moins contraignants. Le projet de loi sur les trente-cinq heures de durée hebdomadaire du travail offre une illustration de ce constat. La loi proposée, si elle est adoptée, exercera une contrainte très limitée, qui est de l'ordre de l'incitation. En revanche, elle ne pourra pas obliger les entreprises à embaucher (alors que c'est l'objectif affiché du projet de loi), ni même à limiter effectivement la durée du travail, puisqu'elles pourront payer les heures au-delà des trente-cinq en heures supplémentaires. Les règles produites par l'Etat sont donc de moins en moins des normes contraignantes, et de plus en plus des formes de relations « contractuelles ».

Mais il y a une seconde interprétation possible, tout au moins pour ce qui concerne la France. La centralisation a des effets de « non-réalisme » des règles. Dans *Les Règles du jeu*, je prends l'exemple de l'Education nationale. Vous avez là une organisation gigantesque, avec un encadrement très faible, et un corps de spécialistes (l'Inspection générale) qui n'a ni l'autorité, ni les moyens de jouer son rôle. Vous avez donc une machine énorme qui a peu de prises sur la réalité. Le résultat est que bon nombre de règles ne sont pas respectées, ou que d'autres ont des effets contraires aux objectifs poursuivis (par exemple le mouvement et l'affectation des enseignants).

Propos recueillis par
PHILIPPE CABIN
(*Sciences Humaines*, hors série n° 2, Mars/avril 1998)

1. D. Roy, « Quota Restriction and Gold-bricking in a Machine Shop », *American Journal of Sociology*, mars 1952.
2. Métailié, 1995.

JEAN-MICHEL SAUSSOIS*

LA FORCE DES LIENS FAIBLES**

Pour trouver un emploi, il vaut mieux mobiliser un large réseau de contacts superficiels (« liens faibles ») qu'un petit noyau de solides relations (« liens forts »). C'est la thèse de la « force des liens faibles », défendue par le sociologue américain Mark Granovetter.

LA SOCIO-ÉCONOMIE vise à saisir simultanément la dimension sociologique et économique d'un objet. La visée théorique est claire, les résultats sont encore balbutiants mais prometteurs. Des chercheurs français de toutes disciplines se sont regroupés au sein d'une association pour conceptualiser cette collision (1).

A la suite des travaux de Karl Polanyi, le sociologue américain Mark Granovetter fut l'un des premiers (2) à avoir su mettre de l'ordre entre la figure « désocialisée » de l'acteur, dessinée par les économistes qualifiés de « classiques », et la figure « sur-socialisée » de l'acteur, dessinée par les sociologues qualifiés de « déterministes ». M. Granovetter proposa la voie de recherche suivante : le comportement économique de l'acteur s'inscrit dans des microstructures sociales qui sont à comprendre comme des niveaux de médiation.

Dans ses premiers travaux (en fait, sa thèse de sociologie, intitulée *Getting a job*), M. Granovetter s'intéresse à la façon dont un individu s'y prend pour trouver un emploi. Cette question, qu'il se posait il y a vingt ans, est toujours

* Professeur à l'Ecole supérieure de commerce de Paris (ESCP). Parmi ses récentes contributions : « L'entreprise à l'épreuve du dehors et du dedans », dans P. Besson (dir.), *Dedans, dehors ; les nouvelles frontières de l'organisation*, Vuibert, 1998.

** *Sciences Humaines*, hors série n° 5, mai/juin 1994.

1. Association française pour le développement de la socio-économie, c/o Adeline Malvisi, ESCP, 79, avenue de la République, 75011 Paris.

2. M. Granovetter, « Economic action and social structure, the problem of embeddedness », *American Journal of Sociology*, n° 91, 1985.

d'actualité ! Il découvre que ce n'est pas en lisant les petites annonces que l'on trouve de l'information sur un emploi. L'information sur l'emploi disponible se déplace le long de chaînes (au sens mathématique des chaînes de Markov), de relations entre groupes de personnes.

La recherche d'emploi est inscrite (*embedded*) dans des processus sociaux qui vont largement contraindre et influer sur ses résultats. Découverte banale ? Oui, si l'on se contente de retenir que c'est par « piston », « copinage », « parrainage » ou « magouille » que l'on trouve du travail ; non, si l'on essaye de comprendre en quoi les liens domestiques développés au sein de la famille élargie jouent un rôle important sur la performance d'une économie.

La famille et la société

Deux groupes de liens sociaux seront distingués. Le groupe des liens forts, ceux que tisse l'appartenance familiale ; le groupe des liens faibles, ceux que produit le fait d'avoir des amis, des collègues, des voisins, d'appartenir à des clubs, des associations politiques, d'anciens élèves, sportives, religieuses, culturelles.

L'originalité du propos de M. Granovetter a été de montrer la force des liens faibles dans les mécanismes de recherche de l'information : l'information qui circule le long de liens faibles atteint un plus grand nombre de personnes, car la circulation est beaucoup plus fluide qu'au sein de groupes réunissant des personnes qui se connaissent et gardent l'information pour elles. Les groupes qui amplifient le mieux l'information sont les groupes constitués de membres ayant un minimum d'amis en commun. La force des liens faibles est alors de permettre à un individu de passer d'un groupe à un autre.

Ce classement liens forts/liens faibles est discutable. Il est daté et difficilement « exportable ». Reste un propos rigoureux, celui consistant à dire que ce sont les relations entre les personnes, plutôt qu'une moralité généralisée « engrammée » dans les consciences individuelles ou que des arrangements institutionnels producteurs de contrats, qui produisent de la confiance dans la vie économique. Le propos débouche sur une théorie de la médiation qui reste à construire. Yves Barel, dans ses derniers travaux, avait commencé à le faire (3).

3. Y. Barel, *La Société du vide*, Seuil, 1984 ; *La Marginalité sociale*, Puf, 1982.

Concurrence et lien social

Pourquoi des individus n'hésitent-ils pas à se piétiner pour tenter de fuir vers la sortie d'une salle de cinéma en proie aux flammes ? Parce qu'il s'agit d'un phénomène de panique collective, pourriez-vous répondre… en ajoutant d'ailleurs qu'il existe des actes d'héroïsme et d'altruisme qui viennent contredire ce constat macabre.

Si cette question est posée à un économiste qui se réclame de la nouvelle microéconomie, sa réponse sera différente. Il expliquera que chaque spectateur développe un comportement rationnel dans la mesure où il n'a aucune assurance quant au fait que son voisin sortira le plus calmement possible en attendant son tour, ce qui est la condition requise pour que tous sortent vivants. Chaque spectateur se trouve en situation de carence informationnelle.

Féru de la théorie des jeux, l'économiste dira que cette situation relève de la figure du dilemme du prisonnier avec, là, autant de prisonniers que de spectateurs. Personne ne se fait confiance, d'où une agrégation d'anticipations individuelles qui produira ce résultat dramatique.

Si vous posez la même question à un sociologue, vous obtiendrez une autre réponse. Certes, dira-t-il, la théorie des jeux permet d'étudier les comportements individuels face à un risque, mais il s'agit d'individus « décontextualisés », c'est-à-dire sans histoire, sans communication entre eux, sans interaction. D'ailleurs, ajoutera-t-il, la figure du dilemme du prisonnier n'est certainement pas opératoire lorsque ce sont les membres d'une famille qui doivent sortir d'une maison en flammes : l'entraide jouera à plein.

Mais pour l'économiste, cette histoire de salle de cinéma en flammes n'est qu'un procédé pédagogique permettant d'analyser les comportements des individus placés dans des situations moins extrêmes, telle une situation concurrentielle. S'agissant du seul comportement économique, le sociologue et l'économiste peuvent être mis dos à dos en insistant précisément sur l'importance jouée par ces groupes « affinitaires » dans le fonctionnement de l'économie.

Les liens sociaux font partie et accompagnent l'exercice du jeu concurrentiel. Les exemples abondent : dans les salles de marché, dont on pourrait supposer *a priori* un fonctionnement exemplaire, à l'image du commissaire-priseur de Léon Walras (1), on observe ce tissage de liens privilégiés entre donneurs d'ordre et opérateurs, sans pour autant parler de triche ni de clandestinité. La même observation pourrait être faite au sein des entreprises d'affrètement maritime où « *my word is my bond* » (« je suis lié par ma parole ») est une valeur partagée par ceux qui appartiennent à la communauté du « commerce au loin ». Le manquement à la parole sera sanctionné sur le plan économique et social. La confiance lie les personnes, organise la réciprocité des engagements : s'engager à recommander quelqu'un auprès d'une personne, c'est s'engager soi-même auprès de cette personne.

Les économistes diraient que le tissage de ces liens invisibles a pour effet de diminuer les coûts du comportement égoïste des concurrents. Il faudrait cependant nuancer cette remarque en observant que la confiance peut précisément générer la trahison… ce qui montre que ces liens sociaux ne sont pas normatifs. Le sociologue Amitai Etzioni propose une loi selon laquelle il existe une relation réciproque entre concurrence et liens sociaux : des liens forts vont empêcher la concurrence ; inversement, des liens distendus risquent de briser la « capsule » sociale qui la contient.

J.-M.S.

1. Voir mots clés en fin d'ouvrage.

Chapitre VIII

Culture et identité

Philippe d'Iribarne*

L'ENTREPRISE FACE À LA DIVERSITÉ DES CULTURES**

Négocier, décider ou travailler ne se fait pas de la même manière au Japon, aux Etats-Unis ou en France. Comment les grands groupes industriels s'y prennent-ils pour gérer l'interculturel ?

Il fut un temps où la pluralité des cultures ne paraissait que le legs, près de disparaître, d'un passé révolu. L'internationalisation des économies semblait capable de faire s'évanouir la diversité des mœurs au profit d'une culture planétaire, à l'exception sans doute de résidus plus ou moins folkloriques aussi peu significatifs pour la gestion des entreprises que l'usage du biniou ou la pratique de la pelote basque. Les entreprises se sentaient souvent capables d'inculquer à leurs membres de toutes origines une culture commune, suffisamment forte pour transcender les spécificités nationales. Mais le vent tourne. Plus l'expérience d'une internationalisation effective s'approfondit, plus il apparaît que la diversité des cultures résiste.

Face à cette situation, les entreprises sont souvent quelque peu embarrassées. Elles sont en quête de recettes pour gérer l'interculturel, sans trop de douleur, mais sans savoir jusqu'où elles doivent prêter attention aux différences entre cultures. Ne risquent-elles pas, à le faire, d'alimenter des stéréotypes porteurs de mésentente ? de favoriser des forces centrifuges au sein de leurs filiales étrangères ? de renoncer à un idéal d'humanité unie au-delà des frontières pour pactiser avec le poids des préjugés ? Mais, en même temps, n'est-ce pas faire l'autruche que d'ignorer des réalités

* Directeur de recherche au CNRS (Laboratoire gestion et société). Auteur de *La Logique de l'honneur*, Seuil, 1993, et de *Cultures et mondialisation* (avec A. Henry, J.-P. Segal, S. Chevrier, T. Globokar), Seuil, 1998.

** *Sciences Humaines*, n° 70, mars 1997.

dont il est difficile de croire, pour qui en fait l'expérience, qu'elles n'affectent pas la vie des entreprises ? Par ailleurs, quel type précis d'aide peuvent-elles trouver dans ces domaines ? Et, en particulier, que peuvent leur apporter la recherche et les chercheurs ? Ces incertitudes sont à la source de démarches souvent hésitantes, d'un intérêt de principe pour ces questions, qui peine à se traduire en acte.

Je chercherai ici à indiquer quel parti les entreprises qui s'internationalisent peuvent tirer des connaissances portant sur les rapports interculturels qu'apporte la recherche en sciences sociales.

Des apprentissages réciproques

Les coopérations internationales entre une maison mère et ses filiales, ou au sein d'alliances entre entreprises de divers pays, sont génératrices d'apprentissages réciproques, liés au fait de se connaître mutuellement en faisant des choses ensemble. Grâce à pareils apprentissages, des *modus vivendi* arrivent à se créer entre ceux qui ne partagent pas les mêmes conceptions du travail et de l'organisation (1). Il existe une certaine dynamique de compréhension et d'ajustements mutuels, chacun faisant des efforts pour faire quelques pas vers l'autre. Mais il ne faut pas sous-estimer les limites de cet apprentissage « naturel ». Un aspect essentiel des rapports interculturels réside dans la manière dont ceux qui sont marqués par des cultures différentes perçoivent et interprètent les faits et gestes qui les frappent chez l'autre. L'expérience montre que ces perceptions et ces interprétations sont largement marquées par une série de stéréotypes. Et ceux-ci, loin de disparaître avec l'expérience de la coopération, s'y alimentent.

Ainsi, les coopérations entre les Français et les représentants des pays d'Europe du Nord, au sens large (pays scandinaves, Pays-Bas, Allemagne, Suisse allemande) conduisent, à bien des égards, chez ces derniers, à une vision assez convergente des Français (2). Cette vision trouve pour une part sa source dans une expérience partagée de l'élaboration de projets communs avec des Français.

Un groupe de travail mixte (commission, comité, conseil, etc.) se réunit et aboutit à certaines « décisions » (nous reviendrons sur les ambiguïtés de ce terme, apparemment clair, et sur les variations du sens qu'il prend quand on passe d'un univers culturel à un autre). Les Français, une fois rentrés chez eux, voient leur hiérarchie remettre en cause les décisions ainsi prises. Leur partenaire est extrêmement choqué. Il interprète cette « mauvaise manière » en termes de soumission des Français à leur hiérarchie et de déficit démocratique. Cette interprétation leur paraît d'autant plus s'imposer qu'elle est alimentée par des travaux de comparaisons interculturelles, très populaires dans les entreprises des pays d'Europe

1. M.-Y. Brannen, J.E. Salk, « Putting Japanese and Germans together : Negotiated Culture in a German-Japanese Joint-venture », *Working Paper*, 2 février 1996.
2. Nous avons pu le constater pour notre part à propos des rapports franco-néerlandais et franco-suédois ; on le retrouve à propos des rapports franco-allemands ; voir J. Pateau, « Approches comparatives interculturelles : études d'entreprises françaises et allemandes ». Thèse, Paris-X-Nanterre, 1992.

du Nord et des pays anglo-saxons qui font voir la France comme un pays où la hiérarchie est toute-puissante, plus par exemple qu'en Iran, en Colombie ou en Turquie (3). On la rencontre aussi bien chez ceux qui sont engagés depuis peu dans une coopération avec des Français que chez ceux qui en ont une longue expérience. Pendant ce temps, les Français tendent à développer une interprétation guère plus favorable des comportements de leurs partenaires. Ils font remarquer qu'une fois une décision prise au sein d'un groupe de travail, elle est l'objet de la part de ceux-ci d'un respect religieux, même s'il apparaît par la suite qu'elle est peu raisonnable, voire stupide. Et ils tendent à opposer le caractère un peu borné qui se manifeste ainsi à l'intelligence et à la souplesse d'esprit françaises.

L'existence de ce type d'interprétation n'empêche pas de travailler ensemble. Néanmoins, elle favorise le maintien d'un climat de méfiance, associé à une vision dépréciative de l'autre. Et pareille interprétation tend à revenir au premier plan chaque fois que l'on a à gérer de fortes divergences de vue sur des terrains techniques. Elle risque fort de conduire alors à être sourd aux arguments de l'autre partie, alors même qu'il serait particulièrement important de s'entendre.

Comprendre les richesses de l'autre

C'est dans ces situations où l'expérience entretient des visions de l'autre dépréciatives et simplificatrices que l'on peut attendre le plus de recherches approfondies sur les relations interculturelles. Ces recherches permettent de comprendre tout ce que peuvent avoir de sensé les manières d'agir qui choquent. Dès lors elles peuvent alimenter très utilement la construction d'une compréhension mutuelle plus élaborée. En effet, si on se donne la peine de comprendre en profondeur les logiques qui s'affrontent dans les interactions entre cultures, les visions stéréotypées qui servent aux protagonistes à décoder les faits et gestes de leur partenaire se révèlent souvent bien caricaturales.

Reprenons l'exemple des décisions conjointes entre Français et Allemands, Suédois, etc. Une analyse attentive des processus en cause montre que ce qui est en question est avant tout une différence de conception de ce qu'est une décision. Pour des Allemands, des Suédois, etc., c'est un compromis où s'exprime la volonté de chacun de s'accorder avec les autres membres de la communauté, ainsi que le respect que chacun porte à ce qui rassemble une communauté sacralisée. Pour des Français, une décision est une confrontation d'idées, et ce sont les idées, expression de la raison, qui sont sacralisées. Il est quelque peu sacrilège pour les Allemands, Suédois, etc., de remettre en cause la décision prise par la communauté : pour des Français, il est sacrilège de sacrifier la raison à ce qui, pour être apparu acceptable à un stade provisoire de l'évolution des idées, n'en est pas plus justifié au fond. Par ailleurs, comme l'affrontement français des points de vue « fondés en raison » n'a

3. G. Hofstede, *Culture's Consequences : International Differences in Work Related Values*, Sage, 1980.

aucune raison de s'arrêter de lui-même, une décision politique, prise par une autorité, doit à un certain moment clore la discussion. Mais le fait de le reconnaître ne veut en rien dire que les Français soient, de manière générale, soumis à leur hiérarchie. D'ailleurs, il apparaît bien, au moment de les mettre en application, que les décisions prises par la hiérarchie sont, à leur tour, une base de discussion.

A partir du moment où l'on comprend ainsi les comportements « étranges » comme une expression de conceptions de l'existence et du travail marquées par des idéaux sensés, au lieu de les référer simplement à une déficience de l'autre partie (déficit démocratique ou obstination bornée), on est en meilleure position non seulement pour accepter autrui, mais aussi pour s'ajuster à lui. On devient capable de saisir de manière plus fine ce à quoi il tient réellement et ce sur quoi il sera plus facilement flexible. On peut explorer plus intelligemment les ressources des cultures étrangères comme de sa propre culture, et les marges de jeu qu'elles ouvrent à la gestion.

Que signifie le mot « retard » ?

Un aspect très important de pareille exploration porte sur la manière dont, dans une culture donnée, les comportements sont susceptibles de varier en fonction des contextes. Prenons un exemple simple : les Français ont la réputation d'arriver en retard aux réunions, et on interprète parfois cela par une sorte de rapport élastique au temps qui serait une fatalité de leur culture. Or, il est en fait des circonstances où les Français se font un devoir d'être à l'heure ; ainsi les cheminots attachent du prix à ce que les trains partent et arrivent à l'heure, et cela était vrai même à une époque où, dans l'ensemble, ils ne se souciaient guère de l'« usager ». Et il existe des groupes de travail qui ont coutume de commencer les réunions très précisément à l'heure. Il n'y a donc pas, en la matière, de fatalité liée à la culture française. Cela voudrait-il dire que celle-ci n'a aucune importance ? Nullement, mais qu'il faut être attentif au sens que prend, en France, le fait d'être ou non à l'heure dans un contexte particulier. Dans le cas des trains, c'est une marque de maîtrise professionnelle dont on peut s'honorer. Dans une réunion d'un groupe dont le président est religieusement à l'heure, c'est une marque de courtoisie, elle aussi honorable (encore que si le président n'est pas perçu comme légitime dans son rôle, il puisse être honorable d'adopter à son égard une attitude discourtoise). Dans une réunion où l'on risque fort d'attendre ceux qui comptent, c'est le signe humiliant d'une situation subalterne.

Les Français qui ont sucé leur culture à la mamelle saisissent toutes ces distinctions d'instinct, même s'ils ne sont pas capables d'en expliciter les lois (comme ils sont souvent capables d'utiliser le subjonctif de manière appropriée, sans pour autant être capables d'expliciter les règles qui gouvernent son usage). On peut douter que des étrangers à qui elles n'ont pas été explicitement enseignées maîtrisent ces subtilités et sachent en faire bon usage. Cela n'est peut-être pas très important quand il s'agit d'organiser des réunions, encore que la ponctualité puisse être source de beaucoup d'énervements. Mais on pourrait faire le même genre d'analyse à propos de sujets plus graves ; par exemple ce qui sépare les contextes où les Français se conduisent de façon exemplaire avec leurs clients, de ceux où ils affichent à leur égard une désinvolture certaine.

Que peuvent faire les entreprises ?

Toute entreprise qui gère des situations de coopération interculturelle peut s'appuyer sur ce type d'analyses pour aider ceux qui y sont engagés à approfondir leur compréhension de leurs partenaires et d'eux-mêmes, de manière à construire des rapports plus éclairés et plus efficaces.

Si l'on considère le cas d'une entreprise française (on peut transposer sans peine à celui d'une entreprise d'une autre origine), plusieurs sortes de savoirs méritent d'être utilisés.

Il vaut la peine de bien connaître et comprendre la façon dont certaines manières d'agir considérées comme acceptables en France sont interprétées et reçues ailleurs, dans le cadre des stéréotypes usuels concernant les Français. Cette connaissance et cette compréhension peuvent conduire à éviter certaines manières d'agir particulièrement difficiles à accepter sous d'autres cieux, sans constituer pour autant un ingrédient indispensable de la manière française de gérer. Et elles peuvent permettre également de mieux expliquer à d'autres ce qui constitue le noyau dur d'une telle manière.

Si l'on retourne aux décisions prises en commun dans un groupe, on peut difficilement attendre d'une entreprise française qu'elle y porte un respect religieux. Mais, si on estime que l'on a de bonnes raisons de remettre en cause de telles décisions, il est possible de le faire en écartant plutôt qu'en confortant l'interprétation, usuelle en maints pays, qui y voit une expression de la toute puissance d'une hiérarchie arrogante : en prenant la peine d'expliquer tout changement de décision, même « évidemment » justifié, beaucoup plus soigneusement qu'on ne le ferait dans un contexte purement français, en exprimant des regrets à ceux qui ont participé à la décision initiale. Et pour limiter autant que possible ce type de situation, il est bon de s'abstenir de donner des accords un peu à la légère, comme on tend à le faire dans des contextes où ils n'ont qu'une portée limitée.

Ou encore, pour reprendre l'exemple de l'heure des réunions, rien dans la culture française n'empêche de s'adapter aux mœurs de ceux pour qui l'exactitude est importante, à condition d'instituer cette manière d'agir d'une manière telle qu'elle soit ressentie comme honorable par ceux qui doivent s'y plier.

De même, il vaut la peine de comprendre les conduites « étranges » que l'on observe dans d'autres cultures, la logique à laquelle elles obéissent, les circonstances qui les appellent et celles où elles s'atténuent. Comprendre par exemple dans quel contexte des populations que l'on aurait tendance à taxer de « peu motivées » pour le travail se montrent en fait fort motivées, ou dans quel contexte une procédure de contrôle auparavant rejetée peut-être acceptée. Dans ce travail de compréhension, quelles ressources les entreprises peuvent-elles mobiliser ? Il ne faut sans doute pas sous-estimer, en la matière, un ensemble de travaux classiques qui, sans avoir l'entreprise comme objet, fournissent des grilles de lecture souvent très éclairantes de ce qu'on y observe. Tocqueville pour les Etats-Unis ou Norbert Elias pour l'Allemagne restent par exemple des références précieuses (4). Par ailleurs, il existe en nombre croissant des observations détaillées sur les interactions culturelles dans la vie des entreprises, et en particulier sur des interactions faisant interférer la culture française avec d'autres cultures (5).

L'appel à de telles connaissances peut prendre diverses formes : formation avant expatriation ; aide au retour d'expérience dans des situations de coopération internationale, au sein d'une entreprise ou en coopération entre plusieurs entreprises ayant travaillé dans les mêmes zones ; diagnostic à chaud de situations. Et on peut attendre des coopérations entre entreprises et chercheurs qu'elles permettent d'enrichir le patrimoine des connaissances aidant à une compréhension approfondie et spécifique des diverses situations de rencontre interculturelle.

4. A. de Tocqueville (1835-1840), *De la démocratie en Amérique*, Garnier Flammarion, 1981, et N. Elias (1939), *La Civilisation des mœurs*, Calman-Lévy, 1973.

5. P. d'Iribane avec A. Henry, J.-P. Segal, S. Chevrier, T. Globokar, *Cultures et mondialisation*, Seuil, 1998 ; cet ouvrage présente des études de cas portant sur des rencontres de cultures dans la gestion. Ces études ont été réalisées en utilisant une approche ethnographique, dans neuf pays d'Europe, d'Amérique et d'Afrique.

Philippe Cabin*

LES MYTHES DE L'ENTREPRISE**

L'entreprise, comme toute société, produit des récits imaginaires, des formes symboliques, qui apportent du sens à son activité. Légendes des fondateurs et autres récits cherchent à offrir un véritable modèle de conduite.

Selon Durkheim, un rite suppose une tribu pour l'observer, et un mythe pour lui donner du sens. L'observation et l'analyse des organisations modernes montrent que celles-ci sont productrices de récits mythiques et que leur fonctionnement, comme celui de toute communauté humaine, est imprégné de références mythiques. Pourtant, si l'approche de l'organisation comme ordre symbolique est aujourd'hui communément admise, très peu de travaux ont été jusqu'à présent menés sur la nature et les fonctions des mythes de l'entreprise.

Au sens strict, les mythes sont des récits sacrés, qui racontent les origines et le destin du monde, expliquent son agencement actuel, et mettent en scène des personnages surhumains : le mythe de Sisyphe, le mythe d'Icare... Dans une acception plus large, on appelle mythe une production imaginaire ou symbolique qui se rapporte à un événement, un homme ou une entité (Le « Grand Soir », Rockefeller, la Nation...) que l'on tend à sacraliser. Enfin, dans le langage courant, le terme de mythe peut désigner une simple contre-vérité, une idée reçue : par exemple, le mythe de la rationalité des dirigeants, celui de la baisse du niveau à l'école. Nous évacuerons cette dernière définition.

Le mythe est donc un énoncé sur la société, ou sur un groupe social, et sur la place des humains en son sein. Il exprime des modèles de conduite, en

---

* Journaliste scientifique au magazine *Sciences Humaines*.

** *Sciences Humaines*, n° 32, octobre 1993.

même temps qu'il donne du sens à l'existence. Le mythe du héros fondateur, du pionnier, illustre bien toutes ces fonctions. La légende de Francis Bouygues, «parti de rien» pour fonder son empire, offre un véritable modèle de conduite à tous les salariés, lesquels peuvent exprimer leur conformité et leur désir d'imiter l'ascension du père fondateur, en appartenant à «l'Ordre du Minorange».

L'analyse des mythes par les anthropologues porte le plus souvent sur les sociétés traditionnelles. Pour autant, les innombrables recherches consacrées aux mythes, en psychologie, sociologie, science politique, histoire, linguistique, démontrent que le mythe reflète des structures invariantes et universelles de la personnalité et des sociétés humaines. L'homme est un animal symbolique. Mircea Eliade écrit : *«Si certains "comportements mythiques" survivent encore aujourd'hui, il ne s'agit pas de "survivance" d'une mentalité archaïque. Certains aspects et fonctions de la pensée mythique sont constitutifs de l'être humain.»* (1)

Si l'apparence mystico-religieuse des mythes a indéniablement eu tendance à s'estomper dans notre société moderne, l'Occident a généré de nouveaux mythes, fondés sur la croyance au Progrès et l'aspiration au Bonheur. Des auteurs comme Roland Barthes ou Edgar Morin ont observé la nature mythique des scénarios offerts par la presse, la télévision, le cinéma, la publicité. Les héros, les monstres, les combats épiques, les épreuves et les rites, les paradis et les enfers imprègnent tous ces spectacles.

L'entreprise comme pilier de l'ordre social

L'entreprise, comme institution et comme communauté d'êtres humains, a elle aussi besoin de mythes pour donner du sens à l'activité de ses membres. Dans son livre *L'Organisation en analyse* (2), Eugène Enriquez montre comment l'instance mythique constitue un lieu fondamental de la régulation de l'organisation moderne. Elle fonctionne sur deux modes. Le mode affectif tout d'abord : le récit mythique vise à la fascination, en mettant l'accent sur l'identification à des modèles. Le second mode est celui du fonctionnement intellectuel. *«Il exprime sous une forme symbolique concrète, et par là même accessible au plus grand nombre, le système conceptuel qui permet aux hommes d'une société donnée de penser, avec une même cohérence, la nature et la société.»* (3) Le mythe a en quelque sorte une fonction pédagogique.

Le fonctionnement des organisations manifeste à plusieurs niveaux la présence de structures mythiques. Les mythes économiques produits par la société occidentale construisent la vision du monde des salariés, en leur offrant des utopies (le Progrès, l'harmonie du Marché) et en situant l'entreprise comme pilier central de l'ordre social. Abraham Moles parle de «mythes dynamiques», dont le ressort est de briser une loi naturelle classique (4). Parmi ceux-ci il cite : le mythe de Rockefeller (qui passe de l'état de cireur de bottes

1. M. Eliade, *Aspects du mythe*, Gallimard, 1988.
2. E. Enriquez, *L'Organisation en analyse*, Puf, 1991.
3. D. Anzieu, cité par E. Enriquez, *Idem*.
4. A. Moles, «La fonction des mythes dynamiques dans la construction de l'imaginaire social», *Cahiers de l'imaginaire*, n° 5-6, 1991.

à celui de maître du Monde), le mythe du produit pur (qui règne sur une grande part de la chimie), le mythe de l'homme ubiquitaire (qui perce sous les notions de mass-média, de communication, de bureau éclaté).

La réhabilitation de l'entreprise comme lieu privilégié de la réalisation de soi et de l'accomplissement collectif du Progrès a donné lieu dans les années 80 à la naissance d'une nouvelle figure héroïque : celle de l'entrepreneur.

Comme le montre Alain Ehrenberg (5), la nouvelle épopée du chef d'entreprise moderne rompt avec l'idée d'un héros supérieur et hors du commun. Elle se fonde sur l'idéologie sportive de l'égalité des chances, du dépassement de soi et de la réalisation individuelle. L'entrepreneur incarne l'homme tourné vers l'avenir, qui vit dans l'incertain, est engagé dans l'action risquée, lance de nouveaux produits.

La publicité fait elle aussi appel à des catégories et des références de nature mythique. Que l'on songe à Air France mettant en scène *Le Petit Prince*, ou à la mythologie du cheminot et du train qui transparaît à la lecture de *La Vie du rail*, revue éditée par la SNCF. Dans ses *Mythologies*, Roland Barthes montre comment la publicité des marques de lessives joue parfois sur le registre du combat héroïque entre les forces du mal (la saleté) et celle d'un héros incarnant le bien : l'agent blanchissant.

Les légendes de héros fondateurs

Si l'on s'intéresse maintenant au fonctionnement interne de l'entreprise, on constate que certaines catégories mythiques sont activées par l'organisation : le mythe de l'origine et de l'événement fondateur a très souvent une importance capitale. EDF est un exemple d'entreprise à très forte identité culturelle, très profondément marquée par ses origines. L'entreprise EDF fait l'objet d'une véritable mystique, qui apparaît dans le discours des dirigeants et de l'institution, mais aussi auprès des salariés. Ce culte tiendrait à trois éléments principaux : le métier et son produit, les événements fondateurs, un système organisationnel (6). L'électricité, produit destiné à tous, est non stockable et dangereuse ; sa production relève de l'industrie lourde ; cela crée un métier propre d'électricien. La nationalisation, les circonstances et la date de celle-ci (la Libération), la personnalité des acteurs constituent un mythe fondateur qui donne au métier et à l'entreprise ses lettres de noblesse. EDF apporte « la Lumière », le Progrès dans la vie quotidienne, elle est au service du citoyen.

Le mythe des origines est souvent lié à une légende du héros fondateur (*voir l'entretien avec Maurice Hamon p. 285*). La mémoire de l'entreprise fournit l'occasion d'évoquer le caractère visionnaire et inspiré du ou des fondateurs. Voici comment un catalogue d'exposition de 1983 évoque, dans un texte inspiré par l'entreprise, les origines de Michelin : *« Un cycliste, un jour, se pré-*

5. A. Ehrenberg, *Le Culte de la performance*, Calmann-Lévy, 1989 ; « Le nouveau mythe de l'entreprise », *Sciences Humaines*, n° 24, janvier 1993.
6. M. Eveno et M. Cortial, « A propos d'une mission de l'inspection des finances chez EDF », *Les Cahiers du séminaire ethnographie des organisations*, CRG Ecole Polytechnique, 1984.

senta, victime d'une crevaison. La réparation du pneumatique collé à la jante nécessita trois heures de travail et une nuit de séchage. L'essai de la machine enthousiasma Edouard Michelin, mais le pneu céda au bout de cent mètres. Il saisit l'intérêt de mettre au point "un pneumatique démontable par le premier venu en moins d'un quart d'heure". *Le brevet fut déposé le 18 juin 1891.»*

Anecdotes et contes moraux

Comme le souligne François Caron, cette histoire construit la culture Michelin, qui associe l'esprit d'innovation à l'écoute attentive des besoins de la clientèle symbolisée ici par le cycliste, et la préservation obstinée des savoirs grâce au dépôt de brevets (7). De telles «anecdotes mythiques» sont fréquentes. Citons également l'histoire montrant comment Thomas Watson Jr, président d'IBM, a été empêché d'accéder à un bâtiment d'IBM par un simple portier parce qu'il n'avait pas son badge. Cela est censé démontrer que chez IBM, «la règle est la même pour tous». Il reste que conférer à ce type de «contes moraux», sur le plan de l'analyse théorique, le même statut que le mythe, est extrêmement délicat : le récit mythique *stricto sensu* se situe en dehors de l'Histoire. Le complot, l'ennemi de l'intérieur, l'âge d'or sont d'autres catégories mythiques qui structurent le fonctionnement de l'organisation ou du métier, et les représentations des individus qui la composent.

Le management participatif et la mode récente de la «culture d'entreprise» ont institué l'imaginaire comme ressource managériale. La gestion par le psychique et l'affectif fait appel à des figures mythiques et emprunte un discours quasi religieux. Le discours de la culture d'entreprise s'édifie autour de valeurs mobilisatrices inscrites dans un univers de représentations familières, et autour de métaphores organisatrices ancrées dans un imaginaire technique (voir l'utilisation immodérée du concept de «système», ou la production de néologismes : «synectique», «réactique», etc.) (8). Dans ses versions les plus caricaturales, le management participatif présente l'entreprise comme un véritable groupe fusionnel dans lequel les individus sont enjoints de se fondre, tout en «se réalisant». Ainsi, comme l'a souligné Denis Guigo, s'érige une véritable religion de la qualité, avec ses prêtres, sa liturgie. Le «cercle» de qualité associe l'idée d'un club d'amis réunis presque informellement en dehors de toute hiérarchie (avec en outre, la référence à la forme mystérieuse et parfaite du cercle), au culte de la Qualité.

Un double écueil

Ces illustrations et leur caractérisation par la notion de mythe invitent cependant à se prémunir d'un double écueil. Un écueil terminologique tout d'abord : les légendes et les sagas répétées à propos de la création de telle ou telle entreprise, les mythologies liées à tel ou tel métier ou à telle ou telle méthode de management ne sauraient être stricte-

7. F. Caron, «L'entreprise», dans P. Nora (dir.), *Les Lieux de mémoire. Les France*, t. 2 : *Traditions*, Gallimard, 1993.

8. M.D. Perrot, G. Rist, F. Sabelli, *La Mythologie programmée. L'économie des croyances dans la société moderne*, Puf, 1992.

ment identifiées au concept scientifique de mythe habituellement utilisé par les anthropologues ou les psychologues. Dans l'étude de l'organisation moderne, le concept de mythe doit plutôt être un instrument permettant de décrire et d'interpréter les comportements des hommes. Le second écueil consisterait à ne plus voir dans l'entreprise qu'un théâtre de fantasmes, d'illusions, de fantômes, de héros et de monstres. Il reste assurément des comportements utilitaristes et des réalités économiques ! L'entreprise participe à la production sociale des mythes. La pertinence du concept de mythe réside dans sa capacité à mettre en lumière la puissance (dynamisante ou paralysante) du symbolique et de l'imaginaire dans les activités humaines, en particulier dans le travail.

SAINT-GOBAIN OU LE MYTHE DES ORIGINES

ENTRETIEN AVEC MAURICE HAMON*

Directeur des Relations générales de la Compagnie de Saint-Gobain, Maurice Hamon a particulièrement observé les rites et les mythes de cette société, dont il a dirigé les archives.

***Sciences Humaines :* L'existence de mythes de l'entreprise révèle l'importance des pratiques de mobilisation de l'imaginaire. Avez-vous observé particulièrement cet aspect dans votre travail sur l'histoire de Saint-Gobain ?**

Maurice Hamon : Cet aspect m'a particulièrement frappé au moment de mettre en œuvre les moyens d'un programme de travail de la cellule patrimoine et histoire de Saint-Gobain. Lors de mon arrivée dans le groupe, parmi les premières choses que l'on m'a remises, à titre « initiatique », figuraient les albums jubilaires rédigés par Pont-à-Mousson en 1957 pour son centenaire, et par Saint-Gobain en 1965 pour son tricentenaire. L'album de Pont-à-Mousson, au demeurant talentueux, était surtout le signe visible, la clé de voûte, de tout un long travail de construction d'une symbolique et d'un imaginaire, mené consciemment depuis les années 1920 et destiné à accompagner le développement d'une entreprise à l'origine fort modeste. Il s'agissait, avant la lettre puisque le mot n'existait pas, d'un véritable travail sur la culture d'entreprise. Son originalité tenait à son rôle créateur, presque *ex nihilo*, à travers une réinterprétation de faits ou d'événements concrets. On est certes loin du récit mythique de la création de Rome, mais les analogies sont un peu de même nature.

* *A publié :* Du Soleil à la Terre. Une histoire de Saint-Gobain, *Jean-Claude Lattès, 1989 ;* Mémoire d'avenir. L'histoire dans l'entreprise, *avec Felix Torrès, Economica, 1987 ;* Négocier avec succès, *Nathan, 1994.*

***SH :* Vous montrez dans votre livre que, tant pour Saint-Gobain que pour Pont-à-Mousson, la fondation fait l'objet d'une mythification. En quoi ces mythes des origines participent-ils aujourd'hui de la vie de l'entreprise ?**

M.H. : Le mythe Colbert est aussi fort que récurrent à Saint-Gobain. Alors que la réalité historique, sur le rôle du ministre dans le destin et le développement de l'entreprise, est assez éloignée de la légende, le mythe ressort spontanément, en interne ou en externe. Lors de la privatisation de Saint-Gobain, en 1986, l'image de Colbert est réapparue partout dans la presse. Aujourd'hui encore, en dépit des écrits sur le sujet, il n'est pas rare de voir un magazine lier la création de Saint-Gobain, en 1665, à la fourniture impérative des glaces de la Galerie des Glaces à Versailles, commencée en 1678 et encore inachevée en 1683, sans les plafonds de Lebrun et sans ses glaces ! Mais en terme d'image institutionnelle le mythe est d'une force extraordinaire : il situe l'entreprise comme un modèle de développement à la française. Dès lors, pourquoi le tuer ?

Pour ce qui concerne Pont-à-Mousson, des mythes et de l'imaginaire créés et entretenus au temps du capitalisme familial, restent un formidable héritage de solidarité de tout le corps social et un patriotisme qui est le vrai ciment d'une culture conquérante, jamais démentie dans les faits.

SH : **La mythologie fait-elle encore l'objet de rituels dans l'entreprise ?**

M.H. : Le rituel annuel de la fête du Travail à l'usine de Pont-à-Mousson est une excellente illustration de ce dont nous parlons. Chaque année les médaillés du Travail, la direction générale, les directeurs et chefs de service sont réunis dans une grande cérémonie autour d'un banquet. Le préfet est fidèlement présent, comme le président de la compagnie mère. Beaucoup des acteurs ont sans doute oublié les origines du rite, au sens liturgique du terme. Les premières fêtes du Travail ont été instituées à partir de 1906 par le président d'alors, Camille Cavallier, encore sous le choc des très dures grèves de 1905 à l'usine, dans lesquelles il avait vu se rompre la solidarité de gens issus du même milieu, du même terroir. Les anciens camarades de l'école primaire s'étaient révoltés contre celui qui était devenu leur patron ! Des faits d'origine au symbole actuel il y a, on le voit, un fossé.

SH : **Le mythe donne du sens. A l'occasion d'une fusion, l'hétérogénéité des cultures d'entreprise (c'était le cas pour SGPM) ne comporte-t-elle pas des risques de confusion et de perte de repères ? Cela explique-t-il la persistance d'une identité Saint-Gobain et d'une identité Pont-à-Mousson ?**

M.H. : Un événement d'envergure comme une fusion, les recentrages et restructurations qu'elle implique, fait certes courir divers dangers au plan culturel : table rase ou au contraire confusion et dilution, avec brouillage à la clé de l'image identitaire. Je crois qu'il faut poser conceptuellement la question autrement. Dans une vaste entité de 100000 personnes, faite

de divers métiers, intervenant dans des zones géographiques variées, il me paraît illusoire de vouloir fusionner les mythes et les symboles autrement que par le plus petit dénominateur commun, pour une raison évidente d'ailleurs, qui s'impose aussi aux professionnels de la communication dite « corporate » : ces organisations sont en général fortement décentralisées et tout l'art consiste à gérer l'unité dans la diversité.
Il y a de mon point de vue intérêt à distinguer identité et culture. L'identité, si l'on considère l'entreprise non seulement comme une personne morale, mais comme un être collectif, c'est un ensemble de constantes par lesquelles on peut définir sa nature : c'est l'*ens* au sens où l'entendaient déjà Aristote et les scolastiques, c'est le monde de la substance, immuable, même si elle se traduit sous diverses apparences. La culture au contraire est l'expression de l'apparence à travers laquelle se décline l'être, sous forme de messages ou de signaux relevant du domaine sensible. Matière et forme, substance et apparence : ces distinctions sont essentielles. Fidèle à elle-même, à son être (*id-ens*) l'entreprise peut alors sans risque décliner son image, ses différentes façons de paraître. Avec de tels critères, il me semble que l'on peut effectuer une actualisation beaucoup moins dommageable des mythes, qui sont à analyser au niveau de l'être, et du (ou des) langage(s) du symbolique et de l'imaginaire, qui n'en sont que les instruments.

Propos recueillis par
PHILIPPE CABIN
(*Sciences Humaines*, n° 32, octobre 1993)

POINTS DE REPÈRE
CULTURE ET ENTREPRISE

Les approches culturelle

LA « CONTINGENCE CULTURELLE »

On désigne par là toutes les études consacrées aux contraintes culturelles externes qui influent sur la vie des organisations. Il peut s'agir de facteurs historiques, professionnels, régionaux, nationaux, ou encore liés aux systèmes éducatifs.

Exemples : l'enquête menée en 1980 par G. Hofstede dans les filiales d'une multinationale de 120 000 employés fait apparaître des « mentalités » différentes selon les pays en matière de prise de risque, de distance au pouvoir, d'attitudes face aux différences de sexes. A sa suite, on parlera de modèles nationaux comme le scandinave, l'américain ou le japonais.

Avec une profondeur historique plus grande, Philippe d'Iribarne, en 1989 (*La Logique de l'honneur*), souligne la prégnance dans l'entreprise française de traditions professionnelles : héritées de l'Ancien Régime, elles perpétuent une répartition des tâches en nobles et moins nobles.

L'APPROCHE SOCIÉTALE

Version un peu plus complexe des études sur la contingence, le modèle sociétal de Marc Maurice, François Sellier et Jean-Jacques Silvestre (*Politique d'éducation et organisation industrielle en France et en Allemagne*, Puf, 1982) attribue une place déterminante aux effets conjoints des structures d'éducation, des pratiques syndicales, des représentations du personnel et des structures politiques sur les rapports de travail dans l'entreprise. Il en résulte des différences qui ne caractérisent pas des « cultures nationales », mais bien des styles d'entreprises liés à la société environnante.

Le succès de l'idée de « culture d'entreprise » est contemporain d'une réapparition progressive de la thématique culturelle chez les sociologues des organisations.

es organisations

SOCIOLOGIE DES GROUPES DE TRAVAIL ET DES PROFESSIONS

Un autre type d'études consacrées à des groupes de métier, ou à des communautés de travail plus restreintes (ateliers, bureaux), a fait apparaître des cultures professionnelles, voire des microcultures locales, facteurs de solidarités spécifiques.

Exemples : Georges Ribeill, sur les cheminots (*Les Cheminots,* avec Maurice Lemaire et Anna Malan, Syros, 1984), ou Michel Liu, sur des ateliers de métallurgie (*Approche sociotechnique des organisations,* Editions d'Organisation, 1982).

CULTURE OUVRIÈRE ET ENTREPRISE

Certaines études de sociologie industrielle ont mis l'accent sur le fait que la culture ouvrière n'est pas structurée seulement autour de la défense des intérêts catégoriels, mais aussi autour de l'entreprise.

Exemple : Maryse Tripier (« Culture ouvrière et culture d'entreprise », *Sociologie du travail,* n° 3, 1986) a montré comment, lors d'un conflit dans une PME, l'identité de l'entreprise pouvait l'emporter sur d'autres considérations, notamment d'unité syndicale.

L'APPROCHE INSTITUTIONNELLE

Développée par Renaud Sainsaulieu et Denis Segrestin, l'approche institutionnelle part de l'idée que l'entreprise est, en tant que structure, productrice de sociabilités, d'identités et de valeurs capables d'agir non seulement sur ses membres, mais aussi sur la société environnante. Toutefois, la dimension culturelle de l'entreprise ne se réduit pas à la symbolique fusionnelle ; il existe différents niveaux d'identification : l'équipe, l'établissement, la profession… (R. Sainsaulieu, D. Segrestin, « Vers une théorie sociologique de l'entreprise », *Sociologie du travail,* n° 3, 1986).

POINTS DE REPÈRE
CULTURE ET ENTREPRISE

Qu'est-ce que la cultu

Genèse d'une notion

L'origine de la formule « culture d'entreprise » est souvent attribuée à Elliot Jaques, fondateur du Tavistock Institute à Londres. En 1952, il définit la culture d'une entreprise comme « son mode de pensée et d'action habituel », « plus ou moins partagé » et « qui doit être appris et accepté ». L'idée est que dans le fonctionnement normal des rapports de travail en entreprise, il entre une part d'habitudes plus ou moins rationnelles et conscientes, dont l'origine n'est pas précisée.

Puis, dans les années 50 et 60, les études américaines de management comparé s'intéressent aux variations dans le mode de gestion des entreprises dans des pays différents. Elles mettent en valeur la notion de facteur culturel : au Japon, en particulier, le succès des industries modernes semble fondé sur la transplantation de valeurs traditionnelles de solidarité, d'abnégation et de respect de la hiérarchie dans l'entreprise.

L'exemple japonais inspire fortement le sens que l'on donnera désormais à la notion de *« corporate culture »*, traduite en France par « culture d'entreprise » ou encore « culture organisationnelle ». Elle a connu un grand développement, en particulier en matière de gestion des ressources humaines, pendant les années 80, et a justifié une profusion d'expériences de management : groupes d'expression, cercles de qualité, projets d'entreprise, histoire des entreprises... Elle est aujourd'hui remise en cause par divers facteurs : réduction des bénéfices des entreprises, instabilité des emplois, usure de la notion, superficialité de ses usages managériaux.

entreprise ?

LES DÉFINITIONS

La notion de culture d'entreprise a connu un grand succès dans le domaine managérial dans les années 80. Les définitions varient selon les écoles et les tendances, mais elles partent toutes du principe que l'entreprise est une entité sociale capable de sécréter des règles, des coutumes, des préférences et des croyances qui lui sont propres. Dans la mesure où elles sont partagées par ses membres, dirigeants et employés, elles sont le « ciment » de l'organisation et la condition de son bon fonctionnement.

Les expressions concrètes de la culture d'entreprise sont, selon les auteurs, assez variées : certains mettent l'accent sur les valeurs et comportements, d'autres sur les symboles, représentations et compétences communes. Isabelle Francfort, Florence Osty, Renaud Sainsaulieu et Marc Uhalde (*Les Mondes sociaux de l'entreprise*, Desclée de Brouwer, 1995) distinguent trois grandes composantes :
– les rites, symboles, codes vestimentaires et linguistiques ;
– la mémoire collective, résultant d'une histoire vécue ou mythique ;
– les attitudes partagées.

D'autres auteurs insistent sur le contenu des connaissances communes sur lequel repose la culture de la firme industrielle. En réalité, tout ce qui fait partie des habitudes communes peut être versé au compte de la culture d'entreprise, à ceci près que certaines d'entre elles peuvent aussi renvoyer à d'autres niveaux d'organisation (la profession, la culture régionale, la culture nationale).

Les interprétations varient également selon les degrés d'incidence et d'autonomie accordés à la culture « corporate ». Certains (voir Charles Handy, *L'Olympe des managers*, Editions d'Organisation, 1986, et Desmond Graves, *Corporate Culture*, 1986) y voient surtout un instrument d'adaptation à l'environnement social et économique. D'autres font de la culture le fondement même de l'organisation, et son principal facteur de réussite : c'est le cas de William G. Ouchi, qui défend l'entreprise-clan, ou de Gareth Morgan, qui souligne l'importance du symbolique et des représentations comme supports de valeurs communes.

Traduites en termes d'action, ces recherches ont donné lieu à deux types de pratiques spécifiques :
– la production *ex nihilo* de « signes, symboles et valeurs » incarnant l'identité de l'entreprise, auxquels ses membres sont invités à adhérer. Ils ont pour fonction de mobiliser les énergies et de représenter des buts communs ;
– la recherche de traditions et de récits fondateurs propres à la firme industrielle, faisant appel à l'histoire de l'entreprise, dont les éléments sont utilisés de la même manière que les précédents (voir Joël Broustail, « Les entreprises ont-elles besoin d'une histoire ? », *Entreprises et Histoire*, n° 1, 1992).

Renaud Sainsaulieu*

LA CONSTRUCTION DES IDENTITÉS AU TRAVAIL**

Aujourd'hui, la socialisation par le travail ne va plus de soi. Les salariés construisent leur identité professionnelle dans et hors de l'entreprise.

Les entreprises se trouvent aujourd'hui confrontées à un étrange défi. D'une part, elles doivent, pour répondre aux pressions accrues de la concurrence, réaliser leur production de biens et de services au moyen d'une mobilisation extrême de leurs salariés. D'autre part, elles se trouvent propulsées au rang d'institutions dispensatrices d'une socialisation secondaire des individus salariés, dans un contexte de régression relative des institutions de socialisation primaire (1) : éducation, famille et religion.

Héritières d'une période encore récente de plein emploi lié à la croissance, les entreprises sont désirées, comme des lieux considérables d'accès à l'identité par le métier, le grade et toute forme d'appartenance à des milieux de reconnaissance et d'investissement collectifs par le travail. C'est bien par l'entreprise et le travail que se construit une part importante de l'identité sociale et des réseaux de relation des individus. Mais les entreprises sont aujourd'hui également perçues comme de véritables machines à exclure de la société quand elles se trouvent obligées de diminuer l'emploi, puisqu'elles condamnent les jeunes, les adultes et les plus âgés à perdre leur travail et, donc, leur iden-

* Sociologue, professeur des universités à l'Institut d'études politiques de Paris. Parmi ses dernières publications : *Les Mondes sociaux de l'entreprise* (avec I. Francfort, F. Osty et M. Uhalde), Desclée de Brouwer, 1995 ; *Sociologie de l'association* (ouvrage co-dirigé avec J.-L. Laville), Desclée de Brouwer, 1997.
** *Sciences Humaines*, hors série n° 20, mars/avril 1998.
1. Voir mots clés en fin d'ouvrage.

tité sociale. Il résulte de cette situation contradictoire une attitude paradoxale des salariés à l'égard des entreprises. On les désire, et particulièrement les jeunes en quête d'emploi, parce qu'on y voit le moyen incontournable de la socialisation adulte ; on les craint parce qu'on a peur de leurs plans sociaux et de leurs politiques de flexibilité.

Tant d'inquiétudes et d'espoirs inextricablement mêlés conduisent les salariés à des formes d'implication contradictoires, en fin de compte démotivantes. Trois modèles sociaux d'attachement à l'entreprise ont ainsi globalement perdu leur crédibilité : le modèle rhénan de la cogestion communautaire de l'emploi à vie, le modèle anglo-saxon de la flexibilité vertueuse qui débouche sur trop de précarité, et enfin le modèle d'économie solidaire et associative qui ne peut compenser les avatars de l'entreprise classique.

Pour réussir dans leurs objectifs, les entreprises doivent donc considérer concrètement ces missions de socialisation secondaire. Il est donc nécessaire, pour les entreprises, d'identifier les nouvelles formes d'implication collective et d'activer les dynamiques sociales qui leur permettront de faire face à ce contexte. Plus que jamais, la performance économique dépend d'une qualité de performance sociale entre acteurs directs de la production.

Tel est le défi auquel sont confrontées les entreprises, et que les sciences sociales doivent aider à relever en apportant des résultats de recherches actualisés sur les dynamiques sociales de l'identification des salariés à leur travail.

La reconnaissance par le travail

Une tradition originale de la sociologie du travail française a toujours porté sur les conditions physiques et organisationnelles de la définition sociale des individus par leurs activités professionnelles. En offrant l'emploi, les entreprises ont produit davantage que du résultat économique, pour les salariés de notre siècle.

Les figures du professionnel, du technicien, du cadre ont toujours signifié une forme de réussite sociale face aux conditions dévalorisées du manœuvre ou de « l'OS », gens sans métier et malheureusement sans avenir.

La relecture de tous ces travaux de sociologie, auxquels j'ai personnellement contribué, sur une trentaine d'années d'observation en entreprises françaises permet de faire le point sur les dynamiques sociales de reconnaissance des individus au travail (2) : c'est-à-dire qui les conduit à se définir positivement aux yeux de leurs collègues et proches. On peut reconstituer quatre modalités principales d'accès à la reconnaissance de soi et des autres dans l'expérience contemporaine des salariés. La plus ancienne forme d'identité collective est celle de « l'appartenance » à la maison, à l'entreprise, voire à l'établissement. La fierté annoncée relève ici de l'image collective, on se dit « Volvo », « Renault »,

2. Pour ne citer que des travaux français : N. Alter, *Sociologie de l'entreprise et de l'innovation*, Puf, 1996 ; P. Bernoux, *Un travail à soi*, Privat, 1981 ; C. Dubar, *Socialisation professionnelle*, Armand Colin, 1993 ; F. Piotet et R. Sainsaulieu, *Méthodes pour une sociologie de l'entreprise*, FNSP/ANACT, 1977 ; D. Segrestin, *Sociologie de l'entreprise*, Armand Colin, 1992 ; J.-P. Terrail, *Destins ouvriers*, Puf, 1990 ; A. Touraine, *La Conscience ouvrière*, Seuil, 1985.

« Creusot », « Danone », « Apple »... Longtemps illustrée par l'esprit maison, cette identité collective d'appartenance tend de nos jours à resurgir avec l'insécurité de l'emploi. A la limite, peu importe le grade ou la durée du travail, il faut pouvoir dire que l'on est chez « un tel » et, si possible, s'affirmer par la qualité de son entreprise, son dynamisme, sa rapidité de croissance. Ceux qui ont perdu l'emploi savent bien toute l'importance de cette identification, car ils ne peuvent plus dire qu'ils sont « quelque part ». L'individu se définit, ici, par l'identification à une sorte de communauté d'appartenance, peut-être fermée pour les « étrangers », mais fortement intégratrice pour ses membres.

Une deuxième modalité identitaire, tout aussi ancienne et valorisée, repose sur la réalisation d'une « œuvre » individuelle ou collective. L'individu est ici socialement désigné et reconnu par le résultat de son action créatrice en entreprise. De nos jours, la construction d'une turbine, d'un moteur électrique pour une centrale, une campagne de marketing réussie, une réorganisation achevée, un programme de formation pour adulte, une recherche, et même la réussite d'un grand chantier, celle d'un forage... représentent autant d'œuvres qui désignent le plus souvent des professionnels reconnus pour la compétence et la valeur de leurs performances. On retrouve, certes, les archétypes de l'ébéniste, de l'imprimeur, de l'architecte, du médecin... tous porteurs à leur manière d'un métier dans les mains, mais cette fois-ci mis en œuvre au sein même de la vie en entreprise.

La troisième expérience identitaire correspond à une réalité sans doute plus directement liée à la dynamique des grandes organisations de la croissance, celle de la « trajectoire ». La définition de l'individu porte ici moins sur ce que l'on fait « dans la vie », mais sur ce que l'on fait « de sa vie ». On s'identifie à un parcours passé et à venir, en matière de promotion hiérarchique, mais peut-être surtout maintenant en termes de mobilité géographique ou fonctionnelle. On pourra ici admirer le parcours d'insertion d'un handicapé, la réussite d'un cadre autodidacte, ou encore l'histoire d'un expatrié sur une plate-forme de forage pétrolier.

La quatrième voie de définition identitaire, depuis longtemps affirmée dans l'expérience ouvrière, renvoie à « la résistance » contre toute forme de domination imposée dans le travail. L'individu est ici reconnu pour sa capacité et son courage à « dire non » ou « pas d'accord » dans une situation dangereuse. Le leader syndical est, *a priori,* reconnu par cette capacité de lutte, mais aussi le responsable d'un groupe de projet, voire le directeur d'usine ou le DRH confronté aux impératifs de plans sociaux.

De l'esprit « maison » à la flexibilité

Mais comme l'explique le tableau récapitulatif en page suivante, réalisé à partir d'une lecture synthétique des travaux précités, ces quatre modalités d'accès à la reconnaissance (l'appartenance, l'œuvre, la trajectoire, l'affrontement) ont produit des dynamiques sociales différentes à chaque étape de l'histoire des entreprises.

Construction des identités sociales par le travail

	Appartenance	Œuvre	Trajectoire	Affrontement
Epoque industrielle	Maison (le patron)	Métier (le compagnon)	Apprentissage (l'apprenti)	Lutte sociale (le militant)
Croissance organisationnelle	Bureaucratie (le fonctionnaire)	Expertise (l'expert)	Promotion (le cadre)	Action collective (le partenaire social)
Crise et modernisation	Entreprise (l'entrepreneur)	Profession (l'innovateur)	Mobilité (l'expatrié)	Communauté défensive (les collectifs)
Mondialisation et réduction du temps de travail Gestion de l'emploi	Société locale	Compétences et employabilité	Projets dans et hors le temps de travail	Confrontation de logiques
	L'appartenance maison restreint son emprise sur l'individu	*L'œuvre reste un principe identitaire constant*	*L'expérience du trajet s'accroît et se diversifie*	*La lutte s'intériorise en entreprise*

Au cours de la première période industrielle, qui s'achève avec la reconstruction d'après la Seconde Guerre mondiale, ce sont les modalités de la maison, du métier, de l'apprentissage et de la lutte sociale qui articulent une dynamique sociale élitiste et triplement intégratrice autour de figures symboliques, dans un même contexte paternaliste : le patron, le compagnon et le militant. Très valorisées par plus d'un siècle d'affirmation identitaire, ces figures restent présentes dans la culture de nombreuses entreprises contemporaines.

Au cours des Trente Glorieuses (1950-1980), la croissance organisationnelle des entreprises privées et publiques modifie le contexte de définition par le travail, en ouvrant davantage de perspectives de jeux d'acteurs autour de la règle, en complexifiant les opportunités d'intervention sur le changement technique, et en développant les possibilités de promotion hiérarchique. L'aventure identitaire se cristallise alors autour des figures stratégiques de l'expert, du cadre symbole de la promotion sociale liée à la carrière, et aussi du titulaire d'une fonction et d'un statut dans les grandes bureaucraties d'Etat, sources de nouvelles formes d'appartenance. Du côté de l'affrontement, ce sont les partenaires sociaux qui s'efforcent d'imposer un contrôle social sur le partage des bénéfices de l'entreprise. Alors que dans la période industrielle antérieure, les figures de la réussite identitaire désignaient surtout les aristocraties du métier, du capital et de la lutte ouvrière, avec les Trente Glorieuses, on assiste à l'émergence de réussites sociales par le travail, ouvertes à un nombre plus grand d'individus, dont néanmoins «les OS» et employés sans qualification restent exclus.

Avec la période de modernisation structurelle des années 80, le développement des entreprises fait ressortir d'autres figures identitaires : celles des professionnels indispensables dans les innovations informatiques, commerciales, gestionnaires, autant que dans le domaine des transports, des services et des entreprises à risque. Apparaissent aussi les figures du mobile liées à des trajectoires de formation ou de délocalisation des établissements. Enfin, l'entreprise devient un milieu valorisé par sa culture et son expansion au point de rendre quasiment emblématique la figure du chef d'entreprise. En revanche, les identités de la lutte ont tendance à ne plus se matérialiser que par le combat défensif de collectifs d'emplois menacés.

Mais il faut bien reconnaître que cette glorification communautaire de l'entreprise de marché vient de se trouver brutalement remise en question par l'ampleur de la crise de l'emploi. Pour des chômeurs, il n'y a plus d'appartenance, on parle des exclus. L'œuvre de l'entreprise en crise se traduit par le stress et la figure du *«burn out»* de l'individu épuisé et «jeté» quand il ne tient plus le choc des contraintes issues de la concurrence. Les trajectoires se transforment en mobilité dangereuse de la précarité; et la lutte s'avère impossible pour des individus en perte d'identité par le travail. L'entreprise traverse une véritable période de double injonction contradictoire, dont on sait les dégâts identitaires sur la psychologie des individus, en imposant à ses membres tout à la fois l'implication dans la qualité et la mobilisation productive, mais aussi la menace sur leur emploi et la souffrance de la précarité (3).

Aujourd'hui, avec l'ère nouvelle de mondialisation et de politiques de flexibilité, on assiste à l'émergence de logiques d'affirmation divergentes autour de l'employabilité pour supporter les menaces sur l'emploi, et de logiques de projets personnels plus indépendants et ouverts sur l'extérieur de l'entreprise. D'une certaine façon, ce serait la capacité à faire se confronter des logiques identitaires variées, voire contradictoires, qui définiraient la force d'intégration de l'entreprise sur un espace local débordant les frontières naturelles du salariat, pour tenter de contrer la peur de perdre l'emploi. C'est ainsi que la question du débat entre cadres responsables de projets industriels, mais également entre salariés confrontés au passage aux trente-cinq heures, ou encore les débats autour de l'insertion des jeunes en CES, devient cruciale pour le climat des ateliers et des services administratifs.

En fin de compte, la fonction socialisatrice de l'entreprise, toujours ancrée sur la réalisation d'une œuvre par le travail, doit composer de plus en plus avec des dynamiques d'orientation personnelle et sociale qui, débordant les limites de l'organisation, conduisent en fait à une nécessaire combinaison de logiques collectives.

Aussi, l'aménagement du temps de travail pour conserver ou créer de l'emploi mobilise en fait des positions souvent

3. C. Dejours, *Travail, usure mentale*, Bayard, 1993.

Cartographie des mondes sociaux de l'entreprise

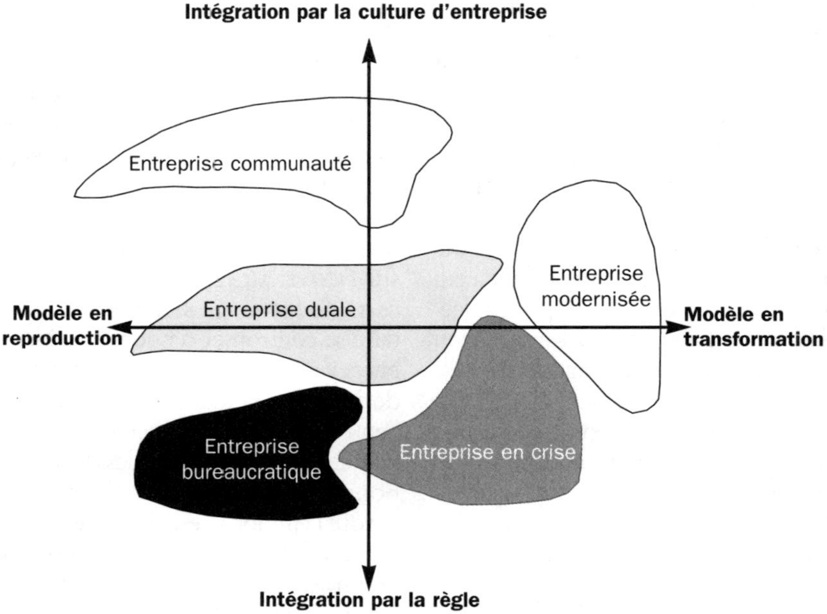

Axe horizontal : transformation.
Axe vertical : mode d'intégration collective.
Les aires représentent la dispersion de chaque classe sur le plan factoriel.

Source : I. Francfort, F. Osty, R. Sainsaulieu, M. Uhalde, *Les Mondes sociaux de l'entreprise*, Desclée de Brouwer, 1995.

contradictoires entre les exigences de l'organisation portées par les chefs, les volontés d'investissements extérieurs de jeunes diplômés, les soucis familiaux de certains, les espoirs de carrière d'autres. L'entreprise pour survivre et s'imposer devient poreuse aux divers contextes d'environnement familiaux, associatifs, citoyens et éducatifs de leurs personnels. L'identité au travail se définit désormais au carrefour d'investissements internes et externes à l'entreprise. Et c'est bien à cet endroit que l'acteur prend figure sociale d'un sujet responsable de ses investissements pluriels au travail et hors travail.

Cinq modèles d'intégration sociale

Le bref tableau chronologique de la page 296 offre une vision des évolutions des configurations organisationnelles et sociales qui se sont succédé. La situation actuelle témoigne d'une part de la diversité des logiques identitaires mises en œuvre par les individus, et d'autre part d'une pluralité des systèmes sociaux et des modes d'implication que l'on peut observer dans les entreprises. Ainsi, une recherche récente (4) intégrant de façon statistique les données qualitatives recueillies par entretiens auprès de plus de 4000 personnes de tous grades, a dégagé, parmi les entreprises françaises contemporaines, cinq «mondes sociaux», c'est-à-dire cinq modèles de configuration et de dynamique sociales. Elle montre que les entreprises disposent en fait de trois modalités légitimes, aux yeux de leur personnel, pour articuler toutes ces différences de logiques identitaires.

L'entreprise communauté correspond plutôt à un contexte de PME et d'établissements centrés sur la performance commerciale dans une situation de forte concurrence (notamment dans les secteurs du bâtiment, du commerce, ou de l'industrie légère). Son fonctionnement repose davantage sur des normes collectives intériorisées que sur des règles formalisées. La culture collective d'entreprise est fondée sur de très forts ajustements interpersonnels autour d'une double dynamique identitaire professionnelle et entrepreneuriale. La culture d'entreprise, essentielle dans ce modèle, repose sur trois piliers : la figure omniprésente du client, le métier, et le sentiment d'appartenance (voire l'attachement affectif) à l'entreprise. L'identité d'entreprise est ici centrale et caractérise une capacité d'effort collectif autour du développement économique. Les salariés se reconnaissent acteurs de l'entreprise. Non pas comme membres d'un collectif grégaire, mais au contraire en négociant leur place au travers d'un contrat tacite, par lequel s'échangent l'accès à la reconnaissance individuelle et le respect des normes professionnelles de l'entreprise.

L'entreprise modernisée se rencontre dans les établissements de grandes industries (chimie, métallurgie, automobiles...) ou de services. Menacées de disparition, ces entreprises ont dû s'atteler à de lourdes modernisations techniques, organisationnelles et gestionnaires. La dynamique légitime sur le plan social s'appuie surtout sur la recomposition professionnelle de tous les métiers émergents, pivots et menacés. Un fort investissement professionnel construit la cohésion sociale du changement. On mise sur les hommes et leur capacité à s'adapter, en s'appuyant sur la formation, l'introduction de nouvelles pratiques plus participatives et sur la recomposition des métiers.

Ce contexte produit une dynamique sociale très particulière, où les relations de pouvoir se transforment, où les communautés traditionnelles se dissolvent et où une sorte de collégialité contingente pour la maîtrise de l'avenir s'installe.

L'entreprise bureaucratique caractérise le monde des administrations publiques et privées. Les dynamiques sociales trouvent ici leur légitimité dans la confrontation, pas toujours facile, que l'on observe chez les salariés de ces

4. I. Francfort, F. Osty, R. Sainsaulieu et M. Uhalde, *Les Mondes sociaux de l'entreprise*, Desclée de Brouwer, 1995.

organisations : ceux-ci sont souvent tiraillés entre leur identité de fonctionnaire et leurs projets personnels extérieurs. Pour certains d'entre eux (ceux qui travaillent en relation directe avec des clients, comme les guichetiers à La Poste ou à la Sécurité sociale par exemple) se pose en outre la question de la reconnaissance de ces professions ouvertes sur le traitement des problèmes économiques et sociaux de clients et d'usagers du service public. On peut voir ainsi, en observant le travail au guichet dans certaines administrations, l'émergence d'une culture collective qui s'appuie sur une morale de l'action et du service public, des relations d'entraide entre collègues, et qui vise une reconnaissance institutionnelle des compétences mises en œuvre. Ainsi, le modèle de la bureaucratie à la française a fortement évolué au cours des dernières années : d'une part par une pacification des relations de travail, d'autre part par l'ouverture vers l'usager.

A côté de ces trois mondes sociaux légitimés par leur capacité de confrontation entre identités sociales et leurs performances économiques jugées satisfaisantes, on trouve deux autres mondes sociaux profondément incapables de produire une légitimité collective.

L'entreprise en crise représente le cas d'une modernisation partielle ou bloquée. Cette situation débouche sur un affrontement entre métiers en pointe (correspondant à une population jeune, diplômée, et désignée comme le fer de lance de la modernisation) et métiers menacés par les changements (les anciens acteurs forts, professionnels ou syndicaux, qui développent une stratégie de maintien de leur suprématie symbolique). On la rencontre plutôt dans des secteurs traditionnels : mécanique, automobile, sidérurgie, transports, textiles industriels…

L'entreprise duale, enfin, est elle aussi une configuration directement issue du durcissement de la concurrence et du marché. La recherche conjointe d'une meilleure productivité et d'une plus grande flexibilité aboutit à une segmentation nette des activités et du personnel : on a d'un côté des services avec un personnel qualifié et valorisé au sein d'une organisation flexible, de l'autre une main-d'œuvre peu qualifiée et au statut souvent précaire, affectée à un travail répétitif et parcellisé de type taylorien. Si la performance économique peut se maintenir; ce sera alors au prix d'une extrême pression et perte d'identité des salariés dominés et précarisés. On rencontre ces entreprises notamment dans le secteur tertiaire : formation et conseil, nettoyage industriel, restauration…

En définitive, on peut conclure que les entreprises ne peuvent reproduire leurs anciens modèles sociaux d'intégration identitaire des périodes précédentes : organisationnelles et modernisatrices. Trop de diversifications identitaires liées au travail sont à prendre en compte pour obtenir un effet d'intégration et de socialisation des personnels. Aujourd'hui, un nouveau modèle social d'entreprise se cherche, autour d'une triple capacité sociale de reconnaissance identitaire, d'ouverture aux trajectoires personnelles de mobilité, et de réalisation d'accords entre acteurs concrètement partenaires d'une véritable élaboration collective d'objectifs de développement.

Qu'est-ce que l'histoire d'entreprise ?

L'émergence des enjeux d'identité et de culture suscite un intérêt croissant pour l'histoire d'entreprise.

La première chaire d'histoire d'entreprise date de 1927, à la Harvard Business School. A partir de 1932, sous l'impulsion de Joseph Schumpeter, de très nombreuses monographies d'entreprises américaines ont été réalisées. Plus tard, Alfred Chandler a proposé dans les années 60 une vision plurielle du développement des entreprises, liant les aspects historiques, sociologiques et gestionnaires. L'histoire d'entreprise est toujours active aux Etats-Unis, où l'on recense de nombreux cabinets d'historiens-conseils, plusieurs associations internationales (Conférence d'histoire des affaires, National Council of Public History...) ainsi qu'une revue : *Business History Review.*

Les premières tentatives de la transposition de la *business history* en France eurent lieu dans les années 50. La thèse de Jean Bouvier, dans les années 60, sur le Crédit Lyonnais est considérée comme pionnière. A partir d'une influence nette de la microéconomie, quelques travaux furent ainsi produits, dont la thèse de François Caron en 1969 qui envisageait l'histoire de la Compagnie de chemin de fer du nord sur près d'un siècle (1846-1937). Parallèlement, une offre d'histoire d'entreprise s'est créée dans les années 70 et 80, directement imitée des cabinets conseils américains, dont la philosophie est d'être, à l'instar des « écrivains publics », au service de leurs clients, d'où leur nom de « *public history* ». Il s'agit de leur fournir des éléments stratégiques, identitaires, de communication ou de prestige, voire de conseil, tout en respectant la déontologie propre de la recherche historique en matière de validation et vérification des sources et des hypothèses. L'histoire d'entreprises crée un savoir académique et monographique, mais elle est en outre conçue comme un discours modulable en fonction des destinataires. Sylvie Lefranc (1) souligne que l'historien ne fournit pas les mêmes prestations aux cadres d'entreprise qui financent les études, aux salariés, au public ou à la communauté de ses pairs. Il doit ainsi maîtriser toutes les formes rhétoriques et souvent toutes les formes médiatiques. Plus généralement, l'histoire d'entreprise - comme l'histoire des partis politiques, des syndicats et de quelque institution que ce soit – soulève des problèmes de maîtrise du discours historien.

Dans les années 80, de nombreux travaux furent menés, dont une part notable à l'initiative de la compagnie de Saint-Gobain (2). De nombreux articles de journaux paraissent. A côté des agences de conseil en histoire, des laboratoires du CNRS et des universitaires développent l'histoire d'entreprise. Le ministère des Finances crée en 1987 un Comité pour l'histoire économique et financière qui se propose de contribuer à une meilleure connaissance de l'histoire depuis le Moyen Age, de l'Etat et de son rôle en matière économique. De ce mouvement naîtra, au début des années 90, une revue : *Entreprises et Histoire* (3), dirigée par Patrick Fridenson, directeur d'études à l'Ecole des hautes études en sciences sociales.

Dans les années 90, l'histoire d'entreprise est largement liée à un mouvement de réflexion des dirigeants des grandes entreprises sur la question de la culture de leurs organisations, renforcée en France par la demande de commémoration et l'offre historienne de mémoire. La question de l'identité est mise en avant. Le nombre d'historiens et d'équipes de recherche se consacrant à l'histoire d'entreprise ne cesse de croître. P. Fridenson rappelle qu'il y avait en France, dans les années 60, trois universitaires travaillant sur l'histoire d'entreprise : ils sont aujourd'hui près d'une soixantaine. On assiste à un intérêt croissant de la part des industriels et à la création de réseaux réunissant des chercheurs et des hommes d'entreprise. L'interprétation du changement d'attitude des entreprises reste cependant à nuancer. Selon P. Fridenson, en effet, *« le nombre d'entreprises ayant recours à des historiens (plutôt qu'à des journalistes ou à des hommes de communication) s'est accru. Pour autant, beaucoup d'entreprises refusent encore aujourd'hui que des historiens écrivent leur histoire, certaines détruisent même leurs archives. »*

JEAN-CLAUDE RUANO-BORBALAN

1. « L'entreprise et ses mémoires », *Communication & Organisation*, n° 7, 1er semestre 1995.
2. J.-P. Daviet, *Une multinationale à la française : Saint-Gobain 1665-1989*, Fayard 1989.
3. La revue *Entreprises et Histoire*, créée en 1991, regroupe dans son comité éditorial la plupart des chercheurs en histoire d'entreprise, des hommes d'entreprises et des chercheurs en gestion, ainsi qu'un important réseau international. *Entreprises et Histoire*, Editions ESKA, 5, avenue de l'Opéra, 75001 Paris.

Quatrième partie

La gestion : instruments, pratiques, mutations

Chapitre IX

La gestion au quotidien

Jean-Claude Moisdon et Benoît Weil*

LES ÉNIGMES DE LA DÉCISION QUOTIDIENNE DANS L'ENTREPRISE**

La conception d'une automobile dans une grande firme implique une myriade de micro-décisions prises au niveau des services techniques. Les choix sont fondés sur le compromis, l'autorégulation, l'ajustement spontané. Les conflits potentiels sont tranchés par le sommet à des dates clés qui scandent les phases de la réalisation.

Il ne faut pas croire que l'acte de décision soit réservé aux échelons supérieurs de l'entreprise ; à tous les niveaux, des choix sont effectués, qu'il s'agisse de fixer les priorités dans une liste des pièces devant passer sur une machine, d'affecter un malade à un service dans un hôpital en fonction de sa pathologie, ou de statuer que deux parties d'un certain objet à concevoir seront vissées et non soudées. La myriade de décisions de ce type constitue ce que l'on peut appeler le fonctionnement quotidien de l'entreprise.

Ce fonctionnement quotidien n'est pas prédéterminé. Il a son autonomie propre, ses modes de structuration et de régulation spécifiques, et d'ailleurs, un des problèmes de la stratégie est bien qu'à ses propres doctrines et volontés de réforme, peut s'opposer de façon durable ce fonctionnement à la base qui fabrique et fait évoluer l'organisation tout entière au moins autant que les coups de gouvernail des dirigeants.

Enfin, il ne faut pas croire que ce fonctionnement quotidien se donne d'emblée à l'observateur externe, qu'il est parfaitement clair et lisible. Dès qu'une organisation est un tant soit peu complexe, elle aboutit parfois à des configurations surprenantes. Pour illustrer ce propos, nous allons prendre un exemple, tiré d'une de nos recherches récentes ; elle concernait l'activité de conception d'une nouvelle voiture.

* Professeurs à l'Ecole des mines de Paris.
** *Sciences Humaines*, hors série n° 2, mai 1993.

L'invention d'une nouvelle voiture

Le constructeur automobile qui fit appel à nous était en train de transformer l'organisation de la conception. Pendant de longs mois, le fonctionnement du système nous resta complètement opaque. Il est vrai que nous avions affaire à une organisation complexe : une voiture est faite de près de 4000 pièces. Mais le plus important est sans doute que ces pièces sont en forte interaction : on ne peut guère en modifier une sans remettre en cause la conception de quelques autres. Dans ces conditions, c'est à des dizaines de milliers de relations entre pièces ou sous-ensembles que l'on a affaire, sachant que par ailleurs, il faut concevoir les machines qui vont fabriquer et assembler tout cela à grande cadence (les voitures «tombent» de chaîne au rythme d'environ une par minute).

Cet objet technique en gestation, c'est plus de mille techniciens qui l'ont en charge, et cela pendant à peu près cinq ans ! Les contraintes concurrentielles récentes n'arrangent pas les choses : elles se sont traduites par une complexification de variétés, liées à la volonté de satisfaire la différenciation des goûts des clients (c'est ainsi que l'on avait calculé que, sur une année, il n'y avait pas eu cinq Peugeot 205 strictement identiques !). Dans ces conditions, comment se coordonnaient tous ces techniciens et ingénieurs ? Comment planifiaient-ils leurs activités ? Alors que ce processus s'étalait sur plusieurs années environ, une impression quasi permanente de hâte, d'urgence se dégageait. D'où pouvait provenir ce fait paradoxal ?

Cloisonnement et séquentialité

Au début des années 80, les constructeurs automobiles ont commencé à réviser sensiblement (poussés par les comparaisons avec les Japonais) leurs propres méthodes de conception. Que reprochaient-ils à ces dernières ? D'une part, de reposer sur un trop grand cloisonnement entre les services. On reproche alors à une division rigide du travail un manque de communication entre les différents acteurs. De même, on estime que le mode de coordination entre ces mêmes acteurs est trop séquentiel.

Or, les nouvelles exigences d'économie, de qualité et de réactivité ne peuvent plus se satisfaire de tels principes d'organisation : le cloisonnement et la séquentialité conduisent à ce que, par exemple, on s'aperçoive en usine que la pièce et la machine n'ont pas été conçues de façon cohérente, ce qui oblige à un retour en arrière coûteux en argent et en temps. Il faut par ailleurs raccourcir les cycles de la conception, et donc pratiquer le *«simultaneous engineering»*. D'autres formes d'organisation sont alors mises sur pied : émergent des équipes de projet, la création de plateaux, qui rassemblent des techniciens des différents métiers, et également la mise en place de structures transversales, des groupes de travail, où ces mêmes techniciens viennent examiner ensemble un certain nombre de questions techniques difficiles. Ce sont dans et sur ces groupes que nous avons travaillé, en tant que chercheurs, pendant plus de deux ans. Nous avons essayé de mettre à jour les mécanismes de la décision quotidienne dans cette activité complexe, et nous avons essayé également de les aider à fonctionner. La meilleure vision d'ensemble qui en découla ne fut pas sans comporter des surprises par rapport aux représentations initiales.

Les étranges logiques du compromis technique

Tout d'abord, l'observation longue du travail des concepteurs montrait que la communication entre ces derniers était intense ; dès qu'un dessinateur tirait un trait, il y avait plusieurs personnes autour de sa planche à dessin. Cette communication tous azimuts commençait très tôt, dès le début du projet. Cette très grande fluidité des personnes, qui traversait continuellement et sans problème les frontières instituées de l'organisation, s'appliquait également aux objets : maquettes, pièces « bricolées » dans un atelier, et même les voitures prototypes s'échangeaient, se négociaient, circulaient entre les différents lieux de la conception.

Le second point important concernait la voiture elle-même : des problèmes techniques les plus divers émergeaient chaque jour remettant souvent en cause le travail de plusieurs techniciens (par exemple, le fait qu'un emboutisseur s'aperçoive qu'il ne saura pas faire telle ou telle forme précise de la caisse peut entraîner une incertitude sur la fixation du rétroviseur, incertitude qui entraîne celle sur le passage des câbles de la commande interne du même rétroviseur, etc.). Il semblait extrêmement difficile de hiérarchiser ces problèmes : une mauvaise tenue de baguettes de porte paraissait nécessiter autant de soins qu'un défaut de démarrage à froid. Il faut maintenant relier entre elles ces deux constatations : 1) la communication permanente entre techniciens, 2) la génération continue de problèmes techniques. En effet, on peut considérer que 1) est une bonne réponse organisationnelle à 2). La coordination par ajustement mutuel, auto-organisée, déclenchée par les événements fournit en effet une possibilité de réactivité cohérente avec le rythme des aléas techniques. C'est ainsi que dès le début d'un projet se créaient des réseaux de techniciens élaborant ensemble de fortes habitudes de travail en commun, effectué dans une ambiance de grande sociabilité, fondé sur la connivence, la camaraderie, l'humour partagé, etc. Ce système social particulier, fortement coopératif, nous avons proposé de l'appeler « l'adhocratie des techniciens de la base ». Si cohérence il y avait entre les caractéristiques de l'objet technique et la réponse organisationnelle, où donc étaient les problèmes ?

Le mot clef en la matière n'est pas celui de solution, mais de compromis : pour résoudre un problème, plusieurs techniciens devront faire un effort, réduire les marges de manœuvre qu'ils avaient prises. Dans ces conditions, deux circonstances pouvaient se produire lorsque deux techniciens avaient à négocier entre eux : soit ils trouvaient rapidement un compromis acceptable, et c'est ainsi que se résolvait la grande majorité des problèmes (95 à 98 % d'entre eux).

Soit le compromis n'était pas facile à trouver, et la négociation risquait alors de s'éterniser. En effet, vouloir clore la controverse rapidement, c'était aller vite vers le conflit, et ni l'un ni l'autre n'y avait intérêt : ils risquaient de compromettre le fonctionnement collectif, et également de révéler à leur hiérarchie qu'ils ne pouvaient se « débrouiller » seuls. Par ailleurs, comme le projet est extrêmement mouvant, beaucoup de choses changent au cours du temps, il est possible, si l'on sait attendre, que le problème disparaisse de lui-même.

La remontée des problèmes vers la hiérarchie

Toutefois, une forme de structuration du processus existait : elle était composée de dates clefs impératives à respecter : dates auxquelles il faut livrer un dessin à un fournisseur, dates auxquelles on lance la fabrication d'outillages, etc. C'est par rapport à ces dates clefs que les techniciens se « calaient ». Quand elles s'approchaient, il fallait bien résoudre les problèmes latents, il fallait clore un certain nombre de controverses, trouver des compromis là où il y avait à cet instant opposition de règles de l'art. La seule possibilité, pour que le conflit ne dégénère pas à la base, était alors de faire remonter le problème vers les niveaux supérieurs, pour les faire arbitrer par la hiérarchie. Mais cette dernière était éloignée des considérations techniques qui prévalaient à la base, on assistait à une négociation entre chefs, fondée sur de tout autres variables que celles qui étaient jusqu'ici intervenues. Il y était question de budgets, de délais, de prix, de coûts de revient, etc. : pour parler vite de variables économiques, par opposition aux variables techniques utilisées par les techniciens. En fait, la remontée vers le haut conduisait à recadrer le problème et à fournir aux techniciens un nouveau champ de contraintes leur permettant de résoudre le problème sans perdre la face.

D'où le modèle d'une organisation duale : à la base une auto-organisation, faiblement structurée avec coordination par ajustement spontané, une certaine absence de culture de l'économie et de l'écrit, une indifférence, sinon une résistance, quant aux diverses tentatives de planification et de formalisation. Au sommet, une organisation administrative, fondée sur les paramètres de budgets et de délais, les notes de service, la tendance à l'édiction de règles, l'éloignement du technique, même si une nostalgie du bon vieux temps, époque où ils étaient eux-mêmes en position de techniciens confrontés à la résolution des problèmes techniques, perce régulièrement.

La structuration par l'urgence

Une telle représentation fournit également une clef pour comprendre l'urgence apparente dans laquelle les concepteurs semblaient travailler : cette urgence concernait les dossiers en souffrance pour lesquels les techniciens attendaient le dernier moment avant de les faire remonter vers la strate supérieure.

L'urgence apparaît ainsi comme l'un des mécanismes fondamentaux de relais entre deux sous-systèmes organisationnels très dissemblables. Il est important de souligner à ce propos la grande fonctionnalité du système :

– l'adhocratie technicienne à la base constitue la seule forme de réactivité cohérente avec les caractéristiques de l'objet technique. Elle résout un très grand nombre de problèmes dans ce que l'on peut appeler le silence de son fonctionnement collectif ;
– la hiérarchie administrativo-économique constitue une instance d'arbitrage pour le petit nombre de questions difficiles sur lesquelles les techniciens n'arrivent pas à se mettre d'accord ;
– les variables de la hiérarchie ne sont pas les mêmes que celles de la base : elles permettent alors d'élaborer un jugement abstrait qui permet aux techniciens de retravailler ensemble sur les problèmes, sans que la légitimité et le savoir-faire des uns et des autres n'en soient atteints.
– l'urgence est un construit organisationnel de même que les quelques dates clefs qui la déclenchent. Loin d'être une pathologie, elle constitue un dispositif de liaison entre acteurs aux logiques différentes.

La nouvelle logique de gestion des projets, évoquée plus haut, est fondée sur une organisation matricielle, avec l'émergence, à côté des métiers de la conception, d'équipes projets managées par des directeurs de projets de plus en plus puissants. Ces directeurs de projets ont pris la mesure du fonctionnement que nous venons de décrire. Ils ont mis en place des dispositifs de gestion (espaces collectifs de conception et de maquettage, nouveaux groupes de travail et de reporting, instances de liaison avec des fournisseurs, de niveau commercial, et d'après-vente, etc.) visant à conserver la cohérence de l'organisation d'ensemble, tout en en prévenant les risques. Ils ont ainsi profondément modifié l'organisation même de la conception et leurs efforts se sont traduits par des progrès incontestables sur le triptyque coût-délai-qualité.

Mais une autre façon de considérer les pratiques que nous avons décrites et les risques associés consiste à se demander pourquoi les techniciens avaient tellement de mal à tomber d'accord sur un certain nombre de questions : on s'aperçoit alors que si les prestations sont souvent contradictoires et entraînent des difficultés dans la négociation technique, il n'en reste pas moins que des progrès incontestables pourraient être faits au niveau des savoirs techniques eux-mêmes. Nous nous sommes rendus compte que ces savoirs techniques étaient perfectionnés pour les sous-ensembles de la voiture pris séparément par chaque métier (la boîte de vitesses, la planche de bord, le lève-vitre électrique, etc.) mais qu'en revanche, les savoirs « interstitiels », ceux de l'interface entre pièces, ceux qui assuraient l'assemblage de l'ensemble (visser, coller, souder, etc.) apparaissaient souvent insuffisamment développés, peu valorisés. Or, c'est autour de ces questions d'interface que se situait la grande majorité des conflits entre techniciens.

Comme on le voit, il faut donc parfois de longs détours et de minutieuses observations pour décrypter les véritables mécanismes et donc les véritables problèmes d'un fonctionnement quotidien. Seule une telle démarche permet de dépasser des présupposés qui constituent d'abord un diagnostic hâtif, et ensuite inspirent un remède inapproprié.

En l'occurrence, on pensait initialement que l'information circulait mal. Ce n'était pas le cas : elle circulait dans tous les sens mais les vrais problèmes étaient autres : ils étaient liés tout d'abord au système relationnel qui s'était progressivement mis en place entre techniciens, et ensuite à des « trous » dans le savoir technique. On conçoit que les réponses organisationnelles à ces problèmes soient très différents de ceux fondés sur l'*a priori* d'une absence de communication.

Alex Mucchielli*

SOIGNER L'HÔPITAL**

L'analyse des relations de travail dans les hôpitaux révèle des dysfonctionnements caractéristiques comme le « management hyperaffectif » ou le « dévouement paradoxal ». A l'image de l'action médicale, ces dysfonctionnements peuvent faire l'objet d'une intervention du psychosociologue en deux temps : diagnostic et traitement.

L'HÔPITAL est une organisation caractérisée d'abord par l'extrême spécialisation de ses unités de production, par ailleurs indépendantes entre elles, et en même temps dépendantes d'une coordination et d'une coopération. Ensuite, il y a coexistence conflictuelle de cultures et de logiques professionnelles différentes ; des résultats d'actions multiples très peu mesurables, et la présence du « client » dans l'organisation. Enfin, il faut remarquer le climat émotionnel des relations avec le patient et avec les collègues ou partenaires de travail (dû aux sentiments d'insécurité et de culpabilité devant la maladie et la mort).

Trois types de personnels (les médecins ; les administratifs et techniciens ; les infirmiers et aides-soignants) se côtoient avec chacun sa culture, sa déontologie et son attitude professionnelle propres. Le corps médical est traditionnellement dominant, mais en même temps, les médecins ont actuellement l'impression que leur pouvoir est mis en cause et les conflits divers s'en trouvent fréquemment exacerbés.

Les cellules de travail fonctionnent encore souvent en vase clos et de manière juxtaposée. En conséquence, les membres de l'hôpital ont une très faible représentation de l'ensemble de l'organisation et sont relativement isolés dans leurs tâches. L'hôpital est ainsi le lieu de

* Professeur de sciences de la communication à l'université de Montpellier-III. Parmi ses publications récentes : *Les Sciences de l'information et de la communication*, 1998 ; *Approche systémique et communicationnelle des organisations*, Armand Colin, 1998.

** *Sciences Humaines*, n° 44, novembre 1994.

relations interpersonnelles et professionnelles distendues, fondées sur la méconnaissance mutuelle et le repli de chacun sur sa cellule de travail. Au total, les différences culturelles des trois groupes d'acteurs identifiés, la forte décentralisation des services médicaux, la faiblesse du sentiment d'appartenance à l'hôpital d'une grande partie des acteurs, rendent difficile le « management » d'une telle structure. Ce rôle est dévolu au directeur, qui appartient au corps administratif. La faiblesse du pouvoir de la direction étant encore accentuée par les interventions des diverses tutelles qui l'encadrent et par la force de résistance passive ou active du corps médical. L'hôpital vit donc souvent sous le régime de la crise larvée (1). Par ailleurs, son fonctionnement est remis en cause actuellement, et c'est précisément cette remise en cause et les problèmes de management qu'elle entraîne qui motivent les interventions qui nous sont demandées.

Analyse erronée : la logique « cause à effet »

Dans un hôpital, les médecins, comme les administratifs et les soignants raisonnent d'abord en termes de cause/effet (*voir encadré p. 318*). C'est ainsi que pour analyser les problèmes organisationnels et humains qui se posent, ces acteurs en restent trop souvent à une description des signes immédiats (éléments de dysfonctionnement visibles) qui sont analysés indépendamment les uns des autres. Puis, pour traiter les problèmes, ils agissent donc sur ces signes, sans traiter leurs véritables origines. L'hôpital fait ainsi de grands efforts pour très peu de résultats, car les maux réapparaîtront ailleurs, identiques ou sous une autre forme.

Les analyses des dysfonctionnements hospitaliers que Josette Hart et moi-même avons faites reposent d'abord sur une approche systémique (2) et interactionniste des phénomènes. Elles se fondent ensuite sur un ensemble de constats effectués dans différents établissements à l'aide des méthodes qualitatives (interviews individuelles, interviews de groupe, observation participante...) (3). On sait que la validation de pareilles recherches qualitatives repose sur des critères précis de rigueur que nous avons pris soin de respecter (4).

Nous avons présenté les principaux dysfonctionnements de l'hôpital que nous avons repérés sous forme de « diagnostics ». Dans ces diagnostics, et plus particulièrement dans les étiologies (5) proposées, nous remontons aux causes profondes et nous rompons donc, avec cette habitude d'en rester aux signes extérieurs. Notons, au passage, que le concept de « diagnostic », avec ses notions de sémiologie, d'étiologie et de traitement, était à même d'être bien compris par les cultures hospitalières. Les traitements proposés essayent de s'attaquer, en même temps, à un ensemble de « causes » puisqu'elles se développent elles-mêmes en système.

1. *Communication interne et management de crise*, Editions d'organisation, 1993. Et « La crise interne des hôpitaux : un outil d'évaluation de son importance », A. Mucchielli, *Gestions hospitalières*, n° 324, mars 1993.
2. Voir mots clés en fin d'ouvrage.
3. *Les Méthodes qualitatives*, A. Mucchielli, Puf, 1992.
4. J. Hart, A. Mucchielli, *Soigner l'hôpital. Diagnostics de crise et traitements de choc*, Lamarre, 1994.
5. Voir mots clés en fin d'ouvrage.

Organigramme de principe d'un hôpital

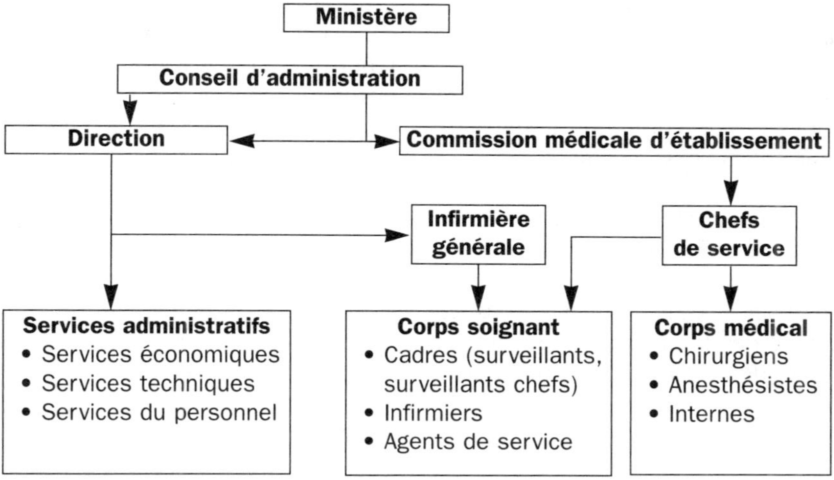

Note : il est évident que les seules liaisons formelles de cet organigramme ne suffisent pas à rendre compte de la complexité des relations réelles.

Nos études ont mis en lumière quatre pathologies principales essentiellement liées à l'encadrement :
– le management hyper-affectif ;
– la défaillance des cadres soignants ;
– le dévouement paradoxal ;
– le dysfonctionnement du service.

Les faiblesses du système de management sont liées à la culture affective (qui fait négliger tout ce qui est rationnel), aux défaillances des cadres (qui ne savent pas décider), aux faiblesses du système de gestion des personnels (qui ne propose aucune évaluation ou gratification appropriée) et enfin, aux conditions de travail (émotion et stress permanents dans le travail), qui font que personne ne prend le recul nécessaire pour réfléchir aux diverses améliorations à apporter.

Inversement, ces défaillances nourrissent les faiblesses des cadres, leur manque de confiance en eux et les poussent au management hyper-affectif qui, lui-même, retentit sur la direction en freinant toutes les initiatives d'amélioration du système de gestion des personnels et d'organisation du travail, tout cela se répercutant sur la fatigue des personnels…

Le traitement systémique

Le système que constituent ces causalités circulaires et imbriquées nous a logiquement amenés à prescrire des traitements eux-mêmes « systémiques », c'est-à-dire qui s'attaquent en même temps à plusieurs causes :
– culturelles (nous insistons beaucoup sur la refonte des formations initiales) ;

– managériales et organisationnelles (notamment au niveau de la cohésion des équipes de direction et de la gestion des ressources humaines) ;
– psychologiques et individuelles.

Un certain nombre de traitements préconisés sont communs à plusieurs « maladies ». Les traitements que nous proposons procèdent, d'une part, des observations de terrain et, d'autre part, des déductions logiques faites à partir des étiologies. En ce qui concerne les observations de terrain, nous avons rencontré des hôpitaux qui ont mis en place des actions dont nous nous sommes inspirés pour proposer des traitements.

Le management considéré comme un sacerdoce

Ce sont les analyses du « management hyper-affectif » et du « dévouement paradoxal » qui ont rencontré le plus de succès auprès des équipes hospitalières. Nous rapportons ici les grandes lignes de la première analyse.

Le « management hyper-affectif » est le système d'autorité et de commandement d'un responsable qui cherche avant tout à être aimé par ses subordonnés. Ce lien affectif dirige toutes ses décisions et actions de management. Le management hyper-affectif est une des principales « plaies » des établissements de santé. Il repose sur de profondes racines culturelles entretenues par une organisation éclatée des pouvoirs et par les intérêts spécifiques des médecins et des autres acteurs. Le manager hyper-affectif considère sa fonction comme un sacerdoce, il privilégie les données psychologiques et les relations affectives. Il ne sait pas résoudre les tensions de groupe et les conflits interpersonnels.

Dans sa forme « paternaliste », le manager hyper-affectif joue le rôle d'un parent protecteur à l'égard de subordonnés, vus comme des enfants. Dans cette famille, il ne donne jamais d'ordre ou d'instruction. Il « demande », il « fait comprendre » ou à l'inverse, il menace, il « engueule », il « gronde ». Les demandes et exigences sont d'ailleurs implicites, comprises à demi-mot, tout comme les « faire semblants de ne pas comprendre ». On est sur le registre du « service demandé et rendu ».

Dans sa forme séductrice, le manager affectif dirige en cherchant à plaire, à séduire, à être admiré. Il utilise toute la gamme des comportements classiques de séduction : humour, jeux, attention prévenante, distribution de compliments, mise en connivence, flatterie… *« Allez, tu seras vraiment la plus chic si tu fais cela pour moi ! »*, lance ce chef de service à une infirmière.

En face, ses subordonnés sont satisfaits d'être protégés tout en ressentant un malaise latent lié à leurs insatisfactions concernant le fonctionnement du service. Ils s'expriment par des explosions émotionnelles soudaines. Les supérieurs de ces responsables ne leur font pas confiance, car leur service marche mal et leurs analyses « affectives » des situations ne sont pas fiables et créent des conflits.

Nous avons regroupé les éléments de l'étiologie du management hyper-affectif en deux grandes catégories : l'enracinement de la culture « affective » et l'impossibilité de remise en question de cette culture.

La « culture affective », des établissements de santé s'enracine dans une série de caractéristiques propres aux formations des personnels et à la situation spécifique de travail. Cette situation de travail est elle-même caractérisée par cinq éléments qui «induisent» les conduites du management hyperaffectif :

– une forte demande d'implication du travail de soin;
– une forte distinction des rôles masculins et féminins;
– une tradition de soumission au pouvoir médical;
– une forte vulnérabilité (entretenue) des subordonnées que sont les infirmières;
– l'absence de tradition de management rationnel.

L'absence de remise en question de la «culture affective» est, quant à elle, fonction de trois éléments très importants qui sont : les conflits latents de pouvoir dus à la divergence des enjeux professionnels; l'absence de système rationnel d'évaluation de sélection et de promotion et les insuffisances des formations universitaires ou professionnelles.

On comprend, après ce rapide exposé de l'étiologie, que le modèle du management «affectif» soit très prégnant dans les établissements de santé. Beaucoup d'éléments concourent en effet à pousser les dirigeants en place (directeurs, chefs de service, cadres soignants, responsables de tout niveau...) à adopter ce modèle qui se conforme si bien aux exigences de la situation de travail à l'hôpital.

Pour réduire le management hyperaffectif nous préconisons un ensemble d'actions dont certaines doivent être mises en œuvre en même temps si l'on veut atteindre une réelle efficacité. Ces actions vont de la clarification des attributions des responsabilités dans les équipes de direction et dans toutes les lignes hiérarchiques à l'amélioration des programmes des écoles de cadres (moins de psychologie individuelle, plus de sociologie et d'analyse institutionnelle), en passant par une réforme du recrutement des cadres et des formations à l'exercice de l'autorité professionnelle, à l'animation des équipes et à la résolution des tensions de groupe.

L'hôpital mérite assurément l'attention des chercheurs en sciences humaines. C'est une organisation complexe où les dernières avancées des sciences humaines (analyse de la complexité, analyse systémique, interactionnisme, approche compréhensive et études qualitatives) trouvent un large champ d'application. Par ailleurs, l'hôpital qui veut et doit évoluer a besoin des sciences humaines pour ce faire.

A lire sur le sujet

• J.-O. Arnaud et G. Barsacq, *La Dynamique des ressources humaines à l'hôpital*, ESF, 1989.
• M. Crépu et A. Houdy, «L'hôpital à vif», *Autrement*, n° 109, 1992.
• F. Gonnet, *L'Hôpital en question(s). Un diagnostic pour améliorer les relations de travail*, Lamarre, 1992.
• «L'Hôpital en crise», *Le Monde* : Dossiers et documents, n° 191, septembre 1991.
• H. Leteutre, *Audit de l'absentéisme du personnel hospitalier*, Berger-Levrault, 1993.
• A. Montesinos, *Surveillante, une fonction à reconsidérer*, MEDSI/MacGraw-Hill, 1989.
• A. Mucchielli, «De la difficulté d'être chef à l'hôpital ou le jeu de la mise en difficulté de la hiérarchie», *Objectif soins*, n° 25, septembre 1994.
• D. Tonneau, *Les Conditions de travail en milieu hospitalier*, ANACT, 1987.

On a les cadres que l'on mérite

Dans ce centre hospitalier de province de 200 lits, l'équipe de direction est fort mécontente des cadres soignants. Je suis appelé en tant que spécialiste de la communication « pour leur apprendre à communiquer ». Pour mettre au point le programme de formation, la direction accepte que je rencontre différents acteurs concernés : les membres de l'équipe de direction, les cadres soignants eux-mêmes et quelques infirmières et chefs de service.

Mes entretiens avec les membres de l'équipe de direction montrent que tous pensent que les cadres « sont inefficaces, inexistants, et que l'on ne peut pas compter sur eux ». Le directeur et le directeur financier expliquent que cela vient du fait qu'ils ne sont pas passés par une école de cadres. Ils ont été promus sur place, à l'ancienneté, et ne sont donc pas compétents. Pour le directeur des ressources humaines, ces cadres sont, pour la plupart, en fin de carrière. Ils ne sont pas motivés car ils sont en quelque sorte « épuisés » par le système et attendent de partir à la retraite. Pour l'infirmière générale, ces cadres ont tous des problèmes psychologiques importants (qu'elle connaît parfaitement et prend plaisir à raconter). La formation demandée est alors une véritable rééducation psychologique de ces personnes...

La suite des interviews permit d'élargir le champ de l'analyse en replaçant les cadres infirmiers dans le contexte général de l'hôpital, et ainsi de faire apparaître une tout autre réalité.

Si ces cadres apparaissaient comme « incompétents, défaillants, peu sûrs... », c'est effectivement parce qu'ils faisaient le minimum, se gardant le plus possible d'agir, et qu'ils attendaient toujours le lendemain pour voir si les choses avaient changé. Cette conduite collective n'était pas due à leur incapacité ou à leurs problèmes personnels. Elle s'expliquait par leur réaction collective face au système de commandement instauré par l'équipe de direction.

L'un des problèmes majeurs de cet hôpital était que l'équipe de direction vivait un grand flottement dans la distribution des responsabilités. Le directeur empiétait sur les responsabilités du directeur financier, celui-ci sur les responsabilités du DRH, lequel se battait avec l'infirmière générale... Les cadres étaient au milieu d'un système d'instructions qui leur arrivaient sans cesse de tous les directeurs et qui étaient parfaitement contradictoires entre elles. Ils étaient les otages de chaque directeur contre les autres. S'ils exécutaient une directive de l'un des membres de l'équipe de direction, ils étaient sûrs de se faire réprimander et sanctionner par un autre directeur. Face au combat pour la définition de leur pouvoir que se livraient les membres de l'équipe de direction, le mieux pour ces cadres soignants était de « faire le gros dos » et d'attendre le lendemain que la situation se présente sous un autre jour.

Les conduites des cadres soignants de cet hôpital ne pouvaient se comprendre vraiment que si on les replaçait dans le contexte organisationnel, et que si l'on examinait le système global des interactions dans lequel ils étaient pris.

A.M.

FRANÇOIS LAUTIER*

ESPACES DE TRAVAIL : UNE RESSOURCE STRATÉGIQUE**

De nombreuses entreprises réexaminent actuellement leurs politiques immobilières et d'aménagement des espaces. L'enjeu, au-delà de l'économique, touche à la stratégie et à la communication d'entreprise.

LONGTEMPS l'immobilier a été considéré par les entreprises comme un coût inévitable et sur lequel il n'était guère possible d'agir. Plus exactement, on n'agissait sur lui que de façon grossière : déplacement des immeubles, notamment de *back office* (1), vers des périphéries plus ou moins lointaines, abandon d'actifs peu rentables au profit d'immeubles loués, etc. On cherchait essentiellement à en limiter le poids financier. La conjonction de plusieurs facteurs a conduit les entreprises à réexaminer leur politique, laquelle était généralement une absence de politique.

Trois phénomènes y ont contribué : l'urgence pour les entreprises d'une plus grande rigueur économique, la recherche de modes d'organisation du travail mieux adaptés aux besoins du moment et à leurs évolutions, la diffusion des nouvelles techniques de traitement et de circulation de l'information.

La nécessité de réduire les coûts

La première de ces incitations au changement est directement économique. Dans le tertiaire, on peut estimer que l'immobilier, deuxième poste de dépense après les salaires, coûte entre 10 et 12 % du chiffre d'affaires. Réduire ces frais de 10 % représente donc une économie de un point : c'est aujourd'hui loin d'être négligeable. Aussi, nombre d'entreprises se contentent de réduire leurs

* Sociologue, professeur à Ecole d'architecture de Paris La Villette, Laboratoire espaces de travail.

** *Sciences Humaines*, n° 77, novembre 1997.

1. Voir mots clés en fin d'ouvrage.

surfaces ou déménagent, sans plus s'intéresser aux effets de cette mesure. Certains dirigeants se sont alors interrogés sur l'utilité réelle de ces surfaces. A quoi servent-elles vraiment ? Contribuent-elles, ou non, à la performance de l'entreprise ?
On imagine aisément comme un tel questionnement rompt avec des décennies de routine immobilière. Jusque naguère, il y avait du monde ou des activités à loger, des normes formelles et quantitatives de surfaces reconnues, et l'application de ces normes – ou dans nombre de cas leur révision à la baisse – définissait les besoins.
Les deux modes classiques d'organisation de l'espace de bureau (les pièces individuelles ou logeant un tout petit nombre de personnes, et les plateaux non cloisonnés du type bureau paysager) avaient manifesté leurs limites. De nouvelles formes d'organisation du travail se sont développées auxquelles les organisations spatiales traditionnelles font obstacle : travail en équipe ou structures de projet par exemple. On cherche donc d'autres solutions. Ce sera par exemple le *combi office* réunissant, autour d'une large surface collective pour le travail en groupe d'une équipe et ses équipements, de très petits bureaux individuels (4 m^2 par exemple) permettant l'isolement et la concentration. C'est plus banalement la multiplication des lieux de rencontre informelle (coin café) ou pour le travail (salles de réunion). Ce sont tous les intermédiaires possibles entre le bureau individuel et le grand plateau (par le nombre de personnes réunies dans un même local, par les hauteurs et les dispositifs de cloisonnements intérieurs, etc.). Alors, on ne se satisfait plus d'un bon modèle général mais, dans chaque situation de travail, on cherche à construire la configuration spatiale optimale.
Un dernier facteur lourd intervient : les nouvelles technologies. Depuis longtemps on savait qu'elles allaient bouleverser le rapport à l'espace dans les entreprises (2). Celles-ci en ont aujourd'hui une conscience aiguë, parfois même abusive. Pour le moment, ces techniques n'ont d'ailleurs pas eu, à quelques exceptions près (notamment Andersen Consulting, à Paris), d'effet décisif sur les espaces de travail. De grands immeubles de bureaux pour de grandes sociétés viennent d'être construits ou aménagés, dans lesquels on utilise pleinement les techniques de l'information, sans pour autant que les espaces et leur usage en soient radicalement changés (Société Générale, Nestlé France). Néanmoins, si l'on raisonne à plus long terme, on ne peut négliger les modifications organisationnelles et les changements dans le travail que ces techniques induiront, ainsi que les effets de ceux-ci sur les espaces et leurs usages.

Des modèles fondés sur la communication

Dans les années 70, les espaces d'entreprises avaient été l'objet de nombreuses recherches et expérimentations. La décennie 70 est celle où les modèles tayloriens/fordiens sont en crise. Des pro-

2. F. Lautier, « L'espace usinier, du modèle panoptique aux systèmes informatiques », *Espaces et Sociétés*, n° 41, 1982. B. Giraud, *Impact sur les espaces de bureaux des technologies de l'information et de l'évolution des organisations*, Plan Construction et Architecture, 1988 ; et dans une problématique plus large : P. Virilio, *L'Espace critique*, Galilée, 1984.

blèmes – et souvent des conflits – sociaux majeurs et de nouvelles exigences quant à la production avaient conduit à réinterroger les formes d'organisation du travail. Dans ce contexte, la question des espaces de travail était devenue plus sensible. Dans l'usine Kalmar de Volvo (1973) et l'immeuble de Centraal Beheer à Apeldoorn, pour le tertiaire (1974), l'architecture avait rompu de façon radicale avec les habitudes pour étayer, à la fois fonctionnellement et symboliquement, les formes d'organisation du travail recherchées. Toutes les entreprises ne reprendront pas ces préoccupations, loin de là. Néanmoins, des interrogations, des recherches, des propositions émergent qui demeurent agissantes.

La communication sera surtout recherchée dans les immeubles tertiaires et pour l'essentiel selon deux perspectives. La première veut favoriser la communication tous azimuts en poursuivant le projet du bureau paysager (3), même s'il est nuancé, modifié dans ses expressions spatiales. De façon plus élaborée, et cela restera expérimental, on cherche aussi à structurer les communications selon différentes échelles. Celle du petit groupe, de façon à construire une synergie d'équipe et si possible une certaine autonomie ; l'échelle d'un service, par la mise à disposition d'espaces communs favorisant la rencontre ou en aménageant des bureaux collectifs « vivables » ; celle de l'entreprise, par une composition d'ensemble qui limite les distances, offre des lieux de rassemblement et de rencontres informelles, etc.

Dans la pratique, on constate parfois des dérives, des détériorations du projet. Ainsi, offre de communication et facilité de circulation sont souvent confondues ; on met en place des structures spatiales communicantes sans que le personnel ait les moyens culturels ou organisationnels de les utiliser comme telles ; on ajoute à l'exigence de communication la suppression totale des signes de statut ou de la possibilité d'isolement, sans plus se préoccuper des habitudes et de la culture locale ; ou encore, on « bourre » des espaces collectifs de telle façon qu'ils deviennent invivables et fort peu communicants ; etc. Des décalages apparaissent aussi entre les intentions visées au niveau spatial et architectural (le plus souvent par les directions) et les pratiques organisationnelles. Tout se passe souvent comme si on attendait du seul dispositif spatial un effet organisationnel direct, sans autre médiation ni modification.

L'image de l'entreprise en jeu

L'architecture se voit et, en deçà des mots, raconte quelque chose. Ce peut donc être un support de communication. L'architecture dit à ceux qui y vivent comment ils sont considérés dans l'entreprise. L'esprit, ou le projet, d'entreprise pourra ainsi, pense-t-on, être diffusé auprès du personnel. Au début des années 80, de grandes incertitudes planent sur les implantations de Renault. La direction décide de rassembler à Billancourt l'ensemble des activités centrales de la régie. Elle demande à un architecte, Claude Vasconi, un projet :

3. C'est à la bascule des décennies 50 et 60 qu'est né en Allemagne le programme du *Burölandschaft*, le bureau paysager, dont l'intention était de faciliter les communications dans les espaces tertiaires.

celui-ci recompose totalement le site. Un premier bâtiment, celui de l'outillage, sera même construit en 1983, avec de grandes ambitions formelles. Pour le reste, des plans et surtout une maquette du site reconfiguré serviront un certain temps de signe de la volonté de la direction de conserver Billancourt et d'en faire une «vitrine technologique». On connaît la suite : un «Technocentre» a été construit à Guyancourt, par d'autres architectes, et Billancourt est en cours d'abandon presque total.

Deuxièmement, ce projet, ou cette image par l'architecture, s'adresse à l'extérieur : clients, concurrents, environnement social. Là aussi, il s'agit de manifester ce que l'entreprise veut montrer d'elle-même : *high tech* ou solidité financière ne s'expriment pas de la même façon (4). Quittant Paris pour Rueil-Malmaison, la Shell a fait construire son nouveau siège. Aux architectes (Valode et Pistre), elle a demandé explicitement qu'il soit sobre, classique, manifestant sans ostentation le sérieux de la maison. La richesse et la puissance de l'entreprise n'avaient pas à suivre les modes, fussent-elles architecturales. Pour L'Oréal, les mêmes architectes ont ensuite construit une usine. Ils se sont appuyés sur une image évoquant les produits de l'entreprise et ce qu'elle voudrait que l'on retienne d'elle : la marguerite, autour de laquelle ils ont conçu les formes du bâtiment.

Comment le personnel se sent-il dans l'entreprise ?

Une autre préoccupation a marqué les dernières décennies. Elle concerne les conditions de travail et la satisfaction du personnel. Pour l'essentiel, il s'agissait des conditions physiques de travail : lumière, bruit, chaleur, entassement sont, avec les rythmes de travail, les paramètres qui reviennent le plus souvent. Ils conduisent à l'architecture.

Les innovations architecturales de cette période, en particulier dans l'industrie, se sont souvent fondées sur cette nécessité de redonner aux ouvriers un environnement à la fois vivable et favorable à la production.

Parallèlement, d'abord aux Etats-Unis, puis en Europe, un autre point de vue intéressait plutôt le tertiaire : la satisfaction du personnel. Une hypothèse orientait ces propositions : la productivité des travailleurs serait améliorée s'ils sont placés dans un environnement adéquat (5). Malheureusement, cette problématique ne s'appuie sur aucun modèle théorique de la productivité du travail tertiaire.

Durant la même période, une méthode a commencé d'émerger dans les entreprises : la participation du personnel. Il n'est pas inintéressant de noter que c'est souvent à propos de la conception des lieux de travail qu'elle est apparue. Peut-être est-ce justement dû au fait que la conception des espaces n'était pas encore considérée comme stratégique…

En pratique, les expériences de ce type sont de tailles et d'enjeux variables. Elles concernent parfois un bâtiment dans son entier mais aussi bien un ate-

4. Voir Y. Nacher, *Architecture et image d'entreprises, nouvelles identités*, Margada, 1990.
5. B. Giraud, «Quelle psychosociologie pour l'espace du travail ? Le cas des bureaux», thèse, université Paris-IX-Dauphine, 1984.

Architecture et communications

Trois façons de distribuer les bureaux, de penser leurs relations et de favoriser les communications

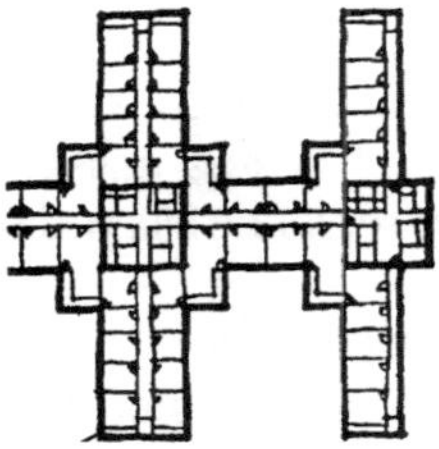

Des bureaux individuels le long de couloirs (ministère du Logement, La Haye)

Des bureaux collectifs articulés les uns aux autres, partiellement ouverts sur l'extérieur (Centraal Beheer, Apeldoorn)

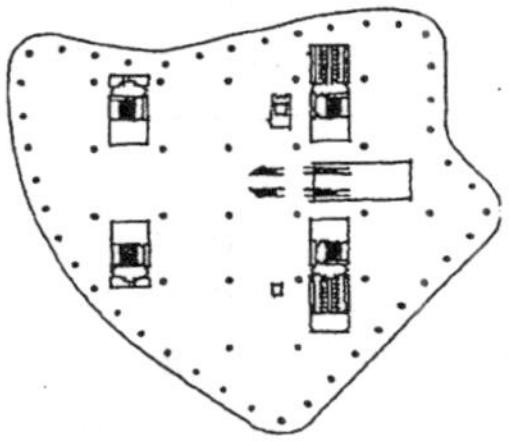

De grands plateaux presque totalement libres (Willis Faber & Dumas, Ipswich)

Source : Keith Alexander, Center for Facilities Management, University of Strathclyde, Glasgow, UK.

lier ou un service seulement. Elles ne touchent que l'architecture et l'aménagement, ou au contraire sont liées à l'organisation du travail et aux relations sociales intérieures à l'entreprise. L'initiative peut provenir de la direction ou, plus rarement, du personnel. Par ailleurs, de nombreuses difficultés et résistances ont émaillé ces tentatives alors en rupture avec les modes de commandement et de fonctionnement, souvent demeurés traditionnels, sans compter leur utilisation par certaines directions pour chercher « à bas prix » l'adhésion du personnel (6).

Dans l'économie de l'entreprise, l'espace est ordinairement sans valeur. Ou plutôt, cette valeur n'est prise en compte que sous l'angle patrimonial, en dehors de l'économie entrepreneuriale.

La valeur de l'espace dans l'entreprise

Il est vrai que la valeur économique de l'espace ne s'apparente guère à celle des autres biens que la gestion d'entreprise connaît. Ce n'est pas seulement un système technique, il comporte une offre d'usage qui dépasse les conditions de son utilisation prévue. Ainsi, un couloir peut-il, outre relier entre elles des parties de bâtiment, être un lieu de communication et d'échange, un espace de rencontre et de discussion. Les points de vue selon lesquels on peut apprécier un bâtiment sont multiples : architectural, fonctionnel, économique. Le concevoir suppose

6. T. Evette et al., *La Participation du personnel à la conception des lieux de travail*, Edition de La Villette, 1985.

des choix organisationnels forts : modèle centralisé ou non, territorialisation des personnes ou recherche de mobilité, différenciation des groupes et des personnes, importance donnée aux statuts, etc. En outre, l'espace agit à travers des moyens dont la mesure, la prévisibilité et le contrôle sont inaccessibles par les moyens traditionnels de la gestion : ses dimensions esthétiques, émotionnelles, symboliques. Les propriétés d'un espace, encore, ne trouvent leur pleine efficacité que dans les pratiques de ses utilisateurs, et si espace et pratiques sont en congruence. Il ne suffit pas qu'un bureau soit collectif pour que le travail le devienne, en revanche un lieu adapté peut étayer une forme d'organisation du travail. On peut comprendre que les gestionnaires d'entreprise aient quelque difficulté à intégrer cet objet protéiforme et incertain à leurs calculs.
Il n'en va pas ici très différemment pour ce qui est des « ressources humaines » dont l'expression, sinon la pleine signification, a été communément adoptée. *« Le concept de ressource humaine caractérise une approche du travail qui repose sur l'idée que sa qualité productive dérive d'une rencontre entre une disposition humaine – dans toute l'acception biologique, psychologique et culturelle du mot – et une occasion organisationnelle – dans toute l'acception technique, gestionnaire et sociale du mot; c'est un effet de situation, dont la préoccupation incombe d'abord au management. »* (7) Analyser l'espace de l'entreprise en termes de ressources c'est, de même, abandonner une lecture en termes de capacité propre de l'espace, laquelle serait supposée répondre de son coût. Autrement dit, il ne peut y avoir de gestion des espaces, si l'on veut savoir à quoi ils servent et comment ils concourent aux résultats de l'entreprise, qui ne soit que comptable ou qui soit séparée des autres dimensions du management. La valeur de l'espace pour l'entreprise ne réside pas dans la valeur ou la contrepartie du coût de ses bâtiments, ni même d'abord dans leurs qualités objectives, mais dans la capacité qu'elle se donne à la réaliser.

Les stratégies de valorisation de l'espace

Le processus de valorisation de l'espace de travail peut s'analyser par rapport à la situation actuelle de l'entreprise ou dans une perspective stratégique.
Telle entreprise conçoit par exemple, pour son siège, un bâtiment. Une analyse fine des modes de travail et des besoins lui permet de satisfaire pleinement chaque service et chaque personne et d'obtenir un espace en parfaite adéquation avec son organisation. Cinq ans après, sinon bien avant, le bâtiment sera trop grand ou trop petit, l'organisation du travail et ses modalités pratiques auront été bouleversées : le siège sera inadéquat, obsolète. Encore s'est-on placé ici dans une hypothèse optimiste : le plus souvent, il est très difficile, et pour une organisation importante quasiment impossible, de parvenir à un espace réellement approprié. L'espace peut d'autant moins être assimilé à un outil que sa durée de vie sera plus longue que celle des organisations et des modes de travail. La valorisation de la ressource spatiale

7. F. Hubault, texte non publié. Toute cette partie doit beaucoup à son apport conceptuel.

s'appuie donc sur une conception stratégique. Celle-ci se fonde sur une relation dialectique entre espace et organisation. On cherchera donc à concevoir des espaces capables d'évoluer avec les transformations de l'entreprise et aptes à soutenir celles qui lui sont nécessaires ou favorables. Par exemple, on peut introduire des niveaux de durabilité différents pour les diverses dimensions du bâtiment (les aménagements n'ont pas la même durée nécessaire que le gros œuvre et la propriété un temps éventuellement autre que celui de l'usage) ; étayer la conception d'espaces nouveaux par un projet, c'est-à-dire une vision du futur possible de l'organisation ; associer à cette conception ceux qui, par leur place dans l'entreprise et tout particulièrement parce qu'ils en sont les praticiens, ont compétence pour en comprendre et prévoir l'usage.
Surtout, il s'agit d'accéder, par sa gestion ordinaire, quotidienne, à une intelligibilité de l'espace qui permette d'en comprendre les enjeux et de saisir les occasions qu'il présente.

La question de l'évaluation

S'il est ressource, l'espace n'est pas simple passivité à adapter. Dans les villes ou dans les logements, les lieux, au-delà de leurs fonctions explicites, peuvent, au long de leur usage, devenir des sortes de propositions à des pratiques sociales nouvelles, inattendues. Par exemple, un carrefour se transformera en place, un recoin en terrain de jeu, un garage en salle de musique. Ainsi se forment, au-delà des seules fonctionnalités, l'urbanité ou l'*habiter*.
Sous des formes et avec des temporalités différentes, le management de l'espace d'entreprise cherchera à penser les espaces comme susceptibles d'ouvrir des possibilités, d'offrir des marges de manœuvre à l'organisation. La mesure du coût de l'espace est tributaire de méthodes actuellement employées de trois types – tous trois insatisfaisants.
Le premier s'appuie sur l'idée d'effets quasiment mécaniques de l'organisation spatiale. Ainsi, telle entreprise réduit les surfaces dans le but d'empêcher les stocks intermédiaires dans le flux continu de la production en supprimant les lieux où ils pourraient se déposer. Le deuxième pratique un détour par la mesure de variables dont on fait l'hypothèse qu'elles valident l'investissement : ce sera par exemple la mesure de la satisfaction du personnel. Le troisième, le plus développé aujourd'hui, notamment dans les pays anglo-saxons, est le *benchmarking*, c'est-à-dire la comparaison systématique avec les autres entreprises ou organisations pour tenter d'être, sur les aspects examinés, le meilleur. Ces façons de faire, approximatives et incertaines, sont loin de ce qui se pratique couramment dans d'autres domaines de la gestion des entreprises.
Le champ est donc ouvert à la recherche. Elle suppose que soient associées différentes disciplines, s'intéressant à l'espace et à la gestion mais aussi au travail et à son organisation. La recherche nécessite aussi que des entreprises acceptent que soient ouverts leurs cahiers de comptes et analysées leurs stratégies. En tout état de cause, elle est indispensable pour franchir un nouveau pas dans la compréhension puis le management de la ressource spatiale des organisations.

CHAPITRE X

Outils et diagnostics

Michel Villette*

COMMENT ABORDER LIBREMENT L'ÉTUDE D'UNE ENTREPRISE ?**

Chercheur consultant, professeur de management... qui est le plus accrédité pour étudier une entreprise ? Chaque regard apporte sa lumière et ses propres mirages. Le meilleur itinéraire serait de prendre successivement les différentes casquettes...

Les chercheurs en sciences sociales spécialisés dans l'étude des entreprises résistent mal à la tentation de compléter les profits incertains et à long terme de l'investissement scientifique par les profits immédiats de l'expertise. Il leur est d'autant plus facile de jouer ce double jeu que les techniques managériales sont historiquement liées aux sciences sociales et partagent avec elles des concepts et des techniques. Cependant, pour ne pas se trouver complètement réduits au rôle indigène « d'experts en management », les chercheurs ont tendance à cultiver les formes extérieures de la scientificité. Leur attachement irraisonné aux canons de la méthode les enferme trop souvent dans un académisme fade qui lasse les collègues et que le milieu managérial trouve commode d'exhiber pour ce qu'il tait plus que pour ce qu'il dit. Qui veut trouver les voies d'une investigation sur l'objet « entreprise » me semble devoir se détourner à la fois des bénéfices de l'expertise et des formes extérieures de la scientificité. Il faut savoir endosser le rôle d'expert indigène pour les besoins de l'enquête, et renoncer ensuite aux profits afférents pour mettre l'information collectée au service d'une production savante détachée des

* Professeur à l'ENSIA, il a publié *L'Homme qui croyait au management*, Seuil, 1988, et *Le Manager jetable*, La Découverte, 1996.

** Ce texte est initialement paru sous le titre : « Qui veut publier la description ethnographique d'une entreprise ? », dans M. Segalen (dir.), *Anthropologie sociale et ethnologie de la France*, Peeters, 1989 ; il a été repris sous le titre « Qui peut ausculter une entreprise ? » dans *Sciences Humaines*, n° 5, avril 1991.

enjeux et des croyances propres au milieu managérial.

Réaliser une ethnographie en entreprise suppose, me semble-t-il, de satisfaire à quelques conditions élémentaires. Premièrement, le chercheur connaît la tradition des sciences sociales et a été initié à la pratique des techniques ethnographiques. Deuxièmement, il peut s'intégrer à l'entreprise parce qu'il a appris le langage managérial et une des spécialités techniques en usage dans ce milieu : mécanique, électronique, informatique, comptabilité, vente, marketing, publicité, gestion du personnel... Troisièmement, il reste longtemps dans l'entreprise (1) et s'identifie à un rôle social acceptable pour les membres de l'entreprise, défini dans leurs propres termes. Quatrièmement, il collecte systématiquement et minutieusement des documents ethnographiques destinés à constituer le «matériel» des réflexions ultérieures. Cinquièmement, le chercheur dispose, hors de l'entreprise, du temps nécessaire pour analyser le matériel et procéder à une longue chaîne d'interprétations de plus en plus «distanciées» par rapport à l'expérience originelle et sixièmement, il confronte ses interprétations aux critiques et suggestions d'autres spécialités des sciences sociales. Septièmement, le chercheur publie tout ce qu'il a cru comprendre et rien que ce qu'il a cru comprendre. Cela implique qu'il n'ait pas d'autorisation préalable à demander aux membres de l'entreprise étudiée : ni au délégué syndical, ni au président-directeur général, ni au responsable des relations publiques. Enfin et huitièmement, il ne se sent pas tenu à une autocensure qui aurait pour ressort le souci de ménager ses propres intérêts de carrière dans le champ des entreprises, comme ce malheureux chercheur qui devait choisir entre l'envie de publier son texte et la nécessité de se faire embaucher par l'entreprise étudiée pour échapper au chômage.

Lorsque les huit conditions minimales et élémentaires que je viens d'énoncer sont remplies, il reste à avoir de la chance et du talent...

Considérez maintenant les gens que vous entendez autour de vous parler d'ethnographie de l'entreprise. Cherchez à combien des huit conditions ci-dessus chacun a satisfait. Vérifiez vos données. Le cercle des ethnographies d'entreprise se trouve maintenant réduit à une dimension modeste mais, me semble-t-il, raisonnable. Je vais présenter brièvement quelques dispositifs de recherche qui ne permettent pas de satisfaire aux huit conditions à la fois. Je conclurai en présentant la pratique de «scientifique amateur» à laquelle je m'adonne depuis une quinzaine d'années.

1. De quelques formes d'ethnographie très courues (2)

L'amateur : c'est un normalien devenu conseiller personnel du président direc-

1. Ainsi, par exemple, pour suivre en détail les étapes de l'établissement et de l'exécution d'un budget (ou d'un plan d'entreprise), il est nécessaire d'étendre les observations sur plus d'une année. Pour suivre le lancement d'un nouveau produit de la conception à la commercialisation ou pour observer directement des stratégies d'évolution de carrière des cadres, la durée minimale d'observation est de l'ordre de cinq années. L'étude d'un processus de succession (changement d'équipe de direction) ou d'une opération de fusion ou d'absorption d'une entreprise par une autre suppose une présence d'au moins deux ans permettant de comparer l'état initial et l'état final.

2. Toute ressemblance entre les portraits qui suivent et des ethnographes réels ne saurait être que fortuite.

teur général plus spécialement chargé des problèmes de communication. C'est un homme charmant, cultivé. Il rédige les discours de son ami et patron et veille sur les relations avec la presse et les hommes politiques. Il aime l'anthropologie et peut en parler des soirées entières. Un jour, sans doute, il écrira une étonnante ethnographie de l'entreprise (à moins que ce ne soit un traité de philosophie du management ou un essai sur le bouddhisme Zen).

Le conseil en management : depuis que le grand cabinet américain Mac Kinsey a réussi l'extraordinaire opération de relations publiques qui devait déboucher sur la vente à des millions d'exemplaires, dans le monde entier, du *Prix de l'excellence*, depuis qu'on soupçonne que les entreprises les plus « performantes » économiquement sont aussi celles qui ont la culture la plus forte et la plus homogène, il y a un marché. Malheureusement, à huit mille francs par jour hors taxes plus les frais, il faut faire vite. Le « diagnostic de la culture d'entreprise » est réalisé selon une méthode rigoureuse et efficace (dont notre cabinet a naturellement l'exclusivité). Trois groupes de travail de douze cadres, réunis chacun pendant une demi-journée établissent un *check-up* complet des valeurs dominantes de votre entreprise, cher client. Il vous incombera ensuite de préciser votre projet et nous déterminerons alors ensemble les axes de l'évolution culturelle souhaitable, et les moyens à mettre en œuvre pour rapprocher la culture observée de la culture qu'il faudra nécessairement développer pour aborder le virage du troisième millénaire avec tous les atouts d'une entreprise performante et évolutive…

L'étudiant en « magistère de science sociale » et le chef du personnel : à vingt-trois ans, il a été sélectionné sur dossier et après de sévères entretiens. On lui a dit qu'il appartenait à l'élite de l'Université. Après sa licence d'anglais, il a suivi des centaines d'heures de conférences sur les sciences sociales. Il a lu les « meilleurs sociologues » du moment : Alvin Toffler, *Le Choc du futur* ; Alain Peyrefitte, *Le Mal français*, etc. Il a été très gêné qu'un chercheur professionnel, qu'il consultait, lui fasse remarquer qu'il avait acquis un diplôme de « sciences sociales » sans avoir jamais fait la moindre interview et sans avoir jamais eu à décrire la moindre situation sociale par lui directement observée. Il est enthousiaste et anxieux de trouver un premier emploi. Il doute sérieusement de la crédibilité du diplôme qui va lui être délivré. Heureusement, sa tante, secrétaire de direction dans une grande entreprise, a arrangé une entrevue avec le directeur du personnel d'une filiale. Cet homme est toujours heureux de pouvoir aider un jeune qui débute. Justement, il vient de lire *Le Prix de l'excellence* et pense qu'un délicat problème de « culture d'entreprise » se pose dans la filiale dont il a la charge. Hélas, il n'y a pas de rubrique « culture » dans son budget !

Voici le problème : des établissements autrefois indépendants ont été réunis au sein d'une même filiale. Les cadres ont formé deux factions rivales. La lutte est devenue trop âpre pour servir d'utile stimulant. Plutôt que de diviser pour régner, il convient de rechercher les voies d'une alliance et de constituer une «identité collective». Dans un premier temps, pourquoi ne pas confier une étude des deux cultures rivales à ce jeune stagiaire… Nous lui donnerons trois mois et cinq mille francs par mois, il fera des interviews… et nous verrons bien.

L'amoureux des sciences sociales, le directeur du CNRS et le petit chercheur : il a fait une belle carrière dans l'industrie, il a la pleine confiance de son président et siège en tant que «personnalité extérieure» dans des instances du CNRS. Il a déjà beaucoup contribué à faciliter les rapprochements entre des chercheurs en sciences exactes et les entreprises. Il voudrait faire quelque chose pour les sciences humaines et pourquoi pas pour l'ethnologie des entreprises ? On lui indique un jeune chercheur qu'il présente à son président. Il insiste sur les problèmes déontologiques, multiplie les précautions, garantit la totale autonomie de la démarche scientifique et même, se refuse à payer quoi que ce soit pour éviter tout malentendu. Les chercheurs accéderont librement au terrain, y feront ce qu'ils voudront, il les aidera.

Un protocole d'accord est signé entre l'entreprise et le CNRS. On trouve un financement public pour rémunérer le chercheur hors statut. L'expérience est vantée, elle fera date, c'est une première. Les chercheurs, qui sont des gens courtois, s'engagent à ne rien publier qui n'ait été relu et approuvé par la direction et, plus généralement, à ne rien dire qui puisse nuire aux gens de l'entreprise. Dans le cercle fermé des séminaires de recherche, ils racontent des choses passionnantes mais fort embarrassantes. Chut ! il ne faut rien dire. Faisons d'abord une thèse académique, on verra après pour la publication d'un livre… Mais voilà, le CNRS n'embauche pas. il n'y a pas de poste en ce moment. Comment gagner sa vie ? Coucou, entreprise, es-tu là ?

Le chercheur en gestion : il ne fait pas d'ethnographie pour le plaisir mais pour faire comprendre des choses aux dirigeants (issus de la même grande école). Il sait que les responsables sont pris dans des situations professionnelles complexes et «mis en demeure d'agir». Souvent «honnêtes, courageux, intelligents», les dirigeants ne demandent qu'à comprendre. Il faut les aider, faire pour eux les investigations qu'ils n'ont pas le temps de conduire, leur fournir les outils intellectuels qui leur permettront de faire mieux. Pour eux, avec eux, nous ferons les investigations fines, longues, coûteuses qui s'imposent. Peu importe l'argent, peu importe la peine, peu importe les risques : ce qui compte c'est de servir, d'être utile. Nous dirons aux gens de l'entreprise ce que nous avons vu, sans rien omettre ni ajouter, à eux seuls. Ensuite, lorsque le temps sera passé, lorsque ça n'aura plus d'importance. une diffusion plus large des résultats pourra être envisagée sous une forme plaisante et romancée. Mais ce n'est pas l'essentiel. Pour être un bon gestionnaire, ne faut-il pas savoir renoncer aussi au désir de célébrité du chercheur ?

Le professeur de Business School : il fait plus de trois cents heures d'enseignement par an. C'est un homme débordé. Il est consultant de plusieurs grandes sociétés. Bien que jeune encore, il est membre de dix comités de sages. Il a malgré tout réussi à conduire une brillante recherche, financée successivement par une grande multinationale, le Bureau international du travail, l'OCDE, les Communautés européennes. C'est un spécialiste international des comparaisons internationales entre cultures d'entreprises nationales. Grâce à une méthode rigoureuse et à un travail acharné, il a réussi à étudier la culture des hommes au travail dans dix pays différents. Il passe huit jours dans chaque établissement où il réalise, avec une équipe de collaborateurs et d'interprètes, un programme intensif d'interviews. Dans ses brillantes synthèses, conflit et coopération, individualisme et holisme, hiérarchie et égalitarisme, transparence et secret, respect des règles formelles et fraude systématique s'opposent pour composer un tableau général des sociétés industrielles modernes qu'il a déjà présenté dans cinq livres, vingt-cinq congrès et trois cent soixante articles dans les plus prestigieuses revues internationales. L'année prochaine, en année sabbatique, il enseignera au MIT.

L'établi (*in memoriam*) : il était normalien, il voulait se dévouer à la cause révolutionnaire, partager le sort des prolétaires, trouver sur le terrain les voies de la révolution. Il a lutté, rien ne s'est passé et il est revenu, un peu déprimé, à ses chères études. Il a écrit un beau livre. Comme Sartre, il s'est mis dans la peau des ouvriers, sondant le tréfonds de sa propre conscience comme si c'était la leur.

Le contremaître qui a écrit un livre : c'est un témoignage précis, fidèle, émouvant. Le style manque malheureusement « un peu de sobriété », il y a « des maladresses ». De toute façon, aucun éditeur n'en a voulu et personne ne l'a lu.

2. Une façon simple et économique de regarder ce qui se passe dans les entreprises et de dire ce qu'on a vu

Comme bien des montagnes, l'entreprise peut être conquise par plusieurs voies d'accès. Il n'y a pas de méthode et je n'ai pas l'intention d'en proposer, mais simplement de présenter une démarche qui me paraît particulièrement simple et très sous-employée.

Il n'a jamais été obligatoire d'être membre du CNRS ou de l'Université pour réaliser des investigations savantes. Si l'on n'est ni l'un, ni l'autre, on peut avoir un métier. Par exemple, un métier directement utile à l'entreprise (je veux dire ni sociologue, ni ethnologue, ni psychologue, ni historien, ni économiste). Alors, on travaille dans une entreprise et l'on y rend les services que rendent très ordinairement les membres de la profession à laquelle on appartient.

Sachant qu'il n'est pas interdit, pendant ses études, de suivre une double formation, on ne voit pas pourquoi on ne pourrait être à la fois, expert-comptable et docteur en ethnologie, par exemple. Le travail en entreprise ne dure que trente-neuf heures par semaine, ce qui est fort peu. Le droit du travail n'a jamais interdit d'avoir d'autres activités (ni même deux métiers ou deux employeurs en même temps à condition qu'il ne s'agisse pas de la fonction publique). Dans beaucoup de métiers (mais pas dans tous, j'en conviens), il y a des temps morts. De plus, il n'est pas interdit de collecter des documents, de prendre des notes ni même, et bien plus souvent qu'on ne croit, d'enregistrer des conversations de travail ou de filmer au magnétoscope des réunions !

Dans notre société, il n'est pas interdit de changer d'employeur ou de fonction, pour voir autre chose, acquérir de nouvelles expériences… (voilà notre terrain d'enquête qui s'élargit et les comparaisons qui commencent).

Enfin, il n'a jamais été interdit de changer de métier en cours de carrière. Pourquoi, par exemple, ne pas devenir chargé de recherche au CNRS, en ethnologie précisément, après dix ans passés dans les entreprises dans des services de comptabilité ? Bon, voilà que nous avons tout le loisir nécessaire pour dépouiller enfin ces trois armoires de notes et de documents qui s'entassent dans notre cave ! (3)

Dans le droit du travail français, les obligations du salarié vis-à-vis de son employeur (et réciproquement) cessent lorsque le contrat de travail est rompu (sauf clauses très particulières, dans certaines professions). Légalement, il n'y a plus de secret à préserver. Il est temps de passer à ses obligations de chercheur, c'est-à-dire d'informer aussi précisément et fidèlement que possible sur un métier ou un type d'entreprise tous ceux que cela intéresse et qui sont ordinairement bercés d'approximations vagues. Après avoir servi loyalement la profession, n'est-il pas concevable de se mettre au service d'un autre idéal et de contribuer ainsi à la lente évolution des représentations (et peut-être, indirectement, des pratiques) ? (4)

Reste à ne pas faire de peine ni de tort à ceux avec lesquels on a travaillé. On peut laisser vieillir un peu, masquer les noms de lieux, d'institutions et de personnes et, pourquoi pas, son propre nom, mais sans altérer la description des processus sociaux : c'est le trésor commun ! Il me semble qu'une des façons les plus commodes de faire de l'ethnographie en entreprise (pendant la phase d'enquête sur le terrain) est de ne pas se prétendre ethnologue, de ne pas prétendre faire de recherche, de ne pas appartenir à un organisme de recherche, de ne pas se faire payer pour chercher, mais pour autre chose. Ainsi, le chercheur peut-il « être pris » dans le réseau contraignant des relations professionnelles qu'il étudie. Mais ensuite, ne convient-il pas qu'il ait une chance réelle de s'affranchir de ces liens pour les penser et en parler ? Ne faut-il pas que, sur la base de ses premiers résultats, il puisse accéder à un lieu où l'on peut légitimement prétendre faire œuvre savante et se faire entendre ?

Une longue recherche ethnographique en entreprise d'abord, le statut de chercheur ensuite, voilà en quelques mots, les éléments du dispositif qui me semble le mieux à même de maintenir notre curiosité sur les choses de l'entreprise à la hauteur du rêve démocratique et du mythe de la connaissance raisonnable.

---

3. Je suppose ici un CNRS apte à procéder à de tels recrutements, avec une certaine prévisibilité, au moment où il le faut et avec un salaire qui soit une punition juste suffisante pour ceux qui ont poussé trop loin l'amour de la science.

4. J'ai tenté d'accomplir ce programme dans une série d'articles publiés dans la revue *Actes de la recherche en sciences sociales* et dans un livre intitulé : *L'Homme qui croyait au management*, Seuil, 1988.

RÉMI HESS*

L'ANALYSE INSTITUTIONNELLE**

A la fois une théorie des groupes, des organisations et des institutions, l'analyse institutionnelle est aussi une méthode d'intervention et d'analyse à l'intérieur des établissements (éducation, travail social, entreprise...).

L'ANALYSE INSTITUTIONNELLE (AI) est issue d'un mouvement à la fois théorique et pratique, né en France sur le terrain de la psychothérapie et de la psychiatrie.

Dans les années 50, des psychiatres ou et des psychologues (François Toquelles, Jean Oury et Félix Guattari) réfléchissent sur le groupe et l'établissement, comme instances essentielles à travailler, pour aider les malades mentaux à se reconstruire une transversalité, c'est-à-dire l'ensemble des appartenances institutionnelles d'un sujet ou d'un groupe.

Dans les années 60, ce mouvement de psychothérapie institutionnelle s'étend à la pédagogie en rencontrant le courant Freinet (Raymond Fonvieille et Fernand Oury) et donne naissance à la pédagogie institutionnelle. L'AI s'étend aussi à la philosophie avec Sartre et Castoriadis, puis à l'intervention psychosociologique et sociologique (René Lourau, Georges Lapassade).

Mais qu'est-ce qu'une institution ? Ce concept est polysémique et équivoque. On peut cependant constater que le terme recouvre deux familles de significations qui débouchent sur deux conceptions de l'institution.

La première entend l'institution comme « forme sociale établie » : c'est l'« institué ». La seconde renvoie aux processus par lesquels un mouvement social, une association ou un groupe tend à s'organiser : c'est l'« instituant ».

* Professeur à l'université Paris-VIII.

** *Sciences Humaines*, n° 43, octobre 1994.

L'institué et l'instituant

La première approche se réclame d'une double tradition, juridique et sociologique. Les institutions sont définies comme *« des phénomènes sociaux, impersonnels et collectifs, présentant permanence, continuité, stabilité »* (1). Dans cette perspective, les institutions constituent un ordre, supérieur aux individus et aux groupes, qui assure la cohésion sociale, réalise l'intégration et fonde la pérennité de la société. Les institutions sont l'expression et la garantie de l'ordre social. Elles englobent, dans cette logique, les normes et les obligations de comportement (les normes juridiques) et les groupes organisés.

Une seconde tradition de recherche s'intéresse à l'instituant, c'est-à-dire à l'institution comme processus : comment naissent, comment évoluent les institutions ? Ce courant voit l'institution comme une force, une énergie sociale produit d'un contrat social. C'est à Cornélius Castoriadis que l'on doit d'avoir formulé une définition de l'institution qui intègre la critique en actes des institutions : *« L'institution de la société par la société instituante s'étaye sur la première strate naturelle du donné – et se trouve toujours dans une relation de réception/altération avec ce qui avait été institué... En tant qu'instituante comme en tant qu'instituée, la société est intrinsèquement histoire – à savoir auto-altération... »* (2)

Dans *L'Analyse institutionnelle*, R. Lourau (3) reprend cette dialectique du concept d'institution et la définit comme le produit d'une confrontation permanente entre l'institué (ce qui est déjà là, ce qui cherche à se maintenir) et l'instituant (forces de subversion, de changement).

Plus récemment (4), on a pu définir l'institution à partir de son moment fondateur. La naissance de l'institution suppose en effet une « communion fondative » (Hauriou), forgée autour des fondateurs et de l'idée d'œuvre à accomplir. Comment se produisent et se reproduisent les institutions ? Elles ne naissent jamais de rien.

Dans sa *Critique de la raison dialectique* (1960), Sartre avait décrit le passage du groupe en fusion à l'institution. R. Lourau observe qu'elles naissent des mouvements sociaux. Du mouvement (comme moment prophétique) découle un processus d'institutionnalisation qui fait passer du groupe à l'organisation puis à l'institution. Elle est alors un amalgame d'affectivité, d'idéologie et d'organisation. Sa base matérielle la constitue définitivement. C'est ainsi que le mouvement prophétique devient une Eglise, le mouvement social un parti ou un syndicat.

Autre mode de production institutionnelle : les institutions sont souvent issues de la rencontre de plusieurs institutions qui découvrent qu'il existe une béance dans le tissu institutionnel par rapport aux besoins sociaux. Les institutions sont en effet reliées entre elles (un établissement de travail social, par exemple, est traversé par de multiples institutions : le département qui lui assure son financement, le syndicalisme, le statut de ses personnels, les conventions pas-

1. J. Chevallier, *L'Institution*, Puf, 1981.
2. C. Castoriadis, *L'Institution imaginaire de la société*, Seuil, 1985.
3. R. Lourau, *L'Analyse institutionnelle*, Editions de Minuit, 1969.
4. R. Hess et M. Authier, *L'Analyse institutionnelle*, Puf, 1994.

sées avec son environnement, etc.). Lorsqu'un besoin social apparaît et qu'il ne peut se trouver satisfait, alors on prend l'initiative de fonder un nouvel espace institutionnel. Le fait que les institutions s'interpénètrent et forment des réseaux a pour effet que le processus d'institutionnalisation (vieillissement des formes institutionnelles) touche tout le système social.

L'analyse institutionnelle ne concerne pas que les groupes et établissements. Elle peut aussi porter son regard sur une discipline académique. C'est ainsi qu'en 1994 Antoine Savoye a développé une recherche approfondie de l'institutionnalisation de la sociologie. Comment s'est instituée cette discipline ? A travers quels terrains, quelles questions, quelles associations ? Quels types de rapports se sont construits entre les premiers sociologues et l'Etat, l'entreprise, l'enseignement, etc. ? On démontre ainsi que la sociologie, ses concepts, ses champs de recherches, ses méthodes… ne sont pas seulement tributaires d'une seule logique théorique mais qu'interviennent des facteurs institutionnels qui vont orienter ou étouffer certains champs de recherches ou modes d'analyse. Il s'inscrit là dans le prolongement des recherches de Henri Lefebvre pour *«faire de l'histoire une connaissance utile»*.

L'AI en pratique

Voyons, maintenant comment travaille le chercheur qui pratique l'AI. Pour effectuer son analyse, il s'appuie sur des «analyseurs» : révolutions, mouvements sociaux, petits incidents. L'intervenant peut aussi réaliser une socianalyse, c'est-à-dire l'analyse institutionnelle en situation d'intervention. Le travail d'analyse consiste alors à expliciter ce qu'expriment les analyseurs en dévoilant les logiques cachées des acteurs, le poids des habitudes, des non-dits… qui structurent une situation.

Une des caractéristiques de l'AI concerne l'implication du chercheur. Celui-ci se conçoit comme partie prenante du dispositif d'analyse. Les liens entre les chercheurs interviennent à plusieurs niveaux : le chercheur peut être impliqué affectivement, personnellement, idéologiquement, comme acteur… dans le domaine de recherche. Pour analyser la manière dont le chercheur est pris dans son objet, R. Lourau montre l'intérêt de tenir un journal de recherche (5). Ce journal a pour but de décrire par le menu les conditions de travail, les hésitations, des résistances, les hypothèses en cours… dont tout chercheur en sciences sociales est tributaire. Ce travail est la condition pour élucider les «non-dits» de la recherche.

L'AI a été en relation très étroite avec la réflexion sur l'autogestion. *«Peut-on concevoir des formes de vie sociale dans lesquelles fonctionne une transparence des processus de pouvoir ?»* : telle a été une question centrale de l'élaboration théorique de l'AI. Les résistances à l'autogestion (de la classe, au sein d'un collège ou d'un lycée, par exemple) font l'objet d'un travail d'élaboration théorique.

Le travail institutionnaliste, s'il peut porter sur l'histoire, préfère de beau-

5. R. Lourau, *Le Journal de recherche, matériau pour une théorie de l'implication*, Méridiens Klincksieck, 1988.

coup l'intervention directe dans les institutions. Lorsqu'il est invité à aider un établissement ou un collectif à analyser les conflits ou problèmes qui le traversent, l'institutionnaliste pratique la socianalyse. Lorsqu'il conduit son travail d'analyse sur le terrain des institutions dont il est membre, l'institutionnaliste fait de l'analyse interne.

Il existe de nombreux modes de travail sur le terrain de l'intervention (6) qui dépendent de la position que le chercheur occupe sur le terrain qu'il travaille. L'une des techniques le plus souvent pratiquées dans le cas de l'intervention interne : le journal institutionnel, outil qui permet de suivre au jour le jour le développement d'un processus d'analyse (7).

A lire sur le sujet

- J. Ardoino et R. Lourau, *Les Pédagogies institutionnelles*, Puf, 1994, « Pédagogues et pédagogies ». Après 50 pages de présentation, les auteurs ont choisi 14 textes courts permettant de se faire une idée de la diversité de ces mouvements de la PI.
- P. Boumard et J.-F. Marchat, *Chahuts, ordre et désordre dans l'institution éducative*, Armand Colin, 1994. Un des objets préférés de l'AI (l'anomie ou la résistance sociale) est ici présenté pour un public de jeunes enseignants.
- R. Hess et M. Authier, *L'Analyse institutionnelle*, Puf, coll. « L'éducateur », 1994. Ouvrage qui tente de montrer les fondements philosophiques de l'AI.
- G. Lapassade, *Guerre et paix dans la classe, la déviance scolaire*, Armand Colin, 1993. L'auteur étudie dans un livre malheureusement trop court, les causes de la difficulté de construire la situation de classe.
- R. Lourau, *Les Actes manqués de la recherche*, Puf, coll. « Politique éclatée », 1994. Livre important qui prolonge la réflexion amorcée dans *Le Journal de recherche, matériaux pour une théorie de l'implication*, Méridiens Klincksieck, 1988. Le chercheur est aveuglé par ses implications. Celles-ci lui font commettre des « actes manqués ».
- J. Pain, *La Pédagogie institutionnelle d'intervention*, Matrice, 1993. Ouvrage qui articule PI, intervention, recherche, formation dans des dispositifs de terrains (essentiellement dans le milieu du travail social). La PI y apparaît comme une forme de recherche-action. Il questionne les métiers d'éducateur et d'enseignant.
- A. Savoye, *Les Débuts de la sociologie empirique*, Méridiens Klincksieck, coll. « Analyse institutionnelle », 1994. Ce livre montre que l'AI peut être un outil de sociologie de la connaissance.

Pour les ouvrages datant d'avant 1993, se reporter à la bibliographie de R. Hess et A. Savoye dans *Perspectives de l'analyse institutionnelle*, Méridiens Klincksieck, 1988 et à M. Authier et R. Hess, *L'Analyse institutionnelle*, Puf, 1994.

La recherche sur l'analyse interne

Le travail de théorisation de l'analyse interne est resté une des caractéristiques de toute une équipe du département des sciences de l'éducation de l'université de Paris-VIII qui a travaillé autour de Georges Lapassade. Ce groupe émerge en janvier 1980 et l'on retrouve des chercheurs comme Alain Coulon qui s'orientera sur la voie de l'ethnométhodologie puis de l'interactionnisme (8), Patrick Boumard qui théorisera les liens entre analyse interne et analyse institutionnelle (9) dans le cadre de l'école.

La parution de la nouvelle édition du « Que sais-je ? » sur *L'Analyse institutionnelle* enregistre ce travail de l'analyse interne. On voit comment l'analyse interne est un champ de recherche particulièrement vivant de l'analyse institutionnelle.

La crise généralisée du système institutionnel que nous vivons aujourd'hui pourrait en amener de nouveaux développements.

6. R. Hess et A. Savoye, *L'Analyse institutionnelle*, Puf, « Que sais-je ? », 1993 ; J. Pain, *La Pédagogie institutionnelle d'intervention*, Matrice, 1993.
7. R. Hess, *Le Lycée au jour le jour*, Méridiens Klincksieck, 1989.
8. *L'Ethnométhodologie*, Puf, « Que sais-je ? », 1987, et *Ethnométhodologie et Education*, Puf, « L'éducateur », 1993.
9. P. Boumard, *Les Savants de l'intérieur, l'analyse de la société scolaire par ses acteurs*, Armand Colin, 1989.

Intervention dans un établissement éducatif

Rémi Hess raconte une de ses expériences récentes d'intervention en institution...

En 1993, je suis contacté par un de mes anciens étudiants en analyse institutionnelle, qui est devenu directeur d'un établissement éducatif accueillant des polyhandicapés. Avant son arrivée, l'établissement où travaillent 39 salariés a traversé une grave crise financière. Son but est de développer un projet pédagogique d'établissement et il me demande de le conseiller. Très rapidement, je serai invité à adhérer à l'association où je me retrouve membre du conseil d'administration.

En compagnie d'une intervenante, maître de conférence de sciences de l'éducation à Paris-VIII, nous rencontrons le personnel et concevons ensemble un projet de formation pour l'année 1994. Cette formation prendra la forme d'une « université éphémère » conçue comme la rencontre entre un collectif d'universitaires (originaires de différentes disciplines des sciences humaines) et un collectif travaillant dans l'institution, demandeur d'une formation continue. Sont prévus, au départ, l'animation de groupes pour analyser les besoins et demandes, des groupes de réflexion sur les difficultés rencontrées dans le travail, un suivi individualisé des participants pour les aider à penser leur parcours de formation (information et orientation). La formation des salariés doit avoir lieu sous forme de regroupements de journées dispersées dans l'année.

Le premier regroupement eut lieu en février 1994. Il fut consacré à l'analyse des besoins et à construire les interventions ultérieures. Par la suite, une ou deux journées de formation par mois regroupèrent entre 15 et 20 personnes.

Notre intervention de formation avait pour finalité explicite d'appuyer le projet pédagogique de l'établissement. La nouvelle direction ayant le désir de remobiliser l'équipe, elle concevait l'appel à une formation collective comme un outil, parmi d'autres, du travail d'analyse interne nécessaire pour ne pas retomber dans les crises que l'établissement avait rencontré précédemment.

Jusqu'en avril, le travail sembla satisfaisant pour tous. Les intervenants se succédaient et tentaient d'articuler les apports didactiques sur des thèmes particuliers et une analyse des difficultés du métier.

La crise institutionnelle

Fin avril, une intervenante signala une forte tension dans le groupe. On lui reprocha d'être agent de la direction, de coûter

de l'argent qui devrait revenir aux salariés, etc. Un conflit était en train de surgir entre la direction et son équipe. La mise à jour du fonctionnement antérieur amena, en effet, le directeur à proposer de revenir sur des avantages acquis : certains avantages salariaux, et aménagements du planning. Des salariés virent dans cette restructuration une négation de la politique de confiance qui avait fonctionné jusque-là.
Le ton monta très vite. Un certain nombre de salariés écrivirent à la présidente du conseil d'administration pour se plaindre. Celle-ci prit alors l'initiative d'une assemblée générale entre les membres du conseil d'administration, la direction et les salariés. Cette réunion eut lieu le 8 juin. Le conseil d'administration, à l'initiative de sa présidente, se constituait en quelque sorte en médiation entre l'équipe de direction et les salariés. Je ne pus assister à cette réunion décidée trois jours avant. J'ai cependant suivi avec beaucoup d'intérêt les soubresauts qui secouaient, alors, l'institution.
Durant les séances de formation du 7 et 14 juin consacrées au droit du travail et à la communication, j'avais pu constater que des griefs s'exprimaient contre la direction et aussi contre la formation qui semblait trop en prise sur les conflits en cours. On me reprocha d'être à la fois membre du conseil d'administration, « ami » du directeur et formateur.
Ces reproches à mon égard et auxquels j'ai alors tenté d'apporter des réponses montrent la complexité qu'il y a à distinguer analyse interne et analyse externe, à être à la fois un consultant externe et en même temps un membre du conseil d'administration, impliqué dans l'action et la formation-recherche.
Cette implication progressive ne fait pas de problème tant que les relations internes fonctionnent bien. Et puis, une différence de point de vue des acteurs amène une tension. Cette tension se caractérise par une polarisation entre deux camps.
Cette crise met au jour deux logiques qui s'affrontent. L'équipe de direction a suivi une logique administrative de mise à plat de la situation antérieure. Pour permettre à l'association de retrouver une crédibilité vis-à-vis des institutions de tutelle, elle a donné priorité à la clarification juridique et comptable. Cette orientation s'est heurtée à la logique des membres de l'équipe éducative qui avait des modes de fonctionnement bien rodés et considérés comme opératoires vis-à-vis de la population prise en charge (même s'ils n'étaient pas toujours en phase avec les textes).
Ces deux rationalités ont chacune leur légitimité interne. Cependant, elles sont, à un moment donné, antagoniques. Une troisième rationalité émerge dans le conflit : celle de la présidente du conseil d'administration. Une quatrième, celle des formateurs,

tiraillés entre leur rôle d'observateurs impartiaux et celui de médiateur (rendu difficilement tenable), etc.
Comment sortir de l'impasse ? Il me semble que la question scientifique qui se pose est la mise à plat de la rationalité des différents groupes qui constituent l'établissement. Pour vivre, l'établissement a besoin que s'articulent les différentes rationalités. Il n'est pas possible de fonctionner sans prendre en compte la réalité administrative du travail social. En même temps, l'équipe éducative souffre. Elle développe une pratique difficile pour des raisons multiples liées à la population prise en charge, mais aussi au contexte social et économique... Rendre les acteurs plus conscients de la rationalité du discours de l'autre passe par la mise à plat et l'explicitation de sa propre logique d'acteur. Il faut que chacun puisse trouver sa place en disant pourquoi il s'investit de telle ou telle manière, ce à quoi il croit, ce à quoi il tient.

Le moment de la socianalyse
Peut-être un travail en assemblée générale serait-il efficace s'il correspondait à un désir collectif de s'exprimer et d'écouter les autres ? Pour que ce travail puisse vraiment se réaliser, il faudrait qu'il puisse s'opérer grâce à la médiation d'un groupe témoin extérieur (une équipe de consultants) qui serait la garantie que chacun puisse vraiment s'exprimer dans la complexité de son conçu et de son vécu.
De là découle la nécessaire médiation externe pour aider l'établissement à sortir d'une violence qui semble être une composante de son fonctionnement depuis sa fondation.
On se trouve ici face à la nécessité de refonder l'établissement à la racine, pas seulement au niveau d'un projet pédagogique mais plus profondément au niveau d'un projet d'établissement dont seraient parties prenantes non seulement l'intérieur, mais aussi l'extérieur (élus, familles notamment). L'analyse institutionnelle, dans sa forme interventionniste, peut y aider...

R.H.

Georges Trépo* **et Michel Ferrary****

LA GESTION DES COMPÉTENCES***

UN OUTIL STRATÉGIQUE

Dans les choix stratégiques des entreprises, les ressources humaines passent souvent au second plan derrière les enjeux commerciaux ou financiers. Depuis peu, certains spécialistes proposent d'intégrer les compétences des hommes comme un enjeu stratégique.

Les auteurs d'ouvrages de gestion des ressources humaines insistent souvent sur la nécessaire prise en compte de leur discipline dans les stratégies d'entreprise. Mais dans le quotidien de l'entreprise, ressources humaines et stratégies restent déconnectées. L'analyse stratégique est bien souvent en amont du processus décisionnel. Les stratèges, les dirigeants, font avant tout des choix d'innovation, d'implantation de nouvelles unités de production et de rachat d'entreprise. C'est dans un deuxième temps qu'ils tiennent compte de la dimension des ressources humaines. La gestion des ressources humaines (GRH) intervient alors en aval, pour réguler les dysfonctionnements, pour ajuster le niveau global de qualification par le recrutement et/ou la formation, et pour définir un système de rémunération qui incitera les salariés à atteindre les objectifs fixés par la stratégie.

Les analyses en termes de « compétences », qui apparaissent à la fin des années 80, vont contribuer à inverser cette problématique. C.K. Prahalad et G. Hamel, à partir de la notion de *« core competencies »*, ont renouvelé l'analyse stratégique en affirmant que le développement de l'entreprise n'est pas déterminé par les opportunités offertes par l'environnement concurrentiel, mais par la qualité des compétences détenues par l'entreprise.

---

* Professeur de management et de gestion des ressources humaines à HEC.

** Professeur de sciences humaines à l'ESSEC.

*** *Sciences Humaines*, n° 81, mars 1998.

En GRH, la notion de compétence a traditionnellement été subordonnée à celle de poste dans le processus de sélection et de rémunération. Puis, avec la gestion prévisionnelle de l'emploi, elle a contribué à la réduction des sureffectifs dus aux évolutions technologiques, aux mutations industrielles et à l'accroissement de la concurrence internationale. Son principe étant de rechercher les proximités de compétences afin de faciliter la mobilité professionnelle et le reclassement.
Depuis quelques années, la GRH vise à identifier les salariés détenteurs des compétences stratégiques de l'entreprise pour optimiser leur management. A travers cette gestion des ressources humaines, la nécessaire convergence de la stratégie d'entreprise et de la GRH est alors effective.
Une recherche que nous avons menée auprès d'une quarantaine d'entreprises montre que cette articulation entre la GRH et la stratégie reste l'apanage de quelques entreprises, peu nombreuses. Mais le fait que ces dernières soient connues et performantes (Air Liquide, IBM, Danone, Schneider) tend à montrer que cette convergence peut être un facteur de compétitivité des entreprises, tout en fondant un nouveau compromis salarial réconciliant efficience économique et légitimité sociale des pratiques de GRH.

Des organisations qualifiantes

La GRH s'est intéressée à la gestion des compétences pour prendre en compte la dimension humaine des mutations industrielles et technologiques dans des secteurs tels que la sidérurgie, la banque, le textile, la métallurgie et les chantiers navals. Dans la sidérurgie, par exemple, l'accord « A cap 2000 » illustre la mise en œuvre d'une gestion des compétences pour accompagner des mutations industrielles. Les évolutions technologiques de ce secteur d'activité ont rendu obsolètes les compétences acquises par les salariés. Cela a conduit les entreprises sidérurgiques à définir avec les syndicats un accord visant à inciter les salariés à acquérir de nouvelles compétences et à rémunérer cette acquisition sans qu'il y ait nécessairement changement de poste. Pour ce faire, les entreprises ont défini des profils de compétences comme savoir-faire opérationnels validés, c'est-à-dire les connaissances et expériences d'un salarié applicables dans une organisation adaptée, confirmées par le niveau de formation et ensuite par la maîtrise des fonctions exercées. Ces profils de compétences permettent d'organiser les plans de formation pour reconvertir les ouvriers afin qu'ils soient employables au sein d'organisations utilisant de nouvelles technologies de production.
Pour améliorer la flexibilité de leur outil de production, les entreprises ont été conduites à décentraliser le pouvoir de décision. Elles ont responsabilisé les agents de production et développé la polyvalence des individus. La mise en œuvre des « organisations qualifiantes » pour accroître la flexibilité productive s'est manifestée par la définition de répertoires des compétences et par l'articulation entre elles des pratiques d'évaluation, de formation et de rémunération. Ainsi, chez 3M, pour accroître la polyvalence dans les usines de pro-

duction de Post-it, l'entreprise a identifié les compétences liées à son activité telles que l'évaluation des risques, l'autocontrôle, la prévention, la conduite d'équipement, le diagnostic, la maintenance, le changement de formats et de lames, la gestion des ordres de fabrication, etc. Des procédures de démultiplication de ces compétences ont été mises en œuvre : groupes de résolution de problèmes, tutorat, stages de formation avec des procédures d'évaluation par les responsables d'atelier de l'acquisition réelle des compétences. Enfin, la certification de l'acquisition des compétences par un comité d'experts du site de production donne lieu à une rémunération des compétences acquises. Cette gestion des compétences permet de développer efficacement la polyvalence. Par exemple, sur le site de production de Beauchamps, 90 % des opératrices sont polyvalentes sur deux lignes de conditionnement ou de découpe différentes, et 100 % des opérateurs contrôlent eux-mêmes leur production.

Les portefeuilles de compétences

Pendant longtemps, la stratégie d'entreprise consistait à gérer la rentabilité de différents centres de profit identifiables par des couples produit-marché. Cette logique financière de gestion de portefeuille d'activités a connu son apogée à la fin des années 70, tant sur le plan théorique, avec notamment des matrices aussi célèbres que celles élaborées par le Boston Consulting Group, Arthur D. Little ou McKinsey (trois grandes sociétés de conseil), que dans la gestion des grandes entreprises avec la création de conglomérats tels qu'ITT, RJR Nabisco ou General Electric dont la seule logique était le financement croisé entre activités.

Dans cette perspective, la gestion consiste d'une part à rentabiliser les « vaches à lait » en compressant les coûts, afin de dégager des flux financiers importants permettant de financer les « vedettes ». D'autre part, on abandonne les « poids morts », c'est-à-dire les activités en fin de cycle de vie. La GRH se voit alors attribuer une fonction de réduction de la masse salariale, dans le cadre d'une optimisation des coûts. Les ressources humaines sont appréhendées comme une source de coûts, dès lors, la flexibilisation se traduit souvent par une précarisation de la main-d'œuvre (travail intérimaire, sous-traitance, CDD).

Au cours des années 90, deux courants d'analyse stratégique sont apparus, l'un s'appuyant sur la théorie des ressources d'Edith Penrose et l'autre sur la gestion des compétences clés, pour affirmer que l'avantage concurrentiel durable d'une entreprise ne dépend pas de son adaptation à l'environnement par un positionnement sur des secteurs porteurs mais sur une combinaison spécifique de ressources, difficilement imitable par la concurrence. C'est de la complémentarité des compétences et de la qualité de leur combinaison au regard des opportunités offertes par le marché que dépend la durabilité de l'avantage concurrentiel.

La principale critique faite ici à l'analyse stratégique classique est qu'elle optimise des opportunités de marchés et non des ressources internes. Ainsi, l'effet d'expérience n'est appréhendé que dans la mesure où il réduit les coûts et non comme une accumulation de savoirs pouvant constituer une ressource pour le développement de nouvelles activités. Or, les entreprises qui pratiquent une gestion purement financière de leur portefeuille d'activités risquent, en abandonnant une activité, de perdre une part importante des compétences qui assurent leur compétitivité.

En revanche, les entreprises qui gèrent un portefeuille de compétences auront tendance à privilégier le transfert des équipes et des compétences vers de nouvelles activités, plutôt que de se débarrasser purement et simplement de l'activité et, par là même, des compétences qui l'accompagnent. L'analyse stratégique en termes de combinaison de ressources confère donc implicitement un rôle différent à la GRH. En effet, les compétences humaines constituent l'une de ces ressources qu'il convient d'acquérir et de développer pour acquérir un avantage concurrentiel. De nombreuses entreprises françaises sont convaincues de la pertinence d'une telle approche et se sont organisées par métiers (Lafarge, Aérospatiale, Bosch, Air Liquide).

Le principe, dans la mise en œuvre de cette stratégie, réside dans la possibilité de traduire les macro-compétences de l'entreprise en des micro-compétences individuelles. L'émergence de la notion de compétences dans l'analyse stratégique pose néanmoins un problème dès lors que ces compétences sont détenues par les salariés et non directement par l'entreprise.

Partage et diffusion des compétences

La gestion des compétences stratégiques nécessite un outil de diagnostic permettant d'identifier les compétences. A partir de là, on peut mettre en œuvre des organisations du travail qui valorisent, développent et favorisent le partage des compétences (cercle de qualité, organisation par projet, centre de ressources…). L'important en effet, ce n'est pas uniquement la somme des compétences élémentaires, mais la façon dont elles sont agrégées. La diffusion des compétences et leur apprentissage sont indispensables au succès de l'entreprise, en particulier dans des organisations à unités multiples. Il peut y avoir des poches de compétences – résultant d'un apprentissage localisé – qui soient sous-exploitées parce qu'elles ne sont pas diffusées au sein de l'organisation. C'est alors qu'une gestion centralisée des individus détenant les compétences stratégiques permet de transcender les clivages de chaque centre de profit pour améliorer la compétitivité globale de l'entreprise.

Le partage des compétences augmente les chances de découvrir de nouvelles opportunités en exposant le personnel aux compétences mutuelles. La nature souvent tacite et très interactive de ces processus d'apprentissage les rend toutefois difficiles à diffuser très largement dans une grande entreprise, sauf de façon très progressive et en général lente, par exemple par la mobilité des individus et la rotation des experts entre unités. Ainsi, la constitution de marchés internes du travail favorise l'accumulation et le partage des compétences.

Dans cette perspective, la finalité de la GRH est de protéger les compétences stratégiques et de les articuler pour favoriser l'innovation. L'appropriation de nouvelles compétences au niveau de l'entreprise plutôt qu'au niveau individuel est facilitée par la spécialisation des savoir-faire individuels. La complémentarité des savoir-faire individuels n'est atteinte qu'au sein de l'entreprise qui les intègre en un ensemble cohérent dont l'architecture n'est connue que de quelques dirigeants. La maîtrise de l'architecture globale par un nombre réduit d'individus permet de préserver la confidentialité de l'avantage concurrentiel.

La GRH doit également favoriser la démultiplication des compétences par des actions de formation pour lever le risque d'évaporation des compétences stratégiques induit par le départ des individus qui les détiennent. Enfin, la GRH intervient également en rétribuant les détenteurs de compétences stratégiques par souci d'équité et pour préserver l'avantage concurrentiel de l'entreprise.

Exemple de GRH par les compétences

En 1996, un grand groupe français a conçu et initié une méthodologie originale de gestion de ses compétences stratégiques. L'entreprise a cherché à articuler une approche gestionnaire traditionnelle des compétences (adapter les emplois et les compétences aux évolutions internes et externes induites par la stratégie), une approche opérationnelle qu'elle pratique depuis vingt ans (accompagner les projets d'investissements, les nouvelles technologies et les mutations organisationnelles) et une approche stratégique (ne pas perdre les compétences indispensables au fonctionnement de l'entreprise et s'appuyer sur le capital compétences pour développer des innovations de produits et de process). Cette dernière vient d'être mise au point par un groupe de travail européen. Début 1996, le groupe, en accord avec la direction générale, définissait les conditions de l'émergence, du développement et de la transmission des compétences stratégiques. La compétence est une capacité individuelle et collective à s'adapter et à gérer des situations nouvelles : elle est au cœur des besoins de flexibilité.

A l'automne 1996, cette démarche était formalisée dans des outils définis par secteur (*business units*, grosses sociétés) et par acteur collectif (DG local, DRH, équipe de direction, responsable hiérarchique). Les étapes de la réflexion sont : quelles sont les compétences clés dans le secteur ?, comment les identifier et les évaluer ?, comment en favoriser le développement ?

Des principes d'action sont définis avec des indicateurs et un tableau de bord pour en suivre la mise en œuvre : impliquer la hiérarchie (à travers le management) ; développer une organisation qualifiante ; faire évoluer les métiers ; favoriser la mobilité interne…

Le rôle des différents acteurs est précisé, ainsi la direction de l'entreprise mesure l'importance du facteur compétence dans la performance, repère et communique sur ce qui est stratégique, désigne un porteur de projet « développement des compétences » et fixe les orientations de l'entreprise. L'encadrement de proximité, quant à lui, fait évoluer concrètement l'organisation du travail, identifie et évalue les compétences d'exploitation, gère les systèmes de développement des compétences, favorise la communication et la coopération constitutives de la compétence collective. Il participe à la gestion des compétences dans les différentes phases de la GRH : recrutement, formation, mutation.

Les personnels en charge des ressources humaines ont pour rôle de mettre à disposition les outils et méthodes, de normaliser les systèmes d'évaluation des compétences, d'animer les plans de développement des personnes et de tenir à jour les inventaires des compétences. La fonction ressources humaines valorise le capital compétences en développant des compétences nouvelles, en les diffusant et en les enrichissant de manière croisée.

Vers un nouveau compromis salarial ?

L'Ecole française de la régulation (1), a mis en évidence, à travers la notion de compromis salarial fordiste, l'adéquation entre les besoins en capital humain déterminés par la politique générale de l'entreprise et la légitimité du mode d'accumulation et de rémunération des compétences. Durant l'expansion économique des Trente Glorieuses, la stabilité des technologies et des produits était à l'origine d'une forte congruence entre l'ancienneté des salariés, leur niveau de qualification (au sens de compétences accumulées), leur productivité et donc leur rémunération.

A lire sur le sujet

- J.-F. Amadieu et L. Cadin, *Compétences et organisation qualifiante*, Economica, 1996.
- K. Arrow, *The Limits of Organization*, WW Norton and Company, 1974.
- J.B. Barney, « Firm resources and sustained competitive advantage », *Journal of Management*, n° 1, 1991.
- C.-H. Beysseyre des Horts, *Vers une gestion stratégique des ressources humaines*, Editions d'Organisation, 1988.
- M. Ferrary et G. Trépo, « Les enjeux méthodologiques de la gestion par les compétences », *Direction et Gestion*, novembre 1997.
- R.M. Grant, « Organizational capabilities within a knowledge-based view of the firm », Academy of Management, 1993.
- C.K. Prahalad et G. Hamel, *La Conquête du futur*, InterEditions, 1995.
- B. Wernerfelt, « A resource-based view of the firm », *Strategic Management Journal*, vol. 5, n° 1, 1984.

En revanche, les récentes évolutions en termes de technologies, d'organisation de la production et d'innovation de produits ont remis en cause la justification économique de la rémunération à l'ancienneté car les changements ont rendu obsolètes les compétences accumulées. En respectant les principes de rémunération à l'ancienneté (formalisés dans les conventions collectives), les entreprises se trouvent dans la situation paradoxale où elles attribuent de hauts niveaux de rémunération à des salariés déqualifiés ayant une faible capacité d'apprentissage, sans pouvoir rétribuer les salariés les plus jeunes, les plus compétents ayant une forte capacité d'apprentissage.

Ce paradoxe génère au mieux des situations conflictuelles au sein de l'entreprise et, au pire, accroît les départs des salariés les plus compétents. Lorsqu'une

1. Voir mots clés en fin d'ouvrage.

entreprise identifie ses compétences stratégiques, met en place une organisation qualifiante permettant leur diffusion et incite ses salariés à les acquérir en les rémunérant, c'est un nouveau compromis salarial qui s'élabore. Dans ce nouveau cadre contractuel, les entreprises rémunèrent l'acquisition permanente des compétences nécessaires à l'accompagnement des évolutions de la demande et de son outil de production, tout en étant socialement légitimes, puisque les salariés sont incités à acquérir des compétences et sont rétribués pour le faire.

Ainsi, si l'analyse stratégique classique conduit à une gestion des entreprises qui se fait sans les individus, voire contre eux, et génère de ce fait une culture du conflit, l'approche par les compétences se fait avec les ressources humaines. Un contrat implicite s'élabore dans lequel les entreprises s'engagent à utiliser et à rétribuer les compétences et où les salariés acceptent de développer et de mobiliser leurs compétences individuelles.

Philippe Cabin*

COMPÉTENCES ET ORGANISATIONS**

La notion de compétence s'est répandue en quelques années dans le secteur de l'éducation et de la formation, puis dans celui du management. Derrière cette progression se profilent de nouveaux modèles de l'organisation et du professionnel.

« *Les compétences représentent l'une des ressources essentielles de l'entreprise. Elles constituent le moteur de sa performance et de sa compétitivité. Elles doivent donc être considérées comme un capital, et toute action engagée pour les développer comme un investissement.* » Cette recommandation est tirée d'un document de travail du GARF, syndicat professionnel des responsables de formation des entreprises et des administrations. Il illustre la place qu'occupe aujourd'hui la notion de compétence, au point que celle-ci n'est pas loin de se voir attribuer des vertus magiques. Une émergence qui dépasse le strict champ de l'entreprise : les compétences sont aussi au cœur des pratiques et des outils dans le secteur éducatif.

Qu'est-ce qu'une compétence ?

Dans le sens commun, avoir une compétence, c'est posséder un savoir ou un savoir-faire dans un domaine défini (par exemple jouer du piano). Cette définition a connu un élargissement à la suite des travaux de psychologues et de linguistes qui lui ont donné une acception en terme de potentiel : une compétence est ce qu'un individu est capable de faire. Dans cette perspective, la compétence prend d'autres dimensions :

– elle est latente, et ne s'exerce que dans une situation donnée : si je parle couramment le danois, je ne serai véritablement compétent que si je dois communiquer avec des Danois ;

---

* Journaliste scientifique au magazine *Sciences Humaines*.

** Texte inédit.

– elle n'est pas un état ou une connaissance possédée, mais un processus dynamique. *«Il n'y a de compétence que de compétence en acte»*, affirme G. Le Boterf (1). Ainsi, la compétence désignera tout autant la capacité à réagir à un imprévu, à improviser (une panne ou un incident par exemple), qu'un ensemble figé (par un diplôme notamment);

– ce processus dynamique et «situé» résulte de l'interaction entre plusieurs types de savoirs : des connaissances et des savoir-faire mais aussi des savoir-être (on parlera alors de «compétence sociale»), des fonctionnements cognitifs (par exemple la capacité à prendre une décision, ou l'aptitude à s'autoévaluer).

Pourquoi cette émergence ?

L'explication de cette omniprésence des compétences se trouve au croisement de plusieurs processus. Lucie Tanguy note qu'elle est liée à l'intérêt grandissant accordé, dans notre société, aux phénomènes cognitifs (2). Mais elle suggère que plus fondamentalement, l'usage élargi de la notion de compétence témoigne de changements profonds dans les conceptions de l'apprentissage et dans l'organisation du travail. Sur le plan de l'éducation, elle se manifeste par des pratiques pédagogiques formulées en termes d'«être capable de», qui placent l'individu au point de départ de la réflexion.

Dans le monde des organisations et du travail, la notion de compétence semble tomber à point nommé pour faire face à toute une série d'évolutions (3) :

– la mondialisation et la diversification des formes de produits et de procédés appellent des compétences nouvelles; on peut en dire tout autant de la révolution des NTIC;

– le déclin du système de production taylorien et l'évolution vers des modèles fondés sur la flexibilité, la transversalité, etc., induisent également de nouvelles aptitudes des individus;

– ces capacités s'expriment justement en terme de «potentiel d'action» : les salariés doivent être davantage polyvalents, souples, dynamiques. Il faut donc inscrire l'organisation dans une «logique de compétences». Les notions d'organisation qualifiante (*voir encadré p. 356*), d'apprentissage organisationnel (4), sont intimement liées à cette problématique;

– cette logique s'inscrit dans une approche «personnalisée» de la situation du salarié. Cette individualisation de la relation salariale satisfait au besoin de souplesse de l'organisation. Mais elle a cette autre vertu de permettre à la personne de construire un «projet individuel» et ainsi, en temps de précarité et de chômage, de mieux garantir son «employabilité». On parlera de «portefeuille de compétences»;

– selon certains courants théoriques (la théorie évolutionniste de Richard Nelson et de Sidney Winter (5)), les compétences constituent la substance même de l'organisation.

1. G. Le Boterf, *De la compétence*, Editions d'Organisation, 1994.
2. L. Tanguy, «Les usages sociaux de la notion de compétences», *Sciences Humaines*, hors série n° 12, février/mars 1996.
3. *Cf.* «Les compétences en entreprise», entretien avec Y. Minvielle, *Idem*.
4. Voir dans cet ouvrage l'entretien avec C. Argyris.
5. Voir l'article de P. Cabin, «Les nouvelles théories économiques de l'entreprise» dans cet ouvrage.

Quels usages et quels enjeux

La notion de compétences est aujourd'hui au cœur des politiques d'éducation, de formation technique et professionnelle, comme de gestion des ressources humaines. Dès lors que les compétences sont reconnues comme ressource stratégique, il faut les identifier, les gérer, les évaluer, les cultiver. D'où la mise en place, dans les entreprises et les administrations, de politiques et d'outils visant à rendre visibles et tangibles ces compétences (*voir précédemment l'article de G. Trépo et M. Ferrary*). Des dispositifs de validation, de mesure, de gestion prévisionnelle des compétences, sont testés et mis en place. La loi du 31 décembre 1991 a institué le droit de tout salarié à un bilan de compétences (6) lui permettant *« d'analyser ses compétences professionnelles et personnelles ainsi que ses aptitudes et motivations, afin de définir un projet professionnel et, le cas échéant, un projet de formation »*.

La logique d'individualisation des rémunérations et des carrières est au cœur des critiques qui ont été formulées à l'encontre de l'hégémonie de la notion de compétence. Derrière celle-ci se profile en effet une figure nouvelle du professionnel qui relègue au second plan les notions de métier ou de poste et menace l'existence d'identités professionnelles collectives, et qui place la logique de la flexibilité comme principe directeur de la gestion des ressources humaines (7). La transformation de la qualification définie par le diplôme, au profit de processus de validation individuelle des compétences, pose en outre des problèmes d'équité et de fiabilité des instruments de validation. La mise en œuvre sur le terrain d'une véritable « logique de compétences » se heurte à de nombreux obstacles, et de fait, le nombre d'organisations où elle existe reste relativement limité.

6. Voir C. Lévy-Leboyer, *Le Bilan de compétences*, Editions d'Organisation, 1993.
7. Même si des voix se sont élevées récemment, pour une flexibilité dans les deux sens, c'est-à-dire qui amènerait l'organisation du travail à tenir compte des besoins personnels des salariés. *Cf.* A. Lebaube, « L'autre flexibilité », *Le Monde*, 22 mars 1999.

A lire sur le sujet

- J.-F. Amadieu, L. Cadin, *Compétence et organisation qualifiante*, Economica, 1996.
- L. Toupin, « Les facettes de la compétence », *Sciences Humaines*, hors série n° 24, mars/avril 1999.

Organisation qualifiante et organisation apprenante

Le terme d'organisation qualifiante apparaît pour la première fois en 1987, dans le rapport commandé par Jacques Chirac à Antoine Riboud, et intitulé « Modernisation mode d'emploi ». A cette époque en effet, des chercheurs, des dirigeants de grandes entreprises, des responsables politiques, essaient de tirer les leçons des mutations du système productif. Le rythme de l'innovation s'est accéléré, nécessitant de nouvelles capacités d'apprentissage. Les salariés ne peuvent être formés *a priori* à toutes ces situations : il faut que les organisations soient apprenantes. Par ailleurs, la productivité dépend désormais davantage de la qualité des interactions entre les individus : la circulation des informations, les propriétés de réseau prennent une importance croissante. La dimension collective, interactive et cognitive devient stratégique.

Fondées sur ce diagnostic, les notions d'organisation qualifiante et d'organisation apprenante sont des idéal-types, des modèles à atteindre :

– la notion d'organisation qualifiante s'intéresse aux processus par lesquels l'individu et le groupe de travail peuvent faire face à des situations changeantes. Elle peut être définie par quelques principes : elle permet de réélaborer en permanence les objectifs de l'activité ; elle adopte une approche événementielle plutôt qu'une approche en terme d'opération (un « événement » désigne à la fois ce qui est subi et ce qui est provoqué : ce peut être une panne par exemple) ; l'activité est réorganisée sur une base communicationnelle qui remet en cause l'organisation fonctionnelle ;

– le concept d'organisation apprenante est voisin. Mais les analyses se penchent essentiellement sur les processus de création et de transformation des connaissances entre l'individu et le groupe, entre des connaissances tacites et des connaissances explicites.

Ces deux visions débouchent sur quelques outils de gestion des ressources humaines (en terme de recrutement, formation, rémunération). Plus généralement, elles reflètent une conception nouvelle d'une organisation décloisonnée et fluide, fondée sur le savoir et l'innovation (proche en ce sens du terme d'« adhocratie »), par opposition au modèle traditionnel cloisonné et hiérarchique.

Sources : Y.-F. Livian, *Organisation : théories et pratiques*, chapitre XII, Dunod, 1998 ; J.-F. Amadieu, L. Cadin, *Compétence et organisation qualifiante*, chapitre II, Economica, 1996.

Voir aussi J.-C. Tarondeau, *Le Management des savoirs*, chapitre 4, Puf, collection « Que sais-je ? », 1998.

POINTS DE REPÈRE
LES TECHNIQUES D'AIDE À LA DÉCISION

Recherche opérationnelle, systèmes experts, arbres de décision, approche systémique... De nombreuses techniques d'aide à la décision ont été créées pour modéliser les choix dans un environnement incertain.

LES TECHNIQUES QUANTITATIVES

La recherche opérationnelle est née aux Etats-Unis dans le cadre des recherches de stratégie militaire. Elle a pris son essor après la Seconde Guerre mondiale dans le domaine de l'économie et de la gestion. Elle se fonde sur le principe de formalisation des choix et le calcul d'optimisation.
De là est née une série de méthodes logicomathématiques : théories des jeux, arbres de décision, RCB, PPBS.

Choisir dans l'incertain : le choix d'un critère

Face à un avenir indéterminé (il l'est toujours en principe !), le décideur (entrepreneur, stratège, joueur d'échecs), lorsqu'il dispose d'une marge de manœuvre, peut envisager plusieurs solutions possibles (a, b, c...).
Par exemple, le chef d'entreprise qui a des difficultés financières peut décider de réduire ses effectifs (a), de lancer une campagne de promotion (b) ou de se diversifier dans de nouveaux produits (c)... La méthode des arbres de décision permet d'envisager les divers scénarios possibles, de leur affecter un budget, une probabilité de réussite, de simuler les effets attendus. Parmi ces scénarios, certains sont coûteux, mais peuvent rapporter beaucoup, d'autres sont moins coûteux mais risquent d'entraîner de maigres bénéfices. Laquelle des options choisir ? Pour trancher entre les diverses formules, il faut un critère de choix qui corresponde à une attitude face au risque.

Les méthodes mathématiques sophistiquées ont été élaborées pour déterminer le meilleur choix en fonction du risque associé.

Le critère de Laplace

Il consiste à adopter, parmi les choix possibles, celui qui rapporte un résultat moyen. Il est calculé à partir de la moyenne arithmétique entre des alternatives jugées également probables.

Le critère de Bernouilli (dit aussi « critère de l'espérance mathématique »)

Il consiste à affecter à chacune des solutions a, b, c une plus ou moins grande probabilité de réalisation. Cette probabilité est définie subjectivement, puis traduite en termes mathématiques. Cette « espérance mathématique » permet donc de pondérer les résultats escomptés. Le meilleur choix est celui qui obtient le meilleur rapport résultats/chances de réussite.

Le critère de Wald ou critère Minimax

C'est un critère pessimiste qui consiste à n'envisager pour chaque alternative a, b, c que leurs plus mauvaises conditions de réalisation. On choisit alors, parmi elles, celle qui coûterait le moins...

Le critère de Savage ou la matrice des regrets

Il consiste à construire un tableau (matrice). On affecte alors à chaque alternative (représentée par une case) un regret, c'est-à-dire le montant du manque à gagner si on avait connu d'avance les résultats. On applique alors au regret le critère Minimax.

Les méthodes multicritères

D'autres méthodes consistent à intégrer plusieurs variables de choix en fonction des préférences qui ne sont pas définies au départ de façon stable. Ce sont des outils mathématiques sophistiqués appelés « outils multicritères ».
Selon Bernard Roy, directeur du Lamsade (Laboratoire d'analyse et modélisation de système pour l'aide à la décision) et créateur du modèle Electre (technique multicritères), les outils de recherche opérationnelle et d'aide à la décision sont utiles pour fournir des hypothèses de travail, des recommandations, et non comme des règles de conduite normatives. (1)

1. B. Roy, « Science de la décision ou science d'aide à la décision? », *Revue internationale de systémique*, n° 5, 1992.

LES OUTILS INFORMATIQUES

Les outils mathématiques d'aide à la décision ont précédé l'arrivée des ordinateurs. Avec la construction de programmes informatiques évolués, de nouveaux outils sont apparus : les systèmes experts et les SIAD.

Les systèmes experts

Ils appartiennent au domaine de l'intelligence artificielle (IA). Ce sont des programmes informatiques « intelligents », capables de « prendre des décisions » dans un environnement incertain : par exemple, faire un diagnostic médical ou piloter un missile sur un terrain inconnu.
Le programme informatique reproduit en fait les stratégies mentales d'un expert humain (médecin, conseiller financier). Il sait donc analyser une situation nouvelle (dans son champ de compétence qui est toujours limité), formuler un diagnostic, suggérer des solutions.
En matière d'aide à la décision, il existe d'ores et déjà des systèmes experts commercialisés dans de nombreux domaines, de l'assurance à la conception de réseaux routiers urbains, en passant par le conseil agricole ou l'introduction des nouvelles technologies.

Les SIAD, « Systèmes interactifs d'aide à la décision »

Ce sont des programmes interactifs, c'est-à-dire qu'ils sont en perpétuelle communication avec l'utilisateur; ils lui posent des questions et proposent des alternatives. Leur but est autant d'aider à la créativité dans une phase de conception que de suggérer des solutions. Il existe des SIAD individuels et des SIAD de groupe.

Systèmes experts et SIAD n'ont pas pour fonction de se substituer aux décisions humaines, sauf dans des domaines très techniques. Ils sont utilisés pour formuler des conseils, modéliser des scénarios. Leur force réside dans la capacité à prendre en compte de nombreux paramètres, et à enrichir les voies de recherches. Fondés sur des méthodes analytiques, il leur manque cependant une qualité humaine essentielle : l'imagination.

PHILIPPE CABIN*

LES TECHNIQUES DE L'AIDE À LA DÉCISION**

Eclairer et guider les choix est devenu l'objet d'une véritable science, qui bénéficie des apports des mathématiques, de l'informatique, comme des sciences humaines. Des méthodes dites « multicritères » ont été conçues pour conduire des systèmes complexes comme la gestion d'un réseau de transport.

L'ORGANISATION d'une chaîne de montage d'automobiles, la régulation du trafic du métro, l'affectation des emplois du temps du personnel : autant de situations dans lesquelles la prise de décision doit intégrer une quantité énorme d'informations, et de critères plus ou moins mesurables.

Afin de se munir de points de repère, les gestionnaires utilisent des outils intégrant des modèles mathématiques, des calculs économiques et statistiques, des hypothèses de comportement humain. Ces outils sont de plus en plus souvent traduits sous forme de logiciels. On désigne ces ensembles par le terme d'« outils d'aide à la décision ». Ils s'appuient sur les sciences de l'aide à la décision, qui rassemblent les apports des mathématiques, des sciences de la gestion et des sciences économiques, de l'informatique et des sciences humaines (sociologie, psychologie cognitive, linguistique).

La recherche opérationnelle

L'idée de s'appuyer sur une démarche scientifique pour éclairer et guider les choix humains n'est pas nouvelle. Pascal, Condorcet, Leibniz, Comte ont cherché à prendre appui sur la science pour conceptualiser les problèmes de décision. Mais c'est avec la Seconde Guerre mondiale qu'est apparue une mise en œuvre vraiment opérationnelle. Les militaires des forces alliées ont

---

* Journaliste scientifique au magazine *Sciences Humaines*.

** *Sciences Humaines*, n° 35, janvier 1994.

construit et utilisé des modèles pour mener leurs opérations. Ainsi est né le courant dit de la « Recherche opérationnelle » : les organismes d'études se sont alors multipliés, les entreprises et les administrations se sont dotées de services d'aide à la décision. La recherche opérationnelle a connu un réel engouement dans les années 50-60, puis un certain nombre de désillusions qui n'ont pas empêché le déploiement d'un vaste ensemble de théories et de méthodes : programmation linéaire, théorie des graphes, méthodes multicritères, etc.

Le développement de l'informatique a contribué à une application de plus en plus large de ces méthodes : par les progrès des performances des machines permettant le traitement de masses toujours plus grandes de données et des potentialités de calcul considérables ; et par la mise au point de systèmes informatiques permettant de soutenir le décideur, voire de conduire certaines parties du processus de décision : ce sont les systèmes experts et les systèmes interactifs d'aide à la décision (SIAD).

Les développements récents de l'aide à la décision s'articulent autour de trois notions fondamentales (1). La première est celle d'information. Celle-ci n'est jamais offerte, il faut la chercher, la recueillir, la mettre en ordre, la traiter, l'agréger. Si des choix se sont révélés erronés, c'est souvent à cause d'une information insuffisante ou non pertinente.

La deuxième notion fédératrice est celle de modèle : un modèle est une représentation formelle et simplifiée, mais pertinente au regard des objectifs poursuivis, de l'objet et de la situation en relation avec la décision étudiée. Les modèles prennent le plus souvent la forme d'un ensemble d'équations mathématiques, de relations ou de représentations graphiques : ils servent à la simulation, à l'investigation et à la comparaison des solutions.

Troisième notion : la rationalité. Celle-ci n'est jamais totale, mais accueille la complexité et procède par essais et erreurs. C'est en ce sens qu'il faut comprendre l'intérêt des méthodes heuristiques : elles prennent en compte à chaque pas les résultats précédents. Elles se fondent sur la notion d'apprentissage, et trouvent leur place dans les applications de l'intelligence artificielle.

Prévoir, évaluer, comparer

Les méthodes multicritères d'aide à la décision sont nées d'une interrogation : comment prendre en compte les divers critères pertinents, souvent conflictuels, existant dans telle situation de décision, comment les agréger sans les ramener à une moyenne de données et d'unités de natures différentes ? La difficulté principale consiste à prendre en compte correctement des effets mal connus, difficilement mesurables, par exemple la nuisance sonore d'une usine et ses conséquences sur la santé et la « qualité de la vie » des riverains.

Les modèles mathématiques et statistiques sont mis en application à travers

1. L. Mehl, « Aperçu historique des différentes techniques d'aide à la décision », D. Bourcier, J.-P. Costa, *L'Administration et les nouveaux outils d'aide à la décision*, STH, 1992.

les techniques quantitatives de gestion (2). Certaines techniques font appel aux statistiques descriptives et aux représentations graphiques. Elles s'appuient souvent sur des outils informatiques tels que les tableurs ou les logiciels exploiteurs de données statistiques permettant de représenter graphiquement l'état d'un marché. Il existe aussi des méthodes de prévision : techniques de lissage, régression linéaire, estimation de coefficients saisonniers, ou encore analyse discriminante, méthodes de scénarios. Décrire et prévoir ne suffisent pas, il faut aussi évaluer, comparer et simuler, grâce à des méthodes comme les arbres de décision, ou l'utilité espérée par D. Bernouilli, ou les probabilités subjectives de J. Savage.

On utilise également des modèles mathématiques pour évaluer les modes de gestion de la production : l'atelier et ses machines sont modélisés, ainsi que l'ordonnancement des tâches élémentaires, leur durée, les files d'attente aux postes de travail. L'outil de simulation permet d'apprécier diverses solutions d'organisation de l'atelier, de renouvellement des machines.

La gestion des réseaux

Dans certaines conditions, enfin, l'optimisation constitue un objectif de l'aide à la décision. La programmation linéaire vise à trouver une solution optimale en fonction d'un critère de coût. Prenons l'exemple de l'optimisation dans un réseau de télécommunications (3). L'un des problèmes cruciaux dans la gestion de ces réseaux est celui du routage des communications. Un réseau de télécommunications est constitué de nœuds (les centraux téléphoniques) reliés par des systèmes de transmission (les câbles). L'optimisation du routage consiste à acheminer à moindre coût dans le réseau un certain nombre de demandes simultanées sans dépasser les capacités du système. Le problème est modélisé sous forme d'équations et de graphes intégrant un ensemble de variables, parmi lesquelles une représentation graphique des nœuds du réseau, la capacité maximale de transmission, un seuil de perte de communications, le coût unitaire des communications. Cette modélisation permet d'envisager une organisation optimale du réseau, en fonction du moindre coût unitaire et des capacités d'accueil.

L'aide à la décision prend une autre dimension dès lors qu'entre en jeu le comportement des agents. Des progrès récents ont été accomplis en ce sens, comme le montre un système réalisé pour la SNCF par l'équipe du LAMSADE (4). Il s'agit d'améliorer la régularité des réseaux de train, et leur résistance aux incidents. Un incident sur les réseaux les plus denses (ceux de la banlieue parisienne par exemple) peut entraîner de graves perturbations sur l'ensemble du trafic. Le système d'aide à la décision ne se substitue pas aux agents de la SNCF affectés à la gestion des décisions à prendre en temps réel. Il est

2. E. Jacquet-Lagrèze, « Techniques quantitatives de gestion et informatisation », *Encyclopédie de gestion*, Economica, 1989.
3. Exemple décrit dans V. Mousseau, C. Rosenthal-Sabroux, B. Roy, P. Tolla, D. Vamderpooten, *L'Aide à la décision et la recherche opérationnelle aujourd'hui*, université Paris-Dauphine, note interne du LAMSADE, n° 3, octobre 1993.
4. *Ibid.*

conçu pour aider au choix d'une grille horaire « robuste », c'est-à-dire dont la structure résiste au mieux aux divers incidents envisageables. Une batterie d'incidents probabilisés a été construite. De même, le comportement et le mode de raisonnement des agents régulateurs ont été formalisés au travers de règles synthétisant leur expérience.
Les procédures qui guident la décision humaine ainsi que les impératifs techniques et réglementaires qui fixent la marche des trains ont été intégrés dans un système expert. Celui-ci détecte les conflits occasionnés entre les trains par la perturbation, il gère celle-ci. Complété par diverses interfaces, il permet également d'apprécier le bien-fondé de toute proposition d'investissement en installations fixes ou en matériel roulant, de comparer des grilles horaires et d'apprécier l'impact des demandes variées (par exemple des municipalités, des riverains).

Systèmes experts et SIAD

Systèmes experts et systèmes interactifs d'aide à la décision constituent une nouvelle génération d'outils, dont la caractéristique principale est d'être des systèmes ouverts, adaptables et restructurables en permanence en fonction des résultats précédents.
Les SIAD ont vu le jour dans les années 70. Ils connaissent aujourd'hui une sophistication et une diversité d'application considérables. Les avantages de ces systèmes sont multiples : ils intègrent les processus d'apprentissage, ils utilisent des modèles de décision de plus en plus complexes et des bases de données de plus en plus vastes, ils sont conviviaux et conçus pour l'utilisation directe par le décideur. Leur objectif n'est pas d'automatiser le processus, mais de créer une articulation meilleure entre le décideur et le système.
Les SIAD sont de plus en plus utilisés dans les entreprises. Citons l'aide à la conception de nouvelles voitures à la Régie Renault, la gestion des approvisionnements à la RATP, la programmation des temps de repos du personnel navigant d'Air France.
Signalons enfin une orientation novatrice dans ce domaine : la mise au point de SIAD destinés à guider la décision de groupe. Ces systèmes, qui prennent en considération les caractéristiques du groupe concerné (taille, historique, présence de leader ou d'une hiérarchie, caractéristiques individuelles des membres du groupe et de l'environnement), procèdent à la circulation et au traitement des informations fournies par les membres du groupe, chacun étant posté simultanément devant un terminal d'ordinateur et fournissant anonymement ses entrées. Les informations résultant du traitement des propositions des membres du groupe sont ensuite organisées par la machine et présentées aux protagonistes. On procède ensuite, à partir de ces données à un vote anonyme par ordinateur : les résultats agrégés sont communiqués sous différentes formes (classements, graphiques, statistiques) par le système.

Vers la « démocratie automatique » ?

On peut certes être sceptique quant à cette prétention à vouloir « purifier » les interactions humaines et à instaurer une sorte de « démocratie automatique ». Il reste que l'on n'en est qu'au début de l'exploration de ces techniques, et que dans certaines conditions d'utilisation, de telles méthodes peuvent constituer de remarquables outils. La fécondité des recherches qui se sont succédé, l'étendue considérable des champs d'applications possibles ne doivent pas dissimuler les limites intangibles d'une science de l'aide à la décision. Les modèles et instruments ne sauraient décrire une réalité qui serait indépendante de l'observateur et des autres acteurs humains. Une décision qui serait entièrement mesurable et automatisable n'est plus une décision.

Une approche scientifique peut apporter une aide effective aux responsables. Elle ne peut prétendre dicter leur conduite et effacer une marge de liberté et de volonté qui reste incompressible (5). L'intégration des sciences humaines dans les modèles aide à limiter les zones d'incertitudes, à mieux appréhender les obstacles que sont la complexité, l'aléatoire, l'interaction avec autrui, l'influence des systèmes de valeurs et des caractéristiques psychologiques.

5. Pour une réflexion épistémologique sur ces questions, on se reportera à B. Roy, « Science de la décision ou science de l'aide à la décision ? », *Revue internationale de systémique*, n° 5, 1992.

A lire sur le sujet

- V. Giard, *Gestion de la production, calcul économique*, Economica, 1988.
- P. Levine, J.-C. Pomerol, *Systèmes interactifs d'aide à la décision et systèmes experts*, Hermès, 1989.
- J.-C. Pomerol, S. Barba-Romero, *Choix multicritère dans l'entreprise : principes et pratiques*, Hermès, 1993.
- H. Raiffa, *Analyse de la décision, introduction au choix en avenir incertain*, Dunod, 1973.
- B. Roy, *Méthodologie multicritère d'aide à la décision*, Economica, 1985.
- B. Roy, D. Bouyssou, *Aide multicritére à la décision : méthodes et cas*, Economica, 1993.
- B. Roy (dir.), *La Décision : ses disciplines, ses acteurs*, Colloque de Cerisy, Pul, 1983.

COMMENT DÉCIDER AVEC PLUSIEURS CRITÈRES ?

ENTRETIEN AVEC BERNARD ROY*

La construction d'outils d'aide à la décision efficaces passe par la prise en compte de plusieurs critères. L'incertitude des comportements humains fait partie de ces critères.

***Sciences Humaines :* Qu'est-ce qui vous a amené à l'approche scientifique de l'aide à la décision ?**

Bernard Roy : J'ai à l'origine une formation de mathématicien, complétée par deux autres écoles : l'Institut de statistique, et l'Institut de sciences politiques de Paris. A la fin des années 50, le développement du courant de la Recherche opérationnelle (c'est ainsi que l'on désignait les recherches sur l'aide à la décision) répondait à mes aspirations : utiliser des méthodes scientifiques pour éclairer les décisions de nature managériale. J'ai ainsi participé, avec Jacques Lesourne, à la création d'une société : la SEMA. La direction d'une équipe pluridisciplinaire (mathématiciens, psychologues, économistes, informaticiens) m'a alors été confiée ; cette direction scientifique a, pendant dix ans, réalisé des recherches à la demande de l'ensemble du groupe SEMA (Metra International).
Devenu professeur à Paris-Dauphine, j'y ai créé le LAMSADE. Aujourd'hui je me consacre à cette activité d'enseignant-chercheur, mais j'ai gardé une activité de conseil à la RATP, afin de rester en contact avec le terrain de l'application de la recherche.

***SH :* Vous avez mis au point les méthodes « Electre », qui sont des méthodes multicritères d'aide à la décision. Pouvez-vous nous expliquer de quoi il s'agit ?**

B.R. : Formaliser avec un critère unique, amalgamer des données hétérogènes en un coût ou une utilité, me semblait très artificiel. Face à des critères conflictuels, choisir sur la base de la plus forte moyenne n'est pas une bonne méthode. C'est ainsi qu'est née la première méthode « Electre », à propos des problèmes de redéploiement industriel. Elle aide à sélectionner quelques bons compromis, à partir d'un tableau de performances.
J'ai ensuite été contacté par un grand groupe de presse, qui

* *Professeur à l'université Paris-Dauphine, fondateur et directeur du LAMSADE.*

cherchait à répondre à certaines questions concernant la conception des plans de campagnes publicitaires : choix du support en fonction du message, du public visé, etc. Pour satisfaire ce besoin, j'ai modifié « Electre 1 » de façon à pouvoir classer (sans davantage recourir à la somme pondérée) les supports compte tenu de leurs performances sur les différents critères. Ainsi est née « Electre 2 ». Il y eut ensuite « Electre 3 », « Electre 4 » : chaque version est née pour résoudre un problème concret mal résolu par les précédentes.

***SH :* Les entreprises n'attendent-elles pas que vous preniez les décisions à leur place ?**

B.R. : La prétention à dégager une vérité ou une solution optimale fut la source des principales critiques adressées aux méthodes de la Recherche opérationnelle. L'aide multicritère permet d'échapper à ces critiques, car elle ne réduit pas chaque solution à une unique valeur et permet de prendre en compte les aspects qualitatifs. Elle apporte un éclairage, mais n'est pas là pour prendre la décision à la place du chef d'entreprise. Nous nous heurtons parfois à des difficultés de communication avec nos interlocuteurs. Mais elles ne sont pas de cet ordre. Au contraire, je dirais que le décideur n'est pas prêt à se dessaisir de son pouvoir.

***SH :* L'articulation de disciplines aussi différentes que les mathématiques, l'informatique, l'économie, la psychologie, la sociologie ne se heurte-t-elle pas à des difficultés majeures ?**

B.R. : Cette collaboration entre disciplines se construit péniblement, mais elle est possible. Un de mes étudiants cherchait à comprendre ce que veut dire un décideur lorsqu'il attribue des poids à des critères. Nous avons travaillé, sur ce projet, avec un laboratoire de psychologie expérimentale du CNRS ; le résultat a donné lieu à des applications dans un modèle de décision de localisation industrielle. Je crois que l'obstacle majeur à la pluridisciplinarité est celui du cloisonnement institutionnel entre disciplines.

***SH :* Le comportement humain comporte une part d'incertitude. La considérez-vous comme une donnée ou bien cherchez-vous à l'intégrer dans vos modèles ?**

B.R. : Il y a des modèles de comportement humain. La question qui se pose est : « *Que peut-on en faire ?* » Dans des sec-

teurs à risque (comme le nucléaire), il est indispensable d'avoir au préalable tenté de modéliser les comportements.
Plus généralement, nous nous heurtons à ce que nous appelons les « facteurs limitants ». La frontière entre ce qui est acceptable et ce qui ne l'est pas est fluctuante : dans quelle mesure et jusqu'à quel point peut-on transgresser une règle ?
D'autre part, certaines « données » du processus de décision sont subjectives : la « qualité » par exemple. Le système de valeurs est un autre facteur limitant : ainsi, aujourd'hui, la préoccupation pour l'environnement tient une place importante dans les décisions industrielles.
Il ne faut pas croire que tout est quantifiable. Cela pose un problème avec la culture des ingénieurs, qui croient souvent à l'existence d'une vérité, du « vrai chiffre ».
Je vais vous citer une anecdote très significative. Dans une étude sur la nuisance du bruit pour les aéroports de Londres, les consultants voulaient attribuer un prix au bruit, pour l'amalgamer aux autres coûts dans leur modèle. On a pour ce faire fabriqué une machine qui faisait du bruit (le même que les avions) et qu'on ne pouvait pas arrêter. Puis on a démarché les ménages en leur demandant quel prix ils étaient prêts à payer pour héberger la machine !
Cette façon d'aborder le comportement humain me paraît non seulement peu convaincante, mais de nature à discréditer l'idée d'une approche scientifique de l'aide à la décision.

Propos recueillis par
PHILIPPE CABIN
(*Sciences Humaines*, n° 35, janvier 1994)

---

* LAMSADE : Laboratoire d'analyse et modélisation de systèmes pour l'aide à la décision (unité de recherche associée au CNRS n° 825).

CHAPITRE XI

Les nouvelles formes d'organisation

Jean-Michel Saussois*

LA GRANDE ENTREPRISE INDUSTRIELLE FIN DE SIÈCLE**

Le modèle de grande entreprise « multidivisionnelle », intégrant toutes les activités, de la fabrication à la distribution, fonctionne-t-il toujours correctement à la fin du XXe siècle ?

Si l'on évoque en France la grande entreprise industrielle, immédiatement des noms comme Elf, Pechiney, Saint-Gobain, Pont-à-Mousson, Rhône-Poulenc, Lafarge-Coppée, BSN viennent à l'esprit. Ces noms, inscrits presque à notre insu dans nos têtes, mais familiers pour les pères de famille dont l'œil est rivé sur la ligne boursière du CAC 40, sont des résumés évoquant la puissance et la sécurité, la stabilité, la solidité et le temps long, bref ces noms donnent le sentiment de l'insubmersible. Les tours de La Défense, réplique française de celles de Manhattan, apparaissent comme surplombant notre société et comme symbolisant une hiérarchie verticale rassurante où il y a un bas et un haut ; aller de bas en haut est affaire de grimpe individuelle.

Le capitalisme managérial

Verticale, la grande entreprise l'est non seulement socialement, mais aussi économiquement. La grande entreprise intégrée verticalement signifie que « amont » et « aval » se coordonnent de l'intérieur et non de l'extérieur. Ce mode de coordination ne s'appuie pas sur le mécanisme des prix, mais sur le mécanisme de l'autorité. La coordination administrative sera précisément le fait de la main de managers qui sont des salariés de l'organisation et non des experts louant leur service ; la grande

---

* Professeur à l'Ecole supérieure de commerce de Paris (ESCP). Auteur de nombreux articles et ouvrages. Parmi ses récentes contributions : « L'entreprise à l'épreuve du dehors et du dedans », dans P. Besson (dir.), *Dedans, dehors ; les nouvelles frontières de l'organisation*, Vuibert, 1998.

** *Sciences Humaines*, n° 41, juillet 1994.

entreprise industrielle verticalement intégrée est constitutive de ce que l'historien américain Alfred Chandler nommera le « capitalisme managérial » (*managerial capitalism*). Dans ses premiers travaux (1), A. Chandler montre magistralement que la structure industrielle américaine s'est construite dans un temps remarquablement court, entre 1880 et 1900, autour de la grande entreprise, appelée plus tard « l'entreprise de type M (2) », M pour multidivisionnelle. A. Chandler soumettra ensuite son analyse américaine à la comparaison (3) des dynamiques du capitalisme managérial allemand et anglais.

En fait, il faut comprendre cette grande entreprise industrielle comme une forme organisationnelle où il s'agit d'intégrer verticalement plusieurs activités jusque-là indépendantes (fabriquer, vendre, distribuer) et de coordonner et de contrôler des flux immenses de biens et de services. Un seul exemple : déjà en 1905, Sears, le grand magasin de vente par correspondance, traitait en un seul jour 100000 commandes, soit beaucoup plus que n'importe quel distributeur indépendant pendant toute sa vie. Qu'elles soient américaines, françaises ou japonaises, les entreprises de type M ont des caractéristiques communes : des capacités de production visant à obtenir des économies d'échelle, des réseaux de distribution intégrés, des capacités managériales considérables se traduisant par le recrutement de véritables armées de « managers », salariés dont la carrière est planifiée à l'avance (4).

En France, le modèle de la grande entreprise de type M sera développé, avec l'aide des consultants à culture managériale américaine, dans les années 1970, lors de l'époque pompidolienne de l'impératif industriel.

Du « coût de transaction » à la hiérarchie

Les historiens ont su décrire avec grande précision le modèle, les économistes vont en faire la théorie. C'est l'économiste anglo-américain Ronald Coase qui a été le premier à proposer dès 1937, dans un article toujours cité mais jamais lu (5), une théorie de la firme – sans pour autant que ses collègues microéconomistes y prêtent attention, l'entreprise n'étant pas au centre de leurs préoccupations. De même que le consommateur est pensé comme un ensemble de préférences, l'entreprise n'existe pas comme organisation, encore moins comme collectivité humaine. Le travail pionnier de R. Coase va permettre d'expliquer l'existence de la firme et le pourquoi de ses activités par la construction d'un concept, celui de « coût de transaction ». Ce concept a mis une cinquantaine d'années pour être « acclimaté », par les économistes que l'on qualifie aujourd'hui d'écono-

1. Son livre *Stratégies et structures* (1963, trad. française Editions d'Organisation) est devenu un outil familier pour tout consultant en management, une référence pour tout étudiant en gestion. Ce travail sera suivi d'un autre ouvrage, traduit en 1989 : *La Main visible des managers*, Economica.
2. W. Ouchi, *The M Form Society*, 1984, traduit en français : *M : un nouvel esprit d'entreprise*, InterEditions, 1985.
3. *Scale and Scope*, ouvrage traduit en trois tomes aux Editions d'Organisation : *Organisation et performance des entreprises. Les USA, La Grande-Bretagne, l'Allemagne*, 1992.
4. *La Main visible des managers, op. cit.*
5. Traduction française : « La nature de la firme », *Revue française d'économie*, 1987.

mistes « institutionnalistes » (6) ou d'économistes « de l'organisation ». De quoi s'agit-il ? Concrètement, cela veut dire que conduire une transaction sur un marché (exemples : recruter, acheter, vendre, distribuer, sous-traiter) est conșommateur de temps et d'argent : il faut s'informer, c'est-à-dire rechercher « la bonne information », négocier les termes et le prix du contrat, contrôler *a posteriori* sa bonne exécution. R. Coase explique alors que l'entreprise est une réponse aux coûts entraînés par le recours au marché. Dès que les coûts de coordination interne sont inférieurs aux coûts de transaction, la solution « hiérarchie » sera préférée à la solution « marché ». A l'intérieur de l'entreprise, l'allocation des ressources devient le produit d'une décision administrative. Lorsqu'un cadre d'une grande entreprise est muté du département A au département B, ce n'est pas parce que le salaire affiché au département B est plus élevé que le salaire qu'il reçoit au département A ; ce n'est pas la différence de prix qui va régler sa mutation, mais plutôt la « suggestion » de son supérieur hiérarchique, ou sa volonté de mobilité s'inscrivant dans un plan de carrière que ce cadre a pu entrevoir en discutant avec un « fonctionnel » de la DRH (direction des Ressources humaines).

Beaucoup plus tard, O.E. Williamson reprendra et approfondira (7) cette approche conceptuelle (*voir l'entretien avec O.E. Williamson p. 117*). Son argumentation centrale consiste à dire que si les transactions entre acteurs doivent être fréquentes et que des investissements « sur mesure » sont nécessaires, il y a de fortes chances pour que la « hiérarchie » soit préférable au « marché ». Ce qu'apporte la hiérarchie, c'est avant tout la sécurité aux actionnaires, qui attendent des dirigeants/salariés un bon retour financier sur des investissements « captifs ». Mais, d'autre part, la forme « hiérarchie » va produire des routines qui éviteront à chaque fois de « refaire le monde » lors de nouvelles négociations. La coordination administrative sera construite sur la standardisation des procédés ou des résultats ; les managers seront recrutés pour leur capacité à fabriquer des routines, à construire des standards pour permettre l'évaluation des performances. Les écoles de gestion auront d'ailleurs à produire ces profils et élaboreront des programmes allant dans ce sens.

Le divorce d'avec l'état

Ce modèle de structure a su produire de l'efficience et de l'efficacité. Il est aujourd'hui, en cette fin de siècle, remis en question. Tout d'abord, l'entreprise verticalement intégrée est plus qu'une forme, c'est aussi une institution. La grande entreprise en est venue à concurrencer l'Etat, à parler en son nom, c'est-à-dire au nom de l'intérêt général. « *Ce qui est bon pour General Motors est bon pour les Etats-Unis et vice versa* », disait Charles Wilson, alors président de la General Motors et futur ministre de la Défense du président Einsenhower. Cette déclaration devant le Sénat américain, dont l'impact

6. Voir dans cet ouvrage l'article de P. Cabin : « Les nouvelles théories économiques de l'entreprise ».
7. O.E. Williamson, *The Economic Institutions of capitalism*, Free Press, 1985 ; traduction française : *Les Institutions de l'économie*, InterEditions, 1994.

médiatique fut considérable, relevait de l'évidence ; l'actionnaire américain moyen prospère parce que la grande entreprise prospère, laquelle crée des emplois, alimente la croissance et renforce du même coup le pouvoir de l'Etat.

Ces propos des années 1950 tenus par des P-DG, qui se doublaient en hommes d'Etat, apparaissent comme datés. Les journalistes interrogent toujours les dirigeants économiques comme s'ils étaient des dirigeants politiques, mais le dirigeant industriel hésite à emprunter le langage du dirigeant politique. La grande entreprise industrielle n'est pas nationale, elle ne crée plus d'emplois sur son sol, sa logique est d'être sur un marché global, elle joue sa survie à long terme, indépendamment de l'impératif national. Les hommes politiques, bien que déçus, le savent ; trop mise en lumière, la grande entreprise cherche l'ombre, organise son retrait en contribuant à favoriser l'émergence de petites structures souvent conduites d'ailleurs par d'anciens responsables de divisions.

Une observation empirique montre que les choses bougent aussi du côté des structures. On assiste à une explosion du nombre d'alliances, d'aventures en commun (*« joint-ventures »*), où les entreprises savent coopérer sur des projets spécifiques dont les développements ont des coûts trop lourds à supporter seules ; elles ont appris à mettre leurs ressources en commun (banque d'organes, consortium de recherche dans les phases pré-compétitives), bref, elles ont appris à coopérer. Ces nouveaux arrangements institutionnels, ce que les sociologues ont appelé des collaborations interorganisationnelles, demeurent maintenant la façon la plus courante de produire des biens et des services.

L'intégration verticale n'est plus efficace

Ces différentes formes ou arrangements sont-elles en train de se substituer ou de s'ajouter aux structures de type M précédemment décrites ?

Certains le pensent. Ils s'appuient précisément sur le concept de coût de transaction. Les entreprises verticalement intégrées sont efficaces lorsque le produit est standardisé, fabriqué en grande quantité, stabilisé pendant plusieurs années. Or, le référentiel a changé. L'économie de variété transforme radicalement la problématique de l'économie d'échelle. Le mot clef est aujourd'hui « celui de flexibilité », avec toute son ambivalence. Les entreprises qui survivront demain, explique-t-on parmi les consultants, seront celles qui sauront s'adapter plus rapidement que les autres à des changements technologiques, aux changements de choix des consommateurs infidèles, et sauront mettre sur le marché le plus rapidement possible des produits nouveaux et de qualité. Or, ces ajustements rapides exigent des grandes entreprises qu'elles « cassent », leur structure en unités (ayant ou non leur indépendance juridique), qu'elles développent des relations de collaboration à long terme avec un ou deux fournisseurs. Tout va alors dans le sens d'une forme « marché » et non plus « hiérarchie ».

En suivant l'argumentation développée par O.E. Williamson sur les coûts de transaction, tout indique que ce sont les structures du type « réseau » qui vont être les arrangements institutionnels de demain. Pour faire vite, l'entreprise de demain sera Benetton plutôt que Courtauld, ABB plutôt que Siemens.

Enfin, dernier point renforçant l'émergence de nouvelles structures, il s'agit de la montée en puissance de technologies de l'information et de communication. Ces nouvelles technologies ont pour effet de ne plus mettre les acteurs en situation de carence informationnelle sur le marché. L'effondrement du coût de transmission des données fait que maintenant le monde est un village, les appels d'offre sont connus de tous simultanément, les intermédiaires peuvent plus facilement qu'avant mettre en contact offreurs et demandeurs ; du même coup, les coûts de transaction diminuent et rendent plus attractives la solution « marché ». Le modèle de la grande entreprise est-il à bout de souffle pour autant ?

La grande entreprise n'est pas morte

La grande entreprise n'a effectivement plus la souplesse requise pour réagir vite ; il est certes difficile d'apprendre à un éléphant à danser des claquettes, mais les consultants s'y emploient. Les initiatives ne manquent pas, de la part de dirigeants soucieux de décentraliser et de maintenir l'équilibre entre une différenciation de plus en plus poussée et une intégration nécessaire opérée au niveau d'un centre de plus en plus léger. L'entreprise américaine Johnson & Johnson, bien connue pour ses produits ménagers, archétype de l'entreprise de type M, enregistre un chiffre d'affaires de 30 milliards de francs en déployant 150 divisions ayant un chiffre d'affaires moyen de 180 millions de francs avec un état-major volontairement léger, quelques dizaines de personnes ; la capacité de ces structures « mammouth » à se recomposer de l'intérieur en repensant leurs mécanismes de coordination n'est donc pas à sous-évaluer. On serait tenté de dire qu'il ne faut pas aller trop vite dans l'abandon du modèle de la grande entreprise industrielle multidivisionnelle. La structure en réseaux ne dit rien sur le contrôle et son exercice par un centre. La grande entreprise sait intégrer autrement des petites unités dont il s'agit ensuite de veiller au raccordement et faire en sorte que ces coûts ne soient pas trop élevés par rapport à une solution « marché ». Là encore, le concept de coût de transaction apparaît toujours opératoire.

Quant à l'impact des technologies de l'information et de la communication sur la diminution des coûts de transaction, on peut relever dans cette argumentation la capacité du déterminisme technologique à toujours se renouveler, quoi qu'il arrive. Le déterminisme technologique prend un peu la figure d'un boxeur qui n'arrête pas de prendre des coups mais qui se relève toujours au dernier moment.

Historiquement, l'apparition des chemins de fer et des télécommunications a facilité l'intégration verticale des firmes en rendant plus aisé le contrôle à distance du centre sur la périphérie, comme l'a montré A. Chandler dans *Stratégies et Structures*. L'argument consistant à dire que la technologie va faciliter la transparence des marchés et l'ubiquité ne dit rien sur les rapports de confiance entre des acteurs dont l'opportunisme ne se dissout pas dans la télématique. Le contenant est disjoint du contenu ; la carte n'est pas le territoire. Enfin dernier point, ces réseaux systémiques, structures nébuleuses, constellation d'organisations, sont des formes temporaires, des stabilités instables qui peuvent se rompre à tout moment ; les stratégies d'alliance entre constructeurs automobiles illustrent ce point ; les partages de ressources, les mises en commun de savoir supposent des relations de coopération construites sur une vigilance réciproque de tout instant pour veiller à ce que chacun des partenaires puisse y trouver son compte. Cette surveillance a un coût. Lorsque le point au-delà duquel les intérêts des coopérants sont menacés est atteint, les arrangements organisationnels se disloquent. On le voit, le débat est double : pratique, il interroge les conditions d'efficacité des structures ; théorique, il questionne la pertinence du concept de coût de transaction, utilisé pour une thèse et son contraire ; en cette fin de siècle, l'issue de ce débat n'est pas connue.

Philippe Cabin*

L'AVENIR INCERTAIN DE LA GESTION**

Avec la mondialisation de l'économie et l'exacerbation de la concurrence, la gestion des grandes entreprises évolue très rapidement. Quelles sont les transformations nécessaires de la direction des hommes et de la production à prévoir ?

La gestion des grandes entreprises est soumise depuis deux décennies à des défis majeurs. Quelques idées-forces semblent être au cœur de ces transformations : internationalisation, dématérialisation, flexibilité, qualité, tranversalité, *reengineering* (1), etc. Mais quels sont au juste les enjeux de ces transformations ? En quoi affectent-elles l'organisation de la production et la direction des hommes ? Se réduisent-elles à la formule classique : produire davantage avec moins de personnel ? A l'occasion du 25e anniversaire de la FNEGE (Fondation nationale pour l'enseignement de la gestion en entreprise), la *Revue française de gestion* (2), qui fêtait également son centième numéro, a tenté de cerner les grandes évolutions de la gestion. Pour ce faire, elle a interrogé les meilleurs spécialistes (chercheurs, managers, consultants) sur ce qu'ils perçoivent de l'avenir du management des entreprises, fournissant ainsi un « tableau de bord » précieux.

Pour mieux comprendre les effets de ces évolutions sur la gestion des entreprises, il importe de connaître la façon dont les gestionnaires perçoivent les transformations de leur métier. De précieux éléments de réponse se trouvent dans une recherche effectuée par Jean-

* Journaliste scientifique au magazine *Sciences Humaines*.

** *Sciences Humaines*, n° 50, mai 1995.

1. Voir mots clés en fin d'ouvrage.

2. « Gérer les organisations après l'an 2000 », *Revue française de gestion*, n° 100, septembre/octobre 1994. Une grande partie des propositions et des illustrations de ce texte est extraite de cette publication.

Claude Tarondeau, Alain Jolibert et Jean-Marie Choffray (3). Cette étude, menée auprès d'une trentaine de dirigeants des plus grandes entreprises françaises, demandait aux enquêtés de se prononcer sur l'importance passée et future de douze types d'innovations dans la gestion. Cette enquête confirme en premier lieu la portée de l'internationalisation.

L'entreprise face à l'internationalisation

Les bénéfices que tirent les entreprises de leur internationalisation sont nombreux. Elle permet par exemple des améliorations de performance par des effets d'échelle et de coordination. Elle réduit les risques car les cycles économiques qui affectent les marchés mondiaux ne sont pas synchrones. Ainsi, en 1992, la baisse d'activité de Carrefour en France a été compensée par sa croissance en Espagne et au Brésil. Le mouvement de globalisation des marchés s'est aussi manifesté, pour les entreprises occidentales, par un accroissement de la pression concurrentielle, avec le Marché unique européen, et l'apparition et le développement de nouveaux pays concurrents (Asie du Sud-Est), qui ont engendré une réflexion sur des modes d'organisation plus flexibles et plus réactifs.

Autre évolution fondamentale : la dématérialisation des activités économiques, avec pour corollaire un changement radical du contenu même de la production et de la concurrence. Dans les pays développés, la valeur ajoutée résulte désormais, pour les deux tiers, d'activités de service, et seulement, pour un tiers, de la production physique. L'explosion de l'informatique et des nouvelles technologies de l'information joue un rôle moteur dans cette évolution. Les moyens de communication, la baisse du coût des transports et sa facilité accrue ont créé une liberté de circulation telle que la performance de l'entreprise sera de plus en plus fondée sur sa composante « qualité de réseau » et « système de connaissance ». Pour Henri Tézenas du Montcel, le concept même d'entreprise est en train de changer. La conception traditionnelle définissait l'entreprise comme une organisation productive construite sur un patrimoine et des actifs physiques. L'entreprise moderne se dématérialise, et le talent des gestionnaires consistera surtout à faire émerger des savoirs et des savoir-faire, à les articuler puis à gérer une capacité productive à l'intérieur de la structure (4).

Une troisième évolution concerne la recherche de flexibilité. Les entreprises cherchent par là à développer leur capacité d'adaptation. Chez Sony, la flexibilité se manifeste dans les modes d'organisation et d'encadrement : les groupes cellulaires organisés en réseau constituent la base de l'organisation. La prise en compte des besoins du client et le souci de la valeur qualité sont admis comme facteurs clés de la compétitivité. Les processus d'amélioration de la qualité passent par des étapes que l'on retrouve de façon semblable dans la plupart des entreprises : de la sensi-

3. J.-C. Tarondeau, A. Jolibert, J.-M. Choffray, « Le Management à l'aube du XXIe siècle », *Idem.*
4. H. Tézenas du Montcel, « L'avenir appartient à l'immatériel dans l'entreprise », *Idem.*

bilisation à la certification en passant par des apprentissages spécifiques et des transformations de processus de travail. La nécessité de mieux prendre en compte les exigences du client se prolonge par le développement de la transversalité. Opter pour une logique de transversalité, c'est passer d'une logique de fonction et de propriétaire, à une logique de service et de projet. Les préoccupations qui ont présidé à ce développement sont diverses : souci d'améliorer le service rendu au client, réduction des coûts et des temps de réponse, recherche d'une meilleure maîtrise de la totalité de la chaîne de production. Ainsi, la société LVMH, qui n'était que productrice et s'en remettait à des distributeurs indépendants pour la vente du champagne, du cognac ou des parfums, a choisi de réduire sa dépendance vis-à-vis de ces distributeurs en développant ses propres réseaux. La réactivité est l'un des objectifs de la transversalité le plus souvent invoqués.

Le credo de la production au plus juste

De nombreuses interrogations naissent donc sur l'adéquation de l'organisation «traditionnelle» de la grande entreprise industrielle à ces impératifs et sur l'apparition de formes inédites d'organisation. Déhiérarchisation, décentralisation et décloisonnement ont caractérisé les mutations des structures des grandes entreprises dans les années 80 (5). Pendant de ces trois évolutions : une plus grande intégration de la chaîne de production, et une recherche effrénée et de réactivité et d'«élasticité». Ainsi, le concept nouveau de *«lean production»* (traduisible par «production allégée» ou «production au plus juste») est défini à l'aide de six facteurs : le responsable de projet, l'équipe de travail, la culture de l'information, l'intégration du fournisseur, l'ingénierie simultanée et l'orientation vers le client (6).

Les notions de responsable de projet et de travail en équipe connaissent aujourd'hui de nombreuses applications. Chez Renault, la production est organisée en équipes-projet. Chacune suit le projet de bout en bout. Elle est renforcée par les effectifs des autres départements en fonction de ses besoins (7). Cette ingénierie simultanée est donc à l'opposé des plannings traditionnels de la conception qui faisaient intervenir les différents métiers de manière séquentielle. De telles méthodes ne sont pas sans effets pervers. Elles ont des conséquences douloureuses pour le personnel (*voir plus loin*). Henry Mintzberg (professeur à l'université de Montréal et à l'Insead) souligne également que dans une gestion «juste-à-temps» et un système de production totalement intégré, une seule personne peut tout bloquer (8). La volonté de «mise à plat» et de «dégraissage» des structures s'illustre

5. R.-A. Thiétart, intervention à la Journée de l'ANVIE : « La grande entreprise industrielle au tournant d'un siècle », Paris, 20 septembre 1994. On se reportera également à l'article de J.-M. Saussois, « La grande entreprise industrielle fin de siècle », dans cet ouvrage.
6. H. Corsten, T. Will, « Reflections on competitive strategy and its impact on modern production concepts », *MIR*, n° 4, 1993, cités par D. Weiss, « Les nouvelles frontières de l'entreprise », *RFG, op. cit.*
7. Voir C. Midler, *L'Auto qui n'existait pas. Management des projets et transformation de l'entreprise*, InterEditions, 1993.
8. « L'Avenir de la gestion » vu par H. Mintzberg, *RFG, op. cit.*

actuellement par la vogue du *reengineering*. Venue des Etats-Unis, cette méthode se veut une réinvention totale de l'entreprise. Il s'agit non pas d'améliorer mais de repenser intégralement les processus de gestion. Le *reengineering* prône l'organisation en structures plates, en équipes ou réseaux, et l'élargissement des tâches. Si l'on en croit M. Hammer et J. Champy, « pères » du reengineering, les résultats sont impressionnants. Ainsi le département crédit d'IBM, qui était structuré en quatre services verticaux : la réorganisation a supprimé les délais inhérents à la circulation des dossiers entre les quatre services, et aurait permis, *in fine*, le traitement de 100 fois plus de dossiers avec la même quantité de personnes. Le *reengineering* consiste donc en une version radicale de méthodes déjà usitées, n'hésitant pas par exemple à supprimer 80 % des employés d'un service !

Une nécessaire production en réseau

Le concept de réseau est de plus en plus souvent invoqué pour rendre compte des nouvelles réalités organisationnelles. Frédéric Fréry (professeur de management stratégique au Groupe ESCP) préfère parler d'« entreprises transactionnelles », définies comme des *« structures capitalistiquement indépendantes au sein d'une même chaîne de valeur ajoutée »* (9). Ainsi, Benetton comprend en interne un peu moins de 6 000 personnes. En réalité, près de 60 000 personnes travaillent pour Benetton, réparties en 450 sous-traitants. Les nouveaux modèles sont sous-traités à des stylistes en *free-lance* pour ce qui est de la conception ; à un réseau de fabricants situés autour de Trévise pour la production, et via des agents commissionnés à des boutiques indépendantes pour la distribution. Benetton ne détient en propre, au sein de cette chaîne de valeur, que la marque, et un réseau logistique performant (10). De même, Toyota fabrique 70 automobiles par employé contre 10 pour General Motors. Cette différence ne tient pas à la productivité mais au taux d'externalisation : autour de Toyota gravitent environ 10 000 entreprises sous-traitantes organisées en cascade.

Ce genre d'organisation semble pour l'instant limité à un certain type d'entreprises et de produits. Il n'annonce pas la fin de la grande entreprise. Pourtant, la plupart des spécialistes s'accordent pour dire que celle-ci devra montrer dans l'avenir une capacité à devenir le centre et l'animateur de réseaux de petites et moyennes entreprises, dans des relations de fournisseurs, de services et d'auxiliaires. De ce fait, les frontières de l'entreprise se diluent, et les relations avec son environnement (concurrents, clients, fournisseurs, Etat) sont en train de changer de nature. De plus en plus d'entreprises passent des alliances avec leurs fournisseurs, voire des alliances stratégiques avec leurs concurrents.

Un personnel sous pression

Autre conséquence majeure des innovations en gestion : une pression accrue sur le personnel, par diminution dras-

9. Intervention à la Journée de l'ANVIE du 20 septembre 1994.

10. Sur ce point, voir le livre de F. Fréry, *Benetton ou l'entreprise virtuelle*, Vuibert, à paraître, été 1999.

tique des effectifs et par un « enrichissement » considérable des tâches, se traduisant par une augmentation du stress et par des besoins de qualification croissants. En gros, on demande toujours plus, à toujours moins de salariés.

Les nouveaux modes de gestion exigent beaucoup du personnel et tendent à exclure ceux qui ne sont pas adaptables. Les qualités comportementales des individus (autonomie, esprit d'initiative, faculté de communication et de mobilité, capacités d'apprentissage) sont présentées comme déterminantes. Cette nécessité concerne particulièrement l'encadrement, dont le pouvoir est de moins en moins lié à des compétences techniques ou des statuts, et de plus en plus associé à une capacité à motiver, animer des équipes. Les politiques de qualité et de gestion « en temps réel » accroissent la pression sur le personnel. Elles ont certes des effets positifs, en valorisant ceux qui y participent, en supprimant les tâches répétitives et en élevant le niveau de qualification et d'autonomie. Mais elles posent de manière aiguë la question des besoins en formation et du sort réservé aux populations les moins formées.

L'internationalisation va supposer, de la part des dirigeants, des capacités plus grandes de résolution des problèmes dans des contextes multiculturels. Il sera de moins en moins concevable dans les prochaines années de voir des dirigeants ou des cadres ne pratiquant pas le multilinguisme et n'ayant pas d'expérience internationale. Nous avons évoqué plus haut la part croissante de l'immatériel et de la connaissance dans la compétitivité des entreprises : nul doute que l'aptitude à gérer et exploiter l'accumulation des savoirs et des compétences va devenir décisive.

L'investissement dans le savoir est désormais une activité critique. Les entreprises doivent constituer des stocks de savoirs et pour cela mettre en place des dispositifs sophistiqués. Cette nécessité ne tient pas seulement à la dématérialisation et à l'explosion des technologies de l'information. Elle est aussi liée à la complexité des produits, comme l'illustre Armand Hatchuel (professeur à l'Ecole des mines) : *« Prenez l'exemple d'un jouet, d'une machine à laver ou d'une automobile, dont le cahier des charges fait aujourd'hui des centaines de pages. Cette transformation de la complexité des produits est en train de déstabiliser l'ensemble des savoirs des acteurs experts. »* (11) La prise en compte de la connaissance dans la gestion de l'entreprise connaît des avancées différentes selon les pays, en fonction des modèles culturels de management. Ainsi, au Japon, existe tout un travail de recherche consistant à capter et à formaliser le savoir-faire tacite dans l'entreprise, c'est-à-dire celui qui passe par les réunions et la communication orale (12).

Une des principales difficultés inhérentes à cet investissement réside dans l'absence d'outils pour en mesurer l'impact. Les systèmes comptables évaluent les immobilisations, mais pas le capital humain et immatériel. Les nouvelles technologies, la communication interpersonnelle coûtent cher, mais n'apparaissent pas au bilan comptable.

11. Journée de l'ANVIE, *op. cit.*
12. J.-M. Saussois, *op. cit.*

L'emploi stable et durable n'existe plus, et la place du salarié dans l'entreprise peut être remise en cause à intervalles réguliers. Garantie de l'emploi, mobilité sociale par la promotion interne, solidarité : ces éléments fondamentaux du contrat implicite entre le salarié et son employeur tendent à se disloquer. Le salarié n'a plus d'assurance pour l'avenir, même s'il se « défonce » pour son entreprise.

Dans ces conditions de précarité, son bien le plus précieux devient son patrimoine professionnel, qui sera sa meilleure ressource s'il a à retourner sur le marché du travail. Ainsi, selon Bernard Girard (consultant en organisation) (13), peut-on émettre l'hypothèse d'un nouveau contrat social basé sur le principe suivant : en échange de sa soumission, le salarié se voit offert par l'entreprise la possibilité de se constituer un patrimoine professionnel. Ce type de relations serait déjà mis en œuvre dans des secteurs de haute technologie confrontés au renouvellement des compétences, et serait annonciateur de nouvelles pratiques de gestion des ressources humaines. Il reste qu'il ne peut concerner que certains champs de l'activité économique et certains salariés (encore les plus qualifiés), et que sa formalisation est loin d'être réalisée : quelles structures et quels dispositifs *ad hoc* mettre en place dans les entreprises pour permettre au mieux au salarié de consolider et d'enrichir son patrimoine professionnel ?

Adulée dans les années 80, l'entreprise devient un lieu d'angoisse, où les individus sont « jetables ». Tout système social a besoin d'une certaine légitimité pour exister et les entreprises et les pouvoirs publics, quelles que soient la pertinence et la nécessité des nouvelles méthodes de gestion, ne pourront pas échapper à une réflexion de fond sur cette question.

D'autres pistes de recherche devront sans doute être explorées. Citons-en quelques-unes, parmi celles suggérées par les experts interrogés par la *Revue française de gestion*. L'internationalisation amène les entreprises à agir sur des marchés de plus en plus divers et éloignés, et par conséquent dans des cultures différentes. Une certaine idéologie de la globalisation tend à occulter les particularismes culturels. Or, exception faite de quelques produits et secteurs, une politique d'implantation ou d'exportation ne pourra être efficace que si elle est pensée en fonction de la culture locale. Dans cette perspective, l'anthropologie trouve une place centrale dans les sciences de la gestion. Nous avons évoqué le manque d'outils pour évaluer les facteurs non directement quantifiables dans la gestion des entreprises. Des études de type ethnographique permettraient peut-être d'affiner les connaissances en ce domaine. La gestion de l'immatériel, de l'information et de la connaissance sera sans doute un domaine majeur de recherche. Le souci de la qualité comme facteur de compétitivité, et la volatilité des comportements des clients devraient également entraîner un fort développement des recherches sur les comportements de consommation.

Rappelons, pour conclure que, la re-

13. « Vers un nouveau pacte social », *RFG, op. cit.*

cherche permet de confronter la théorie aux faits et de démasquer les constructions idéologiques qui se succèdent dans le monde de la gestion. H. Mintzberg souligne ainsi que nombre des méthodes nouvelles de management (juste-à-temps, *reengineering*, qualité totale) ne sont que de « vieilles boissons dans de nouvelles bouteilles ». Ainsi, rappelle-t-il, « *quand on a demandé à un dirigeant japonais qui a inventé le juste-à-temps d'où lui venait l'idée, il a cité une phrase de l'autobiographie d'Henry Ford* ».

ANNEXES

MOTS CLÉS

Activity base management **(ABM)**
Il s'agit de méthodes consistant à appliquer les principes énoncés par Peter Drucker en 1954, à savoir : déterminer les activités nécessaires pour atteindre les buts de l'entreprise. Des systèmes d'information sur les coûts des activités transversales à l'entreprise sont mis en place afin de minimiser les coûts de production et organisationnels.

Analyse systémique
Approche des phénomènes humains et sociaux qui considère les logiques globales qui émergent des relations entre phénomènes ou individus, au lieu de partir des caractéristiques propres à chaque élément pris isolément.

Back Office
Le « bureau derrière » est la partie qui, dans une entreprise de service, n'est ni décisionnaire ni en contact avec les clients ; le plus souvent en charge des tâches routinières.

Benchmarking
Méthode de management consistant à introduire la comparaison de sa propre performance avec celle de ses concurrents dans le même métier. Le détour par la comparaison est considéré comme un facteur d'émulation.

Biais cognitifs
Raisonnement apparemment logique mais qui comporte des erreurs par rapport au modèle idéal de la rationalité.

Burn out
Ce terme (traduit en français par « brûlure interne ») est apparu au cours des années 80 pour caractériser une pathologie observée chez les cadres de certaines entreprises. Il s'agit d'une forme d'épuisement physique et psychique, lié à un investissement (mental et affectif) extrême au travail, et aux difficultés à atteindre les buts, le plus souvent irréalisables, que l'individu s'est fixés.

Commissaire-priseur de Walras
Léon Walras (1834-1910), théoricien de l'économie néo-classique, a élaboré une théorie de l'équilibre général de l'économie. Selon ce modèle, l'équilibre de l'économie est atteint par le jeu de l'offre et de la demande, grâce au système des prix. Pour décrire ce processus d'équilibrage, Walras a créé la fiction d'un commissaire-priseur qui annonce les prix et fait jouer l'offre et la demande en procédant par tâtonnements.

Contingence (théorie de la)
Selon la théorie de la contingence, les

organisations sont des systèmes ouverts, dont la structure interne et le mode de gestion ne sont pas universels mais dépendants des caractéristiques de leur environnement (technologie, stabilité de l'environnement...). Principaux représentants : T. Burns et G.M. Stalker, J. Lorsch et P. Lawrence, J. Woodwoard.

Culture d'entreprise
Popularisé dans les années 80, le management par la culture consiste à produire l'adhésion du personnel autour d'un projet mobilisateur servant de repère pour les membres de l'entreprise.

Cybernétique
Terme forgé en 1947 par Norbert Wiener, il vient du Grec *Kubernêtikê*, qui signifie « pilote ». La cybernétique est l'étude de la régulation des systèmes complexes (organismes vivants ou dispositifs mécaniques). La notion d'information est considérée comme la moelle épinière de ces systèmes, et liés à elle, les principes de rétroaction et d'autoadaptation.

Direction par objectif (DPO)
Version française de MBO (voir plus loin). Mise au point dans les années 60 par Octave Gélinier, elle y ajoute la dimension participative (DPPO).

Downsizing
Un des maîtres mots des pratiques managériales des années 80 consistait à réduire de manière drastique les effectifs d'ouvriers et d'employés. Objectif : « débureaucratiser » l'organisation en la rendant « *lean and mean* » (maigre et méchante) et par là même plus compétitive. Depuis, ces pratiques ont fini par toucher les cadres intermédiaires. Equivalent en français : dégraissage ; ne pas confondre avec le *reengineering*.

Ecole de Palo Alto
Du nom d'une petite ville californienne proche de l'Université de Stanford, l'Ecole de Palo Alto désigne un courant de pensée né dans les années 50 sous l'impulsion de G. Bateson, D. Jackson, P. Watzlawick, E.T. Hall, qui s'intéresse aux phénomènes de communication interpersonnelle. Il a notamment mis l'accent sur les propriétés systémiques (rétroaction, rôle du contexte...) de la communication interpersonnelle, et connaît des applications en thérapie familiale et en diagnostic organisationnel.

Ecole de la régulation
Théorie économique qui cherche à articuler les lois économiques et l'histoire des rapports sociaux. Chaque étape du capitalisme est marquée par des modes de régulation différents, c'est-à-dire un type d'accumulation et de répartition différent.
Le modèle qualifié de « fordiste », dominant dans les pays industrialisés de la fin de la guerre au milieu des années 70, est caractérisé par :
– une production de masse due à la standardisation des produits et aux chaînes d'assemblage (O.S.) ;
– la consommation de masse rendue possible par une politique de revenus : hauts salaires, importante redistribution sociale par l'Etat.

Empowerment
Technique ou énoncé qui consiste à permettre à chacun de s'approprier son travail, de prendre des décisions à son niveau, d'être évalué sur ses résultats. L'*Empowerment* permet d'affronter l'évolution de l'entreprise en donnant à chacun le pouvoir d'agir pour aider l'entreprise dans l'attente de ses résultats. Equivalent possible en français : subsidiarité ; ne pas confondre avec management participatif.

Enrichissement des tâches
Méthode élaborée dans les années 70 et reposant sur l'idée que l'organisation d'un groupe de travail ne dépend ni de la technologie, ni des attitudes individuelles dans le groupe mais des deux à la fois. Des aménagements de poste se feront sous forme d'élargissement puis d'enrichissement du travail (intégrant conception et exécution du travail). Ce mouvement aboutira à des expériences consistant à mettre en place des groupes semi-autonomes ou autonomes.

Etiologie
Recherche des causes d'une maladie.

Intrapreneuriat
Dans les grandes structures décentralisées, il s'agit de transformer des responsables de centre de profits (les années 70) en véritables patrons d'unité capables d'impulser des projets.

Karoshi
Mort subite par épuisement au travail, syndrome dont on a observé le développement dans l'univers des cadres japonais.

Management participatif
Méthode de management apparue dans les années 80 aux Etats-Unis et diffusée rapidement en Europe. Elle est basée sur la participation du personnel, la mobilisation des ressources humaines en faisant appel à l'initiative, l'autonomie, la responsabilité et l'esprit d'équipe et s'oppose à une vision hiérarchique et disciplinaire de l'organisation. L'intérêt pour les groupes de qualité, de projet, de culture d'entreprise... participe de ce courant managérial.

***Management by objectives* (MBO)**
Exposée et développée par Peter Drucker dans les années 50, cette méthode est destinée à structurer la relation supérieur/subordonné. Des objectifs sont définis, les résultats à attendre aussi, les performances sont mesurables selon les niveaux hiérarchiques.

Managerial Grid
Grille d'analyse mise au point dans les années 60 par R. Blake et J. Mouton (université du Texas). Cette grille évalue le style de management selon deux dimensions : la dimension « intérêt pour que le travail soit fait » et la dimension « intérêt pour communiquer avec les autres ». Chaque dimension est évaluée sur une échelle de 9 points. Le croisement des deux donne un style de management. Cette grille a été ensuite introduite et réaménagée en France par Dominique Chalvin sous forme de stage « autodiagnostic des dirigeants ».

Manager minute
Recette de management diffusée dans les années 80 par un professeur de ges-

tion, Kenneth Blanchard (université du Massachusetts) et fondée sur les « 3 C » du management : convention (la mise en accord sur les objectifs), comportement (ce que fait l'agent), conséquence (l'évaluation du manager une fois la tâche accomplie). À la vue des résultats, le manager à la minute même doit féliciter et/ou réprimander efficacement le personnel.

Paradigme stratégique
Ensemble des croyances répandues dans l'organisation, considérée comme allant de soi, qui façonne les interprétations des événements, les actions stratégiques et les explications de l'action ; le paradigme est adossé à un système de pouvoir, à une forme d'organisation, à un ensemble de pratiques de management, et à une représentation collective de l'organisation.

Psychodrame
Technique psychothérapique de groupe inventée par Jacob Moreno basée sur la mise en scène de conflits afin de libérer les individus de leurs inhibitions.

Qualité
Si la qualité du produit est de tout temps un impératif des organisations, le terme de qualité a pris, à partir de la fin des années 70, une importance considérable et va se manifester à travers un ensemble de pratiques managériales.
L'extension du mouvement de recherche de qualité s'est déroulée en quelques grandes étapes : en premier lieu, la recherche d'une « assurance qualité » (les entreprises créent des procédures pour garantir la qualité à leurs clients) ; ensuite, l'idée japonaise selon laquelle la qualité se fait avec la participation des salariés est à l'origine de la mode des « cercles de qualité » ; la logique de l'assurance qualité débouche sur la construction de normes internationales (ISO) visant à certifier la qualité du processus et du produit ; enfin le mouvement managérial de la « qualité totale », apparu au milieu des années 80, cherche en quelque sorte à réorganiser l'ensemble de l'entreprise sur la base de la préoccupation de qualité.

Rationalité limitée
Le concept de rationalité limitée est dû à Herbert A. Simon, prix Nobel d'économie en 1978, théoricien majeur des organisations, mais aussi un des pères des sciences cognitives et de l'intelligence artificielle.
Le modèle canonique du comportement humain, en analyse économique et organisationnelle, suppose un individu rationnel qui maximise son utilité. Quand il doit prendre une décision, il choisira l'option optimum, en fonction de ses intérêts. A cette vision idéale, H. Simon oppose une conception plus réaliste du comportement humain. Selon lui, notre rationalité est limitée (dans la plupart des situations, l'homme n'est pas en mesure de se former une idée complète et exacte de toutes les possibilités de choix) et procédurale (on procède par essai et erreur, on imagine des solutions les unes après les autres…). Au bout du compte, quand nous avons une décision à prendre, la solution adoptée est satisfaisante pour celui qui la prend, et non pas optimale. Cette analyse va profondément influencer

l'ensemble des théories de l'organisation et du comportement humain.

Reengineering
Conçue dans les années 90, par Michael Hammer, cette méthode s'inscrit dans l'esprit des démarches qualité ; elle vise à repenser l'organisation d'une entreprise en fonction de ses activités de base et des processus que ces activités recouvrent et non de la hiérarchie ou de la division du travail existantes.

Sémiologie
En médecine, connaissance des signes et symptômes propres à chaque maladie. Dans les sciences humaines, cela désigne la science des signes.

Socialisation primaire/secondaire
On distingue généralement des groupes primaires et des groupes secondaires, qui renvoient à des modes de socialisation différents. Dans les premiers, le groupe est restreint et stable, il est caractérisé par une vie commune, et la socialisation s'exerce par des relations personnelles et intimes entre ses membres. L'exemple caractéristique est la famille. Dans les seconds, les liens entre individus sont contractuels et motivés par un objectif déterminé ; les relations y sont formelles et fonctionnelles (exemple : entreprise, administration…).

Stratégie d'entreprise
La notion implique l'idée d'un projet au moins partiellement conscient et délibéré, engageant l'entreprise, dans son ensemble, sur le long terme et de manière irréversible ; Il s'agit notamment de positionner l'entreprise dans son environnement et d'allouer les ressources de l'entreprise en fonction de son projet.

Stratégie émergente
La stratégie d'une entreprise n'est jamais la simple traduction d'un projet familial ; elle se construit pour partie par une succession de modifications, d'ajouts de renoncements, en fonction d'événements et d'opportunités ; elle se forme donc au cours de l'action ; cependant, une stratégie purement émergente ne mériterait plus le nom de stratégie.

Système de prospective et de planification
Procédure formalisée organisant la réflexion autour des futurs possibles (prospective), la définition des grandes orientations du développement de l'entreprise et les modalités de leur mise en œuvre (planification).

Taylorisme
L'organisation scientifique du travail a été imaginée par l'ingénieur américain F. W. Taylor au tournant du siècle dernier (1856-1915). Afin d'accroître l'efficacité du travail dans les grandes fabriques, Taylor propose une organisation « rationnelle » de la production fondée sur les principes de séparation radicale entre la conception et l'exécution, le découpage des activités en tâches élémentaires et non qualifiées, le salaire au rendement. L'OS (ouvrier spécialisé) condamné à une tâche infiniment répétitive (serrer toujours les mêmes boulons, souder toujours la même pièce, etc.) sera la figure emblématique de l'organisation scientifique

du travail. Le taylorisme se répandra surtout dans les secteurs de la production de masse, automobile, textile, emballage. Bien qu'il fût un facteur extraordinaire d'essor de la productivité, le taylorisme a généré beaucoup d'effets pervers : démotivation, absentéisme, freinage, taux de défauts importants.

Téléonomie ou finalité interne
C'est la propriété d'un être à définir ses propres buts.

Toyotisme
Organisation du travail conçue par un ingénieur japonais de l'entreprise Toyota, Taiichi Ohno. Le toyotisme a été mis en œuvre au Japon dès les années 50, puis abondamment imité dans les années 80 par les entreprises occidentales. Il repose sur quelques principes essentiels : la production en flux tendus (pas de stock), l'autonomie des acteurs et l'interactivité des postes de travail, la flexibilité et la transversalité de l'organisation du travail et la polyvalence des opérateurs.

***Training group* (ou T. group)**
Mis au point par Kurt Lewin ; méthode de dynamique de groupe dont le principe repose sur la discussion guidée par un animateur (*trainer*) et visant à révéler puis réguler les relations au sein de ce groupe.

BIBLIOGRAPHIE GÉNÉRALE

Face à une production pléthorique, nous avons privilégié des ouvrages de synthèse, publiés en français et récents, ainsi que quelques classiques de la littérature managériale.

Manuels et ouvrages de synthèse

T. ALBERTO, P. COMBEMALE, *Comprendre l'entreprise. Théorie, gestion, relations sociales*, Nathan, 1993.

N. AUBERT, J.-P. GRUERE, J. JABES, H. LAROCHE, S. MICHEL, *Management. Aspects humains et organisationnels*, Puf, 1991.

P. BERNOUX, *La Sociologie des entreprises*, Seuil, 1995.

J.-F. CHANLAT ET F. SÉGUIN, *L'Analyse des organisations. Une anthologie scientifique*, Gaëtan Morin, 1992.

S.R. CLEGG, C. HARDY, W.R. NORD, *Handbook of Organization Studies*, Sage, 1996.

Y.-F. LIVIAN, *Introduction à l'analyse des organisations*, Economica, collection « Gestion Poche », 1995.

Y.-F. LIVIAN, *Organisation. Théories et pratiques*, Dunod, 1998.

G. MORGAN, *Images de l'organisation*, Presses de l'Université de Laval et Eska, 1989.

R. SAINSAULIEU, *Sociologie de l'organisation et de l'entreprise,* Presses de la FNSP et Dalloz, 1987.

R. SAINSAULIEU (dir.), *L'Entreprise, une affaire de société*, Presses de la FNSP, 1990, rééd. 1992.

J.-C. SCHEID, *Les Grands Auteurs en organisation*, Dunod, 1990.

R.-A. THIÉTART (dir.), *Méthodes de recherche en management*, Dunod, 1999.

Quelques classiques des sciences des organisations et du management (écrits ou traduits en français)

A.D. CHANDLER, *La Main visible des managers*, Economica, 1988.

M. CROZIER ET E. FRIEDBERG, *L'Acteur et le Système*, Seuil, 1977.

P. DRUCKER, *La Pratique de la direction des entreprises*, Editions d'Organisation, 1957.

A. ETZIONI, *Les Organisations modernes*, Duculot, 1971.

P.R. LAWRENCE, J.W. LORSCH, *Adapter les structures de l'organisation*, Editions d'Organisation, 1969.

R. LIKERT, *Le Gouvernement participatif de l'entreprise*, Gauthier-Villars, 1974.

J.G. MARCH, H.A. SIMON, *Les Organisations*, Dunod, 1964.

D. MCGREGOR, *La Dimension humaine de l'entreprise*, Gauthier-Villars, 1974.

H. MINTZBERG, *Le Management. Voyage au centre des organisations*, Editions d'Organisation, 1990.

J.-D. REYNAUD, *Les Règles du jeu. L'action collective et la régulation sociale*, Armand Colin, réédition, 1997.

R. SAINSAULIEU, *L'Identité au travail*, Presses de la FNSP, 1977, rééd. 1985.

O.E. WILLIAMSON, *Les Institutions de l'économie*, InterEditions, 1994.

Les approches sociologiques de l'organisation

H. AMBLARD, P. BERNOUX, G. HERREROS, Y.-F. LIVIAN. *Les Nouvelles Approches sociologiques de l'organisation*, Seuil, 1996.

C. BALLÉ, *La Sociologie des organisations*, Puf, collection « Que sais-je ? », 1990.

M. CROZIER, *Le Phénomène bureaucratique*, Seuil, 1963.

P. DESMAREZ, *La Sociologie industrielle aux Etats-Unis*, Armand Colin, 1986.

E. FRIEDBERG, *L'Analyse sociologique des organisations*, L'Harmattan, 1987 (rééd.).

F. PAVÉ (dir.), *L'Analyse stratégique. Autour de Michel Crozier*, Seuil, 1994.

F. PIOTET, R. SAINSAULIEU, *Méthodes pour une sociologie de l'entreprise*, Presses de la FNSP/ANACT, 1994.

D. SEGRESTIN, *Sociologie de l'entreprise*, Armand Colin, 1992.

C. THUDEROZ, *Sociologie des entreprises*, La Découverte, collection « Repères », 1996.

Les approches psychosociologiques de l'organisation

G. AMADO, A. GUITTET, *Dynamique des communications dans les groupes*, Armand Colin, 1991.

B. DAUBERVILLE, P. GILBERT, F. PIGEYRE, *Les Sciences humaines dans l'entreprise*, Economica, collection « Gestion Poche », 1996.

S. DOLAN, G. LAMOUREUX, E. GOSSELIN, *Psychologie du travail et des organisations*, Gaëtan Morin, 1996.

E. ENRIQUEZ, *L'Organisation en analyse*, Puf, 1992.

A. MUCCHIELLI, *Approche systémique et communicationnelle des organisations*, Armand Colin, 1998.

A. MUCCHIELLI, J.A. CORBALAN, V. FERRANDEZ, *Théorie des processus de communication*, Armand Colin, 1998.

A. ROJOT, A. BERGMAN, *Comportement et Organisation*, Vuibert, 1989.

Les approches managériales et économiques

J.-P. BOUILLOUD, B.-P. LÉCUYER (dir.), *L'Invention de la gestion*, L'Harmattan, 1994.

G. CHARREAUX, A. COURET, P. JOFFRE, G. KOENIG, B. DE MONTMORILLON, *De nouvelles théories pour gérer l'entreprise*, Economica, 1987.

B. CORIAT, O. WEINSTEIN, *Les Nouvelles Théories de l'entreprise*, le Livre de poche, 1995.

C. KENNEDY, *Toutes les théories du management*, Maxima Laurent du Mesnil, 1993.

J.-L. LE MOIGNE, *Modélisation des systèmes complexes*, Dunod, 1990.

J. NIZET, F. PICHAULT, *Comprendre les organisations. Mintzberg à l'épreuve des faits*, Gaëtan Morin, 1995.

R.-A. THIÉTART, *Le Management*, Puf, collection « Que sais-je ? », 1980.

M. WEILL, *Le Management. La pensée, les concepts, les faits*, Armand Colin, 1994.

Les arcanes de la décision

P. BONARELLI, *La réflexion est-elle rentable ? De la décision en univers turbulent*, L'Harmattan, 1994.

M. GHERTMAN, *La Prise de décision*, Puf, 1981.

R. KAST, *La Théorie de la décision*, La Découverte, collection « Repères », 1993.

H. LAROCHE, J.-P. NIOCHE (dir.), *Repenser la stratégie. Fondements et perspectives*, Vuibert, 1998.

J.G. MARCH (dir.), *Décisions et organisations*, Editions d'Organisation, 1991.

B. ROY (dir), *La Décision : ses disciplines, ses acteurs*, Colloque de Cerisy, Presses universitaires de Lyon, 1983

STRATEGOR, S*tratégie, structure, décision, identité*, InterEditions, 1988.

Le management et le pouvoir

O. AKTOUF, *Le Management entre tradition et renouvellement*, Gaëtan Morin, 1989.

M. BAUER, *Les Patrons de PME entre le pouvoir, l'entreprise et la famille*, InterEditions, 1993.

P. CABIN, J.-C. RUANO-BORBALAN (dir.), *Le Management aujourd'hui. Théories et pratiques*, Editions DEMOS, 1999.

M. CROZIER, *La Crise de l'intelligence*, InterEditions, 1995.

E. ENRIQUEZ, *Les Jeux du pouvoir et du désir dans l'entreprise*, Desclée de Brouwer, 1997.

E. FRIEDBERG, *Le Pouvoir et la Règle*, Seuil, 1993.

J.-P. LE GOFF, *Les Illusions du management,* La Découverte, 1996.

H. MINTZBERG, *Le Manager au quotidien*, Editions d'Organisation, 1984.

P. MORIN, *L'Art du manager. De Babylone à l'Internet*, Editions d'Organisation, 1997.

Le changement et ses paradoxes

N. ALTER, *La Gestion du désordre en entreprise*, L'Harmattan, 1990.

N. ALTER, *Sociologie de l'entreprise et de l'innovation*, Puf, 1996.

N. AUBERT, V. DE GAULEJAC, *Le Coût de l'excellence*, Seuil, 1991.

C. ARGYRIS, *Savoir pour agir. Surmonter les obstacles à l'apprentissage organisationnel*, InterEditions, 1995.

R. BEAUJOLIN, *Les Vertiges de l'emploi. L'entreprise face aux réductions d'effectifs*, Grasset/*Le Monde*, 1999.

J. BRÉNOT, L. TUVÉE, *Le Changement dans les organisations*, Puf, « Que sais-je ? », 1996.

I. BROUWERS et al., *Management humain et contexte de changement. Pour une approche constructiviste*, De Boeck Université, 1997.

C. DEJOURS, *Travail. Usure mentale*, Bayard, 1993.

F. GINSBOURGER, *La Gestion contre l'entreprise*, La Découverte, 1998.

I. NONAKA, H. TAKEUCHI, *La Connaissance créatrice. La dynamique de l'entreprise apprenante*, De Boeck Université, 1997.

M. VILLETTE, *Le Manager jetable. Récits du management réel*, La Découverte, 1996.

L'individu et le groupe

V. AEBISHER, D. OBERLÉ, *Le Groupe en psychologie sociale*, Dunod, 1998.

S. BELLIER-MICHEL, *Le Savoir-être dans l'entreprise*, Vuibert, 1998.

J.-F. CHANLAT (dir.), *L'Individu dans l'organisation. Les dimensions cachées*, Presses de l'Université de Laval et Eska, 1990.

N. CÔTÉ et al., *Individu, groupe et organisation*, Gaëtan Morin, 1986.

C. LOUCHE (dir.), *Individus et Organisations*, Delachaux et Niestlé, 1994.

S. MICHEL, *Peut-on gérer les motivations ?*, Puf, 1989.

M. MOULLET, *Le Management clandestin*, InterEditions, 1992.

M. PAGÈS et al., *L'Emprise de l'organisation*, Puf, 1979.

G. DE TERSSAC, *Autonomie dans le travail,* Puf, 1992.

P. ZARIFIAN, *Travail et communication*, Puf, 1996.

Culture et identité

C. DUBAR, *Socialisation et identités professionnelles*, Armand Colin, 1992.

A. ETCHEGOYEN, *Les entreprises ont-elles une âme ?*, François Bourin, 1989.

I. FRANCFORT, F. OSTY, R. SAINSAULIEU, M. UHALDE, *Les Mondes sociaux de l'entreprise*, Desclée de Brouwer, 1995.

D. GUIGO, *Ethnologie de la vie de bureau*, L'Harmattan, 1994.

E.T. HALL, *La Dimension cachée*, Seuil, 1978.

P. D'IRIBARNE, *La Logique de l'honneur*, Seuil, 1989.

P. D'IRIBARNE, A. HENRY, J.-P. SEGAL, S. CHEVRIER, T. GLOBOKAR, *Cultures et mondialisation. Gérer par-delà les frontières*, Seuil, 1998.

M. MAURICE, F. SELLIER, J.-J. SILVESTRE, *Politique d'éducation et organisation professionnelle en France et en Allemagne. Essai d'analyse sociétale*, Puf, 1982.

M. Thévenet, *La Culture d'entreprise*, Puf, collection « Que sais-je ? », 1994.

M. Thévenet, J.-L. Vachette, *Culture et comportement*, Vuibert, 1992.

La gestion au quotidien

G. Charreaux (dir.), *Le Gouvernement des entreprises. Corporate Governance. Théories et faits*, Economica, 1997.

F. Charue-Duboc (dir.), *Des savoirs en action*, L'Harmattan, 1995.

C. Midler, *L'auto qui n'existait pas. Management des projets et transformation de l'entreprise*, InterEditions, 1993.

J.-C. Moisdon (dir.), *Du mode d'existence des outils de gestion. Les instruments de gestion à l'épreuve de l'organisation*, Seli Arslan, 1997.

P. Joffre, Y. Simon, *Encyclopédie de gestion*, Economica, 1989.

J.-P. Schmitt, *Manuel d'organisation de l'entreprise*, Puf, 1994.

Outils et diagnostics

Cahiers de Cargèse (Collectif), *Sciences sociales et entreprises. Histoires de partenariats*, L'Harmattan, 1995.

J. Allouche, G. Schmidt, *Les Outils de la décision stratégique*, La Découverte, collection Repères, 1995 (2 tomes).

J.-F. Amadieu, L. Cadin, *Compétence et organisation qualifiante*, Economica, collection « Gestion Poche », 1996.

P. Boulte, *Le Diagnostic des organisations appliqué aux associations*, Puf, 1991.

T. Evette, F. Lautier (dir.), *De l'atelier au territoire, le travail en quête d'espace*, L'Harmattan, 1995.

M. Ghertman, *Le Management stratégique de l'entreprise*, Puf, collection « Que sais-je ? », 1992.

R. Hess, A. Savoye, *L'Analyse institutionnelle*, Puf, collection « Que sais-je ? », 1993.

C. Lévy-Leboyer, *L'Evaluation du personnel*, Editions d'Organisation, 1993.

H.-Y. Meynaud (dir.), *Les Sciences sociales et l'entreprise. Cinquante ans de recherches à EDF*, La Découverte, 1996.

A. Mucchielli, J. Hart, *Soigner l'hôpital. Diagnostics de crise et traitements de choc*, Lamarre, 1994.

J.-M. Peretti, *Ressources humaines*, Vuibert, 1990.

P. Romelaer, *Gestion des ressources humaines*, Armand Colin, 1993.

B. Roy, D. Bouyssou, *Aide multicritère à la décision : méthodes et cas*, Economica, 1993.

Nouvelles formes d'organisation

P. Baumard, *Organisations déconcertées*, Masson, 1996.

P. Besson (dir.), *Dedans, dehors. Les nouvelles frontières de l'organisation*, Vuibert, collection « Entreprendre », 1997.

F. Dupuy, *Le Client et le Bureaucrate*, Dunod, 1998.

L. Edvinsson, M. Malone, *Le Capital immatériel de l'entreprise*, Maxima du Mesnil, 1999.

F. Fréry, *Benetton ou l'entreprise virtuelle*, Vuibert, à paraître, 1999.

A. Hatchuel, B. Weil, *L'Expert et le Système*, Economica, 1992.

F. Hesselbein, M. Goldsmith, R. Beckhard, *The Organization of the Future*, The Drucker Foundation, Jossey-Bass, 1997.

P. Lorino, *Comptes et récits de la performance : essai sur le pilotage de l'organisation*, Editions d'Organisation, 1995.

J.-P. Neuville, *Le Modèle japonais à l'épreuve des faits*, Economica, 1997.

G. Pache, C. Paraponaris, *L'Entreprise en réseau*, Puf, collection « Que sais-je ? », 1993.

J.-C. Tarondeau, *Le Management des savoirs*, Puf, collection « Que sais-je ? », 1998.

Revues et dossiers

« Pouvoir et dynamique des organisations », *Sciences de la société*, n° 38 et 39, 1996.

Les Annales de l'Ecole de Paris, 3 volumes, 1996-1997. Comptes rendus des colloques et conférences de l'Ecole de Paris du management.

« Management et organisation des entreprises », *Cahiers français*, n° 287, 1998.

« Ethnologie de l'entreprise », *Journal des anthropologues*, n° 43 et 44, mai 1991.

« Gérer les organisations après l'an 2000 », *Revue française de gestion*, n° 100, septembre/octobre 1994.

Quelques revues spécialisées :

Communication et Organisation, GREC/O, université Bordeaux-II.

Entreprises et Histoire, Editions Eska.

L'Expansion Management Review, Groupe l'Expansion.

Gérer et Comprendre, Annales des Mines, Editions Eska.

Gestion 2000, Université de Louvain-la-Neuve, Belgique.

Le Journal de l'Ecole de Paris, Association des amis de l'Ecole de Paris.

Performances humaines et techniques, Editions Octarès.

Personnel, revue publiée par l'ANDCP (Association nationale des directeurs et cadres de la fonction personnel).

Revue française de gestion, FNEGE (Fondation nationale pour l'enseignement de la gestion des entreprises).

Revue de gestion des ressources humaines, Editions Eska.

Sociologie du travail, Dunod.

INDEX THÉMATIQUE

INDEX DES NOMS DE PERSONNES

INDEX DES NOMS D'ENTREPRISES ET D'ORGANISATIONS

Achevé d'imprimer en Mai 1999
Imprimeries Quebecor
N° d'impression : 995558
Imprimé en France
Dépôt légal 2e trimestre 1999